教育部人文社会科学研究发展报告项目资助"中国环境法制建设发展报告"（11JBGP044）

中国海洋大学"985工程"海洋发展人文社会科学研究基地建设经费
教育部人文社科重点研究基地中国海洋大学海洋发展研究院资助

中国环境法制建设发展报告

（2010年卷）

主　编　徐祥民
副主编　田其云　时军

人民出版社

目　录

序 …………………………………………………………………（ 1 ）

上　篇

第一章　辉煌的 30 年：从《环境保护法（试行）》到《环境
　　　　保护法》 ………………………………………………（ 3 ）
　第一节　《环境保护法（试行）》之前的环境法 ……………（ 3 ）
　　一、萌芽时期的环境法 ……………………………………（ 3 ）
　　二、奠基时期的环境法 ……………………………………（ 18 ）
　第二节　《环境保护法（试行）》的颁行与贡献 ……………（ 23 ）
　　一、制定《环境保护法（试行）》的历史背景 ……………（ 24 ）
　　二、《环境保护法（试行）》的颁行过程 …………………（ 24 ）
　　三、《环境保护法（试行）》的立法依据 …………………（ 25 ）
　　四、《环境保护法（试行）》的主要内容 …………………（ 26 ）
　　五、《环境保护法（试行）》的主要贡献 …………………（ 29 ）
　　六、《环境保护法（试行）》颁布的历史意义 ……………（ 33 ）
　　七、《环境保护法（试行）》的实施 ………………………（ 34 ）
　第三节　《环境保护法》的颁布与成就 ……………………（ 40 ）
　　一、《环境保护法》颁布的背景 ……………………………（ 41 ）

二、《环境保护法》的制定过程 ……………………………（42）

三、《环境保护法》的基本内容 ……………………………（43）

四、《环境保护法》的主要成就 ……………………………（44）

五、《环境保护法》的实施 ……………………………………（48）

第二章　一个繁荣的法律部门：两大"方阵"、十余支"队伍" …（55）

第一节　环境保护法的指导思想与管理体制 ………………（55）

一、环境保护法的指导思想 …………………………………（56）

二、中国的环境管理体制 ……………………………………（57）

第二节　环境保护法的事务法系统 …………………………（61）

一、污染防治法系统 …………………………………………（61）

二、资源保护法系统 …………………………………………（76）

三、环境退化防治法系统 ……………………………………（84）

四、生态保护法系统 …………………………………………（86）

第三节　环境保护法的手段法系统 …………………………（89）

一、环境规划法 ………………………………………………（89）

二、环境影响评价法 …………………………………………（94）

三、环境标准法 ………………………………………………（96）

四、环境监测法 ………………………………………………（98）

五、清洁生产促进法 …………………………………………（100）

六、循环经济促进法 …………………………………………（101）

七、环境信息公开法 …………………………………………（102）

八、环境许可法 ………………………………………………（103）

九、环境教育法 ………………………………………………（105）

第三章　三个发展时期：从污染防治法到循环型社会法 ……（108）

第一节　污染防治法时期 ……………………………………（108）

第二节　清洁生产法时期 ……………………………………（119）

第三节　循环型社会法时期 …………………………………（129）

第四章　对环境法历史地位的重新审视 …………………………（138）

第一节　环境问题的展现与中国环境法使命的重新审视 ………（138）

一、对于环境问题的旧有理解——自然环境问题 ………（139）

二、无法突破的自然限制——开发空间耗竭 ………………（144）

三、渐次暴露的严重性——自然环境问题之外的环境问
题 ………………………………………………………（146）

四、环境问题的本质与环境法的使命 …………………（151）

第二节 《环境保护法》的基本法地位问题 …………………（152）

一、现行《环境保护法》没有取得环境基本法地位 ……（152）

二、国家环境立法体系需要环境基本法 …………………（154）

三、环境基本法应当体现的基本精神 …………………（163）

第五章 一个迫在眉睫的挑战：环境法如何应对全球气候变化 ……（166）

第一节 全球气候变化——最棘手的环境问题 ……………（166）

第二节 中国应对气候变化应承担的国际义务 ……………（168）

一、《气候变化公约》对发展中国家义务的规定 ………（169）

二、《京都议定书》对发展中国家义务的规定 …………（170）

三、《哥本哈根协议》关于发展中国家义务的规定 ………（170）

第三节 现行《环境保护法》对全球气候变化无能为力 ………（172）

一、应对气候变化的要求没有反映到《环境保护法》
之中 ………………………………………………………（174）

二、气候变化应对内容缺失 …………………………（175）

三、气候资源保护方面内容不足 ……………………（177）

第四节 环境法怎样才能有所作为 …………………………（178）

第六章 环境国际合作：《环境保护法》面临的长期任务 …………（181）

第一节 环境国际合作是大势所趋 …………………………（181）

一、环境问题的属性决定了环境保护日趋明显的国际性 …（182）

二、经济全球化及南北问题决定了环境国际合作的
必要性 …………………………………………………（182）

三、已取得的成就显示环境国际合作为大势所趋 ………（183）

第二节 《环境保护法》在规范和保障环境国际合作上的
成败得失 …………………………………………………（183）

一、《环境保护法》对环境国际合作的规定 …………（183）

二、《环境保护法》落后于规范性法律文件 …………（184）

三、《环境保护法》落后于环境国际合作的实践 …………（186）

四、缺乏法律保障的环境国际合作问题丛生 …………（192）

第三节 环境国际合作对《环境保护法》提出的修改任务 ……（194）

一、《环境保护法》应当对环境国际合作作出规定 ………（194）

二、对《环境保护法》中环境国际合作内容的设想 ………（195）

第七章 与时俱进：生态文明建设对环境法提出的要求 …………（198）

第一节 发展观的转变及其原动力 …………………（198）

第二节 从科学发展观看现行《环境保护法》的不足 ………（212）

第三节 生态文明理念与环境法的完善 ………………（218）

一、关于环境法的立法目的 …………………（223）

二、关于环境法调整的事务范围 ………………（223）

三、关于环境法调整的行为范围 ………………（225）

四、关于环境法的调整手段 …………………（226）

五、关于环境法的规划手段 …………………（228）

第八章 完善中国环境法的首要任务——制定环境基本法 …………（231）

第一节 环境法制建设的实践要求尽快出台环境基本法 ……（232）

一、"两个方阵、十余支队伍"需要共同的"指挥
中心" …………………（232）

二、应对多样的环境问题需要综合性的环境基本法 ………（234）

三、进入新时代的环境保护事业需要环境基本法
"挑大梁" …………………（234）

四、环境国际合作需要环境基本法确定行为准则 ………（235）

第二节 对制定环境基本法的研究卓有成效 …………（236）

一、关于制定环境基本法的必要性 ………………（237）

二、关于制定环境基本法的可行性 ………………（238）

三、关于环境基本法的内容 …………………（239）

四、关于环境基本法的结构 …………………（241）

第三节 中国环境基本法的轮廓 ………………（242）

一、环境基本法的基本结构 …………………（243）

二、环境基本法的规范领域 …………………（246）

三、中国环境基本法应当确立的立法目的 ……………………（250）

四、中国环境基本法应当确立的基本原则 …………………（251）

中　篇

第九章　海岛保护法 ………………………………………………（265）

第一节　《海岛保护法》出台的背景 ………………………（265）

第二节　《海岛保护法》的主要制度 ………………………（266）

一、海岛保护规划制度 …………………………………（266）

二、海岛分类保护制度 …………………………………（267）

三、无居民海岛国家所有及有偿使用制度 ……………（268）

四、特殊用途海岛保护制度 ……………………………（268）

五、海岛保护的监督检查制度 …………………………（268）

第三节　《海岛保护法》的特点 ……………………………（269）

一、明确了生态价值优先的立法理念 …………………（269）

二、着重厘清了海岛管理体制 …………………………（269）

三、对海岛实行分类管理 ………………………………（269）

第十章　规划环境影响评价条例 …………………………………（271）

第一节　《规划环境影响评价条例》颁布的背景 …………（271）

第二节　《规划环境影响评价条例》的基本内容 …………（273）

一、制定《规划环境影响评价条例》的目的和依据 ……（273）

二、规划环境影响评价的范围 …………………………（273）

三、规划环境影响评价的内容 …………………………（274）

四、审查小组的运作机制 ………………………………（274）

五、论证会、听证会制度 ………………………………（275）

六、公众信息查询制度 …………………………………（275）

七、跟踪评价制度 ………………………………………（276）

八、区域限批制度 ………………………………………（276）

第十一章　防治船舶污染海洋环境管理条例 ……………………（277）
　　第一节　防治船舶污染监督管理能力建设 ………………（278）
　　　一、防治船舶污染的监督管理部门 ………………………（278）
　　　二、船舶污染事故应急反应能力建设 ……………………（278）
　　第二节　防治船舶污染海洋环境的重要制度 ……………（279）
　　　一、船舶污染事故应急处置制度 …………………………（279）
　　　二、船舶污染事故调查处理制度 …………………………（281）
　　　三、船舶污染事故损害赔偿制度 …………………………（281）
　　　四、对船舶和港口码头等设施的技术要求 ………………（282）
　　　五、对船舶排污活动的监管 ………………………………（283）
　　　六、对船舶作业活动污染的防治（制度） ………………（284）

第十二章　放射性物品运输安全管理条例 ………………………（286）
　　第一节　放射性物品运输安全监管机构 …………………（288）
　　第二节　放射性物品运输安全监管中的重要制度 ………（289）
　　　一、分类管理制度 …………………………………………（289）
　　　二、标准化管理制度 ………………………………………（290）
　　　三、许可证管理制度 ………………………………………（291）

第十三章　废弃电器电子产品回收处理管理条例 ………………（293）
　　第一节　《废弃电器回收条例》出台的背景 ……………（294）
　　第二节　《废弃电器回收条例》的主要特点 ……………（298）
　　　一、废弃电器电子产品处理实行废旧分离 ………………（298）
　　　二、目录管理制度 …………………………………………（299）
　　　三、多渠道回收和集中处理制度 …………………………（299）
　　　四、处理资质、资格许可制度 ……………………………（299）
　　　五、专项处理基金 …………………………………………（300）
　　　六、生产、销售、回收、处理企业各负其责 ……………（300）
　　　七、政府对废弃电器电子产品处理的监督管理制度 ………（301）
　　第三节　《废弃电器回收条例》实施的相关配套措施 ……（302）
　　　一、废弃电器电子产品处理目录 …………………………（302）
　　　二、废弃电器电子产品处理基金征收使用管理办法 ………（303）

　　　　三、废弃电器电子产品处理资格许可管理办法 ……………（303）

第十四章　《抗旱条例》 ………………………………………（305）

　　第一节　《条例》的制定 ……………………………………（305）

　　第二节　《条例》的主要内容及特点 ………………………（308）

　　　　一、《条例》的主要内容 …………………………………（308）

　　　　二、《条例》的特点 ………………………………………（311）

　　第三节　《条例》的不足 ……………………………………（312）

第十五章　与环境保护有关的其他相关立法 ………………（314）

　　第一节　《侵权责任法》 ……………………………………（314）

　　第二节　《保险法》及相关条例 ……………………………（317）

　　　　一、《保险法》中责任保险条款的修订 …………………（317）

　　　　二、国务院制定的与环境污染责任保险有关的《条例》 …（318）

　　　　三、省级立法机关制定的与环境污染责任保险有关的

　　　　　　《条例》 …………………………………………………（319）

　　　　四、省会城市颁布的与环境污染责任保险有关的

　　　　　　《条例》或《规定》 …………………………………（320）

　　第三节　《刑法》修正案 ……………………………………（320）

　　　　一、《刑法》关于环境犯罪的修订 ………………………（321）

　　　　二、环境犯罪立法的发展趋势 …………………………（329）

下　篇

第十六章　2009 年度国内重大环保事件 ……………………（333）

　　　　一、《渤海环境保护总体规划（2008—2020）》发布实施 …（334）

　　　　二、2009 年中国环境法制建设进步明显 ………………（340）

第十七章　中国开展环保国际合作及参与国际环境法律事务情况 …（351）

　　第一节　中国开展环保国际合作及参与国际环境法律事务

　　　　　　概况 ………………………………………………（351）

一、中国开展环保国际合作概况 ·························（352）

二、中国参与国际环境法制进程及履约概况 ··········（360）

第二节 中国与哥本哈根气候变化会议 ················（370）

一、哥本哈根气候变化会议的缘起和基本情况 ·········（371）

二、中国的准备 ···································（372）

三、会议争议的焦点、中国面对的压力及应对 ··········（376）

四、中国参与哥本哈根会议相关问题的思考 ··········（379）

五、应对气候变化国际法律事务的特点、未来走向与

中国选择 ·····································（380）

附 录

附录一 中华人民共和国环境保护部的建设历程 ·············（387）

附录二 2009 年环境法律、行政法规、国务院部门规章等规范性

文件信息汇总 ·································（396）

后 记 ···（401）

序

　　十几年前，攻读历史学博士学位时，我选择的研究领域是春秋法制，一个发生在比"先秦"更具体的，早于秦至少300年可以沿中华民族发展史无限上溯的那段历史上的中国法制。今天，我们正在研究的课题是环境法制，当然主要是中国的环境法制。春秋法制和环境法制，在中国法制发展的万里长江上，一个居于"江之头"，一个居于"江之尾"，相去遥远，绝少关联。但是，这两个课题对研究工作的用力方向的规定却有共同的特点，即超越当下——春秋法制研究回溯往古，环境法制研究面向未来。这个超越当下的特点同时也就是相关研究工作的难点。研究者的任务不是报告正在发生的事情，不是描述生活中的情况，而是重现或预言为我们实际上不熟悉的生活，寻找尽可能贴近真实或与可能发生的事实更接近的结论。我愿意为从事"重现"或"预言"的工作，愿意为寻找"尽可能贴近"的"真实"和"更接近"的"可能发生的事实"而花费心力，甚至乐于投身"重现"或"预言"的过程，尽管这种过程是艰辛的。

　　研究春秋法制不是一般地回答"先秦时期"的法制状况，而是探寻中国法制的源头，探寻数千年一贯制的秦汉隋唐法制形态何时和怎样形成，它的前身是什么模样。我的回溯之旅让我收获丰硕。我发现，秦汉隋唐法制形态并不存在于春秋及其以前的历史上，春秋及其以前不仅没有形成以成文法为支柱的法制传统，包括司法制度，而且那时的先哲们既没有掌握创制成文法的知识，也没有创制成文法的需求。中国法制的重大历史转折并非发生在先秦、后秦的时间节点上，就像统一的中央集权的中国由秦朝始创那样，而是发生在春秋末期到战国初期。后世所见的中华法系是在战国以后中国法制发展的历史上慢慢形成的，是在创立于春秋晚期的儒家学说充分发达并成为官方话语之后在儒家学说的统帅下逐渐完善的。（参见拙作《对中国古代法制研究中几个思维定式的反思——兼论战国前法制研究的方法》，载中国社会科学 2002 年第 1 期）

　　研究环境法制不是简单的"环顾四周"，尽管环境法制是仅有半个多世纪历史的当代产品，因而研究者只能在当代的生活中才能找到环境法制研究素材。纷乱的环境问题中，纷纭的环境保护学说，仓促出台的污染防治、资源管理等国际、国内法律法规，火急组织和随机聚集的环境保护机构、组织等等，让人目不暇接。当下的事务，当下的人们提出的疑问，当下的管理者采取的对策，当下的立法者创制的法律，等等，都把环境法制留在"当下"。然而，就像在秦汉隋唐法制传统的背景下可以对春秋及以前的法制提出某种猜测一样，虽身处"当下"的环境法制环境中，在为其创制和修改而出过谋划过策的环境法制所决定的环境中，我们却发现了未来，一个通向无限长远的时间区段，一个只能用无限来描述的时间概念，发现了只能用这样的时间区段界分其历史的环境法制的未来。环境法制，尤其是环境法制的法理，更需要服务于未来，而不是当今。在我们不得不更多地使用人类概念而不是公民概念时，在研究者发明了"后代人权利"概念甚至为后代人的权利而诉至法院时，已经触及环境法制的"前瞻"性；（参见拙作：《环境权论——人权历史分期的视角》，载《中国社会科学》2004 年第 2 期）环境，尤其是全球气候变化之类的需要用大时间尺度测量的环境本身的科学特征早已说明，环境法制面向未来是科学的要求，而不是立法机关的偏好。

　　如果说春秋法制研究是今人利用春秋历史文献或春秋时期存在的历史文献"回溯"春秋及其以前的法制历史，触摸中国古代法制的源头活水，那么，环境法制研究需要从当下的文献和当下的实践"预测"未来的法制和未来社会对法制的需求。我对春秋及其以前法制历史的回溯是成功的，因为春秋人、春秋以后的人们留给今人足够丰富的春秋历史文献或春秋时期已经存在的历史文献，为今人发现春秋及其以前法制的状貌、特征提供了某些线索。我们能成功地预测环境法制的未来吗？我们怎样才能发现"与可能发生的事实更接近的结论"呢？

一方面，通过"环顾四周"，通过对现状下的环境法制自身所禀受的非由立法者个人主观倾向所决定，没有或较少受立法者认识局限性影响的那些特征，发现或推测环境法制的未来，通过对环境法制由以发生的环境，那个虽然强有力的立法者也无法遮蔽的环境，以及这种环境与环境法制之间关系，发现或推测未来所需要的环境法制。我们已经这样做了，虽不一定成功。另一方面，记录或加工当下的环境法制，保留发生在"当下"的环境法制的原始状貌，就像左丘明、孔子以及其他许多未曾留下名字或虽已留下名字但却不为今人所知的前贤保留春秋及其以前已经存在的、反映春秋及以前法制状态的文献那样，为将来的人们"回溯"当下的历史保留像反映春秋历史的《春秋》、《国语》等文献那样。

我们希望通过今天的努力给出"与可能发生的事实更接近的结论"，同时，我丝毫不怀疑"与可能发生的事实更接近的结论"更可能由以后的研究者作出。

徐祥民

2013 年 1 月 25 日

作序于青岛海滨寓所

上 篇

第一章 辉煌的30年：从《环境保护法（试行）》到《环境保护法》

如果将1979年《环境保护法（试行）》作为中国环境保护法正式诞生的标志，迄今已经走过了30年的辉煌历程。30年来，《环境保护法（试行）》和《环境保护法》对于推动中国环境法制建设发挥了举足轻重的作用。

第一节 《环境保护法（试行）》之前的环境法

新中国成立后，中国的环境保护法制建设发展缓慢，有关环境保护的法律规范只零星地散见于相关的法规之中。1949年10月至《环境保护法（试行）》颁布的这一时期是中国环境法的萌芽时期和奠基时期，这一时期发布的与环境有关的法律文件也相应地被归类为萌芽时期的环境法与奠基时期的环境法。

一、萌芽时期的环境法

1949年10月至20世纪60年代末这一时期颁布的环境法律文件构成了中国萌芽时期的环境法。新中国成立以后，百业待兴，政府和人民迫切需要发展工农业生产，改善人民生活，巩固新生政权。针对国家建设所需的森林、矿产、土地等自然资源，国家制定了一系列利用与保护这类资源的法律文件。在发展生产的过程中，国家意识到水土流失问题的严重性，发布了一些水土保持的法律文件。在利用资源发展生产的过程中，环境污染和生态破坏也开始在局部地区出现。虽然当时人们的环保意识尚未觉醒，政府并未明确提出环境保护的概念，但在经济建设过程中，还是出台了一些对于环境保护具有重要作用的法律文件。

（一）资源保护法

萌芽时期的资源保护法主要有五个方面：

1. 森林资源利用与保护。国家重视森林资源的保护与发展。1950 年 5 月，政务院发布《关于全国林业工作的指示》①，规定以普遍护林为主，严禁一切破坏森林的行为。为促进林业生产，有效保护林业资源，1953 年 7 月，中央人民政府政务院颁布了《关于发动群众开展造林、育林、护林工作的指示》。《指示》指出：中国"森林面积过小，木材资源匮乏"，为保护林业资源，"必须对于破坏森林的滥伐行为继续严加禁止"。1963 年 5 月，国务院颁布了《森林保护条例》。《条例》禁止毁林开荒，要求定期封山育林。为加强对于森林的保护，规定了护林组织、森林采伐的许可制度、采伐森林的补种更新制度和禁止进行主伐的区域范围。对于自然保护区域内的森林，《条例》禁止任何性质的采伐。

2. 野生动物资源保护。1950 年 5 月，中央人民政府政务院发布了《关于稀有生物保护办法》，禁止任意捕猎大熊猫等稀有生物。1956 年 2 月，林业部发布的《关于积极开展狩猎事业的指示》要求："有条件的地区选择适当地点，划定自然保护区，禁止狩猎、建立科学研究机构，进行鸟兽与狩猎的科学研究工作。"同年 10 月，林业部颁发了《狩猎管理办法（草案）》②和《天然森林禁伐区（自然保护区）划定草案》。这两份文件对于自然保护区和保护珍贵动物资源作了规定。1957 年 4 月，"为了繁殖保护水产资源，发展水产生产"，水产部制定了《水产资源繁殖保护条例（草案）》。《条例》对应着重加以保护的重要或名贵水生生物种类进行列举；要求水产动

---

① 以现在的观点来看，《关于全国林业工作的指示》不属于规范性法律文件，但在当时的历史条件下，这一类文件具有法律的作用。

② 从名称上看，《狩猎管理办法（草案）》似乎并非正式颁行的法律。但在当时的历史背景下，许多法律草案仍被颁行，具有法律的作用。

物采捕以达到"长大或达到成熟"为原则；要求有条件的地区应采取人工放流苗种等增殖措施；实施对水生植物和经济海藻和产卵洄游鱼、蟹等的保护。由于水产资源的繁殖容易受到水域环境的影响，《条例》要求已建成影响鱼、蟹等产卵和洄游的水利工程，"应当在适时开闸纳苗，或对鱼苗、蟹苗进行捕捞移殖"；并指出："今后水利工程的修建和运用，均应照顾水产资源的繁殖和保护。"《条例》还规定了捕捞限额制度，并对禁渔期、禁渔区的划定以及渔具及渔法作出了规定。针对水环境污染影响水产资源问题，《条例》要求工厂、矿山等排放危害水产资源的污水时进行净化处理；"因卫生防疫或驱除病虫害等，需要向渔业水域投注药物时"，"应尽可能照顾到水产资源的繁殖保护"。

1962 年 9 月国务院发布的《关于积极保护合理利用野生动物资源的指示》指出："野生动物是中国的一项巨大自然财富"，对野生动物的开发利用应当实行"加强资源保护，积极繁殖饲养，合理猎取利用"的方针，并为中国野生动物资源保护制定了基本框架。《指示》要求：一、"各级人民委员会必须切实保护，在保护的基础上加以合理利用。"在"野生动物资源贫乏和破坏比较严重的地区"，"建立禁猎区，停猎一个时期"。在"资源未遭到破坏的地区"，要"确定合理的猎取量"，并规定了狩猎证制度。二、"加强狩猎生产的组织管理工作"，"积极繁殖饲养，合理猎取利用的'护、养、猎并举'的狩猎业方针"。三、做好群众的宣传教育工作。四、列举了禁捕的珍贵、稀有或特产的鸟兽名录和严格控制猎取量的中国特产的鸟兽名录。五、"禁止采用破坏野生动物资源和危害人畜安全的狩猎工具和方法"。

3. 矿产资源保护。1951 年 4 月，中央人民政府政务院发布了《矿业暂行条例》。这部法律对于新中国成立初期矿产资源的开发利用与保护具有重要作用。为了防止矿产资源浪费，《条例》要求"现实生产能力已经超过需要量甚多，最近数年内无需开采新矿者"和"按照矿床构造应大规模开采，而不宜分散经营者"应被划作"国家保留区"。为了避免开采过程中资源的破坏，《条例》规定："探矿人或采矿人应配合矿床构造及矿物岩石之特性，采用最适当之工程设备和探采方法，并尽力避免损害矿藏，或减低矿产收获率……"为防止矿产的开采对于水资源和人民生产、生活环境造成损害，要求"重要河流及防洪堤两侧五百公尺以内"非经"有关主管机关许可，不得划作矿区"。为了加强矿产资源的合理利用与保护，促进矿产资源的"综合勘探、综合开发和综合利用"，治理浪费和破坏矿产资源的现象，1965年12月，国务院批转了地质部制定的《矿产资源保护试行条例》。《条例》认为：矿产资源是不能再生的资源，应当进行保护和合理利用；要求对于矿产资源进行普查和综合勘探，并对勘探开发过程中可能发现的、易被破坏的矿产资源的保护进行了规定；要求最大限度地提高回收率、合理开发资源；规定矿山开采应当坚持"难易兼采和综合利用的原则"；严禁乱挖乱采，防止矿产资源的破坏和损失。《条例》还设专章规定了地下水资源的保护，防止开采过程中破坏水资源。规定排出的污水要采取措施，以防止地下水水质污染。

4. 土地资源利用与保护。1953年12月，中央人民政府政务院颁布了《关于国家建设征用土地办法》，对国家"兴建国防工程、厂矿、铁路、交通、水利工程、市政建设及其他经济、文化建设等所需用之土地"资源征用问题进行了规定。为防止不适当征用土地造成资源浪费，《办法》规定："凡属有荒地、空地可资利用者，应尽量利用，而不征用或少征用人民的耕地良田。凡属目前并不十分需要的工程，不应举办。"1958年1月，国务院公布了修订后的《国家建设征用土地办法》。《办法》明确规定了节约用地原则，以"杜绝浪费土地"。为防止土地浪费现象的发生，还规定了监督检查制度。

（二）环境退化防治法

1953年7月，中央人民政府政务院颁布了《关于发动群众开展造林、育林、护林工作的指示》。《指示》指出：造林、育林、护林能够有效地保持水土，因此，"在水土冲刷严重、风沙水旱灾害经常发生的地区，应当积极营造水源林和防护林"。针对荒山的水土流失问题，《指示》认为："封山育林是使荒山自然成林和保持水土的最有效办法，仍应号召与领导群众进行。"1957年7月，针对中国日益严峻的水土流失问题，国务院颁布了《水土保持暂行纲要》。《纲要》要求设立防治水土流失的工作机构，并对各业务部门的业务范围进行了区分。针对山区水土流失严重问题，《纲要》要求将水土保持作为山区的首要工作，有计划地进行封山育林、育草；要求25度以上的陡坡，一般应禁止开荒，以保持水土；规定水土流失严重地区一定范围内设立禁伐林；要求从事副业生产时要防止水土流失，从事工程建设、农业生产时要做好水土保持工作。

（三）环境规划法

在中国环境法萌芽时期已经出现了具有环境规划法特征的法律文件。1956 年 5 月，国务院常务会议通过了《国务院关于新工业区和新工业城市建设工作几项问题的决定》，对新工业区和新工业城市建设空间利用问题作出规定。《决定》要求积极开展区域规划，合理地布置新建的工业企业和居民点，将远期规划和近期规划结合起来，在初步规划完成的基础上制定总体规划。《决定》认识到工业布局集中对于环境、人民生产生活和地区经济的影响，规定："为了避免工业的过分集中，在规模已经比较大的工业城市中应当适当限制再增建新的重大的工业企业。如果必须增建时，也应当同原来的城区保持必要的距离。"

（四）污染防治法

从 20 世纪 50 年代起，中国的卫生部门就负责开展水污染防治工作，不过其工作重点是饮用水的卫生管理。1955 年 5 月，卫生部发布了在北京、天津、上海、旅大（即现在的大连市）等 12 个城市试行《自来水水质暂行标准》。这是新中国成立后最早的一部管理生活饮用水的技术法规。[①] 1956 年 5 月，国务院发布的《工厂安全卫生规程》专门对饮用水水源的保护、废水处理等作出规定。1957 年 6 月，国务院第三、第四办公室发布了《关于注意处理工矿企业排出有毒废水、废气问题的通知》[②]，明确提出要注意防治工业污染。1959 年 9 月，建设工程部、卫生部联合发布了《生活饮用水卫生规程》，规定了水质标准、水源卫生保护等内容。1960 年 1 月，国务院批准颁发了《放射性工作卫生防护暂行规定》，对预防放射性污染作出了相关规定。同年 3 月，中共中央批转了建筑工程部党组《关于工业废水危害情况和加强处理利用的报告》。《报告》认为：如果有毒的工业废水"处理利用得不好，就会污染地面水体和地下水源，严重地影响人民健康和鱼类繁殖"。"为了变害为利，对有害工业废水，必须积极进行处理。根据就地回

---

① 梁锡念、甘日华主编：《供水卫生安全保障与管理》，人民卫生出版社 2009 年版，第 144 页。

② 《通知》、《通报》这类文件在当时具有法律的作用。

收，适当处理，充分利用的原则，结合各地具体情况办事。"《报告》"建议省、市、自治区成立工业废水处理和利用的办事机构，加强统一领导；开展对工业废水的调查，加强对水源的管理监督；重视工业设计中关于废水处理的设计，督促废水处理工程按时建成"。

这一时期的环境法从涉及的内容来看，以资源利用与保护为主，其中包括对森林资源、野生动物资源、矿产资源、土地资源等的利用和保护。与此同时，防治污染、处理局部污染问题的法律规定也开始出现。就法律文件的效力等级来看，主要是一些行政法规、行政规章和规范性法律文件。按照时间先后顺序，这一时期颁布的环境法律文件有：

①1950 年 1 月，《政务院关于处理老解放区市郊农业土地问题的指示》；

②1950 年 3 月，林垦部、交通部《关于公路行道树栽植试行办法》；

③1950 年 3 月，《林垦部关于春季造林的指示》；

④1950 年 5 月，《政务院关于全国林业工作的指示》；

⑤1950 年 5 月，《政务院关于稀有生物保护办法》；

⑥1950 年 5 月，《中央人民政府关于工厂卫生暂行条例（草案）》；

⑦1950 年 5 月，《林垦部关于华北、西北等区雨季造林的指示》；

⑧1950 年 6 月，《政务院关于严禁铁路沿线居民砍伐路植树木的通令》；

⑨1950 年 6 月，《铁路留用土地办法》；

⑩1950 年 6 月，《土地改革法》；

⑪1950 年 7 月，林垦部《关于发动群众育苗的通知》；

⑫1950 年 8 月，《中央防汛总指挥部关于防汛工作的指示》；

⑬1950 年 10 月，《政务院、人民革命军事委员会关于各级部队不得自行采伐森林的通令》；

⑭1950 年 10 月，《公路留地办法》；

⑮1950 年 10 月，《政务院关于治理淮河的决定》；

⑯1950 年 11 月，《政务院关于土地改革中对华侨土地财产的处理办法》；

⑰1950 年 12 月，《东北区国有林育林费征收暂行办法》；

⑱1951 年 1 月，《内务部关于检查救灾工作的指示》；

⑲1951 年 2 月，《政务院关于一九五一年农林生产的决定》；

㉑1951 年 3 月，《政务院关于春季严禁烧荒、烧垦以防森林火灾的指示》；

㉑1951 年 3 月，《内务部关于春荒期间加强生产救灾工作的指示》；

㉒1951 年 3 月，《政务院关于土地房产所有证收费的决定》；

㉓1951 年 4 月，《政务院关于适当地处理林权明确管理保护责任的指示》；

㉔1951 年 4 月，《农业部关于渔业生产的指示》；

㉕1951 年 4 月，《矿业暂行条例》；

㉖1951 年 8 月，《政务院关于节约木材的指示》；

㉗1951 年 9 月，中共中央转发华东局《关于加强林业工作的指示》①；

㉘1951 年 10 月，《东北及内蒙古铁路沿线林区防火办法》；

㉙1952 年 1 月，《铁路江河堤坝分工负责办法》；

㉚1952 年 2 月，《林业部关于一九五二年春季造林工作的指示》；

㉛1952 年 2 月，《政务院关于大力开展群众性的防旱、抗旱运动的决定》；

㉜1952 年 3 月，《中共中央关于防止森林火灾问题给各级党委的指示》；

㉝1952 年 3 月，《政务院关于严防森林火灾的指示》；

㉞1952 年 3 月，《政务院关于荆江分洪工程的规定》；

㉟1952 年 3 月，《农业部关于一九五二年水产工作的指示》；

㊱1952 年 3 月，《政务院人民监察委员会关于严防森林火灾对各级监委的指示》；

㊲1952 年 4 月，《政务院关于一九五二年水利工作的决定》；

㊳1952 年 6 月，《中央防污总指挥部关于一九五二年防汛工作的指示》；

㊴1952 年 6 月，《政务院关于紧急动员起来开展抗旱斗争的指示》；

㊵1952 年 11 月，《关于自一九五三年度起全国统一试行木材规格、木材检尺办法、木材材积表的命令》；

㊶1952 年 11 月，《内务部关于加强查灾、报灾及灾情统计工作的通

---

① 中共中央转发、中共中央批转、国务院批转、国务院转发的《报告》、《指示》等在当时也具有法律的作用。

知》；

㊷1952年12月，《政务院关于发动群众继续开展防旱、抗旱运动并大力推动水土保持工作的指示》；

㊸1953年2月，《林业部关于东北国有林内划定母树及母树林有关问题的决定》；

㊹1953年3月，《林业部关于护林防火的指示》；

㊺1953年5月，《中央防汛总指挥部关于一九五三年防汛工作的指示》；

㊻1953年5月，《政务院关于加强增产粮食和救灾工作的指示》；

㊼1953年7月，《政务院关于发动群众开展造林、育林、护林工作的指示》；

㊽1953年7月，《水土保持暂行纲要》；

㊾1953年12月，《政务院关于国家建设征用土地办法》；

㊿1954年1月，《轻工业部、内务部关于加强沿海盐民生产救济工作的通知》；

(51)1954年1月，《海港管理暂行条例》；

(52)1954年3月，《育林基金管理办法》；

(53)1954年3月，《政务院关于加强灾害性天气的预报、警报和预防工作的指示》；

(54)1954年4月，《中央防汛总指挥部、中央生产防旱办公室关于一九五四年防汛防旱工作的指示》；

(55)1954年5月，总参谋部、总政治部《关于部队参加植树造林工作的指示》；

(56)1954年7月，《林业部、财政部关于征收私有林育林费问题的联合通知》；

(57)1954年7月，林业部《关于加强和扩大森林更新和抚育工作的指示》；

(58)1954年8月，林业部《关于进一步开展与改进造林工作的指示》；

(59)1954年8月，《中共中央转发〈中央林业部党组关于解决森林资源不足问题的请示报告〉给各地的指示》；

(60)1954年9月，《政务院关于变更国家建设征用土地办法中部分审核批准权限问题的通知》；

(61)1955年2月，《中共中央转发〈王化云关于进一步开展水土保持工作的总结报告〉》；

(62)1955年4月，《林业部关于改进种苗工作充分满足造林需要的指示》；

(63)1955年4月，《中央防汛总指挥部关于一九五五年防汛工作的指示》；

(64)1955年5月，《自来水水质暂行标准》；

(65)1955年5月，《东北及内蒙古铁路沿线林区防火办法》；

(66)1955年5月，《农业部、水利部关于大力开展农田水利进一步加强防旱抗旱工作的指示》；

(67)1955年6月，《林业部关于抓紧季节大力领导组织垦复、抚育油茶林的通知》；

(68)1955年6月，《国务院关于渤海、黄海及东海机轮拖网渔业禁渔区的命令》；

(69)1955年7月，《第一届全国人民代表大会第二次会议关于根治黄河水害和开发黄河水利的综合规划的决议》；

(70)1955年8月，《华侨申请使用国有的荒山荒地条例》；

(71)1955年8月，《国务院关于加强防御台风工作的指示》；

(72)1955年12月，《国营造林技术规程》；

(73)1956年1月，《国有林主伐试行规程》；

(74)1956年1月，《国务院关于纠正与防止国家建设征用土地中浪费现象的通知》；

(75)1956年1月，《一九五六年到一九六七年全国农业发展纲要草案》；

(76)1956年3月，《公路绿化暂行办法》；

(77)1956年3月，《绿化规格（草案）》；

(78)1956年3月，林业部《关于十二年绿化规划的几个意见》；

(79)1956年4月，《交通部、邮电部、电力工业部关于处理电线与行道树互相妨碍的规定的联合通知》；

(80)1956年4月，《中国共产党中央委员会、国务院关于加强护林防火工作的紧急指示》；

(81)1956年4月，《中央防汛总指挥部关于一九五六年防汛工作的指示》；

(82)1956年5月，《国务院关于新工业区和新工业城市建设工作几项问题的决定》；

(83)1956年5月，《国务院关于防止厂矿企业中矽尘危害的决定》；

(84)1956年5月，《工厂安全卫生规程》；

(85)1956年6月，《国务院关于保护和发展竹林的通知》；

(86)1956年6月，林业部《关于组织群众及时垦复抚育油桐的通知》；

(87)1956年7月，《国务院关于严格督促南方九省森工局完成下半年木材生产任务问题的指示》；

(88)1956年10月，《狩猎管理办法（草案）》；

(89)1956年10月，《天然森林禁伐区（自然保护区）划定草案》；

(90)1956年10月，《国务院关于非金属矿管理的问题的指示》；

(91)1956年11月，《国务院关于新辟和移植桑园、茶园、果园和其他经济林木减免农业税的规定》；

(92)1956年12月，《森林抚育采伐规程》；

(93)1956年12月，《林业部、中国新民主主义青年团中央委员会、中华全国科学技术普及协会关于加强林业宣传的联合通知》；

(94)1956年12月，《矿产资源保护试行条例》；

(95)1956年，《生活饮用水卫生标准（试行）》①；

(96)1956年，《工业企业设计暂行卫生标准》；

(97)1957年1月，《山区生产规划纲要》；

(98)1957年1月，《国营林场经营管理试行办法》；

(99)1957年2月，林业部《关于进一步做好防治森林虫害的指示》；

(100)1957年3月，《关于机关、团体、企业等部门以及林区居民采伐国有林的几项规定》；

(101)1957年3月，《公安部、林业部关于加强护林防火工作的通知》；

(102)1957年3月，《木材分区产销平衡合理运输试行办法》；

(103)1957年3月，林业部《关于积极开展国有林迹地更新工作的指示》；

---

① 1959年、1976年对该标准进行了两次修订。

⑭1957 年 3 月，《农业部帮助农业生产合作社进行土地规划的通知》；

⑮1957 年 3 月，森林工业部《关于要求各地加强木材管理工作的指示》；

⑯1957 年 4 月，《国务院关于进一步加强护林防火工作的通知》；

⑰1957 年 4 月，《水产资源繁殖保护暂行条例（草案）》；

⑱1957 年 4 月，《山区林业规划纲要》；

⑲1957 年 4 月，《国务院关于消灭血吸虫病的指示》；

⑩1957 年 5 月，《农业部、林业部、粮食部、交通部、水利部、教育部、食品工业部关于发动社会力量充分利用闲地大量种植油料作物的通知》；

⑪1957 年 5 月，《水利部关于加强防洪排水工作的通知》；

⑫1957 年 5 月，《水产部关于防止风灾事故的指示》；

⑬1957 年 6 月，《关于注意处理工矿企业排出有毒废水、废气问题的通知》；

⑭1957 年 6 月，《关于农林牧业生产用火管理暂行办法》；

⑮1957 年 7 月，《中共中央批转林业部党组〈关于农林业生产合作社当前林业生产中几项具体政策问题的请示报告〉》；

⑯1957 年 7 月，《水土保持暂行纲要》；

⑰1957 年 7 月，《国务院批转〈林业部、农业部、粮食部、食品工业部关于垦复和发展油茶等木本油料问题的联合报告〉》；

⑱1957 年 7 月，《水产部对渔轮侵入禁渔区的处理指示》；

⑲1957 年 8 月，《水产部〈关于转知国务院关于渤海、黄海及东海机轮拖网渔业禁渔区的命令的补充规定〉》；

⑳1957 年 10 月，《1956 年到 1957 年全国农业发展纲要（修正草案）》；

㉑1957 年 12 月，《国内植物检疫试行办法》；

㉒1958 年 1 月，《国家建设征用土地办法》（修改）；

㉓1958 年 1 月，《国务院批转〈水利部关于灌区水费征收和使用的几点意见的报告〉》；

㉔1958 年 1 月，《铁路药物消毒、杀虫、灭鼠暂行办法》；

⑫1958 年 3 月，《水产部关于加强鱼苗鱼种工作的指示》；

⑫1958 年 3 月，《工厂防止矽尘危害技术措施暂行办法》；

⑫1958 年 3 月，《矿山防治矽尘危害技术措施暂行办法》；

⑫1958 年 4 月，中共中央、国务院《关于在全国大规模造林的指示》；

⑫1958 年 6 月，《国务院关于加强对废弃物品收购和利用工作的指示》；

⑬1958 年 6 月，《国务院关于水利电力部和农业部在水利方面分工的规定发布》；

⑬1958 年 8 月，《中共中央关于水利工作的指示》；

⑬1958 年 9 月，中共中央《关于采集植物种子绿化沙漠的指示》；

⑬1959 年 2 月，《林业部关于积极开展狩猎事业的指示》；

⑬1959 年 4 月，《对外贸易部关于珍贵动物出口问题的指示》；

⑬1959 年 7 月，《国务院关于加强气象工作的通知》；

⑬1959 年 7 月，《农业部关于防灾抗灾的通知》；

⑬1959 年 8 月，《国务院水土保持委员会关于抓紧时机力争完成今年水土保持任务的通知》；

⑬1959 年 8 月，《中国共产党中央委员会、国务院关于展开抗灾斗争的紧急指示》；

⑬1959 年 9 月，《生活饮用水卫生规程》；

⑭1959 年 9 月《公安部、林业部关于加强护林防火工作的指示》；

⑭1959 年 9 月，《农业部关于加强人民公社土地利用规划工作的通知》；

⑭1959 年 10 月，《国务院关于发动群众广泛采集和充分利用野生植物原料的指示》；

⑭1959 年 11 月，《农业部关于大力加强家畜血吸虫防治与灭螺和粪便管理工作的通知》；

⑭1960 年 1 月，《放射性工作卫生防护暂行规定》；

⑭1960 年 1 月，《中国政府和苏联政府关于护林防火联防协定》；

⑭1960 年 2 月，林业部《关于加强次生林经营工作的通知》；

⑭1960 年 2 月，《财政部、林业部关于国营木材采伐企业的迹地更新经费列入木材采伐成本的几项规定》；

⑭1960 年 2 月，《农业部、林业部、商业部、教育部、粮食部、中国共

产主义青年团中央委员会关于发动群众利用空闲地种植油料作物的通知》；

⑭1960年3月，《中共中央批转林业部党组〈关于机关、团体、工矿、企业分工造林绿化的意见〉》；

⑮1960年3月，《电离辐射的最大容许量标准》；

⑯1960年3月，《放射性同位素工作的卫生防护细则》；

⑰1960年3月，《中共中央批转建筑工程部党组〈关于工业废水危害情况和加强处理利用的报告〉》；

⑱1960年3月，《中国共产党中央委员会、国务院关于做好渔业春汛生产工作的指示》；

⑲1960年4月，《国有林主伐试行规程（修订本）》；

⑳1960年4月，《一九五六到一九六七年全国农业发展纲要》；

㉑1960年5月，《新造林清查暂行办法（草案）》；

㉒1960年6月，《中共中央关于水利建设问题的指示》；

㉓1960年6月，《中共中央关于抗旱备荒的指示》；

㉔1961年3月，《林业部、公安部、农业部、农垦部关于烧垦烧荒、烧灰积肥和林副业生产安全用火试行办法》；

㉕1961年3月，林业部《关于开展国营森林更新普查工作的通知》；

㉖1961年5月，《内务部关于报告自然灾害内容的通知》；

㉗1961年4月，《化学易燃物品防火管理规则》；

㉘1961年6月，《中共中央关于确定林权、保护山林和发展林业的若干政策规定（试行草案）》；

㉙1961年6月，《国务院关于应给现役士兵分配自留地的通知》；

㉚1961年11月，《中共中央关于木材生产和造林问题的指示》；

㉛1962年2月，《国务院关于开荒、挖矿、修筑水利和交通工程应注意水土保持的通知》；

㉜1962年3月，《国有林区采伐企业更新改造资金管理试行办法》；

㉝1962年3月，《国有林区育林基金使用管理暂行办法》；

㉞1962年4月，《国务院批转〈林业部关于加强护林防火工作的报告〉》；

㉟1962年4月，《东北内蒙古林区国营森林更新工作试行条例》；

⑰1962 年 4 月，《国务院关于节约木材的指示》；

⑫1962 年 4 月，《工业企业设计卫生标准》（1979 年 9 月修订）；

⑬1962 年 4 月，国务院转发《内务部关于北京、天津两市国家建设征用土地使用情况的报告》；

⑭1962 年 4 月，国务院批转《国务院水土保持委员会关于加强水土保持工作的报告的通知》；

⑮1962 年 5 月，《国营林场经营管理狩猎事业的几项规定》；

⑯1962 年 6 月，《中共中央关于南方五省区林业问题的批示》；

⑰1962 年 6 月，《国务院关于奖励农村人民公社兴修水土保持工程的规定》；

⑱1962 年 6 月，《国务院关于汛前处理好挖矿、筑路和兴修水利遗留下来的弃土、塌方、尾砂的紧急通知》；

⑲1962 年 7 月，《渤海区对虾资源繁殖保护试行办法》；

⑳1962 年 8 月，《国务院农林办公室转发〈水产部关于禁止使用毒物毒鱼和炸药炸鱼，保护水产资源的报告〉》；

㉑1962 年 8 月，《国务院农林办公室关于迅速采取有效措施严格禁止毁林开荒陡坡开荒的通知》；

㉒1962 年 9 月，《中共中央、国务院批转国家经委、计委〈关于充分利用木材资源，大力开展木材的节约代用工作的报告〉》；

㉓1962 年 9 月，《国务院关于积极保护和合理利用野生动物资源的指示》；

㉔1962 年 10 月，《国家计划委员会转发林业部、轻工工业部〈关于在河南、福建、四川、吉林四省建立造纸木材、竹材基地问题的报告〉》；

㉕1962 年 11 月，中共中央、国务院《关于成立东北林业总局的决定》；

㉖1963 年 1 月，《中共中央、国务院批转水产部党组〈关于全国水产工作会议情况的报告〉》；

㉗1963 年 3 月，《中共中央批转中南局〈关于发展造林事业的决定〉》；

㉘1963 年 3 月，《中共中央批转中南局〈对重点林区工作的几点意见〉》；

㉙1963 年 3 月，财政部、林业部《关于社队造林补助费使用的暂行规定（草案）》；

⑲⁰1963 年 3 月，林业部《关于加强东北、内蒙古地区护林防火工作的报告的通知》；

⑲¹1963 年 4 月，《森林工业基本建设工作条例（草案）》；

⑲²1963 年 4 月，《国务院关于黄河中游地区水土保持工作的决定》；

⑲³1963 年 4 月，《森林工业基本建设设计及概算编制暂行办法（草案）》；

⑲⁴1963 年 5 月，《森林保护条例》；

⑲⁵1963 年 7 月，国家计划委员会、国家经济委员会、林业部《关于加强木材管理工作的规定》；

⑲⁶1963 年 9 月，《防止矽尘危害工作管理办法（草案）》；

⑲⁷1963 年 11 月，《林业部关于扩大营林村试点的通知》；

⑲⁸1963 年 12 月，《污水灌溉农田卫生管理试行办法》；

⑲⁹1964 年 1 月，林业部《关于安排引种油橄榄的通知》；

⑳⁰1964 年 2 月，《财政部、林业部、中国农业银行关于建立集体林育林基金的联合通知》；

⑳¹1964 年 2 月，《中共中央、国务院批转林业部、铁道兵〈关于开发大兴安岭林区的报告〉》；

⑳²1964 年 3 月，《国务院水土保持委员会关于水土保持设施管理养护办法（草案）》；

⑳³1964 年 4 月，《林业部、财政部关于颁发林业资金使用管理暂行规定的联合通知》；

⑳⁴1964 年 4 月，《劳动部关于加强锅炉报废的管理工作的通知》；

⑳⁵1964 年 4 月，《商业部关于协助农业部门做好猪禽疫病防治工作的指示》；

⑳⁶1964 年 6 月，《水产资源繁殖保护条例（草案）》；

⑳⁷1964 年 7 月，《国务院关于国家建设征用土地审批权限适当下放的通知》；

⑳⁸1964 年 8 月，《更新跟上采伐的标准》；

⑳⁹1964 年 10 月，《中共中央、国务院关于抓好社会主义教育运动同时抓好生产救灾工作的通知》；

㉑1964 年 11 月，解放军总政和林业部《关于部队参加植树造林问题的通知》；

㉑1964 年 12 月，《周恩来在治理黄河会议上的讲话》；

㉑1964 年，《城市工业废水、生活污水管理暂行规定（草案）》；

㉑1965 年 1 月，《水利电力部党组关于黄河治理和三门峡问题的报告》；

㉑1965 年 2 月，《交通部、林业部关于加强公路绿化工作的联合通知》；

㉑1965 年 4 月，《国务院关于加强东北林区防火灭火的紧急通知》；

㉑1965 年 7 月，林业部《关于在国有林区建立营林村的决定》；

㉑1965 年 7 月，林业部《关于国有林区建立营林村若干问题的暂行规定》；

㉑1965 年 8 月，《中共中央、国务院关于解决农村烧柴问题的指示》；

㉑1965 年 10 月，《国务院批准发布水利工程水费征收使用和管理试行办法》；

㉒1965 年 12 月，《国务院批转全国供销合作总社、林业部〈关于迅速恢复发展毛竹生产的报告〉》；

㉑1965 年 12 月，《矿产资源保护试行条例》；

㉒1967 年 9 月，《中共中央、国务院、中央军委、中央'文革'小组关于加强山林保护管理、制止破坏山林、树木的通知》；

㉓1969 年 3 月，林业部军管会《关于将西北、中南、华东三个林业设计院和第五、九两个森林调查大队下放给有关省的通知》。

二、奠基时期的环境法

20 世纪 70 年代初至 1979 年颁布的《环境保护法（试行）》及这一段时间发布的环境法律文件构成了中国奠基时期的环境法。1972 年 6 月，国务院批转了《国家计委、国家建委关于官厅水库污染情况和解决意见的报告》。报告提出"工厂建设和'三废'利用要同时设计、同时施工、同时投产"。同年，中国政府派代表团参加了联合国人类环境会议，代表团成员认识到世界各国面临的环境问题的严重性，了解到各国处理环境问题的态度。受联合国人类环境会议的影响，国家计划委员会于 1973 年 8 月 5 日至 22 日召开了第一次全国环境会议。这次会议制定了《关于保护和改善环境的若干规定（试行草案）》。这是中国第一部综合性的环境保护行政法规，是中国环保事业的里程碑，对中国环境法的发展具有重要意义。同年 11 月，该文件由国务院批发。《规定》要求全国各省、自治区、直辖市把保护和改善环境的规划作为长期计划和年度计划的组成部分；严格控制城市规模和人口，现有大城市一般不要再新建大型工业，必须建设的要放在远郊区；新建工业、科研等项目必须把治理"三废"与总体工程同时设计、同时施工、同时投产；对现有城市、河流、港口、工矿企业和事业单位，要迅速作出治理规划，分期分批治理；各地区、各部门要加强对环保工作的检查、监督，并建立精干的环保机构，制定必要的规章制度。《规定》提出了中国环境保护工作的基本方针，即"全面规划，合理布局，综合利用，化害为利，依靠群众，大家动手，保护环境，造福人民"的"三十二字"方针。还规定了发展生产和环境保护"统筹兼顾、全面安排"的原则，"三同时"制度和奖励综合利用的政策。全国环境保护工作会议上还提出并通过了《自然保护区暂行条例（草案）》，对自然保护区工作做了比较全面的规定，提出了以自然地带的典型自然综合体、特产稀有生物物种和具有其他特殊保护意义的所在地作为建立自然保护区的原则。

　　污染防治是这个时期的环境法主体。随着中国经济的发展，工业"三废"的排放量日益增多，国务院及其有关部门制定了一些防治水污染的规范性法律文件。1973 年 11 月颁布的《工业"三废"排放试行标准》规定了能在环境或动植物体内蓄积，对人体健康产生长远影响的 5 类有害的物质最高容许排放浓度。1974 年 1 月，国务院颁布了《防治沿海水域污染暂行规定》。这是中国第一部正式颁行的防治环境污染的行政法规。《暂行规定》以防止中国沿海水域被油类和油性混合物以及其他有害物质污染，确保沿海水域和港口的清洁与安全为目的。为实现这一立法目的，《暂行规定》禁止在中国"沿海水域任意排放油类或油性混合物，以及其他有害的污染物质和废弃物"；规定了"船舶及沿海工矿业排放油类或油性混合物以及其他有害物质"的排放条件；要求"凡使用燃油的船舶和油轮，应备有油类记录簿"。1976 年 3 月，卫生部编制了《生活饮用水卫生标准（试行）》。1977 年 4 月，国家计委、国家建委、财政部、国务院环境保护领导小组发布了《关于治理工业"三废"，开展综合利用的几项规定》，提出了尽力把废水、废气、废渣等工业"三废"消灭在生产过程之中的思想。1979 年 3 月，农业部、国家水产总局编制了《渔业水质标准（试行）》，国务院环境保护领导小组、国家基本建设委员会、国家经济委员会、农业部颁发了《农田灌溉水质标准（试行）》等水环境质量标准。

与萌芽时期的环境法相比，这一时期的法律文件更加注重对于环境的保护，并出现了中国首部正式颁行的防治环境污染的行政法规。从立法内容对于环境法发展的影响来看，这一时期颁布的《关于保护和改善环境的若干规定（试行草案）》确定了全面的环境保护目标，规定了环境保护的基本方针、基本原则，奠定了中国环境保护法的基本框架，为环境法的进一步发展打下了稳固的基础。同时，这一时期的立法确立了中国环境保护工作的基本方针和一些重要的环境保护制度。此外，关于沿海水域保护工作的分工确定了中国后来近海环境污染治理的基本工作格局。从立法潮流来看，这一阶段的环境立法受到人类环境会议的促进，中国的环境保护活动从此融入世界环境保护的潮流，成为人类社会积极应对环境问题的重要力量。

这一时期颁布的环境法律性文件有：

①1970 年 2 月，铁道部、交通部、林业部军管会《关于加速铁路、公路绿化的通知》；

②1971 年 3 月，国务院、中央军委《关于加强护林防火工作的通知》；

③1971 年 11 月，国务院批转商业部、外贸部、农林部《关于发展狩猎生产的报告的通知》；

④1972 年 5 月，《育林基金管理暂行办法》；

⑤1972 年 6 月，《国家计委、国家建委关于官厅水库污染情况和解决意见的报告》；

⑥1973 年 4 月，《国家计委关于进一步开展烟囱除尘工作的意见》；

⑦1973 年 6 月，国家计委、国家建委《关于贯彻执行国务院有关在基本建设中节约用地的指示的通知》；

⑧1973 年 8 月，《国务院关于保护和改善环境的若干规定（试行草案）》；

⑨1973 年 8 月，《自然保护区管理暂行条例（草案）》；

⑩1973 年 10 月，《森林采伐更新规程》；

⑪1973 年 11 月，《工业"三废"排放试行标准》；

⑫1973 年 11 月，《自然保护区暂行条例（草案）》；

⑬1973 年 12 月，《外贸部关于停止珍贵野生动物收购和出口的通知》；

⑭1973 年，《野生动物资源保护条例（草案）》；

⑮1974 年 1 月，《防治沿海水域污染暂行规定》；

⑯1974 年 4 月，《放射防护规定》；

⑰1974 年 12 月，《国务院环境保护机构及有关部门的环境保护职责范围和工作要点》；

⑱1974 年 12 月，《环境保护规划要点和主要措施》；

⑲1975 年 2 月，《水利电力部关于水资源保护工作情况和今后工作意见的报告》；

⑳1975 年 3 月，《农林部、四川省革委会关于四川省珍贵动物保护管理情况的调查报告》；

㉑1975 年 4 月，《全国供销合作总社关于配合有关部门做好珍贵动物资源保护工作的通知》；

㉒1975 年 6 月，《交通部关于切实做好油运防污，制止海域继续污染的紧急通知》；

㉓1975 年 12 月，《农林部关于保护、发展和合理利用珍贵树种的通知》；

㉔1976 年 8 月，农林部《关于福建省部分地区发生大规模破坏森林事件的调查报告》；

㉕1977 年 4 月，国家计委、国家建委、财政部、国务院环境保护领导小组《关于治理工业"三废"，开展综合利用的几项规定》；

㉖1977 年 8 月，农林部《关于福建省处理破坏山林案件情况的通报》；

㉗1977 年 8 月，《全国林木种子发展规划》；

㉘1977 年 10 月，《防治渤海、黄海污染会议纪要》；

㉙1977 年 11 月，《财政部关于税收管理体制的规定》；

㉚1978 年 1 月，《财政部复广东省财政厅关于沿海地区围垦造田免税年限问题的函》；

㉛1978 年 6 月，《煤炭工业部关于预防岩石与二氧化碳突出事故的通

知》；

㉜1978 年 7 月，《小煤矿管理试行办法》；

㉝1978 年 7 月，《国务院关于加快全国荒地资源勘察工作的通知》；

㉞1978 年 8 月，《造林技术规程》；

㉟1978 年 9 月，国务院批转国家水产总局《关于改进国营海洋渔业管理体制的请示报告》；

㊱1978 年 9 月，《急性传染病管理条例》；

㊲1978 年 11 月，《国务院批转国家林业总局关于在西北华北东北风沙危害和水土流失重点地区建设大型防护林的规划》；

㊳1978 年 12 月，《国家林业总局关于加强大熊猫保护、驯养工作的报告》；

㊴1978 年 12 月，《林木种子经营管理试行办法》；

㊵1978 年 12 月，《化学矿山生产地质工作规定》；

㊶1978 年 12 月，《林木种子发展规划》；

㊷1978 年 12 月，《环境保护工作汇报要点》；

㊸1979 年 1 月，《微波辐射暂行卫生标准》；

㊹1979 年 1 月，《国务院关于保护森林制止乱砍滥伐的布告》；

㊺1979 年 2 月，《国家林业总局、国家建委、铁道部、交通部、水电部关于大力开展植树造林绿化祖国的联合通知》；

㊻1979 年 2 月，《森林法（试行）》；

㊼1979 年 2 月，《全国人民代表大会常务委员会关于植树节的决议》；

㊽1979 年 2 月，《水产资源繁殖保护条例》；

㊾1979 年 2 月，《农药安全使用标准（试行）》；

㊿1979 年 2 月，《机动车辆允许噪声标准》；

51 1979 年 2 月，《放射性同位素工作卫生防护管理办法》；

52 1979 年 3 月，《渔业水质标准（试行）》；

53 1979 年 3 月，《农田灌溉水质标准（试行）》；

54 1979 年 3 月，《国家地震局关于保护地震台站观测环境的暂行规定》；

55 1979 年 4 月，《飞机播种造林技术规程（试行）》；

㊄1979 年 4 月，《国家水产总局关于全国水产工作会议情况的报告》；

㊄1979 年 4 月，《国家劳动总局、卫生部关于加强厂矿企业防尘防毒工作的报告》；

㊄1979 年 5 月，《关于组建环境科学研究院和环境监测总站的报告》；

㊄1979 年 6 月，《森林工业企业经济核算条例（试行)》；

⑩1979 年 7 月，《国家水产总局关于渤海秋汛对虾生产安排意见的报告》；

㊅1979 年 7 月，《煤炭工业部关于地方煤矿当前存在的问题和调整发展意见的报告》；

㊅1979 年 7 月，农业部《关于农业环境污染情况和加强农业环境保护工作的意见》；

㊅1979 年 8 月，《国务院环境保护领导小组关于开展大自然保护工作及调查研究的通知》；

㊅1979 年 8 月，《杨树苗木检疫暂行规定》；

㊅1979 年 8 月，《林业安全生产工作管理办法（试行)》；

㊅1979 年 8 月，《工业企业噪声卫生标准（试行草案)》；

㊅1979 年 9 月，《国家经委、国家科委、国家农委、农业部关于当前农村沼气建设中几个问题的报告的通知》；

㊅1979 年 9 月，《国务院关于扩大利用野生植物原料搞好"小秋收"的通知》；

㊅1979 年 9 月，《环境保护法（试行）》。

第二节　《环境保护法（试行）》的颁行与贡献

萌芽时期的环境法和奠基时期的环境法为《环境保护法（试行）》的产生提供了有益的探索，中国环境保护的现实需要以及联合国人类环境会议的影响推动了《环境保护法（试行）》的产生，《环境保护法（试行）》的颁行又为中国环境法制建设奠定了基础。

一、制定《环境保护法（试行）》的历史背景

中国环境的污染和资源破坏问题是伴随着现代工农业发展而产生的一个新问题。党和国家十分重视这个问题，周恩来总理在世时对环境保护作过一系列指示。他多次指出，我们在搞工业建设的同时，应该抓紧解决这个问题，绝对不做贻害子孙后代的事。在总理的推动下，国务院于 1973 年召开了全国环境保护会议，制定了一些环境保护文件。1974 年，国务院环境保护领导小组成立。这些都说明中国环境保护工作已经正式开展起来。

但是，由于经济建设与环境保护之间难以排除的矛盾和国家对环境保护工作的客观要求等认识不足，已经开始的环境保护工作没有使环境污染等问题迎刃而解。许多地方的环境污染和自然生态破坏的状况不仅没有得到控制和改善，而且还在继续恶化。主要表现在：1. 大中城市和工业区空气污染严重。许多大中城市的降尘量都大大超过了国家规定的标准，许多城市烟雾弥漫，空气污浊。2. 全国江河湖海受到不同程度的污染。长江、黄河、淮河、珠江、松花江等主要河流流经工业城市的河段都受到严重污染。许多过去水流清澈、鱼类繁多的河流，受污染后变成臭气熏天的污水沟，甚至成为鱼虾绝迹的无生物河段。3. 地下水污染范围在逐年扩大。4. 食油食品中普遍含有害物质，农业污染尤为突出。中国食品中"六六六"、"滴滴涕"残留超过标准情况严重。5. 自然环境破坏相当严重。许多地区由于不合理地开发利用自然资源以及工业有害物质的污染，破坏了自然生态系统，破坏了风景区、自然保护区和文物古迹，造成难以挽回的损失。许多珍贵野生动植物濒于灭绝。因此，自然环境破坏的影响和危害比环境污染问题更加深远。中国的环境污染和自然生态破坏的状况触目惊心，影响了发展，各地、各界反映十分强烈。环境问题到了非下决心解决不可的时候了。[①]

二、《环境保护法（试行）》的颁行过程

国务院环境保护领导小组办公室为起草《环境保护法》进行了立法调

---

① 参见李超伯《关于〈中华人民共和国环境保护法（试行草案）〉的说明》，载陈明义、徐耀贵、曹叠云编著《环境保护法法规与论文选编》，武汉大学出版社 1989 年版，第 21—24 页。

研。其中包括组织有关学术单位搜集、整理、翻译国外环境保护法律和有关参考资料，开展比较环境法学研究。① 1978 年 10 月，马骧聪和任允正参加了环保部门提出的环境保护法初稿讨论，并在会上发言。此后，他们应邀参与了法律草案的起草工作，与曲格平、金瑞林、文伯屏等人作为起草专家组成员共同拟定了立法草案。草案是在总结《关于保护和改善环境的若干规定（试行草案）》、《环境保护工作汇报要点》等环境保护法律文件贯彻执行情况，吸收国外保护环境的经验教训的基础上制定的。草案拟定后"曾广泛征求了各地区，国务院各部门以及厂矿企业、事业、人民公社、学校等单位的意见，并经过法制委员会全体会议审议，作过多次修改"②。法制委员会在审议《环境保护法（试行草案）》时，提出了作为正式法律、作为试行法律和作为条例等三种不同的意见。起草工作小组充分考虑了这些意见，认为颁布环境保护法已经基本具备了条件。③ 因此，以试行草案提交国务院和全国人大审议。

1979 年 9 月 11 日至 13 日，第五届全国人大常委会第十次会议在北京举行。会议听取了国家基本建设委员会副主任、国家环境保护领导小组办公室主任李超伯《关于〈中华人民共和国环境保护法（试行草案）〉的说明》。会议原则通过了《环境保护法（试行）》④。《环境保护法（试行）》从立项到审议通过总共历时两年多。

三、《环境保护法（试行）》的立法依据

党的十一届三中全会以后，全国工作的着重点已经转移到社会主义现代

---

① 肖剑鸣：《比较环境》，中国检察出版社 2001 年版，第 22 页。
② 李超伯：《关于〈中华人民共和国环境保护法（试行草案）〉的说明》，载法学教材编辑部资料室选辑《简明法学教材教学参考书——法规选编》，法律出版社 1983 年版，第 653 页。
③ 李超伯：《关于〈中华人民共和国环境保护法（试行草案）〉的说明》，载法学教材编辑部资料室选辑《简明法学教材教学参考书——法规选编》，法律出版社 1983 年版，第 654 页。
④ 所谓"原则通过"，一般是指人大常委会委员虽然不对整个法律的具体条文全部表示同意，但对法律的基本精神表示同意，因此对该法律草案仍然予以通过的一种通过方式。所谓"试行法"，一般是指人大常委会虽然对法律草案感到不够充分或立法条件不够成熟，而实际生活却又需要该法律加以调整，因此而予以通过的法律。这种公布法律的方式，是在 1980 年以前全国人大常委会进行立法以及国务院制定行政法规时的习惯做法。参见汪劲《从环境基本法的立法特征论中国〈环境保护法〉的修改定位》，载《中外法学》2004 年第 4 期。

化建设上来，保护环境也成为社会主义现代化建设事业的一个重要组成部分。1978 年《宪法》第十一条第三款规定："国家保护环境和自然资源，防治污染和其他公害。"宪法的这一规定将"环境保护任务提到宪法规定的高度，为国家和社会的环境保护活动奠定宪法基础"①。五届全国人大的《政府工作报告》中指出："消除污染，保护环境，是一件关系到广大人民健康的大事，必须引起高度重视，并制定环境保护的法令和条例，保证这方面的问题得到切实的解决。"1978 年 12 月 31 日，中共中央在对国务院环境保护领导小组的《环境工作汇报要点》的批复中明确提出"要制定防止污染、保护环境的法规"。根据宪法的规定和国家经济社会发展的需要，为加强对环境的管理，国务院指示环境保护领导小组草拟了《环境保护法（试行草案）》。

《环境保护法（试行草案）》是一部粗线条的法律草案。参与起草的专家们把这部法律看作为确立环境保护方向的一部基本法，所以可以仅就国家在环境保护方面的基本方针和基本政策作出规定，具体的规定可以在"制定大气保护法，水质保护法等具体法规和实施细则时解决"②。

四、《环境保护法（试行）》的主要内容

《环境保护法（试行）》是在国家基本法体系恢复重建，其他环境与资源保护单项法律尚处于空白的状态下完成的。③ 该法在总则部分明确了中国环境保护的任务，即"保证在社会主义现代化建设中，合理地利用自然环境，防治环境污染和生态破坏，为人民造成清洁适宜的生活和劳动环境，保护人民健康，促进经济发展。"该法对于环境保护的对象——环境一词的范围进行了界定。第三条规定："本法所称环境是指：大气、水、土地、矿藏、森林、草原、野生动物、野生植物、水生生物、名胜古迹、风景游览区、温泉、疗养区、自然保护区、生活居住区等。"《环境保护法（试行）》还对《关于保护和改善环境的若干规定（试行草案）》提出的环境保护32

---

① 马骧聪：《环境保护法基本问题》，中国社会科学出版社 1983 年版，第 50 页。

② 李超伯：《关于〈中华人民共和国环境保护法（试行草案）〉的说明》，载法学教材编辑部资料室选辑《简明法学教材教学参考书——法规选编》，法律出版社 1983 年版，第 654 页。

③ 徐祥民、陈书全等：《中国环境资源法的产生与发展》，科学出版社 2007 年版，第 21 页。

字方针进行了确认。第四条规定："环境保护工作的方针是：全面规划，合理布局，综合利用，化害为利，依靠群众，大家动手，保护环境，造福人民。"《环境保护法（试行）》确定了环境保护的基本原则。它们分别是：

1. 经济建设与环境保护协调发展原则。根据《环境保护法（试行）》第四条的规定，环境保护的工作方针包括"全面规划、合理布局"。"全面规划、合理布局"阐明环境保护是国民经济发展规划的一个重要组成部分，必须纳入国家、地方和部门的社会经济发展规划中去，保证经济与环保的协调。在安排工业、农业、城市、交通、水利等项建设事业时，要考虑到对环境的影响，考虑社会、经济和环境的效益。① 《环境保护法（试行）》第五条规定："在制定发展国民经济计划的时候，必须对环境的保护和改善统筹安排，并认真组织实施"。该条确立了环境保护与经济建设计划统筹安排的思想。这一原则有利于国家通盘考虑各方面的因素，有计划地发展环境保护事业……保证在国民经济与社会发展的同时，实现保护与改善环境的目的。②

2. 预防为主、防治结合、综合治理原则。虽然《环境保护法（试行）》并没有明确这一原则，但是该法第六条、第七条规定的"全面规划，合理布局"、"环境影响报告书的审批制度"、"三同时"制度、"有害物质排放标准制度"、环境监测制度，"对环境造成污染和其他公害的单位，应当积极治理"等要求蕴含了"预防为主、防治结合、综合治理原则"的思想。将预防为主、防治结合、综合治理列为环境法的一项基本原则，是对国内外环境保护经验、教训的总结。这一原则的确立，"可以避免环境损害或者将其消除于生产过程中，做到防患于未然；而对于已经发生的污染，则通过各种净化、治理措施，达到环境目标的要求，这无疑是一种投资少、收效快，把经济建设与环境保护协调起来的有益尝试"③。

3. 开发利用与保护相结合原则。《环境保护法（试行）》第十条至第十五条分别规定了土地资源、水资源、矿产资源、森林资源、牧草资源、野生动物资源、野生植物资源的开发利用与保护，把开发利用与保护相结合原则

---

① 王克英、朱铁臻主编：《城市生态经济知识全书》，经济科学出版社 1998 年版，第 158 页。
② 王立：《中国环境法的新视角》，中国检察出版社 2003 年版，第 142 页。
③ 金瑞林主编：《环境法学》，北京大学出版社 1990 年版，第 101 页。

贯彻到资源开发利用的多个方面。

4. 谁污染谁治理原则。《环境保护法（试行）》第六条第二款规定："已经对环境造成污染和其他公害的单位，应当按照谁污染谁治理的原则，制定规划，积极治理，或者报请主管部门批准转产、搬迁。"这一原则加给企业防治污染的责任，有利于促进企业加强技术改造，开展综合利用。谁污染谁治理原则后来发展为"污染者负担原则"。

5. 公众参与原则。中国《环境保护法（试行）》第四条规定了"依靠群众，大家动手"。这里的"群众"和"大家"就属于公众的范围；这里的"依靠"和"动手"包含有对于环境保护进行"参与"的含义。公众要参与环境管理，就必须掌握一定的环境知识。为此该法第三十条第一款规定："文化宣传部门要积极开展环境科学知识的宣传教育工作，提高广大人民群众对环境保护工作的认识和科学技术水平。"该原则还要求公布环境状况公报。公众在掌握必要的环保知识，了解环境信息的基础上才能有效地参与环境保护。

《环境保护法（试行）》同时规定了若干重要制度。（1）"三同时"制度。要求"在进行新建、改建和扩建工程时"，"防止污染和其他公害的设施，必须与主体工程同时设计、同时施工、同时投产"。（2）环境影响评价制度。要求有关单位对它的选址、设计以及在施工中和建成投产后可能对环境造成影响进行预测和估价。（3）排污收费制度。（4）环境规划制度。（5）环境标准制度。

虽然制定环境保护法时最初的设想是只规定国家环境保护的基本方针和政策，但严峻的环境问题迫使起草者不得不将污染防治和资源保护的具体措施写进法律草案。《环境保护法（试行草案）》中，对企业排放污染物区别情况作了规定，明确了大气污染、水污染、噪声污染、放射性物质污染等污染类型的防治。鉴于"中国的自然生态破坏情况严重"，而且其"影响和危害比环境污染问题更加深远。自然生态的恢复和改善是一件更为困难的事情，甚至有些已是不可能恢复的。"[①] 该法明确了自然环境保护的基本政策，

---

① 李超伯：《关于〈中华人民共和国环境保护法（试行草案）〉的说明》，载法学教材编辑部资料室选辑《简明法学教材教学参考书——法规选编》，法律出版社 1983 年版，第 655 页。

规定了土地、水、矿藏、森林、草原、野生动物、野生植物等资源的保护，并考虑依据这些规定制定具体的环境法规。此外，为保障实施，该法还规定了奖励和惩罚等措施。

五、《环境保护法（试行）》的主要贡献

《环境保护法（试行）》的成就主要表现在确定了中国环境立法的基本框架，确立了中国环境保护涉及的领域，规定了中国环境保护的一些基本原则和基本制度，明确了中国环境保护的管理机构及其职责等方面。

1. 初步确立了中国环境保护涉及的领域。《环境保护法（试行）》规定了自然环境保护和污染与其他公害防治两大领域。自然环境保护包括土地、水、矿藏、森林、草原、野生动物、野生植物等资源的利用与保护。污染与其他公害的防治包括大气污染、水污染、噪声污染、放射性物质污染等污染类型的防治以及水土保持等内容。这是中国环境法对环境保护事务领域的最初规定。它在一定程度上划定了中国环境法进一步发展的外部界限。

2. 确定了中国环境保护法律体系的基本框架。《环境保护法（试行）》被起草者视为基本法的试行法，对自然环境保护、污染和其他公害的防治、环境保护管理机构等方面作出了原则性规定。在后来的环境法制建设中，中国循着这些原则性规定制定了一系列法规、规章。这些法规、规章与《环境保护法（试行）》一起初步形成了中国的环境法体系。

3. 规定了中国环境保护的基本原则。《环境保护法（试行）》规定的"经济建设与环境保护协调发展的原则"、"预防为主、防治结合、综合治理原则"、"开发利用与保护相结合的原则"、"谁污染谁治理原则"、公众参与原则等原则成为中国环境保护的基本原则，为中国此后的环境法治建设提供了指导。同时，这些基本原则也被《环境保护法》和环境保护的单行法律继承和发展。

4. 明确了中国环境保护的基本制度。

第一，规定了环境影响评价制度。环境影响评价制度是对规划和建设项目实施后可能造成的环境影响进行分析、预测和评估，提出预防或者减轻不

良环境影响的对策。它是控制新污染的第一道关口，是建立预防机制、减少环境污染和生态破坏的重要手段。①《环境保护法（试行）》最早对环境影响评价制度作出规定。该法第六条规定："一切企业、事业单位的选址、设计、建设和生产，都必须充分注意防止对环境的污染和破坏。在进行新建、改建和扩建工程时，必须提出对环境影响的报告书，经环境保护部门和其他有关部门审查批准后才能进行设计。"该法第七条同时规定："在老城市改造和新城市建设中，应当根据气象、地理、水文、生态等条件，对工业区、居民区、公用设施、绿化地带等作出环境影响评价。"继《环境保护法（试行）》对环境影响评价制度作出规定之后，该制度获得了进一步的发展完善。此后该项制度出现在中国制定和修改的有关污染防治和资源保护的诸多法律中。2002 年，全国人大常委会通过了《环境影响评价法》。

第二，确立了"三同时"制度。"三同时"制度"是一项严格控制新的污染源、防止环境遭受新的污染和破坏的根本性措施和重要的法律制度，是防止中国环境质量继续恶化的有效办法，是中国环境保护工作的创举。"②早在 1972 年国家计委、国家建委发布的《关于官厅水库污染情况和解决意见的报告》中就提出了"三同时"制度，《关于保护和改善环境的若干规定（试行草案）》则是中国首部规定该项制度的行政法规。虽然"三同时"制度并非《环境保护法（试行）》所独创，但却是借助于该法第一次在中国正式获得法律身份。从此以后，该项制度获得了进一步发展完善，并沿用至今。《环境保护法（试行）》第六条规定："防止污染和其他公害的设施，必须与主体工程同时设计、同时施工、同时投产"。由于《环境保护法（试行）》是中国环境保护立法的起步，环境立法经验不够成熟，所规定的"三同时"的项目还比较狭窄，仅限于"防止污染和其他公害的设施"。1984 年国务院发布了《关于环境保护工作的决定》，将"三同时"制度的适用范围扩大到可能对环境造成污染和破坏的一切工程项目和自然开发项目。1989 年《环境保护法》继承了《环境保护法（试行）》中的"三同

---

① 徐祥民、陈书全等：《中国环境资源法的产生与发展》，科学出版社 2007 年版，第 35 页。

② 徐杰、赵儒基主编：《经济法教程》，中国政法大学出版社 1988 年版，第 460 页。

时制度"。

第三，规定了环境规划制度。1973 年《关于保护和改善环境的若干规定（试行草案）》是中国最早出现的涉及环境规划理念的法律文件。该草案规定："各地区、各部门制定国民经济发展规划，既要从发展生产出发，又要充分注意到环境的保护和改善，把两个方面的要求统一起来，统筹兼顾，全面安排。"这一规定同时也是对环境保护"三十二字方针"中的"全面规划，合理布局"方针的具体落实。1979 年的《环境保护法（试行）》首次在法律上对这一制度作出了规定。该法第四条重申了作为环境规划制度理论根据的环境保护工作的"三十二字方针"。第五条对于环境规划制度作出了具体规定，即"国务院和所属各部门、地方各级人民政府必须切实做好环境保护工作；在制定发展国民经济计划的时候，必须对环境的保护和改善统筹安排，并认真组织实施；对已经造成的环境污染和其他公害，必须作出规划，有计划有步骤地加以解决。"第七条针对老城市改造和新城市建设中污染和其他公害的防治问题，要求"根据气象、地理、水文、生态等条件，对工业区、居民区、公用设施、绿化地带等作出环境影响评价，全面规划，合理布局"。

第四，明确了排污收费制度。排污收费制度是贯彻执行"谁污染谁治理"原则的具体措施，是用经济手段加强环境保护的一项较好的办法。1978 年 12 月，中共中央批转国务院环境保护领导小组的《环境保护工作汇总要点》中，首次提出在中国施行排放污染物收费制度。此后，《环境保护法（试行）》继承了这一主张。该法十八条第二款规定："超过国家规定的标准排放污染物，要按照排放污染物的数量和浓度，根据规定收取排污费。""超标排污收费"是排污收费制度的最初形态。在后来的立法中，排污收费的内容有所改变。如 1984 年颁布的《水污染防治法》第十五条规定："企事业单位，向水体排放污染物的，按照国家规定缴纳排污费。"这一规定明确指出，一切企事业单位只要向水体排放污染物，即使没有超过规定的排放标准，也应当缴纳排污费。

第五，规定了限期治理制度。限期治理制度是中国特有的一项环境法律制度，是环境法"预防为主、防治结合、综合治理"原则的具体体现。也是针对中国当时"企业的问题比较复杂，长时间积累起来的问题"难以解决而作出的"弹性较大的规定"①。1973年的《关于保护和改善环境的若干规定（草案）》第一次提出了限期治理的要求。《规定》指出："对于污染特别严重的单位或产品，在没有有效的解决办法以前，报经批准后，可以暂时停产，以便集中力量解决污染问题。"1978年的《环境保护工作汇报要点》指出，"凡污染严重，又不积极治理的企业"，"必须限期解决"。1979年的《环境保护法（试行）》则以法律的形式，正式确立了限期治理制度。该法第十七条规定："在城镇生活居住区、水源保护区、名胜古迹、风景游览区、温泉、疗养区和自然保护区，不准建立污染环境的企业、事业单位。已建成的，要限期治理、调整或者搬迁。"该法第十八条第二款规定：企业生产过程中，"需要排放的，必须遵守国家规定的标准；一时达不到国家标准的要限期治理；逾期达不到国家标准的，要限制企业的生产规模"。

第六，确立了环境标准制度。环境标准制度用具体的数量来体现环境质量和污染物的排放控制限额，为环境管理部门从事环境管理提供了科学的、可测度的限值数据，为认定排污者排污行为的合法与否提高了法定的技术标准，也使得排污者的排污限度有了可资参照的技术标准。具体而言，环境目标和规划的制定、环境质量的评价和检测、环境保护的监督检查都要以环境标准为依据。《环境保护法（试行）》第二十六条要求国务院环境保护主管部门会同其他有关部门拟定环境保护标准，第二十七条规定了地方各级环境保护机构拟定地方的环境保护标准和规范。该法同时要求排污单位遵守环境标准，第十九条第一款和第二十条第一款分别规定排污单位向大气排放污染物应遵守国家规定的标准和向水体排放污水必须符合国家规定的标准。

第七，规定了环境监测制度。环境监测能够准确、及时、全面地掌握环境质量状况和发展趋势，为环境管理、污染源控制、环境规划等提供科学依据。环境监测制度是实施环境保护法律的重要手段，是环境保护执法的重要手段。②根据《环境保护法（试行）》第二十六条的规定，国务院环境保护机构的重要职责之一就是"统一组织环境监测，调查和掌握全国环境状况和发展趋势，提出改善措施"。依据该法第二十七条的规定，"组织环境监

---

① 李超伯：《关于〈中华人民共和国环境保护法（试行草案）〉的说明》，载法学教材编辑部资料室选辑《简明法学教材教学参考书——法规选编》，法律出版社1983年版，第655页。

② 徐祥民、陈书全等：《中国环境资源法的产生与发展》，科学出版社2007年版，第33页。

测，掌握本地区环境状况和发展趋势"是地方各级环境保护机构的主要职责。

第八，规定了监督检查制度。《环境保护法（试行）》第二十六条规定："国务院设立环境保护机构，主要职责"之一是"会同有关部门制定环境保护的长远规划和年度计划，并督促检查其执行"。第二十七第二款规定："地方各级环境保护机构的主要职责是：检查督促所辖地区内各部门、各单位执行国家保护环境的方针、政策和法律、法令。"

监督检查制度是环境保护法中的一项重要制度。监督检查制度的实施"能够促使排污单位依法加强环境管理，积极采取污染防治措施，减少污染物的排放和消除污染事故隐患"①。

5. 正式确立了中国环境保护机构并规定了其职能。《环境保护法（试行）》颁布以前，中国并不存在具有正式编制的环境保护机构。1973 年第一次全国环境保护工作会议召开后，国务院成立了环境保护工作领导小组，各省市也相应成立了环境保护领导小组或环境保护办公室。1978 年 12 月以后，各省市的环境保护办公室由政府的三级机构上升为一级机构。《环境保护法（试行）》首次在法律上设置环境保护行政管理机构。之所以将环境管理机构的设立写进作为环境保护基本法的《环境保护法（试行）》，是因为中国多年的环境保护实践表明，"如果不建立起环境管理机构体系，再好的规划，再好的主意也难被执行，环境保护事业就只能停留在一般的号召上，难于打开局面。"②《环境保护法（试行）》第二十六条、第二十七条规定，国务院设立环境保护机构，各省、自治区、直辖市设立环境保护局。市、自治州、县、自治县人民政府根据需要设立环境保护机构。这些机构的设立，为环境保护工作提供了组织保障。

六、《环境保护法（试行）》颁布的历史意义

《环境保护法（试行）》的颁布实施在中国环境保护立法的历史上具有里程碑的意义，这主要表现在以下四个方面：

---

① 张梓太：《环境与资源法学》（第二版），科学出版社 2007 年版，第 101 页。
② 曲格平：《我与中国的环境保护》，载曲格平、彭近新主编《环境觉醒——人类环境会议和中国第一次环境保护会议》，中国环境科学出版社 2010 年版，第 4 页。

第一，《环境保护法（试行）》是中国现代环境立法的开端。这部法律的颁布标志着中国的环境保护工作步入法制轨道。中国以往有关环境保护的法律文件大多属于规范性法律文件。它们既没有经过审慎的立法程序，也缺乏来自立法机关的权威。《环境保护法（试行）》的颁布使得中国的环境立法正式进入国家立法的层次。同时，《环境保护法（试行）》由全国人大常委会审议通过，也反映了国家对环境保护的重视。

第二，《环境保护法（试行）》确定了中国环境保护法体系框架。中国20 世纪 70 年代初以前的关于环境保护的法律文件都是个别、分散地制定的，缺少总揽性的指导思想和基本原则、政策的指导。第一次全国环境保护会议期间制定的《关于保护和改善环境的若干规定（试行草案）》确定了中国环境保护的基本方针、政策和一些具体的制度，使得环境保护有了宏观性的指导文件。但是这一文件的权威性、系统性不足，难以承担构建环境法体系的重任。

第三，促进了中国环境行政管理体系的健全，推动了环境管理工作的开展。《环境保护法（试行）》为中国环境保护管理机构的设立提供了法律依据，为环境管理提供了基本的制度和行政手段。该法要求建立环保机构，改变了在此之前的全国各地的环境保护办公室没有正式编制、开展工作不便的缺陷。

第四，《环境保护法（试行）》为环境保护单行法的产生提供了依据。中国此后制定的一系列防治环境污染和保护资源的单行法律，基本上是《环境保护法（试行）》所规定的"保护自然环境"和"防治污染和其他公害"两章所规定内容的扩展。因此，可以说《环境保护法（试行）》为中国环境与资源保护法律体系的建立描绘了蓝图。

七、《环境保护法（试行）》的实施

《环境保护法（试行）》是中国制定的第一部环境保护方面的专门性法律。这部法律的实施既是中国环境法制历史上的里程碑，同时也有力地推动了中国环境法制建设。它的实施对加强环境管理，保护与改善中国的环境，防治污染和其他公害，发挥了重要的作用。

1. 中国环境保护法律体系初步形成。被起草者看作是环境保护基本法的《环境保护法（试行）》作为中国环境保护领域第一部系统的综合性立法，在一定程度上对中国环境法制建设发挥了基本法的作用。在它的指导下，中国环境保护立法工作取得显著成效，初步形成了一个较为完整的环境法律体系。

在环境保护单行法建设方面，1982 年全国人大常委会颁布了《海洋环境保护法》，1984 年颁布了《森林法》、《水污染防治法》；1986 年颁布了《土地管理法》、《渔业法》、《矿产资源法》；1987 年颁布了《大气污染防治法》；1988 年颁布了《水法》、《野生动物保护法》等等。

环境保护行政法规建设方面，1981 年国务院发布了《国务院关于在国民经济调整时期加强环境保护工作的决定》；1982 年颁布了《征收排污费暂行办法》；1983 年发布了《国务院关于结合技术改造防治工业污染的几项规定》、《防止船舶污染海域管理条例》、《海洋石油勘探开发环境保护管理条例》；1984 年颁布了《国务院关于加强乡镇街道企业环境管理的规定》、《国务院关于环境保护工作的决定》；1985 年颁布了《海洋倾废管理条例》；1986 年颁布了《对外经济开放地区环境管理暂行规定》等。

环境保护部门规章建设方面，1981 年，冶金工业部公布了《冶金工业环境管理若干规定》；1983 年城乡建设环境保护部公布了《环境保护标准管理办法》、《全国环境监测管理条例》；1984 年城乡建设环境保护部公布了《核电站基本建设环境保护管理办法》，城乡建设环境保护部、财政部、国家计委、国家科委公布了《关于环境保护资金渠道的规定的通知》等。

环境保护地方法规和地方规章方面，截至 20 世纪中后期，据对 25 个省、自治区、直辖市的统计，已公布的地方性环境法规和地方性环境规章就有 130 多件。①

2. 建立了环境保护统一监督管理与分工管理相结合的管理体制。环境保护涉及面广，综合性强，调整的社会关系十分复杂，为此，《环境保护法（试行）》第二十六、二十七、二十八条规定，国家环境保护主管部门统一监督管理全国环境保护工作，各有关部门分别负责本部门的环境保护工作。在《环境保护法（试行）》实施的过程中，逐步理顺了"统"与"分"的

---

① 《中国法律年鉴》编辑部：《中国法律年鉴》（1988），法律出版社 1989 年版，第 75 页。

关系，坚持该统管的要统管，该分管的要分管。例如，在水污染防治方面，明确规定：各级人民政府的环境保护部门是对水污染防治实施统一监督管理的机关；各级交通部门的航政机关是对船舶污染实施监督管理的机关；各级人民政府的水利管理部门、卫生行政部门、地质矿产部门、市政管理部门、重要江河的水源保护机构，结合各自的职责协同环境保护部门对水污染防治实施监督管理。在大气污染防治方面，明确规定：各级人民政府的环境保护部门是对大气污染防治实施统一监督管理的机关；各级公安、交通、铁道、渔业管理部门根据各自的职责，对机动车船污染大气实施监督管理。随着《环境保护法（试行）》的实施，环境保护法制的逐步发展，环境保护管理体制逐步稳定。

3. 环境管理制度贯彻实施良好并不断完善。在《环境保护法（试行）》实施的过程中，逐步建立和完善了环境管理制度。在环境影响评价制度方面，根据《环境保护法（试行）》第六条的规定，1981年5月，国家计委、国家经委、国家建委、国务院环境保护领导小组联合发布《基本建设项目环境管理办法》，进一步对环境影响评价的范围、内容、程序和责任等做了具体规定；1987年3月，国务院环境保护委员会、国家计委、国家经委又对这个办法作了修改，使这项制度得到充实和完善。截至20世纪80年代末，中国新建的大、中型项目基本上实行了环境影响评价制度，对控制新污染源的发展或减轻影响程度发挥了重要的作用。

在"三同时制度"方面，《环境保护法（试行）》颁布后的几年，大、中型建设项目的"三同时"执行率快速上升。1979年为39%。"六五"期间逐年上升，1983年为71%，1984年为84%，1985年为85%，1986年达到94%。①

限期治理制度方面，《环境保护法（试行）》第十八条规定了工业"三废"的限期治理，1984年颁布的《水污染防治法》则进一步明确了实施限期治理制度的部门、权限、责任、程序。这项制度实施以来，国家和地方先后对一些企业实行限期治理，对治理老污染源起了很好的作用。

排污收费制度方面，根据《环境保护法（试行）》第十八条的规定，

---

① 《中国法律年鉴》编辑部：《中国法律年鉴》（1988），法律出版社1989年版，第75页。

1982 年 2 月，国务院公布了《征收排污费暂行办法》，规定排污单位缴纳排污费并不免除其应承担的治理污染、赔偿损害的责任和法律规定的其他责任。征收的排污费纳入预算，作为环境保护补助资金，主要用于补助重点排污单位治理污染源以及环境污染的综合治理措施，并可适当用于补助环境保护部门监测仪器设备的购置。截至 20 世纪 80 年代中后期，全国 29 个省、自治区、直辖市，除西藏自治区外，都已实行了排污收费制度。1979 年至 1986 年共征收排污费 46. 23 亿元。1986 年征收 12 亿元，已使用 9. 2 亿元。①征收排污费制度对防治工业污染，推动环境保护部门的自身建设发挥了重要作用。

环境标准方面，《环境保护法（试行）》颁布以后，制定了一批环境质量标准和污染物排放标准。例如《大气环境质量标准》、《城市区域环境噪声标准》、《海水水质标准》、《地面水环境质量标准》、《渔业水质标准》、《农田灌溉水质标准》、《工业企业噪声卫生标准》、《放射防护规定》、《微波辐射暂行卫生标准》、《工业"三废"排放试行标准》、《船舶污染物排放标准》、《农药安全使用标准（试行）》、《机动车辆允许噪声标准》、《电影洗片水污染物排放标准》等十余项国家标准。这些环境标准的颁布，对贯彻环境保护法，处理违法行为发挥了积极的作用。

4. 违反环境法应承担的责任类型更加丰富。《环境保护法（试行）》第三十二条规定："对违反本法和其他环境保护的条例、规定，污染和破坏环境，危害人民健康的单位，各级环境保护机构要分别情况，报经同级人民政府批准，予以批评、警告、罚款，或者责令赔偿损失、停产治理。对严重污染和破坏环境，引起人员伤亡或者造成农、林、牧、副、渔业重大损失的单位的领导人员、直接责任人员或者其他公民，要追究行政责任、经济责任，直至依法追究刑事责任。"根据这一规定，违反环境保护法规应承担的法律责任包括行政责任、经济责任、刑事责任三种责任类型。1984 年的《水污染防治法》、1987 年的《大气污染防治法》等环境保护单行法法律责任的规定进一步丰富。

5. 环保部门自身建设不断加强，环境保护事业有了较大发展。《环境保

---

① 《中国法律年鉴》编辑部：《中国法律年鉴》（1988），法律出版社 1989 年版，第 76 页。

护法（试行）》颁布后，各级环境保护机构不断设立。到1986年底（除西藏外）28个省、自治区、直辖市都成立了环保局；成立地（市）级环保局40余个；成立县级环保局1900余个。建立了一批环境保护科研机构：省级21个；地（市）级48个。建立了一批环境监测站：省级28个；地（市）级290余个；县级1100余个。①

环保部门工作人员得到充实，环境管理所需设备逐渐配备。截至1986年，全国环境保护系统工作人员达4.4万余人。其中科技人员25700余人，行政管理人员8800余人。添置了一批仪器设备。全国环保系统机动车（船）拥有量达3656辆（艘）；监测车1279辆；监测船（艇）82艘；主要仪器设备达38509台（套）。②

6. 环境教育、培训工作不断展开。1986年全国举办各类培训班1951个，培训环保工作人员7万余人。③

《环境保护法（试行）》颁布后，为应对环境问题，国家制定了一系列有关环境保护的法律文件。按照时间先后顺序依次有：

①1979年9月，《电力网和火力发电厂省煤节电工作条例》；

②1979年10月，林业部、中国科学院、国家科委、国家农委、环保领导小组、农业部、国家水产总局、地质部《关于加强自然保护区管理、区划和科学考察工作的通知》；

③1979年10月，国务院环境保护领导小组办公室《关于加强自然环境保护工作的通知》；

④1979年10月，商业部、供销合作总社、林业部、国家物资总局《关于进一步加强木制旧包装回收复用的联合通知》；

⑤1979年10月，《国务院关于保护水库安全和水产资源的通令》；

⑥1979年12月，《财政部、国务院环境保护领导小组关于工矿企业治理"三废"污染开展综合利用产品利润提留办法的通知》；

⑦1979年12月，《国务院环境保护领导小组、林业部关于加强保护珍贵稀有动物的宣传教育工作的建议》；

①《中国法律年鉴》编辑部：《中国法律年鉴》（1988），法律出版社1989年版，第76—77页。
②《中国法律年鉴》编辑部：《中国法律年鉴》（1988），法律出版社1989年版，第77页。
③《中国法律年鉴》编辑部：《中国法律年鉴》（1988），法律出版社1989年版，第77页。

⑧1980 年 1 月，《国家计委、经委关于重点城市烧油锅炉改烧煤问题的通知》；

⑨1981 年 2 月，《国务院关于在国民经济调整时期加强环境保护工作的决定》；

⑩1981 年 3 月，《国务院批转国家城市建设总局等部门〈关于加强风景名胜保护管理工作的报告〉的通知》；

⑪1981 年 9 月，《冶金工业环境管理若干规定》；

⑫1982 年 2 月，《征收排污费暂行办法》；

⑬1982 年 4 月，《大气环境质量标准》；

⑭1982 年 4 月，《城市区域环境噪声标准》；

⑮1982 年 4 月，《海水水质标准》；

⑯1982 年 8 月，《海洋环境保护法》[①]；

⑰1983 年 2 月，《国务院关于结合技术改造防治工业污染的几项规定》；

⑱1983 年 4 月，《船舶污染物排放标准》；

⑲1983 年 4 月，《电影洗片水污染物排放标准》；

⑳1983 年 7 月，《全国环境监测管理条例》；

㉑1983 年 10 月，《环境保护标准管理办法》；

㉒1983 年 12 月，《海洋石油勘探开发环境保护管理条例》；

㉓1983 年 12 月，《防止船舶污染海域管理条例》；

㉔1984 年 5 月，《国务院关于环境保护工作的决定》；

㉕1984 年 5 月，《水污染防治法》[②]；

㉖1984 年 5 月，《征收超标准排污费财务管理和会计核算办法》；

㉗1984 年 9 月，《森林法》[③]；

㉘1984 年 9 月，《国务院关于加强乡镇街道企业环境管理的规定》；

㉙1984 年 9 月，《核电站基本建设环境保护管理办法》；

㉚1985 年 3 月，《海洋倾废管理条例》；

㉛1985 年 6 月，《风景名胜区管理暂行条例》；

---

① 1999 年 12 月对该法进行了修订。

② 1996 年 5 月、2008 年 2 月对该法进行了两次修订。

③ 1998 年 4 月对该法进行了修订。

㉜1985 年 6 月，《草原法》①；

㉝1986 年 1 月，《渔业法》②；

㉞1986 年 1 月，《节约能源管理暂行条例》；

㉟1986 年 3 月，《矿产资源法》③；

㊱1986 年 3 月，《对外经济开放地区环境管理暂行规定》；

㊲1986 年 6 月，《土地管理法》④；

㊳1987 年 2 月，《化学危险物品安全管理条例》；

㊴1987 年，《国家环境保护"七五"计划》；

㊵1987 年 7 月，《风景名胜区管理暂行条例实施办法》；

㊶1987 年 7 月，《城市放射性废物管理办法》；

㊷1987 年 9 月，《全国海洋环境污染监测网组织办法》；

㊸1987 年 9 月，《大气污染防治法》⑤；

㊹1988 年 1 月，《水法》⑥；

㊺1988 年 5 月，《防止拆船污染环境管理条例》；

㊻1988 年 7 月，《污染源治理专项基金有偿使用暂行办法》；

㊼1988 年 11 月，《野生动物保护法》⑦；

㊽1989 年 7 月，《水污染防治法实施细则》；

㊾1989 年 9 月，《环境噪声污染防治条例》；

㊿1989 年 10 月，《放射性同位素与射线装置放射防护条例》。

第三节　《环境保护法》的颁布与成就

《环境保护法（试行）》为中国环境保护工作奠定了基本的法律依据。它的实施推动了中国的环境法制建设。对保护与改善中国的环境，防治污染

---

① 2002 年 12 月对该法进行了修订。

② 2000 年 10 月、2004 年 8 月对该法进行了两次修订。

③ 1996 年 8 月对该法进行了修订。

④ 1988 年 12 月、1998 年 8 月、2004 年 8 月对该法进行了三次修订。

⑤ 1995 年 8 月、2004 年 4 月对该法进行了两次修订。

⑥ 2002 年 8 月对该法进行了修订。

⑦ 2004 年 8 月对该法进行了修订。

与其他公害，起到了积极作用。但是，它作为"试行"法的地位已经说明了它的不完善，用更完善的立法取代《环境保护法（试行）》是历史的必然。同时，随着环保任务的不断增加和人们对环境保护认识的不断加深，环境立法也需要充实和调整。《环境保护法》正是应这种需要而诞生的。

一、《环境保护法》颁布的背景

《环境保护法（试行）》颁布后，中国经济、社会、法制等的发展提出了修改《环境保护法（试行）》的要求。

1. 1982 年《宪法》使得《环境保护法（试行）》的立法依据发生了变化。《环境保护法（试行）》是依据 1978 年《宪法》第十一条关于国家保护环境和自然资源，防治污染和其他公害的规定制定的。1982 年《宪法》第二十六条规定："国家保护和改善生活环境和生态环境，防治污染和其他公害。"《宪法》的这一规定明确了既要保护环境，又要改善环境；既要保护和改善生活环境，又要保护和改善生态环境。为了在环境保护法中更充分地体现《宪法》对环境保护事业的新要求，必须对现行法作相应的修改。

2. 改革开放后的社会形势发生了巨大变化。《环境保护法（试行）》是在中国经历了十年动乱之后，刚刚开始拨乱反正时制定的。党的十一届三中全会以后，随着全国工作重心的转移，国家的经济生活、社会面貌和环境保护工作发生了巨大而深刻的变化，乡镇企业、个体企业、私营企业的发展和对外开放、对内搞活经济等新情况都要求环境法做积极应对。

3. 人民的环境意识不断提高，立法部门的环境立法经验得到积累。随着《环境保护法（试行）》等环境保护法律的实施和环境保护事业的发展，尤其是中国环境保护宣传教育事业的迅速而富有成效的开拓，人民的环境意识大为提高。对环境保护提出了更高、更严的要求。而环境保护的实践积累了不少可以上升为法律的经验。这些也都需要在环境法中有所表达。

4.《环境保护法（试行）》存在一些不足。《环境保护法（试行）》存在不少缺陷。比如，只规定了超标排污收费，没有规定排污许可证制度，而后者既是常用的行政手段，又是环境保护中普遍采用的制度。再如，对法律责任没有做系统的规定，使环境执法部门以及司法机关难以向违反环境法的行为人问责。又如，对超标准排放污染物的企业规定限期治理，对逾期达不到国家标准的，只规定限制企业的生产规模。[①] 这样的规定无法督促企业严格遵守环境保护行为规范。

二、《环境保护法》的制定过程

《环境保护法（试行）》曾被列入国务院原则批准的《1982—1986 年经济立法规划》。1983 年 3 月，城乡建设环境保护部牵头，邀请国务院有关部委、部分省环境保护局和有关大专院校、科研单位的专家、法律工作者组成了《环境保护法（试行）》修改起草领导小组。起草工作确定了"坚持实事求是的原则，依据宪法和社会主义现代化建设的总方针、总任务，把成熟的环境保护政策法律化、条文化，通过修改，使环境保护法更加科学、充实和完善、实效"[②] 的指导思想。

在修改起草过程中，曾组织各有关方面的人员，到各地环保部门、司法部门及企业事业单位做了大量调研。全国人大常委会向各省、自治区、直辖市和计划单列市、沿海开放城市和较大的城市以及中央有关部委，有关的高等院校和科研机构发函征求意见，共收到各方面的意见一百多条。书面征求意见之后，还进行了实地调研。全国人大常委会法工委会同国家环保局到上海、常州等几个地方进行了实地调研，征求意见。法工委还在北京市的一些企业进行调查。除此之外，还召开了各种类型的座谈会。在北京召开了有关部门的座谈会和企业座谈会。在天津召开了由北京、上海、天津、常州、成都、武汉 6 个城市的人大常委会负责人员和主管副市长组成的座谈会。[③] 草案的起草还认真总结了中国环境保护执法、司法、守法的经验教训，并参考了国外环境保护立法情况，对《环境保护法（试行）》进行逐条分析：凡原规定行之有效的，予以保留，原规定需要进一步明确或简化的，予以明确或简化；原规定不恰当的，予以删掉，原有的法律漏洞，予以补充纠正。

[①] 曲格平：《关于〈中华人民共和国环境保护法〉（修改草案）的说明》，载王克英、朱铁臻主编《城市生态经济知识全书》，经济科学出版社 1998 年版，第 924 页。

[②] 金鉴明、曹叠云、王礼嬙：《〈环境保护法〉述评》，中国环境科学出版社 1992 年版，第 14 页。

[③] 参见房维廉《审议〈环保法〉（修改草案）的几个问题》，载国家环境保护局政策法规司编《保护和改善环境的法律保证——"环境保护法"学习材料》，中国环境科学出版社 1990 年版，第 34—35 页。

1983 年 12 月，完成了修改稿初稿。此后，有关部门多次以座谈会或书面形式进行了协商，并征求了各个领域专家学者的意见。1986 年底，国务院环境保护行政主管部门将《环境保护法》（修改送审稿）报送国务院审查。1989 年国务院第四十七次常务会议讨论通过了提交全国人大常委会的《环境保护法》（修改草案），并将修改草案正式提交全国人大常委会审议。同年，第七届全国人大常委会第十次会议对修改草案进行了初审。根据常委会委员们的意见，全国人大教科文卫委员会、财经委员会的审议意见以及各地方、中央有关部门和有关人员，包括有关专家的意见，全国人大法律委员会于 1989 年 12 月 13 日、14 日、15 日、18 日召开会议，审议《环境保护法》（修改草案）。法律委员会认为，中国的环境污染情况相当严重，环境保护工作应当进一步加强。1979 年制定的《环境保护法（试行）》已不能适应形势发展的需要，加以修改是必要的。修改草案基本可行。在归纳了八个方面的修改意见进行一些文字修改的基础上提出了修改草案修改稿，1989 年 12 月 20 日向全国人大常委会作了对《环境保护法（修改草稿）》审议结果的报告。1989 年 12 月 26 日，第七届全国人大常委会第十一次会议通过了《环境保护法》。

三、《环境保护法》的基本内容

《环境保护法》包括《总则》、《环境监督管理》、《保护和改善环境》、《防治环境污染和其他公害》、《法律责任》、《附则》等六章，共计四十七条。《总则》的第一条规定了该法的立法目的：“保护和改善生活环境与生态环境，防治污染和其他公害，保障人体健康，促进社会主义现代化建设的发展。”第二条对“环境”一词采用了概括规定与要素列举相结合的定义方式，指出环境“是指影响人类生存和发展的各种天然的和经过人工改造的自然因素的总体，包括大气、水、海洋、土地、矿藏、森林、草原、野生生物、自然遗迹、人文遗迹、自然保护区、风景名胜区、城市和乡村等”。这一规定明确了《环境保护法》的适用范围。第四条规定了环境保护与经济建设和社会发展相协调的原则。第七条规定中国环境保护管理体制，详细地列举了各机关的环境管理权限。

《环境监督管理》一章下的第九条规定了环境质量标准，要求“国务院环境保护行政主管部门制定国家环境质量标准。省、自治区、直辖市人民政府对国家环境质量标准中未作规定的项目，可以制定地方环境质量标准，并报国务院环境保护行政主管部门备案"。第十条规定了污染物排放标准的制定机关及排污者对于污染物排放标准的遵守。第十一条规定了环境监测制度，要求"国务院环境保护行政主管部门建立监测制度，制定监测规范，会同有关部门组织监测网络，加强对环境监测的管理"，要求国务院和省、自治区、直辖市人民政府的环境保护行政主管部门定期发布环境公报。第十二条至第十四条分别规定了环境规划制度、环境影响报告书制度、现场检查制度。第十五条还对跨地区的环境纠纷处理作出规定。

《保护和改善环境》一章下的第十六条要求地方各级人民政府对本辖区的环境质量负责。第十七条、第十八条要求保护自然遗迹与人文遗迹，严格保护特别保护区。第二十条至第二十二条规定了农业环境保护、海洋环境保护、城市规划和城乡建设中的环境保护等问题。

《防治环境污染和其他公害》一章确认、发展了一系列行之有效的环境保护法律制度，如清洁生产制度、"三同时制度"、排污申报登记制度、排污收费制度、限期治理制度、污染事故强制应急制度、有毒有害物品管理制度等。

《法律责任》一章规定了违反环境保护法的行政责任，并对民事责任、刑事责任作出了原则性的规定。

《附则》部分明确了《环境保护法》与国际环境保护条约之间在法律适用上的关系，规定"中华人民共和国缔结或者参加的与环境保护有关的国际条约，同中华人民共和国法律有不同规定的，适用国际条约的规定，但中华人民共和国声明保留的条款除外"。此外，还规定了实施日期。

四、《环境保护法》的主要成就

《环境保护法》的主要成就表现在以下四个方面：

1. 明确了"环境保护法"中"环境"一词的定义。虽然《环境保护法（试行）》规定了对于环境的保护，但该法并没有对"环境"一词做明确定义，而是采用了列举环境要素的方式，对"环境"作了描述。《环境保护法》首次明确界定了"环境保护法"中的核心词汇"环境"。该法第二条采用了概括规定与要素列举相结合的方式，规定："本法所称环境，是指影响人类生存和发展的各种天然的和经过人工改造的自然因素的总体，包括大气、水、海洋、土地、矿藏、森林、草原、野生生物、自然遗迹、人文遗迹、自然保护区、风景名胜区、城市和乡村等。"

2. 强化了环境管理，设专章规定了环境监督管理制度。环境监督管理是保障环境法相关制度落实的重要保障，如果没有有力的监管措施，即使是最好的政策设计也不能达到理想的目的。再加上中国的环境污染和其他环境问题与管理不善有一定联系。同时，中国防治污染的经济能力不足。所以，有效防治环境污染要靠完善的和强有力的环境管理。为此，《环境保护法》强化了环境管理方面的规定，专门设立了《环境监督管理》一章。

其一，确立了统一监督管理与分级、分部门监督管理相结合的体制。《环境保护法》第七条对中国的环境监督管理体制作了具体规定：统一监督管理与分级、分部门监督管理相结合的体制。国务院环境保护行政主管部门对全国环境保护工作实施统一监督管理。县级以上地方人民政府环境保护行政主管部门对本辖区的环境保护工作实施统一监督管理。国家海洋行政主管部门、港务监督、渔政渔港监督、军队环境保护部门和各级公安、交通、铁道、民航管理部门，依照有关法律的规定对环境污染防治实施监督管理。县级以上人民政府的土地、矿产、林业、农业、水利行政主管部门依照有关法律的规定对资源的保护实施监督管理。

中国的环境监管体制不同于以法国、印度为代表的环境与资源保护一体化管理模式，也不同于以美国为代表的环境污染防治单一化管理模式，而是根据中国的国情，设定了具有中国特色的统一监督管理与分级、分部门监督管理相结合的管理体系。

其二，设专章规定了环境管理制度。《环境保护法（试行）》的实施使得中国一些地区的环境污染和环境破坏在一定程度上得到控制和治理，但就全国来看，污染和破坏环境的问题仍然相当严重。"六五"期间大气污染严重，降尘和降颗粒物的平均值年年超标；城市地表水污染范围达 80% 以上，50% 的城市地下水的水质不符合饮用水标准，主要水系干流都有严重污染的河段，湖泊富营养化未能得到有效控制；固体废弃物污染环境不断加剧；噪声污染依然严重。资源利用方面，乱砍滥伐林木、破坏野生生物和风景名胜区的行为时有发生。为了进一步加强监督管理，《环境保护法》专门设立了《环境监督管理》一章。① 该章主要对《环境保护法（试行）》中规定的环境标准制度、环境监测制度、环境保护规划制度、环境影响评价制度等制度进行了重申或发展。

3. 专设了《法律责任》一章，细化、强化了法律责任的规定。与《环境保护法（试行）》的规定相比，《环境保护法》细化强化了法律责任的规定。《环境保护法（试行）》的第六章规定了奖励和惩罚。该法只有第三十二条笼统地规定了违法者应被批评、警告、罚款，或者责令赔偿损失、停产治理，严重违法者要承担行政责任、经济责任、刑事责任。这一规定没有区分具体的情节，缺少具体可操作的标准。《环境保护法》设立了专章，分不同情形对不同违法者应当承担的法律责任进行了规定。这有利于保障《环境保护法》的贯彻实施。

4. 将一些实践中创造的行之有效的做法上升为法律规定。《环境保护法》除了继承了《环境保护法（试行）》中行之有效的制度外，还对《环境保护法（试行）》没有规定，但在中国环境保护的实践中逐渐发展起来的几项制度进行了规定。

第一，规定了排污申报登记制度。排污申报登记是环境管理的基础。通过排污申报登记，便于环保部门掌握排污单位和个体工商户排放污染物的底数，为制定环境管理措施提供基础依据。排污申报登记能使环保机构随时了解污染物排放情况，便于对排污单位和个体工商户实施动态管理。同时，排污申报登记为征收排污费提供基础依据，是开展排污许可证管理工作的基础工作，也是实施排污总量控制制度的基础。因此，《环境保护法》规定这一制度具有重要意义。

《环境保护法》第二十七条规定："排放污染物的企业事业单位，必须依照国务院环境保护行政主管部门的规定申报登记。"排污申报登记制度要求凡是排放污染物的单位，须按规定向环境保护行政主管部门申报登记所拥有的污染物排放设施，污染物处理设施和正常作业条件下排放污染物的种

---

① 曲格平：《关于〈中华人民共和国环境保护法〉（修改草案）的说明》，载王克英、朱铁臻主编《城市生态经济知识全书》，经济科学出版社1998年版，第924页。

类、数量和浓度，并提供防治污染的有关技术资料，以及在排放污染物有重大改变时及时申报的制度。

第二，明确了政府环境责任。"政府是环境保护的主要责任主体，政府履行环境责任情况的优劣直接关系到当地环境质量的好坏。"① 《环境保护法》第十六条规定："地方各级人民政府，应当对本辖区的环境质量负责，采取措施改善环境质量。"明确政府的环境责任是中国环境法的一大特色。"在环境管理上，发达国家的法律大都只对造成环境问题的责任者作出规定，而中国除了对工矿企业、事业单位、机关团体作出规定外，还对政府及其领导人作出法律规定，各政府要对本辖区内环境质量负责。""实践证明效果是好的。"②

第三，确立了污染事故应急制度。中国 1982 年的《海洋环境保护法》最先对于这一制度进行了规定。同年，国家环保总局发布的《报告环境污染与破坏事故的暂行办法》对于这一制度作出了具体规定。此后颁布的《水污染防治法》和《大气污染防治法》也对于这一制度进行了规定。污染事故应急制度是《环境保护法》在吸收以前合理规定的基础上作出的规定。《环境保护法》第三十一条、第三十二条分别规定了污染者和环境保护部门面对污染事故时应采取的应急措施。第三十一条规定："因发生事故或者其他突然性事件，造成或者可能造成污染事故的单位，必须立即采取措施处理，及时通报可能受到污染危害的单位和居民，并向当地环境保护行政主管部门和有关部门报告，接受调查处理。"第三十二条规定："县级以上人民政府环境保护行政主管部门，在环境受到严重污染威胁居民生命财产安全时，必须立即向当地人民政府报告，由人民政府采取有效措施，解除或者减轻危害。"

该制度的实施有助于污染者和环境保护主管部门及时掌握污染和事故的情况，采取应急措施防止事故的蔓延扩大，减少环境损害、人员伤亡和财产损失。

第四，规定了环境公报制度。《环境保护法》第十一条规定："国务院

---

① 杨朝飞：《〈环境保护法〉修改思路》，载《环境保护》2007 年第 Z1 期。

② 曲格平：《我与中国的环境保护》，载曲格平、彭近新主编《环境觉醒——人类环境会议和中国第一次环境保护会议》，中国环境科学出版社 2010 年版，第 8 页。

和省、自治区、直辖市人民政府的环境保护行政主管部门，应当定期发布环境公报。"环境公报制度能够促使公众了解中国环境的真相，培养公众环境的忧患意识，激发公众参与环境保护、监督环境违法行为的积极性。

五、《环境保护法》的实施

《环境保护法》确立了中国环境保护立法的核心。

1. 促进中国环境法律体系的完善。从 1989 年《环境保护法》颁布到 2009 年，全国人大常委会制定和修改了 30 部有关环境保护的法律，国务院和各部委颁布了 1000 多件环境保护的行政法规、部门规章和其他规范性法律文件。以全国人大常委会制定和修改的有关环境保护的法律为例，1989 年全国人大常委会颁布了《城市规划法》；1991 年颁布了《水土保持法》、《进出境动植物检疫法》①；1992 年颁布了《矿山安全法》；1993 年颁布了《农业法》；1995 年修订了《大气污染防治法》和《固体废物污染环境防治法》；1996 年修订了《水污染防治法》、《矿产资源法》、《煤炭法》，制定了《环境噪声污染防治法》；1997 年制订了《动物防疫法》、《防洪法》、《节约能源法》；1998 年修订了《森林法》、《土地管理法》；1999 年修订了《海洋环境保护法》；2000 年修订了《大气污染防治法》、《渔业法》；2001 年制定了《防沙治沙法》；2002 年修订了《水法》、《农业法》、《草原法》，制定了《环境影响评价法》；2003 年制定了《放射性污染防治法》；2004 年修订了《土地管理法》、《渔业法》、《野生动物保护法》、《固体废物污染环境防治法》；2005 年制定了《可再生能源法》；2007 年修订了《动物防疫法》、《节约能源法》，制定了《城乡规划法》；2008 年制定了《循环经济促进法》，修订了《防震减灾法》；2009 年制定了《海岛保护法》，修订了《可再生能源法》。

---

① 《进出境动植物检疫法》、《矿山安全法》、《动物防疫法》、《防洪法》、《防震减灾法》等法律的内容，因规定有环境保护的内容，所以我们也将此类法律列入与环境保护有关的法律行列。以《进出境动植物检疫法》为例，该法第一条指出："为防止动物传染病、寄生虫病和植物危险性病、虫、杂草以及其他有害生物（以下简称病虫害）传入、传出国境，保护农、林、牧、渔业生产和人体健康，促进对外经济贸易的发展，制定本法。"该条规定的"防止动物传染病、寄生虫病和植物危险性病、虫、杂草以及其他有害生物（以下简称病虫害）传入、传出国境"，就涉及生物资源物种的保护；该条规定的"保护农、林、牧、渔业生产"又含有保护自然资源的内容。

与其同时，有立法权的地方人大和地方政府颁布了大量地方性环境保护法规、规章。这些法律文件的数量巨大，难于胜数。这些地方法规和地方政府规章与环境法律、行政法规、部门规章和规范性法律文件共同充实了中国环境保护法律体系。

2. 环境法的基本制度贯彻实施良好。"三同时制度"得到有效贯彻实施。2005 年到 2008 年，"三同时制度"执行合格率始终维持在 90% 以上。其中，2005 年为 94.7%[①]，2006 年为 91.9%[②]，2007 年为 96.6%[③]，2008 为 98.0%[④]。环境影响评价制度执行方面，2005 年，全国环境影响评价制度执行率为 99.5%[⑤]；2006 年为 99.7%[⑥]，2007 年为 99.1%[⑦]，2008 年达到 99.9%[⑧]。排污收费制度方面，2004 年，全国排污费征收金额为 94.45503 亿元[⑨]，2005 年为 123.15867 亿元[⑩]，2006 年为 144.14435 亿元[⑪]。2007 年，全国排污费征收总额 178 亿元（入库金额 174 亿元）[⑫]。2008 年征收总额 185 亿元（入库金额 177 亿元）[⑬]。自然保护区制度的实施方面，截至 2008 年，全国各类自然保护区共计 2538 个，自然保护区面积 14894.3 万公顷，约占国土面积的 15.1%。国家级、省级、地市级、县级自然保护区个数分别占全国自然保护区总数的 11.9%、31.8%、17.0%、39.3%，其面积分别占自然保护区总面积的 61.2%、28.5%、3.3%、7.0%。[⑭]

3. 环境执法有序开展。2007 年，全国受理环境行政处罚案件 10.9 万

---

① 《中国环境统计年报 2005》第 10 部分"环境管理制度执行情况"。
② 《中国环境统计年报 2006》"环境管理统计"部分。
③ 《中国环境统计年报 2007》第 8 部分"环境管理统计"。
④ 《中国环境统计年报 2008》第 1.10 部分"环境管理制度执行情况"。
⑤ 《中国环境统计年报 2005》第 10 部分"环境管理制度执行情况"。
⑥ 《中国环境统计年报 2006》"环境管理统计"部分。
⑦ 《中国环境统计年报 2007》第 8 部分"环境管理统计"。
⑧ 《中国环境统计年报 2008》第 1.10 部分"环境管理制度执行情况"。
⑨ 《中国环境统计年报 2005》第 10 部分"环境管理制度执行情况"。
⑩ 《中国环境统计年报 2005》第 10 部分"环境管理制度执行情况"。
⑪ 《中国环境统计年报 2006》"环境管理统计"部分。
⑫ 《中国环境统计年报 2007》第 8 部分"环境管理统计"。
⑬ 《中国环境统计年报 2008》第 1.10 部分"环境管理制度执行情况"。
⑭ 《中国环境统计年报 2008》第 1.10 部分"环境管理制度执行情况"。

起，环境行政复议案件 521 起，环境行政诉讼案件 242 起，环境犯罪案件 6 起①；2008 年，全国受理环境行政处罚案件 9.5 万起，环境行政复议案件 528 起，环境行政诉讼案件 178 起，环境犯罪案件 4 起。②

4. 环保部门自身建设得到加强。截至 2008 年，全国环保系统机构总数 12215 个。其中，国家级机构 42 个，省级机构 351 个，地市级环保机构 1865 个，县级环保机构 8432 个，乡镇环保机构 1525 个。各级环保行政机构 3164 个，各级环境监察机构 3037 个，各级环境监测机构 2492 个。全国环保系统共有 18.4 万人。其中，环保机关人员 4.5 万人，占环保系统总人数的 24.4%；环境监察人员 5.9 万人，占环保系统总人数的 32.4%；环境监测人员 5.2 万人，占环保系统总人数的 28.2%。③

《环境保护法》颁布以来国家颁布的涉及环境保护的法律文件有：

①1990 年 5 月，《防治陆源污染物污染损害海洋环境管理条例》；

②1990 年 5 月，《防治海岸工程建设项目污染损害海洋环境管理条例》；

③1990 年 5 月，《放射环境管理办法》；

④1990 年 8 月，《汽车排气污染监督管理办法》；

⑤1990 年 9 月，《海洋石油勘探开发环境保护管理条例实施办法》；

⑥1990 年 12 月，《国务院关于进一步加强环境保护工作的决定》；

⑦1991 年 6 月，《水土保持法》；

⑧1991 年 7 月，《大气污染防治法实施细则》；

⑨1992 年 4 月，《农田灌溉水质标准》；

⑩1992 年 7 月，国务院批转建设部、全国爱国卫生运动委员会、国家环境保护局《关于解决中国城市生活垃圾问题的几点意见》；

⑪1992 年 8 月，《排放污染物申报登记管理规定》；

⑫1992 年 9 月，《化学危险物品安全管理条例实施细则》；

⑬1992 年，《国家"八五"和 2000 年环境保护计划的总目标》；

⑭1993 年 3 月，《国务院关于开展加强环境保护执法检查严厉打击违法活动的通知》；

---

① 《中国环境统计年报 2007》第 8 部分"环境管理统计"。

② 《中国环境统计年报 2008》第 1.10 部分"环境管理制度执行情况"。

③ 《中国环境统计年报 2008》第 1.10 部分"环境管理制度执行情况"。

⑮1993 年 7 月，《农业法》①；

⑯1994 年 3 月，《矿产资源法实施细则》；

⑰1994 年 10 月，《自然保护区条例》；

⑱1995 年 8 月，《淮河流域水污染防治暂行条例》；

⑲1995 年 10 月，《固体废物污染环境防治法》②；

⑳1996 年 8 月，《煤炭法》；

㉑1996 年 8 月，《国务院关于环境保护若干问题的决定》；

㉒1996 年 9 月，《野生植物保护条例》；

㉓1996 年 9 月，《国家环境保护"九五"计划和 2010 年远景目标》；

㉔1996 年 10 月，《环境噪声污染防治法》；

㉕1997 年 3 月，《植物新品种保护条例》；

㉖1997 年 3 月，《电磁辐射环境保护管理办法》；

㉗1997 年 7 月，《动物防疫法》③；

㉘1997 年 10 月，《水生动植物自然保护区管理办法》；

㉙1997 年 11 月，《节约能源法》④；

㉚1997 年 11 月，《中国自然保护区发展规划纲要（1996—2010 年）》；

㉛1997 年 12 月，《防震减灾法》⑤；

㉜1998 年 6 月，《专属经济区和大陆架法》；

㉝1998 年 11 月，《建设项目环境保护管理条例》；

㉞1998 年 12 月，《环境保护法规解释管理办法》；

㉟1999 年 1 月，《环境标准管理办法》；

㊱1999 年 5 月，《危险废物转移联单管理办法》；

㊲1999 年 6 月，《机动车排放污染防治技术政策》；

㊳1999 年 7 月，《环境保护行政处罚办法》；

㊴1999 年 11 月，《污染源监测管理办法》；

---

① 2002 年 12 月进行了修订。

② 2004 年 12 月进行了修订。

③ 2007 年 8 月进行了修订。

④ 2007 年 10 月进行了修订。

⑤ 2008 年 12 月进行了修订。

㊵1999 年 12 月，《锅炉大气污染物排放标准》；

㊶2000 年 1 月，《森林法实施条例》；

㊷2000 年 3 月，《水污染防治法实施细则》；

㊸2000 年 6 月，《国务院关于禁止采集和销售发菜制止滥挖甘草和麻黄草有关问题的通知》；

㊹2000 年 9 月，《国务院关于进一步做好退耕还林还草试点工作的若干意见》；

㊺2000 年 11 月，《全国生态环境保护纲要》；

㊻2001 年 1 月，《中国进出口受控消耗臭氧层物质名录》；

㊼2001 年 3 月，《畜禽养殖污染防治管理办法》；

㊽2001 年 5 月，《国务院关于加强城市绿化建设的通知》；

㊾2001 年 8 月，《防沙治沙法》；

㊿2001 年 8 月，《环境管理体系认证管理规定》；

51 2001 年 10 月，《长江河道采砂管理条例》；

52 2001 年 11 月，《矿产资源补偿费使用管理办法》；

53 2001 年 12 月，《环境保护产品认定管理办法》；

54 2001 年 12 月，《危险废物贮存污染控制标准》；

55 2001 年 12 月，《危险废物污染防治技术政策》；

56 2001 年 12 月，《国家环境保护"十五"计划》；

57 2002 年 1 月，《危险化学品安全管理条例》；

58 2002 年 3 月，《全国生态环境保护"十五"计划》；

59 2002 年 6 月，《清洁生产促进法》；

60 2002 年 7 月，《建设项目环境影响评价文件分级审批规定》；

61 2002 年 9 月，《城市绿线管理办法》；

62 2002 年 9 月，《国务院关于加强草原保护与建设的若干意见》；

63 2002 年 10 月，《环境影响评价法》；

64 2002 年 12 月，《退耕还林条例》；

65 2003 年 1 月，《排污费征收使用管理条例》；

66 2003 年 4 月，《新化学物质环境管理办法》；

67 2003 年 5 月，《长江河道采砂管理条例实施办法》；

(68)2003 年 5 月，《水功能区管理办法》；
(69)2003 年 6 月，《放射性污染防治法》；
(70)2003 年 7 月，《林业标准化管理办法》；
(71)2003 年 10 月，《专项规划环境影响报告书审查办法》；
(72)2003 年 11 月，《倾倒区管理暂行规定》；
(73)2003 年 11 月，《矿产资源登记统计管理办法》；
(74)2004 年 1 月，《渤海生物资源养护规定》；
(75)2004 年 4 月，《危险化学品生产企业安全生产许可证实施办法》；
(76)2004 年 5 月，《危险废物经营许可证管理办法》；
(77)2004 年 8 月，《能源效率标识管理办法》；
(78)2004 年 11 月，《黄河河口管理办法》；
(79)2004 年 11 月，《入河排污口监督管理办法》；
(80)2005 年 1 月，《草畜平衡管理办法》；
(81)2005 年 2 月，《可再生能源法》①；
(82)2005 年 6 月，《城市湿地公园规划设计导则（试行）》；
(83)2005 年 8 月，《防治船舶污染内河水域环境管理规定》；
(84)2005 年 9 月，《污染源自动监控管理办法》；
(85)2005 年 11 月，《可再生能源产业发展指导目录》；
(86)2005 年 12 月，《国务院关于落实科学发展观加强环境保护的决定》；
(87)2005 年 12 月，《重点企业清洁生产审核程序的规定》；
(88)2006 年 1 月，《国家核应急预案》；
(89)2006 年 1 月，《国家突发环境事件应急预案》；
(90)2006 年 1 月，《可再生能源发电有关管理规定》；
(91)2006 年 2 月，《“十一五”国家环境保护标准规划》；
(92)2006 年 2 月，《取水许可和水资源费征收管理条例》；
(93)2006 年 2 月，《制革、毛皮工业污染防治技术政策》；
(94)2006 年 2 月，《国务院关于印发中国水生生物资源养护行动纲要的通知》；

① 2009 年 12 月进行了修订。

㉟2006 年 3 月，《环境保护行政主管部门突发环境事件信息报告办法（试行）》；

㊱2006 年 7 月，《农村水电建设项目环境保护管理办法》；

㊲2006 年 7 月，《环境监测质量管理规定》；

㊳2006 年 10 月，《国家级自然保护区监督检查办法》；

㊴2006 年 11 月，《二氧化硫总量分配指导意见》；

⑩2006 年 11 月，《主要水污染物总量分配指导意见》；

⑩2007 年 2 月，《电子废物污染环境防治管理办法》；

⑩2007 年 4 月，《环境信息公开办法（试行）》；

⑩2007 年 10 月，《全国污染源普查条例》；

⑩2007 年 11 月，《国家环境保护"十一五"规划》；

⑩2008 年 8 月，《循环经济促进法》；

⑩2009 年 2 月，《矿山地质环境保护规定》；

⑩2009 年 12 月，《海岛保护法》。

第二章　一个繁荣的法律部门：两大"方阵"、十余支"队伍"

20世纪70年代联合国人类环境会议的召开，促进了中国环境保护意识的觉醒，使中国认识到自身面临严重的环境问题。基于环境保护的现实需要，中国颁布了一系列环境保护的法律，从而形成了包含环境保护的事物法系统和手段法系统两大"方阵"，拥有包括污染防治法、资源保护法、环境退化防治法、生态保护法、环境规划法、环境影响评价法、环境标准法、环境监测法、清洁生产促进法、循环经济促进法、环境信息公开法、环境许可法、环境教育法等十余支"队伍"在内的一个繁荣的法律部门。

第一节　环境保护法的指导思想与管理体制

可持续发展思想是中国环境保护立法的指导思想。这一思想起源于人们对环境问题、环境危机的逐步认识和热切关注。随着经济、社会的快速发展，人类赖以生存的环境遭到越来越严重的破坏，经济发展越来越接近环境承载能力的极限，自然系统与经济系统的矛盾不断加剧。可持续发展思想正是对于环境问题的本质认识深化的必然结果。[1]

---

[1]　徐祥民主编：《环境与资源保护法学》，科学出版社2008年版，第39页。

一、环境保护法的指导思想

1996 年发布的《国务院关于环境保护若干问题的决定》开宗明义地指出："为进一步落实环境保护基本国策，实施可持续发展战略"，以"实现到 2000 年力争使环境污染和生态破坏加剧的趋势得到基本控制，部分城市和地区的环境质量有所改善的环境保护目标"。

在中国环境保护立法中，可持续发展思想经历了从"经济和社会可持续发展"这一表述到"经济社会全面协调可持续发展"这一表述的演变。2000 年修订的《大气污染防治法》第一条将可持续发展作为立法目的之一。该条规定："为防治大气污染，保护和改善生活环境和生态环境，保障人体健康，促进经济和社会的可持续发展，制定本法。"2001 年《防沙治沙法》第一条规定的制定该法的目的为"预防土地沙化，治理沙化土地，维护生态安全，促进经济和社会的可持续发展"。2002 年制定的《清洁生产促进法》第一条指出："为了促进清洁生产，提高资源利用效率，减少和避免污染物的产生，保护和改善环境，保障人体健康，促进经济与社会可持续发展，制定本法。"同年修订的《草原法》也作出了类似的规定。该法第一条规定："为了保护、建设和合理利用草原，改善生态环境，维护生物多样性，发展现代畜牧业，促进经济和社会的可持续发展，制定本法。"2007 年修订的《节约能源法》首次对于可持续发展的内涵进行了扩展，该法第一条明确了该法的立法目的："推动全社会节约能源，提高能源利用效率，保护和改善环境，促进经济社会全面协调可持续发展。"2008 年修订的《水污染防治法》第一条接受了《节约能源法》对可持续发展的表述。其规定为："为了防治水污染，保护和改善环境，保障饮用水安全，促进经济社会全面协调可持续发展，制定本法。"

可持续发展思想表述方式的演变，反映了立法者对该思想认识的深化。"经济和社会可持续发展"这一表述只是体现了可持续发展的两个方面：经济可持续发展和社会可持续发展，而"经济社会全面协调可持续发展"的表述则对于"经济"和"社会"这两个领域进行了一体化整合，对两个领域的关系进行了全面协调，表达了"经济"和"社会"不可偏废，不可厚此薄彼的思想。

明确规定可持续发展思想的中国环境法律文件主要有：

①1996 年 8 月，《国务院关于环境保护若干问题的决定》；

②2000 年 4 月，《大气污染防治法》；

③2001 年 8 月，《防沙治沙法》；

④2002 年 6 月，《清洁生产促进法》；

⑤2002 年 12 月，《草原法》；

⑥2007 年 10 月，《节约能源法》；

⑦2008 年 2 月，《水污染防治法》。

二、中国的环境管理体制

中国环境保护实行统一监管与分工负责相结合的管理体制。1979 年《环境保护法（试行）》第二十六条、第二十七条规定了环境保护机关为统一监督管理机关，并明确了环境保护机关的监管职责。第二十八条要求国务院和地方各级人民政府的有关部门，大、中型企业和有关事业单位，根据需要设立环境保护机构，分别负责本系统、本部门、本单位的环境保护工作。1989 年《环境保护法》进一步明确了《环境保护法（试行）》规定的管理体制。该法第七条要求国务院环境保护行政主管部门统一监督管理全国环境保护工作，县级以上地方人民政府环境保护行政主管部门统一监督管理本辖区的环境保护工作，国家海洋行政主管部门、港务监督、渔政渔港监督、军队环境保护部门和各级公安、交通、铁道、民航管理部门，依照有关法律的规定对环境污染防治实施监督管理。县级以上人民政府的土地、矿产、林业、农业、水利行政主管部门，依照有关法律的规定对资源的保护实施监督管理。

中国的环境保护统一监管与分工负责相结合的管理体制也在环境保护单行法中得到体现。1982 年《海洋环境保护法》是中国首部规定统一监管与分工负责相结合管理体制的单行环境保护法律。该法第五条要求国务院环境保护部门为负责统一监管全国海洋环境保护工作的部门，国家海洋管理部门、港务监督部门、军队环境保护部门、沿海省、自治区、直辖市环境保护部门则为分工负责的部门。他们根据权限分工，对各自职责范围内的海洋环境保护工作进行负责。1999 年修订的《海洋环境保护法》保留并充实了

《海洋环境保护法》（1982）的规定。该法第五条要求国务院环境保护行政主管部门对全国环境保护工作实施统一监督管理，对全国海洋环境保护工作实施指导、协调和监督，并负责全国防治陆源污染物和海岸工程建设项目对海洋污染损害的环境保护工作。授权国家海洋行政主管部门负责海洋环境的监督管理，组织海洋环境的调查、监测、监视、评价和科学研究，负责全国防治海洋工程建设项目和海洋倾倒废弃物对海洋污染损害的环境保护工作。要求国家海事行政主管部门负责所辖港区水域内非军事船舶和港区水域外非渔业、非军事船舶污染海洋环境的监督管理，并负责污染事故的调查处理；并对在中华人民共和国管辖海域航行、停泊和作业的外国籍船舶造成的污染事故登轮检查处理。明确规定船舶污染事故给渔业造成损害时，应当吸收渔业行政主管部门参与调查处理。授权国家渔业行政主管部门负责渔港水域内非军事船舶和渔港水域外渔业船舶污染海洋环境的监督管理，负责保护渔业水域生态环境工作，并调查处理前款规定的污染事故以外的渔业污染事故。授权军队环境保护部门负责军事船舶污染海洋环境的监督管理及污染事故的调查处理。授权沿海县级以上地方人民政府行使海洋环境监督管理权的部门的职责。

　　1984 年制定的《水污染防治法》授权各级人民政府环境保护部门负责对水污染防治实施统一监督管理，要求各级交通部门和航政机关对船舶污染进行监督管理，要求各级人民政府的水利管理部门、卫生行政部门、地质矿产部门、市政管理部门、重要江河的水源保护机构，结合各自的职责，协同环境保护部门对水污染防治实施监督管理。为了适应中国行政机构改革后各部门职权的变化，2008 年修订后的《水污染防治法》第八条规定：“县级以上人民政府环境保护主管部门对水污染防治实施统一监督管理。交通主管部门的海事管理机构对船舶污染水域的防治实施监督管理。县级以上人民政府水行政、国土资源、卫生、建设、农业、渔业等部门以及重要江河、湖泊的流域水资源保护机构，在各自的职责范围内，对有关水污染防治实施监督管理。”

　　1987 年《大气污染防治法》第三条规定：“各级人民政府的环境保护部门是对大气污染防治实施统一监督管理的机关。各级公安、交通、铁道、渔业管理部门根据各自的职责，对机动车船污染大气实施监督管理。”2000 年修订后的《大气污染防治法》增加了县级以上人民政府和其他有关主管部门在大气污染防治工作中的职责。该法第四条规定："县级以上人民政府环境保护行政主管部门对大气污染防治实施统一监督管理。各级公安、交通、铁道、渔业管理部门根据各自的职责，对机动车船污染大气实施监督管理。县级以上人民政府其他有关主管部门在各自职责范围内对大气污染防治实施监督管理。"

1995 年《固体废物污染环境防治法》第十条授权国务院环境保护行政主管部门统一监督管理全国固体废物污染环境的防治工作。规定国务院有关部门在各自的职责范围内负责固体废物污染环境防治的监督管理工作。要求县级以上地方人民政府环境保护行政主管部门统一监督管理对本行政区域内固体废物污染环境的防治工作。规定县级以上地方人民政府有关部门在各自的职责范围内负责固体废物污染环境防治的监督管理工作。规定国务院建设行政主管部门和县级以上地方人民政府环境卫生行政主管部门负责城市生活垃圾清扫、收集、贮存、运输和处置的监督管理工作。2004 年修订后的《固体废物污染环境防治法》沿袭了这一规定。

1996 年《煤炭法》第十二条授权国务院煤炭管理部门负责全国煤炭行业的统一监督管理。要求国务院有关部门在各自的职责范围内负责煤炭行业的监督管理，要求县级以上地方人民政府煤炭管理部门和有关部门依法负责本行政区域内煤炭行业的监督管理。1996 年《矿产资源法》第十一条明确了地质矿产主管部门主管矿产资源勘查、开采的监督管理工作，要求其他有关主管部门协助地质矿产主管部门开展矿产资源勘查、开采的监督管理工作。同年颁布的《环境噪声污染防治法》第六条要求环境保护行政主管部门对环境噪声污染进行统一监管，公安、交通、铁路、民航等主管部门和港务监督机构负责各自职责范围内的环境噪声污染防治工作。

1998 年《森林法》第十条、第十一条、第十九条、第二十条等规定林业主管部门为林业工作的统一监管机构，同时规定地方各级人民政府、森林公安机关、武装森林警察部队等负有保护森林资源的职责。

2001 年《防沙治沙法》第五条规定："在国务院领导下，国务院林业行政主管部门负责组织、协调、指导全国防沙治沙工作。国务院林业、农业、水利、土地、环境保护等行政主管部门和气象主管机构，按照有关法律规定的职责和国务院确定的职责分工，各负其责，密切配合，共同做好防沙治沙工作。县级以上地方人民政府组织、领导所属有关部门，按照职责分工，各负其责，密切配合，共同做好本行政区域的防沙治沙工作。"

2002 年《草原法》第八条、第十七条、第二十三条、第二十六条等授权草原行政主管部门统一主管草原监督管理工作，并要求县级以上人民政府、乡（镇）人民政府对于草原的保护、建设、利用等进行配合。2002 年《水法》第十二条授权水行政主管部门负责水资源的统一管理和监督工作，要求县级以上地方人民政府水行政主管部门按照规定的权限，负责本行政区域内水资源的统一管理和监督工作。第十三条规定："国务院有关部门按照职责分工，负责水资源开发、利用、节约和保护的有关工作。县级以上地方人民政府有关部门按照职责分工，负责本行政区域内水资源开发、利用、节约和保护的有关工作。"

2003 年的《放射性污染防治法》第八条授权国务院环境保护行政主管部门依法统一监督管理全国放射性污染防治工作，国务院卫生行政部门和其他有关部门依据国务院规定的职责，对有关的放射性污染防治工作依法实施监督管理。

明确规定了统一监管与分工负责相结合的管理体制的环境保护单行法主要有：

①1979 年 9 月，《环境保护法（试行）》；

②1982 年 8 月，《海洋环境保护法》①；

③1984 年 5 月，《水污染防治法》②；

④1984 年 9 月，《森林法》③；

⑤1985 年 6 月，《草原法》④；

⑥1986 年 3 月，《矿产资源法》⑤；

⑦1987 年 9 月，《大气污染防治法》⑥；

---

① 1999 年 12 月进行了修订。
② 1996 年 5 月、2008 年 2 月进行了修订。
③ 1998 年 4 月进行了修订。
④ 2002 年 12 月进行了修订。
⑤ 1996 年 8 月进行了修订。
⑥ 1995 年 8 月、2000 年 4 月进行了修订。

⑧1988 年 1 月，《水法》①；

⑨1989 年 12 月，《环境保护法》；②

⑩1995 年 10 月，《固体废物污染环境防治法》③；

⑪1996 年 8 月，《煤炭法》；

⑫1996 年 10 月，《环境噪声污染防治法》；

⑬2001 年 8 月，《防沙治沙法》；

⑭2003 年 6 月，《放射性污染防治法》。

第二节　环境保护法的事务法系统

环境事务法中的事务是指直接作用于防止对象或保护对象的具体环境事务。事务法就是由与具体的防治或保护对象直接相关的法律规范所组成的规范系统。④ 中国环境保护法的事务法系统有污染防治法系统、资源保护法系统、环境退化防治法系统和生态保护法系统四个支系统，每个支系统又包括若干亚系统。

一、污染防治法系统

污染防治法系统包括水污染防治法、大气污染防治法、土壤污染防治法、海洋污染防治法、环境噪声污染防治法、固体废物污染环境防治法、放射性污染防治法等亚系统。

1. 水污染防治法。1984 年颁布的《水污染防治法》是中国第一部防治水污染的单行法律。该法对水污染防治的原则、监督管理体制和制度、地表水和地下水污染的防治等做了全面的规定。根据水污染防治的要求和国家经济技术条件的变化，1996 年和 2008 年该法曾被两次修订，修改、增加了一

---

① 2002 年 8 月进行了修订。

② 《中华人民共和国环境保护法》作为环境保护领域的一部综合性法律，既涉及环境保护的管理体制，又规定了污染防治法、资源保护法、环境退化防治法、生态保护法、环境规划法、环境影响评价法、环境监测法、环境信息公开法等方面的内容。为减少不必要的重复，除在此处对《中华人民共和国环境保护法》进行列举外，此后各法律系统如涉及该法时均不再单独列举。

③ 2004 年 12 月进行了修订。

④ 徐祥民主编：《环境与资源保护法学》，科学出版社 2008 年版，第 31 页。

些重要内容。

2008 年《水污染防治法》以"预防为主、防治结合、综合治理的原则"为指导，要求"优先保护饮用水水源，严格控制工业污染、城镇生活污染，防治农业面源污染，积极推进生态治理工程建设，预防、控制和减少水环境污染和生态破坏"。该部法律规定的主要制度包括以下几个方面：

（1）生态补偿机制。生态补偿机制是一项具有经济激励作用的环境保护机制，这一机制以保护生态环境、促进人与自然和谐为目的，根据生态系统的服务价值、生态保护成本、发展机会成本等因素，综合运用政府和市场手段调节生态保护者、受益者和破坏者经济利益关系。《水污染防治法》第七条规定："国家通过财政转移支付等方式，建立健全对位于饮用水水源保护区区域和江河、湖泊、水库上游地区的水环境生态保护补偿机制。"从而在水污染的防治领域确立了生态补偿机制。

（2）重点水污染物排放总量控制制度。重点水污染物排放总量控制制度，是指在特定的时期内，综合经济、技术、社会等条件，采取通过向排污源分配水污染物排放量的形式，将一定空间范围内排污源产生的水污染物的数量控制在水环境容许限度内而实行的污染控制方式及其管理规范的总称。①重点水污染物排放总量控制制度是在污染源密集情况下无法保证水环境质量的控制和改善下提出来的，与水污染物浓度控制制度相比更能满足环境质量的要求。因此，《水污染防治法》对于该项制度进行了规定。该法第十八条要求对重点水污染物排放实施总量控制制度，同时还规定了重点水污染物排放实施总量控制指标的分配方式。

（3）"三同时制度"。《水污染防治法》第十七条第三款规定："建设项目的水污染防治设施，应当与主体工程同时设计、同时施工、同时投入使用。水污染防治设施应当经过环境保护主管部门验收，验收不合格的，该建设项目不得投入生产或者使用。"

（4）排污申报登记制度。排污申报登记是直接或间接向环境排放污染物、噪声或产生固体废弃物者，按照法定程序就排放污染物的具体状况，向所在地环境保护行政主管部门进行申报、登记和注册的过程。《水污染防治

---

① 安建、黄建初主编：《中华人民共和国水污染防治法释义》，法律出版社 2008 年版，第 38 页。

法》第二十一条要求直接或者间接向水体排放污染物的企业事业单位和个体工商户，向县级以上地方人民政府环境保护主管部门申报登记拥有的水污染物排放设施、处理设施和在正常作业条件下排放水污染物的种类、数量和浓度，并提供防治水污染方面的有关技术资料。

（5）排污收费制度。《水污染防治法》第二十四条规定："直接向水体排放污染物的企业事业单位和个体工商户"，"按照排放水污染物的种类、数量和排污费征收标准缴纳排污费。"2002年，国务院颁布了《排污费征收使用管理条例》，对于污染物排放种类、数量的核定、排污费的征收、排污费的使用等问题作出了具体规定。

（6）现场检查制度。为了督促向水体排放污染物的单位自觉地遵守法律法规，审慎地进行生产经营，及时发现并解决生产经营过程中可能出现的危害环境的问题，并保证中国环境保护部门掌握环境状况，掌握真实、可靠的第一手环境数据和资料，《水污染防治法》规定了现场检查制度。该法第二十七条规定："环境保护主管部门和其他依照本法规定行使监督管理权的部门，有权对管辖范围内的排污单位进行现场检查，被检查的单位应当如实反映情况，提供必要的资料。检查机关有义务为被检查的单位保守在检查中获取的商业秘密。"

（7）严重污染水环境的落后工艺、设备淘汰制度。严重污染水环境的落后工艺和设备的使用是造成中国水污染的重要原因之一。为了减少水环境污染，改善水环境质量，《水污染防治法》四十一条规定了严重污染水环境的落后工艺和设备淘汰制度。该项制度要求国务院经济综合宏观调控部门会同国务院有关部门，公布限期禁止采用的严重污染水环境的工艺名录和限期禁止生产、销售、进口、使用的严重污染水环境的设备名录；并要求生产者、销售者、进口者或者使用者根据名录的规定，在规定的期限内停止生产、销售、进口或者使用列入名录中的设备，工艺的采用者在规定的期限内停止采用列入名录中的工艺。

（8）饮用水水源保护区制度。水是生命之本，饮用水水源与人类日常生活紧密相关。建立饮用水水源保护区是保护饮水水源的关键措施，也是保护水源地的最强手段。① 而且随着水污染物排放量的迅速增加和水污染由城

---

① 李建新主编：《景观生态学实践与评述》，中国环境科学出版社2007年版，第63页。

市向乡村广大区域的蔓延，对生活饮用水水源构成越来越严重的威胁。强化对生活饮用水源地的保护，已成为关系到公众身体健康和工农业生产的突出问题。① 为此，《水污染防治法》第五十六条将饮用水水源保护区分为一级保护区、二级保护区和准保护区，并规定了水源保护区划定方案的制订措施。为了防止饮用水水源保护区内水质的破坏，《水污染防治法》第五十七条禁止在饮用水水源保护区内设置排污口。该法第五十八条至第六十条还区分饮用水水源一级保护区、二级保护区和准保护区的不同情形，规定在各个保护区内禁止、限制新建、改建、扩建的建设项目和从事的其他活动。为了防止水污染物直接排入饮用水水体，确保饮用水安全，第六十一条要求县级以上地方人民政府根据保护饮用水水源的实际需要，在准保护区内采取工程措施或者建造湿地、水源涵养林等生态保护措施。

（9）突发性水污染事故应急制度。为及时、高效地解决突发水污染事故，最大限度地减少突发性水污染事故对于环境、人体健康和人民生活造成的危害，《水污染防治法》规定了突发水污染事故的应急制度。该法第六十六条要求各级人民政府及其有关部门和可能发生水污染事故的企业事业单位，依照《突发事件应对法》的规定，做好突发水污染事故的应急准备、应急处置和事后恢复等工作。第六十七条要求可能发生水污染事故的企业事业单位，制定有关水污染事故的应急方案。为了防止生产、储存危险化学品的企业事业单位在生产事故过程中产生的可能严重污染水体的消防废水、废液直接排入水体，该条在要求该类企业制定应急方案的同时，还应当采取积极的预防措施。发生突发水污染事故后，该法第六十八条要求启动应急预案，并向相关的管理部门进行报告。

2. 大气污染防治法。1987 年第六届全国人大常委会颁布了《大气污染防治法》。此后，为适应大气污染防治工作发展的客观需要，1995 年、2000年先后两次对《大气污染防治法》作了重大修改。中国现行大气污染防治法是在实践的基础上逐步得到完善的。环境保护实践过程中确立的一些重要制度在其中得到了体现。

（1）政府环境质量负责制度。环境保护是中国的一项基本国策，是政

---

① 曹明德：《生态法原理》，人民出版社 2002 年版，第 353 页。

府的一项基本职能。环境保护成为政府发挥公共管理的重要领域，政府在环境管理中的基础作用越来越强。[①] 因此，《大气污染防治法》第四条要求地方各级人民政府对本辖区的大气环境质量负责。

（2）排污申报制度。《大气污染防治法》第十二条要求向大气排放污染物的单位，按照规定向所在地的环境保护行政主管部门申报"拥有的污染物排放设施、处理设施和在正常作业条件下排放污染物的种类、数量、浓度，并提供防治大气污染方面的有关技术资料。"排污单位排放大气污染物的种类、数量、浓度有重大改变的，要及时申报。

（3）排污收费制度。排污收费制度是污染者负担原则的重要体现，该项制度的实施能够促进企业加强经营管理，降低能耗，减少大气污染物的产生。《大气污染防治法》第十四条要求"按照向大气排放污染物的种类和数量征收排污费"。对于收费标准，该条规定："根据加强大气污染防治的要求和国家的经济、技术条件"进行合理征收。

（4）大气污染物排放总量控制区制度。《大气污染防治法》第十五条第一款规定："国务院和省、自治区、直辖市人民政府对尚未达到规定的大气环境质量标准的区域和国务院批准划定的酸雨控制区、二氧化硫污染控制区，可以划定为主要大气污染物排放总量控制区。主要大气污染物排放总量控制的具体办法由国务院规定。"

（5）保护区特别保护制度。为了加强国务院和省、自治区、直辖市人民政府划定的风景名胜区、自然保护区、文物保护单位附近地区和其他需要特别保护的区域等特别保护区污染的防治，《大气污染防治法》第十六条要求在这些区域内"不得建设污染环境的工业生产设施；建设其他设施，其污染物排放不得超过规定的排放标准"。对于已经建成的污染物排放超过规定的排放标准的设施，要求进行限期治理。

（6）控制区制度。《大气污染防治法》第十八条规定了酸雨控制区和二氧化硫控制区两类控制区，并明确了这两类控制区的划定程序，要求"国务院环境保护行政主管部门会同国务院有关部门，根据气象、地形、土壤等自然条件，可以对已经产生、可能产生酸雨的地区或者其他二氧化硫污染严重的

---

① 刘利、潘伟斌编著：《环境规划与管理》，化学工业出版社 2006 年版，第 197 页。

地区，经国务院批准后，划定为酸雨控制区或者二氧化硫污染控制区"。

（7）严重污染大气环境的落后生产工艺、设备淘汰制度。为了减少因落后工艺、设备的使用导致的大气污染物的产生，《大气污染防治法》规定了落后工艺、设备淘汰制度。该法第十九条规定："国家对严重污染大气环境的落后生产工艺和严重污染大气环境的落后设备实行淘汰制度。"为了保障这一制度的具体实施，该条还规定了落后工艺、设备的淘汰名录，要求生产者、销售者、进口者、使用者和采用者在规定的期限内停止生产、销售、进口、使用或者采用列入名录中的设备和工艺。

（8）突发性环境事件应急制度。突发性环境事件的应急主体有两种，一种是造成大气污染的单位，另一种是负有环境管理职责的政府。《大气污染防治法》第二十条分别对于这两类主体应当采取的应急措施进行了规定。该条第一款规定："单位因发生事故或者其他突然性事件，排放和泄漏有毒有害气体和放射性物质，造成或者可能造成大气污染事故、危害人体健康的，必须立即采取防治大气污染危害的应急措施，通报可能受到大气污染危害的单位和居民，并报告当地环境保护行政主管部门，接受调查处理。"该条第二款则要求"在大气受到严重污染，危害人体健康和安全的紧急情况下，当地人民政府应当及时向当地居民公告，采取强制性应急措施，包括责令有关排污单位停止排放污染物"。

（9）现场检查制度。《大气污染防治法》第二十一条授权环境保护行政主管部门和其他监督管理部门有权对管辖范围内的排污单位进行现场检查，并要求被检查单位如实反映情况，提供必要的资料。

（10）限期治理制度。限期治理制度作为环境法的一项保护环境的基本制度，在大气污染防治领域也得到了体现。《大气污染防治法》第四十八条明确规定要求向大气排放污染物超过国家和地方规定排放标准的排污者，进行限期治理。第十六条则要求在该法施行前"企业事业单位已经建成的设施，其污染物排放超过规定的排放标准的，依照本法第四十八条的规定限期治理"。

3. 土壤污染防治法。土壤污染是指具有生物毒性的物质或者过量植物营养元素进入土壤导致的土壤性质恶化和植物生理功能失调的现象。[1] 中国

---

[1] 徐祥民主编：《环境与资源保护法学》，科学出版社2008年版，第79页。

目前尚未制定专门的土壤污染防治法，有关土壤污染防治的内容分散于有关环境保护单行法律中。

1989 年《环境保护法》第二十条要求各级人民政府加强对农业环境的保护，防治土壤污染。2002 年修订后的《农业法》对农用地的污染防治问题作出了规定。该法第五十八条规定："农民和农业生产经营组织应当保养耕地，合理使用化肥、农药、农用薄膜，增加使用有机肥料，采用先进技术，保护和提高地力，防止农用地的污染、破坏和地力衰退。"2008 年修订的《水污染防治法》第五十一条则要求"利用工业废水和城镇污水进行灌溉"时，"应当防止污染土壤"。

4. 海洋污染防治法。海洋具有重要经济价值和生态价值，对人类的生存和发展具有极大影响力。中国大陆海岸线有 18000 多公里（不含岛屿岸线），海域辽阔，岛屿众多，陆架宽广，拥有丰富的海洋生物和水产资源、矿藏资源、海洋能源、海滨风景游览资源和优良的交通航运条件。由于不合理的海洋开发利用，中国海洋环境污染不断加剧，在一些入海河口海区、港湾、内海和沿岸局部区域，环境污染相当严重。[1] 为了有效保护海洋环境，1982 年 8 月，第五届全国人大常委会第二十四次会议通过了《海洋环境保护法》。《海洋环境保护法》（1982）的实施，对促进中国海洋环境保护事业的发展起到了积极的作用。为了适应进一步保护和改善海洋环境的需要，防治污染损害，保护生态平衡，促进经济和社会的可持续发展[2]，1999 年 12 月，九届全国人大常委会对该法进行了修改。

现行《海洋环境保护法》没有采用《联合国海洋法公约》（以下简称《海洋法公约》）中"海洋环境污染"的提法，而是创设了"海洋环境污染损害"一词。但《海洋环境保护法》对"海洋环境污染损害"进行定义时，在一定程度上借鉴了《海洋法公约》中"海洋环境污染"一词的定义。《海洋法公约》第一条规定，海洋环境污染是指"人类直接或间接地把物质或能量引入海洋环境，其中包括河口湾，以致造成或可能造成损害生物资源

---

[1] 李锡铭：《关于〈中华人民共和国海洋环境保护法〉（草案）的说明》，载法学教材编辑部资料室选辑《简明法学教材教学参考书——法规选编》，法律出版社 1983 年版，第 48 页。

[2] 张皓若、卞耀武主编：《中华人民共和国海洋环境保护法释义》，法律出版社 2000 年版，第 284—285 页。

和海洋生物、危害人类健康、妨碍包括捕鱼和海洋的其他正当用途在内的各种海洋活动、损坏海水使用质量和减损环境优美等有害影响"。《海洋环境保护法》第九十五条规定："海洋环境污染损害，是指直接或间接地把物质或者能量引入海洋环境，产生损害海洋生物资源、危害人体健康、妨碍渔业和海上其他合法活动、损坏海水使用素质和减损环境质量等有害影响。"

中国海洋环境保护法涉及污染防治的主要内容有以下几个方面：

（1）重点海域排污总量控制制度。《海洋环境保护法》第三条规定："国家建立并实施重点海域排污总量控制制度，确定主要污染物排海总量控制指标，并对主要污染源分配排放控制数量。"

（2）海洋功能区划制度。海洋功能区划，是指依据海洋自然属性和社会属性以及自然资源和环境特定条件，界定海洋利用的主导功能和使用范畴。《海洋环境保护法》规定了全国海洋功能区划和地方海洋功能区划的划定，该法第六条规定："国家海洋行政主管部门会同国务院有关部门和沿海省、自治区、直辖市人民政府拟定全国海洋功能区划，报国务院批准。沿海地方各级人民政府应当根据全国和地方海洋功能区划，科学合理地使用海域。"

（3）排污收费制度。《海洋环境保护法》第十一条规定："直接向海洋排放污染物的单位和个人，必须按照国家规定缴纳排污费。向海洋倾倒废弃物，必须按照国家规定缴纳倾倒费。"为了保证征收的排污费、倾倒费用于海洋环境的保护，该条明确规定：排污费、倾倒费"必须用于海洋环境污染的整治，不得挪作他用"。

（4）限期治理制度。《海洋环境保护法》第十二条要求超过污染物排放标准的排污者、在规定的期限内未完成污染物排放削减任务的排污者和造成海洋环境严重污染损害的排污者，进行限期治理。

（5）严重污染海洋环境的落后生产工艺、设备淘汰制度。《海洋环境保护法》第十三条规定："国家加强防治海洋环境污染损害的科学技术的研究和开发，对严重污染海洋环境的落后生产工艺和落后设备，实行淘汰制度。"

（6）重大海上污染事故应急制度。针对可能发生的突发性环境污染事件，《海洋环境保护法》第十七条要求发生突发性环境污染事件的单位和个人采取有效措施，及时向可能受到危害者通报，并向依法行使海洋环境监督管理权的部门报告，接受调查处理。该法第十八条还要求国家海洋行政主管部门、国家海事行政主管部门和沿海可能发生重大海洋环境污染事故的单位等在各自的职责范围内，制订相应的污染事故应急计划。当发生重大海上污染事故时，要求沿海县级以上地方人民政府及其有关部门按照应急计划解除或者减轻危害。

（7）现场检查制度。《海洋环境保护法》第十九条授权行使海洋环境监督管理权的部门，对管辖范围内排放污染物的单位和个人进行现场检查。

（8）排污申报制度。《海洋环境保护法》第三十二条要求排放陆源污染物的单位，向环境保护行政主管部门申报拥有的陆源污染物排放设施、处理设施和在正常作业条件下排放陆源污染物的种类、数量和浓度，并提供防治海洋环境污染方面的有关技术和资料。上述单位排放陆源污染物的种类、数量和浓度有重大改变的，也必须及时申报。

（9）"三同时制度"。《海洋环境保护法》第四十四条和第四十八条分别要求海岸工程建设项目的环境保护设施和海洋工程建设项目的环境保护设施，必须与主体工程同时设计、同时施工、同时投产使用。此处还规定："环境保护设施未经环境保护行政主管部门检查批准，建设项目不得试运行；环境保护设施未经环境保护行政主管部门验收，或者经验收不合格的，建设项目不得投入生产或者使用。"

（10）倾倒废弃物名录制度和海洋倾倒区制度。海洋倾倒，是指通过船舶、航空器、平台或者其他载运工具，向海洋处置废弃物和其他有害物质的行为。海洋具有的强大自净能力使其成为陆地上难以处理的废弃物的天然处理场。为了防止有毒、有害废弃物向海洋的倾倒对海洋造成严重污染或其他损害，《海洋环境保护法》规定了海洋倾倒的管理。

《海洋环境保护法》第五十六条规定了废弃物名录制度。该条要求国家海洋行政主管部门根据废弃物的毒性、有毒物质含量和对海洋环境影响程度，制定海洋倾倒废弃物评价程序和标准。同时规定："向海洋倾倒废弃物，应当按照废弃物的类别和数量实行分级管理。"由国家海洋行政主管部门拟定可以向海洋倾倒的废弃物名录，经国务院环境保护行政主管部门提出审核意见后，报国务院批准。《海洋环境保护法》将海洋倾倒区区分为海洋倾倒区和临时性海洋倾倒区两类，并对两类倾倒区的划定分别作出规定。海洋倾倒区的划定方面，第五十七条授权国家海洋行政主管部门选划，经国务院环境保护行政主管部门提出审核意见后，报国务院批准。临时性海洋倾倒区则要求由国家海洋行政主管部门批准，并报国务院环境保护行政主管部门备案。为了与中国海洋管理的体制相适应，《海洋环境保护法》还要求国家海洋行政主管部门在选划海洋倾倒区和批准临时性海洋倾倒区之前，征求国家海事、渔业行政主管部门的意见。

（11）船舶油污损害民事赔偿责任制度。《海洋环境保护法》第六十六条规定："国家完善并实施船舶油污损害民事赔偿责任制度；按照船舶油污损害赔偿责任由船东和货主共同承担风险的原则，建立船舶油污保险、油污损害赔偿基金制度。实施船舶油污保险、油污损害赔偿基金制度的具体办法由国务院规定。"

5. 环境噪声污染防治法。环境噪声污染，是指所产生的环境噪声超过国家规定的环境噪声排放标准，并干扰他人正常生活、工作和学习的现象。中国环境噪声总体水平长期居高不下，环境噪声污染已成为影响环境和人体健康的突出问题。为了有效防治环境噪声污染，1996年10月，中国颁布了《环境噪声污染防治法》。该法规定了以下主要制度：

（1）"三同时制度"。《环境噪声污染防治法》第十四条要求所有建设项目的环境噪声污染防治设施必须与主体工程同时设计、同时施工、同时投产使用。

（2）排污收费制度。《环境噪声污染防治法》第十六条规定："产生环境噪声污染的单位，应当采取措施进行治理，并按照国家规定缴纳超标准排污费。"

（3）限期治理制度。《环境噪声污染防治法》第十七条要求造成医疗区、文教科研区和以机关或者居民住宅为主的区域内严重环境噪声污染的企业事业单位进行限期治理。该条还对享有限期治理决定权限的机关作出了规定："限期治理由县级以上人民政府按照国务院规定的权限决定。对小型企业事业单位的限期治理，可以由县级以上人民政府在国务院规定的权限内授权其环境保护行政主管部门决定。"

（4）环境噪声污染严重的落后设备淘汰制度。《环境噪声污染防治法》

第十八条明确规定："国家对环境噪声污染严重的落后设备实行淘汰制度。"为了保证该项制度的贯彻实施，该条还要求国务院经济综合主管部门"会同国务院有关部门公布限期禁止生产、禁止销售、禁止进口的环境噪声污染严重的设备名录"，并要求生产者、销售者或者进口者必须在国务院经济综合主管部门会同国务院有关部门规定的期限内分别停止生产、销售或者进口列入前款规定的名录中的设备。

（5）现场检查制度。《环境噪声污染防治法》第二十一条要求县级以上人民政府环境保护行政主管部门和其他环境噪声污染防治工作的监督管理部门、机构，依据各自的职责对管辖范围内排放环境噪声的单位进行现场检查，并要求被检查的单位如实反映情况，提供必要的资料。

（6）排污申报制度。为了解产生环境噪声污染的设备的相关信息，防治环境噪声污染，《环境噪声污染防治法》根据生产过程中产生环境噪声污染的设备的种类、数量以及发出的噪声值和防治环境噪声污染的设施情况等的不同，要求工业生产、建筑施工和商业活动的相关经营者申报产生环境噪声污染的设备。该法第二十四条规定："在工业生产中因使用固定的设备造成环境噪声污染的工业企业，必须按照国务院环境保护行政主管部门的规定，向所在地的县级以上地方人民政府环境保护行政主管部门申报拥有的造成环境噪声污染的设备的种类、数量以及在正常作业条件下所发出的噪声值和防治环境噪声污染的设施情况，并提供防治噪声污染的技术资料。造成环境噪声污染的设备的种类、数量、噪声值和防治设施有重大改变的，必须及时申报，并采取应有的防治措施。"第二十九条规定："在城市市区范围内，建筑施工过程中使用机械设备，可能产生环境噪声污染的，施工单位必须在工程开工十五日以前向工程所在地县级以上地方人民政府环境保护行政主管部门申报该工程的项目名称、施工场所和期限、可能产生的环境噪声值以及所采取的环境噪声污染防治措施的情况。"第四十二条规定："在城市市区噪声敏感建筑物集中区域内，因商业经营活动中使用固定设备造成环境噪声污染的商业企业，必须按照国务院环境保护行政主管部门的规定，向所在地的县级以上地方人民政府环境保护行政主管部门申报拥有的造成环境噪声污染的设备的状况和防治环境噪声污染的设施的情况。"

6. 固体废物污染环境防治法。固体废物是指生产、生活和其他活动中产生的丧失原有利用价值或者虽未丧失利用价值但被抛弃或者放弃的固态、半固态和置于容器中的气态的物品、物质以及法律、行政法规规定纳入固体废物管理的物品、物质。固体废物也被称为放错地方的资源。这类资源如果使用得当，不仅能够减轻环境污染，而且能够有效节约资源。中国向来重视固体废物污染环境防治工作，1995 年就制定了《固体废物污染环境防治》。后于 2004 年进行了修订。现行《固体废物污染环境防治》为解决固体废物污染环境问题，规定了以下制度：

（1）"三同时制度"。2004 年《固体废物污染环境防治法》第十四条要求建设项目的环境影响评价文件所确定的需要配套建设的固体废物污染环境防治设施，必须与主体工程同时设计、同时施工、同时投入使用。同时要求固体废物污染环境防治设施必须经原审批环境影响评价文件的环境保护行政主管部门验收合格后，该建设项目方可投入生产或者使用；对固体废物污染环境防治设施的验收应当与对主体工程的验收同时进行。

（2）现场检查制度。根据 2004 年《固体废物污染环境防治法》第十五条的规定，实施现场检查的机关为"县级以上人民政府环境保护行政主管部门和其他固体废物污染环境防治工作的监督管理部门"。现场检查的相对方为上述单位管辖范围内与固体废物污染环境防治有关的单位。该条还要求"被检查的单位应当如实反映情况，提供必要的资料"。该条要求，在进行现场检查时，检查人员应当出示证件。该条许可检查机关"采取现场监测、采集样品、查阅或者复制与固体废物污染环境防治相关的资料等措施"。

（3）特别保护区内固体废物处置禁止制度。为了防止自然保护区、风景名胜区、饮用水水源保护区等保护区受到固体废物的污染，2004 年《固体废物污染环境防治法》第二十二条规定："在国务院和国务院有关主管部门及省、自治区、直辖市人民政府划定的自然保护区、风景名胜区、饮用水水源保护区、基本农田保护区和其他需要特别保护的区域内，禁止建设工业固体废物集中贮存、处置的设施、场所和生活垃圾填埋场。"

（4）固体废物跨界转移审批制度。为了有效管理固体废物跨省域转移，防止将固体废物转移给没有处置能力的省份，造成这些省份环境污染，《固体废物污染环境防治法》第二十三条规定了固体废物跨界转移审批制度。该条要求："转移固体废物出省、自治区、直辖市行政区域贮存、处置的，应当向固体废物移出地的省、自治区、直辖市人民政府环境保护行政主管部门提出申请。移出地的省、自治区、直辖市人民政府环境保护行政主管部门应当商经接受地的省、自治区、直辖市人民政府环境保护行政主管部门同意后，方可批准转移该固体废物出省、自治区、直辖市行政区域。未经批准的，不得转移。"

危险废物是列入国家危险废物名录或者根据国家规定的危险废物鉴别标准和鉴别方法认定的具有危险特性的固体废物，是一种特殊类型的固体废物。《固体废物污染环境防治法》第五十九条专门针对这类废物的跨界转移作出了规定。该条要求："转移危险废物的，必须按照国家有关规定填写危险废物转移联单，并向危险废物移出地设区的市级以上地方人民政府环境保护行政主管部门提出申请。移出地设区的市级以上地方人民政府环境保护行政主管部门应当商经接受地设区的市级以上地方人民政府环境保护行政主管部门同意后，方可批准转移该危险废物。未经批准的，不得转移。转移危险废物途经移出地、接受地以外行政区域的，危险废物移出地设区的市级以上地方人民政府环境保护行政主管部门应当及时通知沿途经过的设区的市级以上地方人民政府环境保护行政主管部门。"

（5）严重污染环境的落后工艺、设备淘汰制度。《固体废物污染环境防治法》第二十八条要求国务院经济综合宏观调控部门会同国务院有关部门组织研究、开发和推广减少工业固体废物产生量和危害性的生产工艺和设备，公布限期淘汰产生严重污染环境的工业固体废物的落后生产工艺、落后设备的名录。同时要求生产者、销售者、进口者、使用者必须在国务院经济综合宏观调控部门会同国务院有关部门规定的期限内分别停止生产、销售、进口或者使用列入规定的名录中的设备。要求生产工艺的采用者在国务院经济综合宏观调控部门会同国务院有关部门规定的期限内停止采用列入前款规定的名录中的工艺，并禁止将列入限期淘汰名录被淘汰的设备转让给他人使用。

（6）固体废物申报登记制度。《固体废物污染环境防治法》第三十二条规定："国家实行工业固体废物申报登记制度。产生工业固体废物的单位必须按照国务院环境保护行政主管部门的规定，向所在地县级以上地方人民政府环境保护行政主管部门提供工业固体废物的种类、产生量、流向、贮存、处置等有关资料。"如已经申报的事项有重大改变的，也应当及时申报。

（7）危险废物管理制度。危险废物具有的危险特性要求国家谨慎地管理这类物质。《固体废物污染环境防治法》第五十三条要求产生危险废物的单位制定危险废物管理计划，申报危险废物的种类、产生量、流向、贮存、处置等有关资料，要求将管理计划所在地县级以上地方人民政府环境保护行政主管部门备案。如原申报事项或者危险废物管理计划内容有重大改变的，也应当及时申报。该法第五十一条还规定了危险废物名录制度，要求国务院环境保护行政主管部门会同国务院有关部门制定国家危险废物名录制度，规定统一的危险废物鉴别标准、鉴别方法和识别标志。

（8）危险废物排污收费制度。《固体废物污染环境防治法》第五十六条规定："以填埋方式处置危险废物不符合国务院环境保护行政主管部门规定的，应当缴纳危险废物排污费。"

（9）突发性污染事件应急制度。《固体废物污染环境防治法》第六十三条规定了造成突发性污染事件的单位应当采取的应急措施，要求该单位必须立即采取措施消除或者减轻对环境的污染危害，及时通报可能受到污染危害的单位和居民，并向所在地县级以上地方人民政府环境保护行政主管部门和有关部门报告，接受调查处理。第六十四条则规定了享有监督管理职责的"县级以上地方人民政府及其环境保护行政主管部门或者其他固体废物污染环境防治工作的监督管理部门"面对突发性污染事件时应当采取的行动，立即向本级人民政府和上一级人民政府有关行政主管部门报告，由人民政府采取防止或者减轻危害的有效措施。有关人民政府可以根据需要责令停止导致或者可能导致环境污染事故的作业。

7. 放射性污染防治法。《放射性污染防治法》规定的放射性污染防治的主要制度有：

（1）现场检查制度。《放射性污染防治法》第十一条要求："国务院环境保护行政主管部门和国务院其他有关部门，按照职责分工，各负其责，互通信息，密切配合，对核设施、铀（钍）矿开发利用中的放射性污染防治进行监督检查。县级以上地方人民政府环境保护行政主管部门和同级其他有关部门，按照职责分工，各负其责，互通信息，密切配合，对本行政区域内核技术利用、伴生放射性矿开发利用中的放射性污染防治进行监督检查。"

该条同时规定："监督检查人员进行现场检查时，应当出示证件。被检查的单位必须如实反映情况，提供必要的资料。"

（2）"三同时制度"。《放射性污染防治法》第二十一条、第三十条、第三十五条要求与核设施相配套的放射性污染防治设施与铀（钍）矿和伴生放射性矿开发利用建设项目相配套的放射性污染防治设施和新建、改建、扩建放射工作场所的放射防护设施，应当与主体工程同时设计、同时施工、同时投入使用。

（3）核事故应急制度。《放射性污染防治法》第二十六条明确规定："国家建立健全核事故应急制度。"该条还对核设施主管部门、环境保护行政主管部门、卫生行政部门、公安部门、其他有关部门以及中国人民解放军和中国人民武装警察部队在核事故应急工作中的职责作出了规定。

（4）核设施退役制度。核设施退役是指核设施使用期满或因其他原因停止服役后而采取的处置。《放射性污染防治法》第二十七条要求核设施营运单位制定核设施退役计划。该条还明确了核设施退役产生的费用问题，要求预提核设施的退役费用和放射性废物处置费用，列入投资概算或者生产成本；核设施的退役费用和放射性废物处置费用的提取和管理办法，由国务院财政部门、价格主管部门会同国务院环境保护行政主管部门、核设施主管部门规定。

构成污染防治法系统的环境保护法律主要有：

①1982 年 8 月，《海洋环境保护法》；

②1984 年 5 月，《水污染防治法》；

③1986 年 1 月，《渔业法》①；

④1986 年 3 月，《矿产资源法》；

---

① 环境保护单行法的规定存在着"领域"交叉，一部单行法既可能规定有污染防治的内容，又可能包含资源保护、生态保护、环境影响评价、环境监测、环境许可等多方面的内容。以《渔业法》为例，该法主要规定了渔业资源的保护、增殖、开发和合理利用，但同时也规定了渔业水域生态环境的保护和渔业污染的防治。该法第三十六条规定："各级人民政府应当采取措施，保护和改善渔业水域的生态环境，防治污染。渔业水域生态环境的监督管理和渔业污染事故的调查处理，依照《海洋环境保护法》和《水污染防治法》的有关规定执行。"因此，在污染防治法系统中，我们对涉及污染防治内容的《渔业法》、《矿产资源法》、《水法》、《农业法》、《海岛保护法》等法律进行了列举。在随后的章节中，我们也会在相应的部分对存在此类"领域"交叉现象的环境保护单行法进行列举。

⑤1987 年 9 月，《大气污染防治法》；

⑥1988 年 1 月，《水法》；

⑦1989 年 12 月，《环境保护法》；

⑧1993 年 7 月，《农业法》①；

⑨1995 年 10 月，《固体废物污染环境防治法》；

⑩1996 年 10 月，《环境噪声污染防治法》；

⑪1997 年 11 月，《节约能源法》②；

⑫2002 年 6 月，《清洁生产促进法》；

⑬2009 年 12 月，《海岛保护法》。

二、资源保护法系统

资源保护法系统包括土地资源保护法、水资源保护法、矿产资源保护法、森林资源保护法、草原资源保护法、渔业资源保护法等亚系统。

1. 土地资源保护法。1986 年全国人大常委会通过了《土地管理法》，后于 1998 年、2004 年进行了两次修正。《土地管理法》将"十分珍惜、合理利用土地和切实保护耕地"确立为中国的基本国策，明确了国务院土地行政主管部门统一负责全国土地的监督管理的法律地位，规定了土地所有权制度和使用权制度，明确了土地利用总体规划，并对耕地保护和建设用地保护进行了专章规定。为了贯彻实施土地资源保护的有关制度，该法还设专章规定了土地资源利用与保护的监督检查制度。具体而言，该法规定的有关土地资源保护的主要制度有：

（1）土地权属制度。土地所有权方面，《土地管理法》第二条规定：国家"实行土地的社会主义公有制"，第八条具体规定了国家所有制和农村集体所有制两种公有制形式所辖土地的范围。土地使用权方面，《土地管理法》第二条许可土地使用权的依法转让。当土地权属发生变更时，《土地管理法》第十二条要求进行土地权属变更登记。

（2）土地用途管制制度。土地用途管制制度是指国家为了保证土地资

---

① 2002 年 12 月进行了修订。

② 2007 年 10 月进行了修订。

源的合理利用，使经济、社会和环境协调发展，通过编制土地利用总体规划划定土地用途区域，确定土地使用限制条件等制度。在该制度下，土地所有者、使用者必须按照国家确定的用途使用土地。《土地管理法》第四条规定："国家实行土地用途管制制度。国家编制土地利用总体规划，规划土地用途，将土地分为农用地、建设用地和未利用地。严格限制农用地转为建设用地，控制建设用地总量，对耕地实行特殊保护。"

（3）国有土地有偿使用制度。根据《土地管理法》第二条的规定，除国家在法律规定的范围内划拨国有土地使用权的情形外，其他国有土地依法实行有偿使用制度。

（4）耕地保护制度。国家保护耕地，严格控制耕地转为非耕地。实行耕地占补平衡制度。《土地管理法》第三十一条规定："国家保护耕地，严格控制耕地转为非耕地。国家实行占用耕地补偿制度。非农业建设经批准占用耕地的，按照'占多少，垦多少'的原则，由占用耕地的单位负责开垦与所占用耕地的数量和质量相当的耕地；没有条件开垦或者开垦的耕地不符合要求的，应当按照省、自治区、直辖市的规定缴纳耕地开垦费，专款用于开垦新的耕地。省、自治区、直辖市人民政府应当制定开垦耕地计划，监督占用耕地的单位按照计划开垦耕地或者按照计划组织开垦耕地，并进行验收。"

（5）基本农田保护制度。《土地管理法》第三十四条确立国家"实行基本农田保护制度"，并规定了基本农田保护范围区的范围。经国务院有关主管部门或者县级以上地方人民政府批准确定的粮、棉、油生产基地内的耕地；有良好的水利与水土保持设施的耕地，正在实施改造计划以及可以改造的中、低产田；蔬菜生产基地；农业科研、教学试验田；国务院规定应当划入基本农田保护区的其他耕地都在基本农田保护范围区的范围之内。

（6）土地监察制度。《土地管理法》第六十六条要求县级以上人民政府土地行政主管部门对违反土地管理法律、法规的行为进行监督检查。第六十七条至第七十二条具体规定了开展土地监察时应采取的措施和遵守的程序。

2. 水资源保护法。水是人类生活和生产的重要自然资源，是社会经济发展的重要资源基础。基于水资源在国民经济和社会发展中的重要性，中国十分重视对水资源的保护和管理。1988年颁布《水法》，于2002年对该法进行了修订。《水法》规定的水资源保护制度主要有：

（1）水资源权属制度。水资源所有权方面，《水法》第三条建立了单一的国家所有制，确立了所有权和使用权相分离的原则。该条规定："水资源属于国家所有。水资源的所有权由国务院代表国家行使。农村集体经济组织的水塘和由农村集体经济组织修建管理的水库中的水，归各该农村集体经济组织使用。"水资源使用权方面，《水法》确立了水资源的有偿使用制度。第七条规定，"国家对水资源依法实行取水许可制度和有偿使用制度"。第四十八条要求直接从江河、湖泊或者地下取用水资源的单位和个人，须向水行政主管部门或者流域管理机构申请领取取水许可证，并缴纳水资源费，取得取水权。

（2）水功能区划制度。《水法》第三十二条授权国务院水行政主管部门会同国务院环境保护行政主管部门、有关部门和有关省、自治区、直辖市人民政府，按照流域综合规划、水资源保护规划和经济社会发展要求，拟定国家确定的重要江河、湖泊的水功能区划，报国务院批准。对于跨省、自治区、直辖市的其他江河、湖泊的水功能区划，授权有关流域管理机构会同江河、湖泊所在地的省、自治区、直辖市人民政府水行政主管部门、环境保护行政主管部门和其他有关部门拟定，并分别经有关省、自治区、直辖市人民政府审查提出意见后，由国务院水行政主管部门会同国务院环境保护行政主管部门审核，报国务院或者其授权的部门批准。上述规定以外的其他江河、湖泊的水功能区划，则授权县级以上地方人民政府水行政主管部门会同同级人民政府环境保护行政主管部门和有关部门拟定，报同级人民政府或者其授权的部门批准，并报上一级水行政主管部门和环境保护行政主管部门备案。

（3）饮用水水源保护区制度。为了保障饮用水安全，《水法》第三十三条规定了饮用水水源保护区制度，要求省、自治区、直辖市人民政府划定饮用水水源保护区，并采取措施，防止水源枯竭和水体污染，保证城乡居民饮用水安全。第三十四条规定："禁止在饮用水水源保护区内设置排污口。"

（4）用水总量控制与定额管理相结合制度。水资源的稀缺性和市场配置的结果，必然引发各种用水目的和方式之间的竞争，如若没有合理的界限，生态用水就有可能被挤占。水资源的水量控制的目的，就是要分别核定生态用水和经济性用水的总量，在确保最低限度的生态用水总量的前提下，分配经济性用水。①《水法》第四十七条规定："国家对用水实行总量控制和定额管理相结合的制度。省、自治区、直辖市人民政府有关行业主管部门应当制订本行政区域内行业用水定额，报同级水行政主管部门和质量监督检验行政主管部门审核同意后，由省、自治区、直辖市人民政府公布，并报国务院水行政主管部门和国务院质量监督检验行政主管部门备案。县级以上地方人民政府发展计划主管部门会同同级水行政主管部门，根据用水定额、经济技术条件以及水量分配方案确定的可供本行政区域使用的水量，制定年度用水计划，对本行政区域内的年度用水实行总量控制。"

（5）用水收费制度。《水法》规定了用水计量和水价制定办法。该法第四十九条规定："用水应当计量，并按照批准的用水计划用水。用水实行计量收费和超额累进加价制度。"第五十五条规定："使用水工程供应的用水，应当按照国家规定向供水单位缴纳水费，供水价格应当按照补偿成本、合理收益、优质优价、公平负担的原则确定。"

3. 矿产资源保护法。矿产资源法是有关矿产资源的勘探、开采、选洗、加工、利用、保护和管理的法律规范的总称。根据1996年《矿产资源法》的规定，中国有关矿产资源的主要法律制度有：

（1）矿产资源的权属制度。根据《矿产资源法》第三条的规定，矿产资源属于国家所有，由国务院行使国家对矿产资源的所有权。地表或者地下的矿产资源的国家所有权，也不因其所依附的土地的所有权或者使用权的不同而改变。该条还规定了探矿权、采矿权的取得，要求勘查、开采矿产资源者，必须依法分别申请，经批准取得探矿权、采矿权，并办理登记。

（2）探矿权、采矿权有偿取得制度。《矿产资源法》第五条规定："国家实行探矿权、采矿权有偿取得的制度。""开采矿产资源，必须按照国家有关规定缴纳资源税和资源补偿费。"

（3）特定矿区和矿种计划开采制度。根据《矿产资源法》第十七条的规定，国家对国家规划矿区、对国民经济具有重要价值的矿区和国家规定实行保护性开采的特定矿种，实行有计划的开采。同时要求，未经国务院有关主管部门批准，任何单位和个人不得开采。

---

① 蔡守秋主编：《环境资源法教程》，高等教育出版社2004年版，第286页。

4. 森林资源保护法。《森林法》规定了如下有关森林资源保护的制度：

（1）森林资源的权属制度。森林所有权简称为林权，是指森林法律关系的主体对森林、林木或者林地的占有、使用、收益和处分的权利。《森林法》把林权分为国家林权、集体林权、机关团体林权和公民个人林权。该法第三条规定："森林资源属于国家所有，由法律规定属于集体所有的除外。国家所有的和集体所有的森林、林木和林地，个人所有的林木和使用的林地，由县级以上地方人民政府登记造册，发放证书，确认所有权或者使用权。国务院可以授权国务院林业主管部门，对国务院确定的国家所有的重点林区的森林、林木和林地登记造册，发放证书，并通知有关地方人民政府。"

（2）限量采伐和采伐更新制度。《森林法》第二十九条规定："国家根据用材林的消耗量低于生长量的原则，严格控制森林年采伐量。国家所有的森林和林木以国有林业企业事业单位、农场、厂矿为单位，集体所有的森林和林木、个人所有的林木以县为单位，制定年采伐限额，由省、自治区、直辖市林业主管部门汇总，经同级人民政府审核后，报国务院批准。"

（3）林业基金制度。林业基金是国家为发展林业而设立的专项资金。《森林法》第八条要求建立林业基金制度。

（4）封山育林制度。封山育林是指对划定的区域采取封禁措施，利用林木天然更新能力使森林恢复的育林方法。封山育林的对象是具备天然更新能力的疏林地、造林不易成活需要改善林地条件的荒山荒地和幼林地等。①按照《森林法》第二十八条的规定，封山育林区和封山育林期由当地人民政府因地制宜地划定。

（5）群众护林制度。《森林法》第十九条要求地方各级人民政府组织有关部门建立护林组织，负责护林工作；根据实际需要在大面积林区增加护林设施，加强森林保护；并督促有林的和林区的基层单位，订立护林公约，组织群众护林，划定护林责任区，配备专职或者兼职护林员。

（6）森林防火制度。为了防止森林火灾，中国建立了森林防火制度，并制定了专门的《森林防火条例》。《森林法》第二十一条要求地方各级人

---

① 蔡守秋主编：《环境资源法教程》，高等教育出版社 2004 年版，第 303 页。

民政府做好森林火灾的预防和扑救工作，并指出了应当采取的具体措施。

（7）森林病虫害防治制度。森林病虫害是导致森林面积减少、生产能力下降、环境效能降低的重要原因之一。为防治森林病虫害，中国于1989年发布了《森林病虫害防治条例》。条例规定了森林病虫害防治"预防为主，综合治理"的基本方针和一些防治的主要措施。现行《森林法》第二十二条也规定："各级林业主管部门负责组织森林病虫害防治工作。林业主管部门负责规定林木种苗的检疫对象，划定疫区和保护区，对林木种苗进行检疫。"

5. 草原资源保护法。为了合理开发利用和保护草原资源，1985年，国家颁布了《草原法》。2002年，九届全国人大常委会对于《草原法》进行了修订。修订后的《草原法》适应了新形势下草原生态建设和畜牧业发展的需要，进一步健全和完善了草原保护、建设和合理利用等方面的法律制度，更有利于实现草原的永续利用和畜牧业的可持续发展。

（1）草原权属制度。《草原法》规定了国家所有权和集体所有权。该法第九条规定："草原属于国家所有，由法律规定属于集体所有的除外。国家所有的草原，由国务院代表国家行使所有权。"该法第十条、第十一条规定了草原的使用权。

（2）草原调查制度。《草原法》第二十二条要求国家建立草原调查制度，并要求县级以上人民政府草原行政主管部门会同同级有关部门定期进行草原调查；要求草原所有者或者使用者支持、配合调查，提供有关资料。

（3）草原统计制度。《草原法》第二十四条规定："国家建立草原统计制度。"要求县级以上人民政府草原行政主管部门和同级统计部门共同制定草原统计调查办法，依法对草原的面积、等级、产草量、载畜量等进行统计，定期发布草原统计资料。

（4）草原生产、生态监测预警制度。根据《草原法》第二十五条的规定，国家建立草原生产、生态监测预警系统。县级以上人民政府草原行政主管部门对草原的面积、等级、植被构成、生产能力、自然灾害、生物灾害等草原基本状况实行动态监测，及时为本级政府和有关部门提供动态监测和预警信息服务。

（5）草原建设制度。《草原法》专设草原建设一章，要求县级以上地方各级人民政府应当增加对草原建设的投入，并按照谁建设、谁使用、谁受益的原则，鼓励单位和个人投资建设草原；要求县级以上地方各级人民政府应当支持草原水利设施建设，改善人畜用水条件，加强草种基地建设，做好防火准备工作，安排草原改良、人工种草和草种生产资金；鼓励与支持人工草地建设、天然草原改良和饲草饲料基地建设；要求县级以上地方各级人民政府支持、鼓励和引导农牧民开展草原围栏、饲草饲料储备、牲畜圈舍、牧民定居点等生产生活设施的建设；要求地方各级人民政府对退化、沙化、盐碱化、石漠化和水土流失的草原组织专项治理等。

（6）草原利用制度。为解决草原承包经营中生产方式不合理、过牧严重、草原利用失衡等问题，《草原法》要求草原承包经营者合理利用草原，实行划区轮牧，合理配置畜群，均衡利用草原；提倡在农区、半农半牧区和有条件的牧区实行牲畜圈养；主张进行矿藏开采和工程建设等活动时，应当不占或者少占草原，确需征用或者使用草原的，要遵循一定的程序和规定。

（7）基本草原保护制度。根据《草原法》第四十二条的规定，重要放牧场、割草地、用于畜牧业生产的人工草地、退耕还草地以及改良草地、草种基地、对调节气候、涵养水源、保持水土、防风固沙具有特殊作用的草原、作为国家重点保护野生动植物生存环境的草原、草原科研、教学试验基地、国务院规定应当划为基本草原的其他草原应当划为基本草原，实施严格管理。

（8）以草定畜、草畜平衡制度。为防止超载过牧，《草原法》第四十五条规定："国家对草原实行以草定畜、草畜平衡制度。"要求县级以上地方人民政府草原行政主管部门按照国务院草原行政主管部门制定的草原载畜量标准，结合当地实际情况，定期核定草原载畜量。

（9）限期治理制度。《草原法》第四十六条要求对已造成沙化、盐碱化、石漠化的已垦草原进行限期治理。

（10）禁牧、休牧制度。《草原法》第四十七条规定："对严重退化、沙化、盐碱化、石漠化的草原和生态脆弱区的草原，实行禁牧、休牧制度。"

（11）草原监督检查制度。《草原法》第五十六条规定要求国务院草原行政主管部门和草原面积较大的省、自治区的县级以上地方人民政府草原行政主管部门，设立草原监督管理机构，负责草原法律、法规执行情况的监督检查，对违反草原法律、法规的行为进行查处。该法第五十七条至第五十九条还规定了草原监督检查人员的职责范围，监督检查时遵循的程序等内容。

6. 渔业资源保护法。中国重视对渔业资源的立法，1979 年颁布了《水产资源繁殖保护条例》和《关于保护水库安全和水产资源的通令》，1986 年制定了《渔业法》，2000 年和 2004 年两次进行了修订。现行《渔业法》规定的渔业资源保护的制度有：

（1）品种保护制度。《渔业法》第十六条规定："国家鼓励和支持水产优良品种的选育、培育和推广。水产新品种必须经全国水产原种和良种审定委员会审定，由国务院渔业行政主管部门公告后推广。"

（2）渔业资源增殖保护费制度。《渔业法》第二十八条要求县级以上人民政府渔业行政主管部门可以向受益的单位和个人征收渔业资源增殖保护费，专门用于增殖和保护渔业资源。渔业资源增殖保护费的征收办法由国务院渔业行政主管部门会同财政部门制定，报国务院批准后施行。

（3）水产种质资源保护区制度。《渔业法》第二十九条规定："国家保护水产种质资源及其生存环境，并在具有较高经济价值和遗传育种价值的水产种质资源的主要生长繁育区域建立水产种质资源保护区。未经国务院渔业行政主管部门批准，任何单位或者个人不得在水产种质资源保护区内从事捕捞活动。"

（4）禁渔区、禁渔期制度。《渔业法》第三十条规定："禁止在禁渔区、禁渔期进行捕捞"；"在禁渔区或者禁渔期内禁止销售非法捕捞的渔获物"。

资源保护法系统涉及的环境保护法律主要有：

①1984 年 9 月，《森林法》；

②1985 年 6 月，《草原法》；

③1986 年 1 月，《渔业法》；

④1986 年 3 月，《矿产资源法》；

⑤1986 年 6 月，《土地管理法》①；

⑥1988 年 1 月，《水法》；

⑦1997 年 11 月，《节约能源法》；

① 1988 年 12 月、1998 年 8 月、2004 年 8 月进行了修订。

⑧2002 年 6 月，《清洁生产促进法》；

⑨2008 年 8 月，《循环经济促进法》；

⑩2009 年 12 月，《海岛保护法》。

三、环境退化防治法系统

环境退化法系统主要包括水土保持法、沙漠化防治法、气候变化防治法①等亚系统。

1. 水土保持法。中国水土流失范围广，几乎所有的省、自治区和直辖市都不同程度地存在水土流失问题。1991 年全国人大常委会通过的《水土保持法》对水土流失的预防、治理的具体措施作了规定。

（1）水土流失重点防治区制度。《水土保持法》第七条要求县级以上人民政府依据水土流失的具体情况，划定水土流失重点防治区，进行重点防治。

（2）"三同时制度"。《水土保持法》第十九条规定："建设项目中的水土保持设施，必须与主体工程同时设计、同时施工、同时投产使用。建设工程竣工验收时，应当同时验收水土保持设施，并有水行政主管部门参加。"

（3）水土流失的预防制度。为了有效控制不合理的人为活动造成水土流失，避免走先破坏后治理的道路，《水土保持法》专章规定了水土流失的预防制度。要求各级人民政府组织全民植树造林，鼓励种草，扩大森林覆盖面积，增加植被；要求地方各级人民政府有计划地进行封山育林育草、轮封轮牧，防风固沙，保护植被；禁止毁林开荒、烧山开荒和在陡坡地、干旱地区铲草皮、挖树兜；禁止在二十五度以上陡坡地开垦种植农作物；规定必须因地制宜地采用合理采伐方式采伐林木；要求进行工程建设时要防止水土流失。

（4）水土流失的治理制度。对于已经造成的水土流失，《水土保持法》规定了人民政府、企业事业单位和土地承包使用者治理水土流失的责任；要求因地制宜，建立水土流失综合防治体系和防风固沙体系的治理措施；要求加强水土流失治理成果的保护管理。

---

① 气候变化防治法的内容请见第五章，此处不作介绍。

（5）现场检查制度。《水土保持法》第三十条授权县级以上地方人民政府水行政主管部门的水土保持监督人员对本辖区的水土流失及其防治情况进行现场检查；并要求被检查单位和个人必须如实报告情况，提供必要的工作条件。

2. 沙漠化防治法。中国沙漠化问题严重，根据国家林业局 2006 年公布的数据，中国沙漠化土地达到 1739700 平方公里，占国土面积 18% 以上，影响全国 30 个省、自治区、直辖市。针对这一问题，《防沙治沙法》、《草原法》、《土地管理法》等规定了沙漠化防治的诸多措施。

2001 年《防沙治沙法》规定了土地沙化的预防和治理，并规定了保障措施。关于土地沙化的预防措施，《防沙治沙法》要求有关部门对土地沙化情况进行监测、统计和分析，并定期公布或报告监测结果；要求沙化土地所在地区的县级以上地方人民政府因地制宜地营造防风固沙林网、林带；禁止在沙化土地上砍挖灌木、药材及其他固沙植物；要求加强草原的管理和建设，实行以产草量确定载畜量的制度；禁止在沙漠边缘地带和林地、草原开垦耕地；要求在对生态产生不良影响的地带退耕还林还草；规定在沙化土地封禁保护区范围内，禁止一切破坏植被的活动。关于沙化土地的治理措施，规定沙化土地所在地区的地方各级人民政府因地制宜地采取人工造林种草、飞机播种造林种草、封沙育林育草和合理调配生态用水等措施，恢复和增加植被，治理已经沙化的土地；鼓励开展公益性的治沙活动，规定了营利性治沙活动；规定了已经沙化的国有土地的使用权人和农民集体所有土地的承包经营权人必须采取的治理措施。保障措施方面，要求地方政府财政预算安排防沙治沙工程的资金；规定给予从事防沙治沙活动的单位和个人资金补助、财政贴息以及税费减免等政策优惠。

2002 年《草原法》第四十六条要求对已造成沙化、盐碱化、石漠化的已垦草原进行限期治理。第三十一条要求地方各级人民政府对退化、沙化、盐碱化、石漠化和水土流失的草原，划定治理区，组织专项治理。第四十七条要求对严重退化、沙化、盐碱化、石漠化的草原和生态脆弱区的草原，实行禁牧、休牧制度。第四十九条"禁止在荒漠、半荒漠和严重退化、沙化、盐碱化、石漠化、水土流失的草原以及生态脆弱区的草原上采挖植物和从事破坏草原植被的其他活动"。2004 年《土地管理法》第三十五条要求各级人民政府防止土地荒漠化、盐渍化。

环境退化防治法系统涉及的环境保护法律主要有：

①1985 年 6 月，《草原法》；

②1986 年 6 月，《土地管理法》；

③1991 年 6 月，《水土保持法》①；

④2001 年 8 月，《防沙治沙法》。

四、生态保护法系统

生态保护法系统包括自然保护区法、物种保护法等亚系统。中国的《森林法》、《海洋环境保护法》等法律中有大量关于生态保护的规定。

1. 自然保护区法。根据 1994 年《自然保护区条例》第二条的规定，自然保护区是指对有代表性的自然生态系统、珍稀濒危野生动植物物种的天然集中分布区、有特殊意义的自然遗迹等保护对象所在的陆地、陆地水体或者海域，依法划出一定面积予以特殊保护和管理的区域。中国重视自然保护区的建设，根据《2009 年中国环境状况公报》的统计，截至 2009 年年底，全国（不含香港、澳门特别行政区和台湾地区）已建立各种类型、不同级别的自然保护区 2541 个，保护区总面积约 14700 万公顷，陆地自然保护区面积约占国土面积的 14.7%。② 有关自然保护区的立法也得到不断发展，现行《环境保护法》、《海洋环境保护法》、《森林法》等法律都有自然保护区的规定。另外，中国还制定了《自然保护区条例》、《海洋自然保护区管理办法》等专门的有关自然保护区管理的环境保护法律。

为了加强对于自然保护区的保护，1996 年《矿产资源法》第二十条要求非经国务院授权的有关主管部门同意，不得在国家划定的自然保护区内开采矿产资源。1998 年《森林法》第二十四条要求国务院林业主管部门和省、自治区、直辖市人民政府，在不同自然地带的典型森林生态地区、珍贵动物和植物生长繁殖的林区、天然热带雨林区和具有特殊保护价值的其他天然林区，划定自然保护区，加强保护管理。并要求认真保护自然保护区以外的珍

---

① 2010 年 12 月进行了修订。

② 《2009 年中国状况公报》。

贵树木和林区内具有特殊价值的植物资源，非经省、自治区、直辖市林业主管部门批准，不得采伐和采集。

1999年《海洋环境保护法》明确要求建立保护区制度，规定了海洋自然保护区和海洋特别保护区的设立。《海洋环境保护法》第二十一条明确规定："国务院有关部门和沿海省级人民政府应当根据保护海洋生态的需要，选划、建立海洋自然保护区。国家级海洋自然保护区的建立，须经国务院批准。"第二十二条则要求将典型的海洋自然地理区域、有代表性的自然生态区域，以及遭受破坏但经保护能恢复的海洋自然生态区域；海洋生物物种高度丰富的区域，或者珍稀、濒危海洋生物物种的天然集中分布区域；具有特殊保护价值的海域、海岸、岛屿、滨海湿地、入海河口和海湾等；具有重大科学文化价值的海洋自然遗迹所在区域；其他需要予以特殊保护的区域建立海洋自然保护区。第二十三条则要求将具有特殊地理条件、生态系统、生物与非生物资源及海洋开发利用特殊需要的区域，建立为海洋特别保护区，采取有效的保护措施和科学的开发方式进行特殊管理。对于已经设立的海洋保护区，该法第三十条、第四十二条要求不得新建排污口，不得从事污染环境、破坏景观的海岸工程项目建设或者其他活动。

2002年《草原法》第四十三条要求国务院草原行政主管部门或者省、自治区、直辖市人民政府按照自然保护区管理的有关规定，在具有代表性的草原类型、珍稀濒危野生动植物分布区、具有重要生态功能和经济科研价值的草原建立草原自然保护区。

2. 物种保护法。为保护、拯救珍贵、濒危野生动物，保护、发展和合理利用野生动物资源，1988年七届全国人大常委会通过了《野生动物保护法》，并于2004年进行了修订。该法以"保护、拯救珍贵、濒危野生动物，保护、发展和合理利用野生动物资源，维护生态平衡"为立法宗旨，以"加强资源保护、积极驯养繁殖、合理开发利用"为方针，规定了珍贵、濒危的陆生、水生野生动物和有益的或者有重要经济、科学研究价值的陆生野生动物的保护和管理的诸项措施。具体而言，关于野生动物的保护，该法第八条要求对珍贵、濒危的野生动物实行重点保护，并将国家重点保护的野生动物分为一级保护野生动物和二级保护野生动物；第十三条要求发生自然灾害威胁时，对于重点保护野生动物采取救护措施。野生动物管理方面，《野生动物保护法》第十五条规定了野生动物资源档案制度。第十六条禁止猎捕、杀害国家重点保护野生动物。第十七条鼓励驯养繁殖野生动物；第十八条规定了非国家重点保护野生动物的猎捕量限额管理制度；第二十条规定了禁猎区、禁猎期制度；为了防止野生动物或者其产品贸易对于野生动物造成影响，第二十二条要求禁止出售、收购国家重点保护野生动物或者其产品。

　　为了加强对于珍贵动植物和濒危野生动植物的保护，1998 年《森林法》第二十四条要求在不同自然地带的典型森林生态地区、珍贵动物和植物生长繁殖的林区、天然热带雨林区和具有特殊保护价值的其他天然林区，划定自然保护区；并要求认真保护自然保护区以外的珍贵树木和林区内具有特殊价值的植物资源，非经省、自治区、直辖市林业主管部门批准，不得采伐和采集。第三十八条规定了珍贵树木及其制品的禁限制度。该条规定："国家禁止、限制出口珍贵树木及其制品、衍生物。禁止、限制出口的珍贵树木及其制品、衍生物的名录和年度限制出口总量。"2002 年《草原法》第四十四条要求县级以上人民政府依法加强对草原珍稀濒危野生植物和种质资源的保护、管理。2004 年《渔业法》第三十七条明确规定："国家对白鳍豚等珍贵、濒危水生野生动物实行重点保护，防止其灭绝。禁止捕杀、伤害国家重点保护的水生野生动物。因科学研究、驯养繁殖、展览或者其他特殊情况，需要捕捞国家重点保护的水生野生动物的，依照《野生动物保护法》的规定执行。"

　　构成生态保护法系统的环境保护法律文件主要有：

①1982 年 8 月，《海洋环境保护法》；

②1984 年 9 月，《森林法》；

③1985 年 6 月，《草原法》；

④1986 年 1 月，《渔业法》；

⑤1986 年 3 月，《矿产资源法》；

⑥1988 年 11 月，《野生动物保护法》[①]；

⑦1995 年 5 月，《海洋自然保护区管理办法》；

⑧1997 年 10 月，《水生动植物自然保护区管理办法》；

---

① 2004 年 8 月进行了修订。

⑨1997 年 11 月，《中国自然保护区发展规划纲要(1996—2010 年)》。

第三节　环境保护法的手段法系统

环境手段法中的手段是指服务于对环境对象管理与保护的系统方法。环境手段法就是由关于这些手段如何使用的法律规范所组成的规范体系。① 环境保护法的手段法系统包括环境规划法、环境影响评价法、环境标准法、环境监测法、清洁生产促进法、循环经济促进法、环境信息公开法、环境许可法、环境教育法等支系统。

一、环境规划法

环境规划法包括污染控制规划、资源保护规划、生态保护规划等若干事务规划。

1. 环境保护规划与国民经济和社会发展规划。中国《环境保护法》和若干环保单行法都要求将环境保护规划纳入国民经济和社会发展规划。1989年《环境保护法》第四条规定："国家制定的环境保护规划必须纳入国民经济和社会发展计划，国家采取有利于环境保护的经济、技术政策和措施，使环境保护工作同经济建设和社会发展相协调。"1996 年《水污染防治法》第四条要求县级以上人民政府应当将水环境保护工作纳入国民经济和社会发展规划。1996 年《煤炭法》第十六条要求根据国民经济社会发展的需要制订煤炭生产开发规划，并纳入国民经济和社会发展计划。为了防治大气污染，保护和改善大气环境，2000 年《大气污染防治法》第二条要求国务院和地方各级人民政府，必须将大气环境保护工作纳入国民经济和社会发展计划。

2001 年《防沙治沙法》第四条规定："国务院和沙化土地所在地区的县级以上地方人民政府，应当将防沙治沙纳入国民经济和社会发展计划，保障和支持防沙治沙工作的开展。"该法第十条同时要求将防沙治沙规划的具体实施方案纳入国民经济和社会发展五年计划和年度计划。2002 年《水法》首次建立了水资源战略规划制度，并理顺了各种规划之间的相互关系。该法

---

① 徐祥民主编：《环境与资源保护法学》，科学出版社 2008 年版，第 31 页。

第十五条规定："流域综合规划和区域综合规划以及与土地利用关系密切的专业规划，应当与国民经济和社会发展规划以及土地利用总体规划、城市总体规划和环境保护规划相协调，兼顾各地区、各行业的需要。"同年颁布的《清洁生产促进法》第四条要求国务院和县级以上地方人民政府将清洁生产纳入国民经济和社会发展计划以及环境保护、资源利用、产业发展、区域开发等规划。2003年《草原法》第四条要求各级人民政府将草原的保护、建设和利用纳入国民经济和社会发展计划。同年颁布的《放射性污染防治法》要求县级以上人民政府应当将放射性污染防治工作纳入环境保护规划。2004年《固体废物污染环境防治法》第四条规定："县级以上人民政府应当将固体废物污染环境防治工作纳入国民经济和社会发展计划，并采取有利于固体废物污染环境防治的经济、技术政策和措施。"2008年《水污染防治法》第四条也要求将环境保护规划纳入国民经济和社会发展规划。

2. 环境保护事务规划。环境保护事务众多，所涉及的事务规划多样，比较重要的环境保护事务规划有：

（1）污染控制规划。污染控制规划是根据一个国家或地区的社会经济发展特点，对一定时期内的污染物排放、削减、治理所作的总体性安排和规划。① 根据规划涉及的污染物的种类的不同，可以将污染物控制规划分为水污染物控制规划、大气污染控制规划、固体废物污染控制规划、放射性污染防治规划等。

2000年《大气污染防治法》第十五条规定了污染控制区规划制度。该条授权国务院和省、自治区、直辖市人民政府，对尚未达到规定的大气环境质量标准的区域和国务院批准划定的酸雨控制区、二氧化硫污染控制区，可以划定为主要大气污染物排放总量控制区。《大气污染防治法》第十七条规定了大气污染防治重点城市。要求"国务院按照城市总体规划、环境保护规划目标和城市大气环境质量状况，划定大气污染防治重点城市。直辖市、省会城市、沿海开放城市和重点旅游城市应当列入大气污染防治重点城市"。

2003年《放射性污染防治法》第四十四条规定了放射性固体废物处置

① 徐祥民主编：《环境与资源保护法学》，科学出版社2008年版，第131页。

场所选址规划。该条要求国务院核设施主管部门会同国务院环境保护行政主管部门根据地质条件和放射性固体废物处置的需要，在环境影响评价的基础上编制放射性固体废物处置场所选址规划。

2004年《固体废物污染环境防治法》第二十九条要求县级以上人民政府有关部门制定工业固体废物污染环境防治工作规划。第五十四条要求对于危险废物集中处置设施、场所的建设进行规划。

2008年修订后的《水污染防治法》规定了流域或区域统一规划。该法第十五条规定："防治水污染应当按流域或者按区域进行统一规划。国家确定的重要江河、湖泊的流域水污染防治规划，由国务院环境保护主管部门会同国务院经济综合宏观调控、水行政等部门和有关省、自治区、直辖市人民政府编制，报国务院批准。"第四十四条规定了城镇污水处理设施建设规划。该条要求："国务院建设主管部门应当会同国务院经济综合宏观调控、环境保护主管部门，根据城乡规划和水污染防治规划，组织编制全国城镇污水处理设施建设规划。县级以上地方人民政府组织建设、经济综合宏观调控、环境保护、水行政等部门编制本行政区域的城镇污水处理设施建设规划。县级以上地方人民政府建设主管部门应当按照城镇污水处理设施建设规划，组织建设城镇污水集中处理设施及配套管网，并加强对城镇污水集中处理设施运营的监督管理。"

(2) 资源保护规划。资源保护规划是根据一个国家或地区自然资源的特点和经济发展的要求，对一定时期（一定区域）内的资源开发利用、保护管理所作的总体安排。① 中国已有的资源保护规划制度有以下六种：

矿产资源利用保护规划。根据1997年《矿产资源法》第七条的规定，国家对矿产资源的勘查、开发实行统一规划。该条还要求"在开采主要矿产的同时，对具有工业价值的共生和伴生矿产应当统一规划"。

森林资源保护规划。1998年《森林法》第十六条规定："各级人民政府应当制定林业长远规划。国有林业企业事业单位和自然保护区，应当根据林业长远规划，编制森林经营方案，报上级主管部门批准后实行。"第二十六条要求各级人民政府制定植树造林规划，因地制宜地确定本地区提高森林覆

---

① 徐祥民主编：《环境与资源保护法学》，科学出版社2008年版，第133页。

盖率的奋斗目标。

水资源保护规划。根据 2002 年《水法》第十四条的规定，水资源保护规划分为流域规划和区域规划。流域规划包括流域综合规划和流域专业规划；区域规划包括区域综合规划和区域专业规划。综合规划，是指根据经济社会发展需要和水资源开发利用现状编制的开发、利用、节约、保护水资源和防治水害的总体部署。专业规划，是指防洪、治涝、灌溉、航运、供水、水力发电、竹木流放、渔业、水资源保护、水土保持、防沙治沙、节约用水等规划。该条要求国家制定全国水资源战略规划；要求开发、利用、节约、保护水资源和防治水害，应当按照流域、区域统一制订规划。

草原保护规划。2002 年《草原法》第三条明确规定"国家对草原实行科学规划"。该法第三章专门针对草原保护规划进行了规定，明确了规划的编制原则、编制程序和机关、规划的内容、草原保护、建设、利用规划与其他规划的协调等内容。

土地资源保护规划。2004 年修订后的《土地管理法》第四条规定："国家编制土地利用总体规划，规定土地用途，将土地分为农用地、建设用地和未利用地。严格限制农用地转为建设用地，控制建设用地总量，对耕地实行特殊保护。"该法还设专章规定了土地总体规划的编制原则、编制程序和限制性要求等内容。

渔业保护规划。2004 年《渔业法》第十一条规定："国家对水域利用进行统一规划，确定可以用于养殖业的水域和滩涂。"第二十八条要求县级以上人民政府渔业行政主管部门应当对其管理的渔业水域统一规划，采取措施，增殖渔业资源。

（3）生态保护规划。生态保护规划是为了保持生态，国家和地方各级人民政府对一定时期各自然环境要素的保护、改善及对实现目标的措施和手段所作的总体安排。[①] 1999 年修订后的《海洋环境保护法》第七条规定了全国海洋环境保护规划和重点海域区域性海洋环境保护规划。该条规定："国家根据海洋功能区划制定全国海洋环境保护规划和重点海域区域性海洋环境保护规划。毗邻重点海域的有关沿海省、自治区、直辖市人民政府及行使海

---

① 徐祥民主编：《环境与资源保护法学》，科学出版社 2008 年版，第 134 页。

洋环境监督管理权的部门，可以建立海洋环境保护区域合作组织，负责实施重点海域区域性海洋环境保护规划、海洋环境污染的防治和海洋生态保护工作。"

（4）环境退化防治规划。环境退化防治规划是针对环境退化这一环境现状而作出的专项规划。针对土壤退化问题，中国规定了水土保持规划和防沙治沙规划。

水土保持规划。1991年《水土保持法》第四条将全面规划作为水土保持工作应当遵循的方针之一。第七条要求国务院和县级以上地方人民政府的水行政主管部门，在调查评价水土资源的基础上，会同有关部门编制水土保持规划。第二十一条规定："县级以上人民政府应当根据水土保持规划，组织有关行政主管部门和单位有计划地对水土流失进行治理。"

防沙治沙规划。根据2001年《防沙治沙法》第三条的规定，防沙治沙应遵循的原则之一为"统一规划，因地制宜，分步实施，坚持区域防治与重点防治相结合"。该法专设了防沙规划一章。该章下的第十条明确规定："防沙治沙实行统一规划。从事防沙治沙活动，以及在沙化土地范围内从事开发利用活动，必须遵循防沙治沙规划。"并对规划的内容作出了规定，即"防沙治沙规划应当对遏制土地沙化扩展趋势，逐步减少沙化土地的时限、步骤、措施等作出明确规定，并将具体实施方案纳入国民经济和社会发展五年计划和年度计划。"第十一条规定了防沙治沙规划的编制机关。第十二条要求编制防沙治沙规划时应综合考虑自然因素，对沙化土地实行分类保护、综合治理和合理利用，并规定："在规划期内不具备治理条件的以及因保护生态的需要不宜开发利用的连片沙化土地，应当规划为沙化土地封禁保护区，实行封禁保护。"第十三条要求："防沙治沙规划应当与土地利用总体规划相衔接；防沙治沙规划中确定的沙化土地用途，应当符合本级人民政府的土地利用总体规划。"第十九条规定："沙化土地所在地区的县级以上地方人民政府水行政主管部门，应当加强流域和区域水资源的统一调配和管理，在编制流域和区域水资源开发利用规划和供水计划时，必须考虑整个流域和区域植被保护的用水需求，防止因地下水和上游水资源的过度开发利用，导致植被破坏和土地沙化。该规划和计划经批准后，必须严格实施。"

包含环境规划内容的环境保护单行法主要有：

①1982 年 8 月，《海洋环境保护法》；

②1984 年 5 月，《水污染防治法》；

③1984 年 9 月，《森林法》；

④1985 年 6 月，《草原法》；

⑤1986 年 1 月，《渔业法》；

⑥1986 年 3 月，《矿产资源法》；

⑦1986 年 6 月，《土地管理法》；

⑧1987 年 9 月，《大气污染防治法》①；

⑨1988 年 1 月，《水法》；

⑩1991 年 6 月，《水土保持法》；

⑪1995 年 10 月，《固体废物污染环境防治法》；

⑫1996 年 8 月，《煤炭法》；

⑬2001 年 8 月，《防沙治沙法》；

⑭2002 年 6 月，《清洁生产促进法》；

⑮2003 年 6 月，《放射性污染防治法》。

二、环境影响评价法

环境影响评价，是指对规划和建设项目实施后可能造成的环境影响进行分析、预测和评估，提出预防或者减轻不良环境影响的对策和措施，进行跟踪监测的方法与制度。《环境噪声污染防治法》、《大气污染防治法》等法律对环境影响评价作出规定。

1996 年《环境噪声污染防治法》第十三条规定："新建、改建、扩建的建设项目，必须遵守国家有关建设项目环境保护管理的规定。建设项目可能产生环境噪声污染的，建设单位必须提出环境影响报告书，规定环境噪声污染的防治措施，并按照国家规定的程序报环境保护行政主管部门批准。环境影响报告书中，应当有该建设项目所在地单位和居民的意见。"

海岸工程建设项目和海洋工程建设项目的建设往往对于海洋环境造成严重的损害。为此，1999 年《海洋环境保护法》第四十三条和第四十七条要

———————

① 1995 年 8 月、2000 年 4 月进行了修订。

求这两类项目在可行性研究阶段，必须进行环境影响评价，编报海洋环境影响报告书，并经相关的部门核准或者备案。

为了有效防治大气污染，贯彻"预防为主的原则"，强化对于建设项目的环境管理，2000年《大气污染防治法》第十一条规定了环境影响评价制度。该条要求："新建、扩建、改建向大气排放污染物的项目，必须遵守国家有关建设项目环境保护管理的规定。建设项目的环境影响报告书，必须对建设项目可能产生的大气污染和对生态环境的影响作出评价，规定防治措施，并按照规定的程序报环境保护行政主管部门审查批准。建设项目投入生产或者使用之前，其大气污染防治设施必须经过环境保护行政主管部门验收，达不到国家有关建设项目环境保护管理规定的要求的建设项目，不得投入生产或者使用。"2001年《防沙治沙法》第二十一条要求在沙化土地范围内从事开发建设活动时，必须事先就该项目可能对当地及相关地区生态产生的影响进行环境影响评价，依法提交环境影响报告；环境影响报告应当包括有关防沙治沙的内容。

2002年，全国人大常委会颁布了《环境影响评价法》。该法第二条规定了环境影响评价的定义。该法设专章对规划的环境影响评价和建设项目的环境影响评价进行了规定。第二章"规划的环境影响评价"规定了一般规划的环境影响评价、专项规划的环境影响评价，还规定了专项规划的环境影响报告书的内容、对环境有重大影响的规划实施后的跟踪评价等制度。第三章"建设项目的环境影响评价"要求"国家根据建设项目对环境的影响程度，对建设项目的环境影响评价实行分类管理"。同时规定了应当编制环境影响报告书、环境影响报告表或者填报环境影响登记表的情形，规定了建设项目环境影响评价报告书的内容，明确了规划审批机关的权限和审批程序等内容。

2003年《放射性污染防治法》第十八条规定："核设施选址，应当进行科学论证，并按照国家有关规定办理审批手续。在办理核设施选址审批手续前，应当编制环境影响报告书，报国务院环境保护行政主管部门审查批准；未经批准，有关部门不得办理核设施选址批准文件。"2004年《固体废物污染环境防治法》第十三条规定："建设产生固体废物的项目以及建设贮存、利用、处置固体废物的项目，必须依法进行环境影响评价，并遵守国家有关建设项目环境保护管理的规定。"

2008 年《水污染防治法》第十七条第一款规定："新建、改建、扩建直接或者间接向水体排放污染物的建设项目和其他水上设施，应当依法进行环境影响评价。"按照本条的规定，直接或者间接向水体排放污染物的建设项目和其他水上设施，都应当对有关的建设项目依法进行环境影响评价，并遵守国家有关建设项目环境保护管理的规定。为落实水污染防治实行统一管理、分工负责的管理体制，第十七条第二款规定："建设单位在江河、湖泊新建、改建、扩建排污口的，应当取得水行政主管部门或者流域管理机构同意；涉及通航、渔业水域的，环境保护主管部门在审批环境影响评价文件时，应当征求交通、渔业主管部门的意见。"

涉及环境影响评价的环境法律文件主要有：

①1982 年 8 月，《海洋环境保护法》；

②1984 年 5 月，《水污染防治法》；

③1987 年 9 月，《大气污染防治法》；

④1995 年 10 月，《固体废物污染环境防治法》；

⑤1996 年 10 月，《环境噪声污染防治法》；

⑥2001 年 8 月，《防沙治沙法》；

⑦2002 年 10 月，《环境影响评价法》。

三、环境标准法

环境标准是由环境管理部门制定的，为了保护人体健康、防治环境污染、促进生态良性循环，同时又合理利用资源、促进经济发展，对环境中有害成分含量及其排放源进行规定的强制性规范。环境标准是环境保护立法的重要组成部分。

1. 环境质量标准。中国的《海洋环境保护法》、《水污染防治法》、《大气污染防治法》等法律对于环境质量标准进行了规定。1996 年《环境噪声污染防治法》第十条授权国务院环境保护行政主管部门分别不同的功能区，制定国家声环境质量标准；授权县级以上地方人民政府根据国家声环境质量标准，划定本行政区域内各类声环境质量标准的适用区域，并进行管理。1999 年《海洋环境保护法》第九条规定："国家根据海洋环境质量状况和国家经济、技术条件，制定国家海洋环境质量标准。沿海省、自治区、直辖市人民政府对国家海洋环境质量标准中未作规定的项目，可以制定地方海洋环境质量标准。沿海地方各级人民政府根据国家和地方海洋环境质量标准的规定和本行政区近岸海域环境质量状况，确定海洋环境保护的目标和任务，并纳入人民政府的工作计划，按相应的海洋环境质量标准实施管理。"2000 年《大气污染防治法》第六条规定："国务院环境保护行政主管部门制定国家大气环境质量标准。省、自治区、直辖市人民政府对国家大气环境质量标准中未作规定的项目，可以制定地方标准，并报国务院环境保护行政主管部门备案。"2008 年《水污染防治法》第十一条规定："国务院环境保护主管部门制定国家水环境质量标准。省、自治区、直辖市人民政府可以对国家水环境质量标准中未作规定的项目，制定地方标准，并报国务院环境保护主管部门备案。"第十二条还规定了国家确定的重要江河、湖泊流域的省界水体适用的水环境质量标准的制定机关。

2. 污染物排放标准。1996《环境噪声污染防治法》第十一条要求国务院环境保护行政主管部门根据国家声环境质量标准和国家经济、技术条件，制定国家环境噪声排放标准。1999 年《海洋环境保护法》第二十九条要求向海域排放陆源污染物的排污者必须严格执行国家或者地方规定的标准和有关规定。2000 年《大气污染防治法》第七条规定："国务院环境保护行政主管部门根据国家大气环境质量标准和国家经济、技术条件制定国家大气污染物排放标准。省、自治区、直辖市人民政府对国家大气污染物排放标准中未作规定的项目，可以制定地方排放标准；对国家大气污染物排放标准中已作规定的项目，可以制定严于国家排放标准的地方排放标准。地方排放标准须报国务院环境保护行政主管部门备案。省、自治区、直辖市人民政府制定机动车船大气污染物地方排放标准严于国家排放标准的，须报经国务院批准。凡是向已有地方排放标准的区域排放大气污染物的，应当执行地方排放标准。"2003 年《放射性污染防治法》第九条规定："国家放射性污染防治标准由国务院环境保护行政主管部门根据环境安全要求、国家经济技术条件制定。国家放射性污染防治标准由国务院环境保护行政主管部门和国务院标准化行政主管部门联合发布。"第四十条要求向环境排放放射性废气、废液的排污者，必须符合国家放射性污染防治标准。2008 年《水污染防治法》第十三条规定了国家水污染物排放标准制度和地方水污染物排放标准。

中国专门规定环境标准和涉及环境标准的环境法律文件有：

①1982 年 4 月，《大气环境质量标准》；

②1982 年 4 月，《城市区域环境噪声标准》；

③1982 年 4 月，《海水水质标准》；

④1982 年 8 月，《海洋环境保护法》；

⑤1983 年 4 月，《船舶污染物排放标准》；

⑥1983 年 4 月，《电影洗片水污染物排放标准》；

⑦1983 年 10 月，《环境保护标准管理办法》；

⑧1984 年 5 月，《水污染防治法》；

⑨1987 年 9 月，《大气污染防治法》；

⑩1992 年 4 月，《农田灌溉水质标准》；

⑪1995 年 10 月，《固体废物污染环境防治法》；

⑫1996 年 10 月，《环境噪声污染防治法》；

⑬1999 年 1 月，《环境标准管理办法》；

⑭1999 年 12 月，《锅炉大气污染物排放标准》；

⑮2001 年 12 月，《危险废物贮存污染控制标准》；

⑯2003 年 6 月，《放射性污染防治法》；

⑰2003 年 7 月，《林业标准化管理办法》；

⑱2006 年 2 月，《"十一五"国家环境保护标准规划》。

四、环境监测法

环境监测是通过技术手段测定环境质量的代表值以把握环境质量的状况。通过长期积累的大量环境监测数据，可以判断出环境质量状况，预测环境质量的变化趋势。环境监测可以为环境法规和标准的制定提供科学依据。另外，通过环境监测还可以不断发现新的潜在的环境问题，掌握污染物的迁移、转化规律，为环境科学研究提供启示和可靠的数据。作为环境管理的一项经常性的、制度化的工作，环境监测大致可以分为对污染源的监测和对环境质量的监测两个方面。通过对污染源的监测，可以检查、督促排放污染物的单位遵守国家规定的污染物排放标准。通过对环境质量的监测，可以掌握环境状况的变化，为选择环境防治措施、实施目标管理提供环境数据。[1]

中国《环境保护法》和诸多环境保护单行法规定了环境监测制度。1996 年《环境噪声污染防治法》第二十条规定："国务院环境保护行政主管部门应当建立环境噪声监测制度，制定监测规范，并会同有关部门组织监测网络。环境噪声监测机构应当按照国务院环境保护行政主管部门的规定报送环境噪声监测结果。"1999 年《海洋环境保护法》第十四条、第十五条、第十六条规定，国家海洋行政主管部门按照国家环境监测、监视规范和标准，管理全国海洋环境的调查、监测、监视，制定具体的实施办法，会同有关部门组织全国海洋环境监测、监视网络，定期评价海洋环境质量，发布海洋巡航监视通报。国家海洋行政主管部门按照国家制定的环境监测、监视信息管理制度，负责管理海洋综合信息系统，为海洋环境保护监督管理提供服务。

2000 年《大气污染防治法》第二十二条要求国务院环境保护行政主管部门建立大气污染监测制度，组织监测网络，制定统一的监测方法。2003年《放射性污染防治法》第十条规定："国家建立放射性污染监测制度。国务院环境保护行政主管部门会同国务院其他有关部门组织环境监测网络，对放射性污染实施监测管理。"2004 年《固体废物污染环境防治法》第十二条要求国务院环境保护行政主管部门建立固体废物污染环境监测制度，制定统一的监测规范，并会同有关部门组织监测网络。2008 年《水污染防治法》对水环境监测进行了详细规定。该法第二十五条明确规定："国家建立水环境质量监测和水污染物排放监测制度。国务院环境保护主管部门负责制定水环境监测规范，统一发布国家水环境状况信息，会同国务院水行政等部门组织监测网络。"第二十三条要求重点排污单位安装水污染物排放自动监测设备，与环境保护主管部门的监控设备联网，并保证监测设备正常运行。该条还要求排放工业废水的企业对其所排放的工业废水进行监测，并保存原始监测记录。第二十六条规定："国家确定的重要江河、湖泊流域的水资源保护工作机构负责监测其所在流域的省界水体的水环境质量状况，并将监测结果及时报国务院环境保护主管部门和国务院水行政主管部门；有经国务院批准成立的流域水资源保护领导机构的，应当将监测结果及时报告流域水资源保

---

①　刘传江、侯伟丽编：《环境经济学》，武汉大学出版社 2006 年版，第 407 页。

护领导机构。"

中国规定环境监测制度的环境法主要有：

①1982 年 8 月，《海洋环境保护法》；

②1984 年 5 月，《水污染防治法》；

③1987 年 9 月，《大气污染防治法》；

④1995 年 10 月，《固体废物污染环境防治法》；

⑤1996 年 10 月，《环境噪声污染防治法》。

五、清洁生产促进法

《中国 21 世纪议程——中国人口、环境与发展白皮书》（以下简称《中国 21 世纪议程》）将清洁生产规定为既可满足人们的需要又可合理使用自然资源和能源并保护环境的实用生产方法和措施，其实质是一种物料和能耗最少的人类生产活动的规划和管理，将废物减量化、资源化和无害化，或消灭于生产过程之中。2002 年《清洁生产促进法》将清洁生产定义为"不断采取改进设计、使用清洁的能源和原料、采用先进的工艺技术与设备、改善管理、综合利用等措施，从源头消减污染，提高资源利用效率，减少或者避免生产、服务和产品使用过程中污染物的产生和排放，以减轻或者消除对人类健康和环境的危害。"中国关于清洁生产的规定不只体现在《清洁生产促进法》这部法律中，《固体废物污染环境防治法》、《水污染防治法》等法律亦有相关的规定。

2002 年《清洁生产促进法》规定了清洁生产的负责部门，强调依靠有关部门共同推行清洁生产。该法第二章具体规定了清洁生产的推行，并对政府及有关部门支持促进清洁生产提出了具体要求：要求制定有利于实施清洁生产的财政税收政策、产业政策、技术开发和推广政策；要求有关部门制定清洁生产的推行规划；规定了清洁生产技术、工艺、设备和产品导向目录制度和落后生产技术、工艺、设备和产品的限期淘汰制度；还规定设立环境与资源保护方面的产品标志等措施。《清洁生产促进法》第三章规定了清洁生产的实施，要求新建、改建和扩建项目优先采用资源利用率高以及污染物产生量少的清洁生产技术、工艺和设备；规定企业在进行技术改造过程中，应当采取清洁生产措施；规定产品和包装物的设计者、大型机电设备和机动运输工具生产者、农业生产者、服务性企业和建筑业、矿产资源勘查和开采者等主体在各自领域应当采取的清洁生产措施；规定了强制回收目录制度和清洁生产审核措施。为了促进清洁生产的实施，提高生产者清洁生产的积极性，该法还专章规定了鼓励措施，要求从资金的补助、减免税、优惠贷款方面对清洁生产给予支持。

2004 年《固体废物污染环境防治法》第三条规定：“国家对固体废物污染环境的防治，实行减少固体废物的产生量和危害性、充分合理利用固体废物和无害化处置固体废物的原则，促进清洁生产和循环经济发展。”第二十七条要求国务院环境保护行政主管部门会同国务院经济综合宏观调控部门和其他有关部门对工业固体废物对环境的污染作出界定，制定防治工业固体废物污染环境的技术政策，组织推广先进的防治工业固体废物污染环境的生产工艺和设备。第二十九条要求县级以上人民政府有关部门制订工业固体废物污染环境防治工作规划，推广能够减少工业固体废物产生量和危害性的先进生产工艺和设备，推动工业固体废物污染环境防治工作。2008 年《水污染防治法》第四十三条也规定了清洁生产制度。该条规定：“企业应当采用原材料利用效率高、污染物排放量少的清洁工艺，并加强管理，减少水污染物的产生。”

中国的清洁生产法主要由以下法律构成：

①1984 年 5 月，《水污染防治法》；

②1995 年 10 月，《固体废物污染环境防治法》；

③2002 年 6 月，《清洁生产促进法》。

六、循环经济促进法

在《循环经济促进法》产生之前，中国的环境立法已经提出了发展循环经济的要求。2002 年《清洁生产促进法》第九条要求县级以上地方人民政府合理规划本行政区域的经济布局，调整产业结构，发展循环经济，促进企业在资源和废物综合利用等领域进行合作，实现资源的高效利用和循环使用。2004 年《固体废物污染环境防治法》第三条规定：“国家对固体废物污染环境的防治，实行减少固体废物的产生量和危害性、充分合理利用固体废物和无害化处置固体废物的原则，促进清洁生产和循环经济发展。”

2008 年，中国颁布了《循环经济促进法》，将发展循环经济视为国家经济社会发展的一项重大战略，对促进循环经济发展问题做了全面规定。

《循环经济促进法》着力强调"减量化"，该法《总则》中就规定优先实施减量化原则。"减量化"、"再利用"和"资源化"是《循环经济促进法》的主线。所谓"减量化"是指在生产、流通和消费等过程中减少资源消耗和废物产生。"再利用"是指将废物直接作为产品或者经修复、翻新、再制造后继续作为产品使用，或者将废物的全部或者部分作为其他产品的部件予以使用。"资源化"是指将废物直接作为原料进行利用或者对废物进行再生利用。

《循环经济促进法》规定了循环经济发展规划制度、循环经济统计制度、产品资源消耗标识制度、产品或者包装物的强制回收名录制度、限期淘汰制度等制度。要求建立循环经济评价指标体系，并提出对"钢铁、有色金属、煤炭、电力、石油加工、化工、建材、建筑、造纸、印染等行业年综合能源消费量、用水量超过国家规定总量的重点企业，实行能耗、水耗的重点监督管理制度"。该法规定产业政策的制定应当符合发展循环经济的要求。此外，还规定了具体的激励措施。

涉及循环经济法的环境保护法律有：

①1995 年 10 月，《固体废物污染环境防治法》；

②2002 年 6 月，《清洁生产促进法》；

③2008 年 8 月，《循环经济促进法》。

七、环境信息公开法

1989 年《环境保护法》第十一条要求国务院和省、自治区、直辖市人民政府的环境保护行政主管部门通过定期发布环境状况公报的形式公开环境信息。1991 年《水土保持法》第二十九条要求国务院水行政主管部门建立水土保持监测网络，对全国水土流失动态进行监测预报，并予以公告。为了使公众了解大气环境质量状况，2000 年《大气污染防治法》第二十三条要求大、中城市人民政府环境保护行政主管部门定期发布大气环境质量状况公报，并逐步开展大气环境质量预报工作。该条还明确了大气环境质量状况公报所应当具有的内容，即"城市大气环境污染特征、主要污染物的种类及污染危害程度等"。2001年《防沙治沙法》第十四条要求国务院林业行政主管部门组织其他有关行政主管部门对全国土地沙化情况进行监测、统计和分析，定期公布监测结果。2004年《固体废物污染环境防治法》第十二条规定："大、中城市人民政府环境保护行政主管部门应当定期发布固体废物的种类、产生量、处置状况等信息。"

环境信息公开法主要由以下环境保护法律文件构成：

①1987年9月，《大气污染防治法》；

②1991年6月，《水土保持法》；

③1995年10月，《固体废物污染环境防治法》；

④2001年8月，《防沙治沙法》。

八、环境许可法

环境许可法是有关环境许可的一系列法律规范的总称，环境许可法实质上是环境许可制度的法律化。[①] 环境许可在中国的事物法系统和手段法系统中都有体现。

1998年《森林法》第三十二条规定："采伐林木必须申请采伐许可证，按许可证的规定进行采伐；农村居民采伐自留地和房前屋后个人所有的零星林木除外。"1999年《海洋环境保护法》第五十五条规定了倾倒废弃物许可证制度。该条要求倾倒废弃物的单位，必须向国家海洋行政主管部门提出书面申请，经国家海洋行政主管部门审查批准，发给许可证后，方可倾倒。2000年《大气污染防治法》第十五条第二款要求"大气污染物总量控制区内有关地方人民政府依照国务院规定的条件和程序，按照公开、公平、公正的原则，核定企业事业单位的主要大气污染物排放总量，核发主要大气污染物排放许可证。有大气污染物总量控制任务的企业事业单位，必须按照核定的主要大气污染物排放总量和许可证规定的排放条件排放污染物。"

2002年《农业法》第二十五条规定："农药、兽药、饲料和饲料添加剂、肥料、种子、农业机械等可能危害人畜安全的农业生产资料的生产经营，依照相关法律、行政法规的规定实行登记或者许可制度。"同年颁布的

---

① 徐祥民主编：《环境与资源保护法学》，科学出版社2008年版，第137页。

《水法》第七条规定："国家对水资源依法实行取水许可制度和有偿使用制度。"该法第三十九条还规定了河道采砂许可制度。

为了加强对放射性物质的管理，2003年《放射性污染防治》第二十八条、第二十九条分别要求生产、销售、使用放射性同位素和射线装置的单位和生产、销售、使用放射性同位素和加速器、中子发生器以及含放射源的射线装置的单位申请领取许可证，办理登记手续。根据第三十四条的规定，开发利用或者关闭铀（钍）矿的单位和开发利用伴生放射性矿的单位应当申请领取采矿许可证。

为加强对跨境转移到中国的境外固体废物管理，2004年《固体废物污染环境防治法》规定了固体废物进口分类管理制度。将固体废物分为禁止进口、限制进口和自动许可进口三类。该法第二十五条规定："禁止进口不能用作原料或者不能以无害化方式利用的固体废物；对可以用作原料的固体废物实行限制进口和自动许可进口分类管理。国务院环境保护行政主管部门会同国务院对外贸易主管部门、国务院经济综合宏观调控部门、海关总署、国务院质量监督检验检疫部门制定、调整并公布禁止进口、限制进口和自动许可进口的固体废物目录。禁止进口列入禁止进口目录的固体废物。进口列入限制进口目录的固体废物，应当经国务院环境保护行政主管部门会同国务院对外贸易主管部门审查许可。进口列入自动许可进口目录的固体废物，应当依法办理自动许可手续。进口的固体废物必须符合国家环境保护标准，并经质量监督检验检疫部门检验合格。进口固体废物的具体管理办法，由国务院环境保护行政主管部门会同国务院对外贸易主管部门、国务院经济综合宏观调控部门、海关总署、国务院质量监督检验检疫部门制定。"第五十七条规定了危险废物的经营许可。该条要求："从事收集、贮存、处置危险废物经营活动的单位，必须向县级以上人民政府环境保护行政主管部门申请领取经营许可证；从事利用危险废物经营活动的单位，必须向国务院环境保护行政主管部门或者省、自治区、直辖市人民政府环境保护行政主管部门申请领取经营许可证。具体管理办法由国务院规定。禁止无经营许可证或者不按照经营许可证规定从事危险废物收集、贮存、利用、处置的经营活动。禁止将危险废物提供或者委托给无经营许可证的单位从事收集、贮存、利用、处置的经营活动。"同年颁布的《渔业法》第十一条规定了养殖生产许可证，第二十三条规定了捕捞许可证制度。

2008 年《水污染防治法》第二十条规定 "国家实行排污许可制度"。该条要求: "直接或者间接向水体排放工业废水和医疗污水以及其他按照规定应当取得排污许可证方可排放的废水、污水的企业事业单位, 应当取得排污许可证; 城镇污水集中处理设施的运营单位, 也应当取得排污许可证。" "禁止企业事业单位无排污许可证或者违反排污许可证的规定向水体排放前款规定的废水、污水。" 该法第二十一条规定: "直接或者间接向水体排放污染物的企业事业单位和个体工商户, 应当按照国务院环境保护主管部门的规定, 向县级以上地方人民政府环境保护主管部门申报登记拥有的水污染物排放设施、处理设施和在正常作业条件下排放水污染物的种类、数量和浓度, 并提供防治水污染方面的有关技术资料。" 企业事业单位和个体工商户登记后排放水污染物的种类、数量和浓度有重大改变的, 该法要求 "及时申报登记"; "拆除或者闲置水污染物处理设施的, 应当事先报县级以上地方人民政府环境保护主管部门批准"。

环境许可法主要由下述环境保护法律文件组成:

①1982 年 8 月, 《海洋环境保护法》;

②1984 年 5 月, 《水污染防治法》;

③1984 年 9 月, 《森林法》;

④1986 年 1 月, 《渔业法》;

⑤1987 年 9 月, 《大气污染防治法》;

⑥1993 年 7 月, 《农业法》;

⑦1995 年 10 月, 《固体废物污染环境防治法》;

⑧2003 年 6 月, 《放射性污染防治法》;

⑨2004 年 4 月, 《危险化学品生产企业安全生产许可证实施办法》;

⑩2004 年 5 月, 《危险废物经营许可证管理办法》;

⑪2006 年 2 月, 《取水许可和水资源费征收管理条例》。

九、环境教育法

环境教育是受当前世界各国普遍高度重视的教育领域, 被视为从根本上解决日益严峻的环境问题、保护和改善环境、实现可持续发展的战略措施。

同时，环境教育是改变人类传统的价值观和环境观的重要途径。

1968 年，美国环境教育的先驱者贝尔·斯泰普首次给出了环境教育的定义："环境教育的目的是造就这样一种公民，这种公民具有知识，关注自然环境及其相关的问题，了解如何帮助解决这些问题，并具有寻找解决问题途径的工作动机。"[1]

《第比利斯政府间环境教育大会宣言和建议》认为："环境教育是一个过程，人们在此过程中能够获得环境意识、环境知识、价值信念、态度和实用技能，以便能以一种负责的和有效的方式参与环境问题的认识和解决，其目标包括了意识、知识、态度、技能和参与五个方面。"[2]

中国环境保护法对环境教育作出了积极反应。《环境保护法》规定："国家鼓励环境保护科学教育事业的发展，加强环境保护科学技术的研究和开发，提高环境保护科学技术水平，普及环境保护的科学知识。"[3]

1992 年，环境保护总局与教育部联合召开了第一次全国环境教育工作会议，明确了"环境保护，教育为本"的方针，对环境教育的地位和作用给予了充分肯定，对加强环境教育提出了具体要求。会议指出，为了应对日益突出的环境问题，加强环境教育、提高国民的环境意识是解决环境问题的重要一环，也是国家和政府在环境保护方面的重要职责。

1995 年国家环保局发布的《中国环境保护 21 世纪议程》指出："环境意识直接影响到人们的生产方式、生活方式和思维方式。提高全民族的环境意识是一项具有根本性的环境保护战略措施，是实现环境与发展战略目标的先决条件。环境教育的功能之一就是提高全民族对环境保护的认识，实现道德、文化、观念、知识和技能等方面的全面转变，树立可持续发展的新观念，自觉参与、共同承担保护环境，造福后代的责任与义务。"[4] 环境教育帮助人们加深对环境问题严重性的认识，增强保护和治理环境的紧迫感和责任感，提高人们的环境素养，促使人们"主动、合理地使用环境，以发展

---

① 刘湘溶：《人与自然的道德话语：环境伦理学的进展与反思》，湖南师范大学出版社 2004 年版，第 196 页。

② UNESCO：*Intergovernmental Conference on Environmental Education Final Report*. Tbilisi. USSR. UNESCO. 1977, pp. 25－27.

③ 《中华人民共和国环境保护法》第五条。

④ 《中国环境保护 21 世纪议程》第二十八章，中国环境科学出版社 1995 年版，第 244—249 页。

人类高品质的生活"①。

1996 年 12 月，国家环境保护局、中共中央宣传部、国家教育委员会联合颁布的《全国环境宣传教育行动纲要（1996—2010 年）》明确提出：到 2010 年，在全国建成比较完善的环境教育网络，实现全民族的环境意识的较大提高；逐步建立公众在环境保护方面的参与监督机制，在全社会形成遵守环境法律法规、自觉保护环境的良好风尚。

目前，中国尚未颁布专门的环境教育法。与环境教育相关的规范性法律文件有：

①1987 年 9 月，《大气污染防治法》；

②1995 年 10 月，《固体废物污染环境防治法》；

③1995 年，《中国环境保护 21 世纪议程》；

④1996 年 12 月，《全国环境宣传教育行动纲要（1996—2010 年）》；

⑤2002 年 6 月，《清洁生产促进法》；

⑥2003 年 6 月，《放射性污染防治法》；

⑦2005 年 12 月，《国务院关于落实科学发展观加强环境保护的规定》。

---

① Rills T. J. *Basic guidelines for environmental education*. Journal of Environmental Education, 1974, 6 (1): pp. 52-55.

第三章　三个发展时期：从污染防治法到循环型社会法

中国的环境法，如果从有正式命名的环境法开始，仅仅只有 30 年的历史。中国法律体系中的环境法部门与世界上其他国家，包括法治发达的西方国家的环境法部门同样都很年轻。或许正是由于年轻，这个法律部门生长历程中留下的每一道年轮还都是那样线条清晰，界线分明。

从 1979 年到 2009 年，在 30 年的成长历程中，中国的环境法经过了两次大的变化，经历了三个时期。这三个时期是污染防治法时期、环境保全法时期和循环型社会法时期。① 尽管这样的发展变化不是由立法者事先精心设计的，不是某种"战略"实施的结果，但却也是世界各国环境法发展普遍经历的一个逐渐成熟的过程。

第一节　污染防治法时期

中国环境法诞生时"登记"的身份特征是污染防治法。这一特征保持

---

① 几年前，我们提出环境法发展历史三阶段的判断。那时中国的《循环经济促进法》还没有颁布，我们作出这一判断的主要依据是以日本《推进建立循环型社会基本法》为代表的外国环境法和足以反映中国立法意愿并具有法律效力的《国务院关于落实科学发展观加强环境保护的决定》和《全国人民代表大会关于十一五规划纲要的决定》等。（参见徐祥民著《现代环境法发展的三个阶段与中国环境法的完善》，东国大学校比较法文化研究所编《比较法研究》2006 年第 12 期）现在看来，这个判断是正确的和经得起考验的。

了 20 多年。所以我们把这个时期称为中国环境法发展历史的污染防治法时期。由于这个时期的环境法防治污染的措施、手段等表现出明显的“末端治理”的特征，所以，中国环境法发展的初期也可以称“末端治理”时期，而这时的环境法则可称末端治理的环境法。

如果说 1972 年的人类环境会议促进了中国政府对环境保护重视程度的提高①，那么，在此次会议之后，中国政府和立法机关陆续制定、颁布了一系列污染防治法律文件，或者说是以污染防治为主要内容的法律文件。作为 1973 年第一次全国环境会议②重要成果之一的《关于保护和改善环境的若干规定（试行草案）》（以下简称《试行规定》）无疑是一份以污染防治为重要内容的文件。该文件规定的“三废”治理设施与主体工程同时设计、同时施工、同时投产的“三同时制度”是中国环境法制建设的创举③，是用于防治污染的法制创举。之所以会有这样的创造，重要的原因之一是工业“三废”治理在当时人们的环境保护观念中占有重要的地位。工业“三废”治理可以说是当时人们心目中最具体最明确的环境保护任务。“三同时制度”和国务院在《试行规定》实施的同一年颁布的《工业“三废”排放试行标准》④ 都是为完成工业“三废”治理任务而提出的“对策”。1974 年国务院转发交通部《中华人民共和国防止沿海水域污染暂行规定》是中国第一部专门的海洋环境保护法律文件。这一规定，正如其名字所显示的那样，以防治沿海水域污染为基本任务。

中国环境法发展的第一时期赶上了一次重要的修宪活动，一次纠正

---

① 曲格平这样评价斯德哥尔摩人类环境会议对中国的影响：“会议像一面镜子，使我们看到了中国的环境问题。在回国后的总结会上，我曾经说过这样的话：中国城市的环境问题不比西方国家轻，而在自然生态方面存在的问题远在西方国家之上。正是受到斯德哥尔摩会议的启发，中国在 1973 年召开了第一次全国环境保护会议。从此，环境保护被提到了国家议事日程上。”（曲格平著：《求索之路》，《曲格平文集》第九卷，中国环境科学出版社 2007 年版，第 40 页）

② 第一次全国环境保护会议 1973 年 8 月 5 日至 20 日在北京召开。会议是由国务院委托国家计委组织召开的。此次会议揭开了中国环境保护事业的序幕。会议通过了《关于保护和改善环境的若干规定》，确定了“全面规划、合理布局、综合利用、化害为利、依靠群众、大家动手、保护环境、造福人民”的“三十二字方针”等。

③ 曲格平称这项制度是“中国土生土长的经验”。参见曲格平《我与中国的环境保护》，载《曲格平文集》第八卷，中国环境科学出版社 2007 年版，第 27 页。

④ 后来的环境保护法律文件，如《关于治理工业“三废”，开展综合利用的几项规定》（1977 年）等，进一步说明污染防治，尤其是工业三废治理在那个时期人们的环境保护观念中所占的位置。

"文化大革命"历史性错误的修宪活动。这次修宪的最重要的成果之一是把保护环境确定为中国的基本国策。①《宪法》（1978）第十一条规定："国家保护环境和自然资源，防治污染和其他公害。"从这一规定可以看出修宪者对污染防治的重视，可以猜测出修宪者对污染防治和环境保护之间关系的认识。可以这样说，修宪者写在1978年《宪法》中的环境保护基本国策是以污染防治为中心的环保国策。

　　人们对污染防治的重视、对污染防治在环境保护中的地位的认识，对污染防治和环境保护之间关系的理解除影响中国环境保护立法的进程之外，也在一定程度上规定了在这个进程中产生的环境法的内容。在从1979年到2002年这20多年中，中国的环境法制建设主要围绕污染防治展开，这个时期环境法制建设所取得的成就也主要集中在污染防治领域。1998年7月30日，曾任新中国第一任环境保护局局长，后任全国人大环资委主任的曲格平就中国环境法制建设所取得的成就对美国《时代》周刊记者的回答，反映了污染防治法在1998年之前中国环境法制建设中所具有的地位。他说：（中国）"民主法制建设取得了很大进步。在环境保护方面已制定了6部控制环境污染的法律，包括《环境保护法》、《水污染防治法》、《大气污染防治法》、《固体废物污染环境防治法》、《环境噪声污染防治法》、《海洋环境保护法》。在这6部法律中对经济和社会生活等诸多方面的环境污染防治都作出了规定，共有300多条，可以说人们关心的环境问题都涉及了。"② 曲格平所说的"人们关心的环境问题"，如果曲先生的判断没有错的话，主要是污染问题。用于解决"人们关心的环境问题"的6部法律中的《水污染防

---

　　①　1998年，徐祥民还没有正式进入环境法学的研究队伍，他主编的《宪法学原理》（署名徐进，法律出版社1998年版）在宪法学理论著作中首次设置"国策论"篇，并把"环境保护"视为与计划生育相同的基本国策或称"宪法政策"。（关于环境保护国策的论述参见该书第365—370页）今天，这一观点可以从领导和支持环境保护的党和国家领导人那里获得支持。据曲格平回忆，1982年秋天，时任国务院常务副总理的万里就曾指出："环境问题已成为现代化建设中的突出问题，如果不能及时阻止这种事态的发展，经济建设就难以顺利进展。像计划生育一样，环境保护也是一项基本国策，必须摆上重要议程，认真加以对待。"（曲格平：《我与中国的环境保护》，载《曲格平文集》第八卷，中国环境科学出版社2007年版，第28页）显然，在万里副总理看来，环境保护和计划生育一样都是，至少都应该是中国的基本国策。

　　②　曲格平：《要公正地评价中国的环境保护事业》，《曲格平文集》第九卷，中国环境科学出版社2007年版，第48页。

治法》、《大气污染防治法》、《固体废物污染环境防治法》、《环境噪声污染防治法》无疑只能解决污染问题，而《环境保护法》和《海洋环境保护法》所能解决的也主要是污染问题。

1979 年第五届全国人大常委会第十一次会议原则通过的《环境保护法（试行）》，作为中国第一部系统的环境保护法律文件，显然以污染防治为中心任务。曲格平用"300 多条"这个数量来表达中国环境保护法制建设所取得的成就，我们也用条目数量"测量"一下污染防治法在《环境保护法（试行）》中所占的分量。下表（表 3－1）可以更直观地回答这个问题：

表 3－1：《环境保护法（试行）》各章条数对照表

章序和章名	条数及起讫条	条数排序	占总条数的比例
第一章，总则	9，1—9	2	27.3%
第二章，保护自然环境	6，10—15	3	18.2%
第三章，防治污染和其他公害	10，16—25	1	30.3%
第四章，环境保护机构和职责	3，26—28	4	9.1%
第五章，科学研究和宣传教育	2，29—30	5	6.6%
第六章，奖励和惩罚	2，31—32	5	6.6%
第七章，附则	1，33	7	3%

很明显，第三章条数最多，占了《环境保护法（试行）》总条数的近三分之一。这一章名为《防治污染和其他公害》，但其每一条的内容都是污染防治，至少涉及污染防治。这也就是说，这部法律的近三分之一的条目都属于污染防治法。如果说一部法律的《总则》、《附则》往往都是服务于法律文件的核心部分的，而《环境保护法（试行）》的《环境保护机构和职责》一章中的"机构"和"职责"显然包括污染防治的"机构"及其"职责"，也就是说是对这部法律的"核心部分"的其他章节服务的，那么，我们就更可以大胆地说《防治污染和其他公害》章才是这部法律的真正核心。

让我们再以同样的"测量"方法量一下 1982 年颁布的《海洋环境保护法》。请看下表（表 3－2）：

表 3－2：《海洋环境保护法》各章条数对照表

章序和章名	条数及起讫条
第一章，总则	5，1—5
第二章，防治海岸工程对海洋环境的污染损害	4，6—9
第三章，防治海洋石油勘探开发对海洋环境的污染损害	8，10—17
第四章，防治陆源污染物对海洋环境的污染损害	8，18—25
第五章，防治船舶对海洋环境的污染损害	12，26—37
第六章，防治倾倒废弃物对海洋环境的污染损害	3，38—40
第七章，法律责任	4，41—44
第八章，附则	4，45—48

　　已经不需要说哪一章条目更多了，因为除了《总则》、《附则》这两个服务"核心部分"的章节，除了《法律责任》章的内容是对"法律后果"的集中规定，是对规定"行为模式"的各章的呼应之外，这部法律的其他各章都是规定污染防治的。从这部法律的章节安排和条目设计来看，把它称为"海洋污染防治法"是不会出现名不符实之类的判断错误的。①

　　这个时期的环境保护法律法规除《环境保护法（试行）》和《海洋环境保护法》外属于污染防治法或主要内容属于污染防治法的法律文件（依时间先后为序）主要有（见表 3－3）：

表 3－3：2002 年之前污染防治法律法规一览表

序号	文献名称	发布机关	通过时间	当前效力
1	关于保护和改善环境的若干规定（试行草案）	国务院（批发）	1973 年 11 月	
2	防止沿海水域污染暂行规定	国务院（转发）	1974 年 1 月	

---

　　① 《中华人民共和国环境保护法（试行）》和《中华人民共和国海洋环境保护法》先后在 1989 年（1989 年 12 月 26 日第七届全国人民代表大会常务委员会第十一次会议）和 1999 年（1999 年 12 月 25 日第九届全国人民代表大会常务委员会第十三次会议）被修改。这些修法活动无疑使相关法律告别了中国环境法律在初创阶段的粗糙，但并没有使它们走出中国环境法的污染防治法这个时期。所以，这里对修改后的《中华人民共和国环境保护法》和《中华人民共和国海洋环境保护法》的某些变化不做仔细的甄别。

续表

序号	文献名称	发布机关	通过时间	当前效力
3	防止船舶污染海域管理条例	国务院	1983 年 12 月 29 日	
4	海洋石油勘探开发环境保护管理条例	国务院	1983 年	
5	水污染防治法	第六届全国人大常委会第五次会议	1984 年 5 月 11 日	1996 年 5 月 15 日第八届全国人大常委会第十九次会议修订
6	海洋倾废管理条例	国务院	1985 年 3 月 6 日	
7	大气污染防治法（1987）	第六届全国人大常委会第二十二次会议	1987 年 9 月 5 日	1995 年 8 月 29 日第八届全国人大常委会第十五次会议《关于修改〈中华人民共和国大气污染防治法〉的决定》修正
8	防止拆船污染环境管理条例	国务院	1988 年	
9	防治陆源污染物污染损害海洋环境管理条例	国务院第 61 次常委会议	1990 年 5 月 25 日	
10	《中华人民共和国大气污染防治法》实施细则	国务院批准	1991 年 5 月 8 日	
11	防治海岸工程建设项目污染损害海洋环境管理条例	国务院	1990 年 6 月 25 日	2007 年 9 月 25 日被《国务院关于修改〈中华人民共和国防治海岸工程建设项目污染损害海洋环境管理条例〉的决定》修订
12	大气污染防治法	第八届全国人大常委会第十五次会议	1995 年 8 月 29 日	2000 年 4 月 29 日第九届全国人大常委会第十五次会议修订
13	固体废物污染环境防治法	第八届全国人大常委会第十六次会议	1995 年 10 月 30 日	2004 年 12 月 29 日第十届全国人大常委会第十三次会议修订
14	环境噪声污染防治法	第八届全国人大常委会第二十二次会议	1996 年 10 月 29 日	

续表

序号	文献名称	发布机关	通过时间	当前效力
15	水污染防治法	第八届全国人大常委会第十九次会议	1996 年 5 月 15 日	2008 年 2 月 28 日第十届全国人大常委会第三十二次会议修订
16	建设项目环境保护管理条例	国务院	1998 年 11 月 18 日	
17	《中华人民共和国水污染防治法》实施细则	国务院	2000 年 3 月 20 日	
18	大气污染防治法	第九届全国人大常委会第十五次会议	2000 年 4 月 29 日	

　　污染防治法的基本特点，同时也就是这个时期环境法的基本特点是在为应对环境公害和其他环境损害而做"末端"治理。

　　这个时期以污染防治为中心的环境法总体上都建立在这样一个假定的基础上，即污染不可避免。人类必须承受污染，就像人们不能不使用人工制造的剧毒化学药物，忍受其所带来的剧毒危害一样。中国《环境保护法（试行）》第四条规定的"环境保护工作的方针"中的"化害为利"就隐含了防治对象（害）不可避免的意思。非常明显，这个方针并不追求对"害"源的杜绝。学者们所总结的中国环境法的一些基本原则大都接受这一假定。所谓"协调发展原则"要协调的是环境保护与经济建设和社会发展之间的关系。这三者之间的关系，尤其是环境保护和经济建设之间的关系之所以需要协调，是因为后者的发展往往造成对环境不利的后果，说得直白一点就是造成环境污染或者环境破坏。协调发展的原则显然不是禁止污染或杜绝污染的原则。这个时期的环境法所实行的"污染者付费"原则虽加给污染者"付费"的义务，但这一原则不仅承认了污染的不可避免，而且还以让污染者"付费"的形式使"超过国家规定的标准排放污染物"① 取得合法身份。《环境保护法（试行）》规定的"谁污染谁治理"原则也是在加给污染者"治理"责任这种看似严厉的处罚的同时对污染行为表示了容忍甚至认可。

---

　　① 《中华人民共和国环境保护法（试行）》第十八条第三款。原文为："超过国家规定的标准排放污染物，要按照排放污染的数量和浓度，根据规定收取排污费。"

该法第六条第二款规定："已经对环境造成污染和其他公害的单位，应当按照谁污染谁治理的原则，制定规划，积极治理，或者报请主管部门批准转产、搬迁。"因为污染不可避免，所以，一方面，"在进行新建、改建和扩建工程时"[①]应当采取包括"三同时"在内的措施，而另一方面就是在"已经对环境造成污染和其他公害"时有关单位或"积极治理"，或"转产、搬迁"，别的似乎都不必考虑了。

实现工业化较早的国家，同时也就是较早发生环境公害，实际上是污染公害的国家，在面对由工业污染引发的公害，尤其是受害者人身、财产权益的损害时，曾开展所谓企业（污染者）利益与居民（受害者）利益的比较衡量的讨论、居民（受害者）忍受限度（即对污染的忍受限度）的讨论等，这些讨论不仅以污染为不可避免，而且赋予污染行为（即所谓创造社会财富的行为）以价值正当性。[②]在污染引起的民事损害面前对污染行为所做的价值正当的司法判断显然不是对现行法律的违背，它从司法救济的环节上反映了立法者乃至整个国家和社会的一个基本认识——污染不可避免。中国立法界、司法界和环境法学界虽然没有出现对此类问题的讨论热潮，但立法界等各界却接受了污染不可避免的结论。在这种基本认识基础上形成的环境法，不管是工业较早发达的国家的环境法，还是中国的环境法，都只能是以污染防治为中心，具有"末端治理"特点的法。

第一阶段的环境法的"末端治理"特征主要表现在以下几个方面：

其一，制定环境质量标准和污染排放标准，努力降低排放物的危害程度。中国有关法律明确地把排污标准以及其他环境标准规定为企业的行为准则。《环境保护法（试行）》第十八条规定："加强企业管理，实行文明生产，对于污染环境的废气、废水、废渣，要实行综合利用、化害为利；需要排放的，必须遵守国家规定的标准。"第十九条规定："一切排烟装置、工业窑炉、机动车辆、船舶等，都要采取有效的消烟除尘措施，有害气体的排放，必须符合国家规定的标准。"第二十条规定："排放污水必须符合国家规定的标准。"修改后的《环境保护法》在第九条就"国家环境质量标准"

① 《中华人民共和国环境保护法（试行）》第六条第一款。
② 参见曾隆兴著《公害纠纷与民事救济》，三民书局1995年版，第78—79页。

作了专门规定。其第十条要求"国务院环境行政主管部门根据国家环境质量标准和国家经济、技术条件，制定国家污染物排放标准"。根据这些法律的规定，中国除出台了一系列国家环境质量标准之外，还先后制定了一些污染物排放标准，其中包括《污水综合排放标准》、《船舶污染物排放标准》、《恶臭污染物排放标准》、《水电厂大气污染物排放标准》、《锅炉大气污染物排放标准》等。如果说国家环境质量标准具有建设性（提高环境质量）和保护性（维护环境，使环境质量不致降低），那么，排污标准则是为达到国家环境质量标准所追求的建设或维护目标而对排污者提出的抑制性要求。制定实施排污标准的直接作用是降低排放物的危害程度。

其二，建立"三同时制度"等，控制污染，减少污染，或对已经产生的污染物作无害化处理。作为一项由中国创造的污染防治法律制度，"三同时"的设计目的在于控制污染，尤其是控制污染物的直接排放。与此相类似的制度有许多，比如建设项目报告审批制度、排污许可制度、现场检查制度等。这些制度的实施有利于减少污染。比如，实行"三同时制度"，确保"防止污染和其他公害的设施"与"主体工程""同时投产"① 使用，使产生污染的主体工程始终有污染防治设施与之相伴，这样便可在"防止污染和其他公害的设施"所能达到的范围内削减"主体工程"所造成的污染。再如，实行环境保护行政机关对排污单位的"现场检查"制度，可以及时发现排污单位执行排污标准的情况、防治污染设施的运转情况等，并可酌情采取督促或惩罚性管理手段。这一制度也能产生减少污染物排放或缩小污染影响的作用。

其三，治理污染。污染物排放或超标排放之后，往往会造成一定范围的环境污染，而治理污染可以减少污染所造成的或可能造成的损失。《环境保护法（试行）》第六条就要求"已经对环境造成污染和其他公害的单位""制定规划，积极治理"。该法第五条规定："国务院和所属各部门，地方各级人民政府……对已经造成的环境污染和其他公害，必须作出规划，有计划有步骤地加以解决。"这是要求政府采取措施治理污染。同法第二十条第四款规定的

---

① 《中华人民共和国环境保护法》第二十六条。

"逐步完善城市排污管网和污水净化设施"应该就属于此类治理措施。①

其四，运用民事补偿手段分担污染所造成的损害。《环境保护法（试行）》第三十二条规定："对违反本法和其他环境保护的条例、规定，污染和破坏环境，危害人民健康的单位，各级环境保护机构要分别不同情况，报经同级人民政府批准，予以批评、警告、罚款，或者责令赔偿损失、停产治理。"这里的"赔偿损失"尽管还是作为行政手段来使用的，但它所起的作用是让污染者为被污染"危害"的主体分担损害。《环境保护法》第四十一条规定："造成环境损害的，有责任排除危害，并对直接受到损害的单位或者个人赔偿损失。"这里的"排除危害"和"赔偿损失"都是民事法律中常见的承担责任的方式。

其五，对污染者设定行政、刑事法律责任，以加大排污者责任的方式督促排污单位加强污染防治工作。《环境保护法》第五章《法律责任》的大部分条款都是关于排污者法律责任的规定。这些条款规定了"罚款"②、"责令停止生产或使用"③、"责令重新安装使用"④、对"有关责任人员"给予"行政处分"⑤ 等法律责任。设定这些责任是为了督促排污单位及有关责任人员执行那些用来控制、减少或防治污染的制度和法律规定，实现上述降低排放物危害程度、减少污染、治理污染等目的。

其六，制定环境保护规划，按照环境保护的要求对污染企业或行业进行布局，把污染控制在一定的限度内，防治污染造成重大人身、财产、文化、生态等损害。《环境保护法（试行）》第十七条规定："在城镇生活居住区、水源保护区、名胜古迹、风景游览区、温泉、疗养区和自然保护区，不准建立污染环境的企业、事业单位。已建立的，要限期治理、调整或者搬迁。"在该条所列的区域内之所以"不准建立污染环境的"单位，已经建成的这

---

① 排污收费制度即可达到减少污染的目的，也是治理污染的重要法律措施。一方面，对排污活动收费必然加大排污者的财务负担，从而促使排污者为减少排污费开支而减少排污；另一方面，收取的排污费可以用来治理污染。《中华人民共和国环境保护法》第二十八条规定："征收的超标排污费必须用于污染的防治，不得挪作他用。"根据这项规定，国家征收超标排污费是"防治""污染"工作的经费来源。

② 《中华人民共和国环境保护法》第三十五、三十六、三十七、三十八、三十九条。

③ 《中华人民共和国环境保护法》第三十六条。

④ 《中华人民共和国环境保护法》第三十七条。

⑤ 《中华人民共和国环境保护法》第三十八条。

类单位之所以要"限期治理、调整或者搬迁"，是因为立法者不希望这些区域受到这类"污染环境"单位的污染，不希望"污染环境的"单位给这些区域带来损失。对这些区域之所以需要作特殊的保护是因为这些区域代表着人身、财产、文化、生态等重大利益。这条规定要保护的是重大利益，而不是一般的利益，是需要特别加以保护的利益，而不是每个社会主体都享有的寻常利益。它所规定的"不准"不是一概不准，而是在特定区域"不准"；不是绝对"不准"建立"污染环境的"单位，而是"不准"在这些特别的区域建立这类单位。"搬迁"不是要消灭"污染环境的"单位，而是让"污染环境的""单位"离开特定的区域，避免在特定区域造成污染。该法中"搬迁"的规定和《环境保护法》第十八条对在"划定"区域"建立污染环境的工业生产设施"的"不得"的规定，实际上表达了立法对在特定区域或"划定"区域之外"建立污染环境的"单位的认可。

一方面认可建设"污染环境的"单位，从而认可在法定范围内的污染行为，另一方面又对建立"污染环境的"单位设定禁止，这两种规定并存于同一部法律之中，反映了立法者的态度：容忍在不造成重大人身、财产、文化、生态等损害的前提下的污染。在这一态度背后隐含的是立法者的追求——在不严重损害人身、财产、文化、生态等利益的基础上实现发展。《环境保护法（试行）》第五条的规定就表达了这种追求。"在制定发展国民经济计划的时候""对环境的保护和改善统筹安排"的要求告诉我们，"发展国民经济"是目的，"保护和改善环境"不过是"发展国民经济"需要"统筹安排"的事项。为什么"容忍"不造成重大人身、财产、文化、生态损害前提下的污染，就是因为这种污染是"发展国民经济"所必需的。《环境保护法》关于制定"环境质量标准"的规定[1]、关于建立"监测制度"的规定[2]、关于污染环境的项目的登记制度的规定[3]等，都服从立法者的追求，它们在环境方面的意义主要在于避免人身、财产、文化、生态等方面的重大损失。

---

[1] 《中华人民共和国环境保护法》第九条。

[2] 《中华人民共和国环境保护法》第八条。

[3] 《中华人民共和国环境保护法》第十三条关于"建设污染环境的项目"的规定可以概括为"报告审批"制度，此项制度最重要的功能之一是"登记"，也就是使有关管理机关得以记录"污染环境的项目"的情况。这一制度和环境监测制度具有相同的作用，那就是让政府掌握和控制与污染相关的信息。

第二节　清洁生产法时期

中国环境法经过的第一次阶段性变化是从污染防治法到清洁生产法的转变。这个时期的环境法所贯彻的环境保护思想和所欲达到的环境保护目标都具有环境保全的特点，所以我们也可以把中国环境法发展的这个时期称环境保全法时期。

曲格平注意到这一阶段性变化，并把它称为中国"环境立法由传统理念向可持续发展全面转轨"①。中国环境法发生这一"转轨"的标志是中国《清洁生产法》的颁布。② 从该法颁布之后，中国环境法进入其发展的第二个时期，即环境保全法时期。这个时期环境法的基本特点是从人类环境行为这个"源头"开始，在产品的生产、流通、消费等的全过程作保全环境的努力。

如果说中国的污染防治法时期的环境法是应急性的法律造作，那么，《清洁生产法》（中国环境保全法时期的环境法的代表性法律文件）则是审慎的法律创制活动的产物。一方面，它是中国立法者、环境管理者和环境法学者主动融入环境保护的世界大潮，借鉴环保先进国家的经验的结果③；另

---

① 曲格平：《回顾与思考》，载《曲格平文集》第一卷，中国环境科学出版社 2007 年版，第 1 页。

② 曲格平认为对实现"由传统理念向可持续发展全面转轨"发挥了重要作用的立法有两个，即《清洁生产促进法》和《环境影响评价法》。曲格平之所以把这两部法律放在一起，同样追记历史功绩，可能是出于时间的考虑。两者都是 2002 年颁布的，在曲格平的笔下它们是"2002 年的《清洁生产促进法》和《环境影响评价法》"，并且还是曲先生"跟随了"的"从 1979 年……到 2002"的"整个立法进程"（曲格平著：《回顾与思考》，载《曲格平文集》第一卷，中国环境科学出版社 2007 年版，第 1 页）的最后一年的两部法。但是，《环境影响评价法》却不具有划分中国环境立法由"传统理念"指导到"可持续发展"理念指导的历史转变的作用。1979 年（也就是曲格平所说的转变之前的那个阶段的起始年）颁布的《环境保护法（试行）》就规定了环境影响评价制度（第七条），2002 年颁布的《环境影响评价法》不过是对这一制度的进一步规范化、条理化。这两者之间根本不可能发生具有"全面转轨"意义的阶段性变化。

③ 国家经贸委法规司、资源司为清洁生产立法出国考察就是一个例子。他们考察所得的基本结论是："国内外污染防治经验充分表明，末端治理的环保政策已不适应经济环境协调发展的要求。以往的'先污染、后治理'、'重末端治理轻源头控制'的环境策略不能从根本上解决经济发展和环境污染的矛盾。如果继续采取'末端治理'的政策，那将永远不能走出'污染—治理，新污染—再治理'的恶性循环。推行清洁生产是实现可持续发展战略的重要保障，是促进经济增长方式转变的有效途径，也是防治工业污染的最佳模式，是现代工业发展和现代工业文明的重要标志。"（见国家经贸委法规司、资源司《英国、挪威清洁生产立法考察报告》，《中国经贸导刊》2001 年第 14 期）

一方面，它也是对中国环境保护的严峻形势和环境保护工作的实际需要所作的积极反映的结果，是立法者、环境管理者和学者等对以末端治理为典型特征的污染防治法的实施效果有了清醒认识之后所作的选择。

随着世界各国环境保护实践的不断推进，人们对以末端治理为特点的污染防治法的缺陷有了越来越清楚且越来越一致的认识，于是，便有了"穷则思变"的新环境政策的探寻。清洁生产就是这种探寻所得的成果。它的基本追求就是实现从"末端战略向预防性战略转变"①。

据专家考查，"清洁生产（cleaner production）的思想最早起源于 20 世纪 70 年代在欧洲发达工业国家的'无废和低废技术'工业环境污染预防活动"。"随着各国工业污染防治实践的深化，这种工业环境污染预防的思想为各国所普遍接受，并进一步发展成为适应人类社会可持续发展要求的工业发展战略。"② 中国政府也接受了这一战略。1994 年 3 月 25 日，国务院第十次常务会议通过《中国 21 世纪议程》。该《议程》提出的实现"可持续发展"的措施就是对这一战略的实践。其中包括："重点开发清洁煤技术，大力发展可再生和清洁能源"③；"大力推广清洁生产工艺技术，努力实现废物产出最小量化和再资源化，节约资源、能源，提高效率"④ 等。在《议程》提出的第一个方案领域"可持续发展的战略与重大行动"中，"行动"方案之一就是"推广清洁技术和清洁生产，发展环保产业"，其中包括"积极研究、开发和推广高效、低耗、无废、少废、节水、节能的新技术、新工艺"⑤。中国政府不仅把清洁生产写进自己的世纪《议程》，而且积极推动国际社会实施体现清洁生产理念的发展战略。比如，在《国际清洁生产宣言》的形成过程中，中国政府发挥了积极的作用。不仅派员参与《宣言》的讨论，而且带头签署了宣言。1998 年 9 月 29 日，环境保护总局副局长王心芳代表中国政府在宣言上签字。他是这份宣言的 21 位首批签字的政府官员中的一个。

---

① 《国际清洁生产宣言》第四条。
② 柯坚：《关于中国清洁生产法律规制的思考》，《中国软科学》2000 年第 9 期。
③ 《中国 21 世纪议程》第二章第四节第五项。
④ 《中国 21 世纪议程》第二章第四节第七项。
⑤ 《中国 21 世纪议程》第二章第十九节。

对于人类遭遇的环境问题来说，清洁生产是一种"预防性战略"①，也可以叫"污染预防的战略"。这个预防战略的基础性判断是：在预防得力的情况下污染可以减轻和局部避免，或在一定程度上避免。换言之，这个战略相信人类可以通过预防性努力减轻甚至局部或在一定程度上消除自身活动带给人类环境的消极影响。清洁生产法就是这一战略在法律制度中的落实。中国《清洁生产法》中的"减少和避免污染物的产生"②、"削减污染"、"减少或者避免""污染物的产生和排除"③ 就是基于这一判断而规定的。因为污染是可以减轻甚至可以避免的，所以人类为避免遭遇污染这一恶魔的袭击才应采取"预防战略"。《国际清洁生产宣言》所说的"将一个综合的预防战略，持续地应用于生产过程、产品及服务中"不仅表达了清洁生产的一般特点④，而且说出了必将对"生产过程、产品及服务"加以规制的环境法的基本功能，即预防污染。

如果说末端治理的直接结果是消除污染及其影响，那么贯彻预防战略的环境法要达到的目的则是环境的保全或保护，也就是使环境不受或少受人类活动的侵害。《国际清洁生产宣言》给"实施并不断改进可持续生产和消费的实践"确定的任务是"保护地球环境"⑤。《宣言》以"预防性战略"为比末端治理"更佳的选择"，也是因为这种选择更有利于实现对"地球环境"的保护。美国《1990年污染预防法》所规定的"源头削减污染"体现了"预防"的战略安排，同时该法也明确地注意到这种战略可实现的目标是"环境保护"，而不是末端治理所追求的妥善处理公害问题等。加拿大《环境保护法》把自己界定为关于"污染预防、保护环境和人类健康"的法⑥，而该法所要"保护"的是"包括生物多样性在内的环境"⑦。这个意义上的环境保护可以说就是环境保全。当然，这一判断并不等于说清洁生产

---

① 《国际清洁生产宣言·前言》。
② 《中华人民共和国清洁生产促进法》第一条。
③ 《中华人民共和国清洁生产促进法》第二条。
④ 《国际清洁生产宣言》还把"生态效率"、"绿色生产力"、"污染预防"等与清洁生产通称为"预防性战略"。
⑤ 《国际清洁生产宣言·前言》。
⑥ 加拿大《环境保护法》序言。
⑦ 加拿大《环境保护法》第二条。

法或其他追求环境保全的法可以确保环境不受损害，而是说这些法在构思上从以往的"污染而后治理"转向追求环境不受污染。在中国《清洁生产法》中，这种"保全"表述为"减少和避免污染物的产生"①、"减少或者避免生产、服务和产品使用过程中污染物的产生和排放"②。显然该法规定的"防止农业环境污染"③ 与防治农业环境污染虽只一字之差，但却含义悬殊。前者追求的是"农业环境"不受污染，而后者不拒绝污染之后的"治"。

这个时期环境法的环境保全特点主要表现在以下几个方面：

其一，"从摇篮到坟墓"，实行全过程控制。环境保全法时期环境法的最大的特点之一便是对污染做溯源式预防，在污染源头采取措施，哪里可能发生污染就在哪里做防范的工作。生产过程产生污染，就从生产环节入手防止污染的产生；流通、消费可能给环境带来不利影响，就在流通、消费过程中采取控制手段。从产品的生命周期的角度来看，就是让预防措施伴随产品"从摇篮到坟墓"的全过程。《清洁生产法》比较充分地体现了这一特点。它所说的"减少或者避免""污染物的产生和排放"关照的就是"生产、服务和产品的使用"的全过程。④

其二，重视对具体环境行为的规范和科学、技术、工艺等手段的使用。"全过程"是由多个时间点联结而成的，而发生在这些时间点上的是具体的生产、销售等环境行为。环境保全法时期的环境法实行全过程控制，其具体的控制措施落实在这些具体的环境行为上。这是源头预防的要求，因为每一个环境行为都是潜在的污染源。规范具体环境行为又追求预防效果的环境法与末端治理环境法的明显区别之一就是，它更加关注具体环境行为本身，包括这些行为自身的技术性要求，而不是这些行为的结果。比如，对于生产行为，它不是根据行为的结果或可能的结果对其宣布禁止或限制，而是要求改善生产行为，包括"使用清洁的能源和原料、采用先进的工艺技术与设备、改善管理、综合利用"⑤ 等等。再如，在产品的销售和使用环节，它不是一

---

① 《中华人民共和国清洁生产促进法》第一条。
② 《中华人民共和国清洁生产促进法》第二条。
③ 《中华人民共和国清洁生产促进法》第二十二条。
④ 《中华人民共和国清洁生产促进法》第二条。
⑤ 《中华人民共和国清洁生产促进法》第二条。

般地关心运输安全、使用安全和使用后的废物处理，而是为不影响环境或少影响环境的销售、使用、处置而进行积极的技术投入。《清洁生产法》要求国务院"制定有利于实施清洁生产的财政税收政策"，要求"国务院及其有关行政主管部门和省、自治区、直辖市人民政府""制定有利于实施清洁生产的产业政策、技术开发和推广政策"。总之，环境保全法时期的环境法推动的不是环境行为的检点，就像让民法调整的行为不侵犯他人权益那样，而是行为本身的改变，也可以说是行为质量的改变。正因为如此，它带来的和将要带来的是有利于实现环境保护的科学技术的创造、发明和广泛使用。

对环境行为的关注和为减轻或消除环境行为的环境影响而做的科学技术上的努力引出的是技术、工艺标准的发达。降低环境影响不再只是一种原则性的号召，而是具体化为一定环境行为的技术标准、工艺设计标准；节约能源不再只是国家的愿望，也不只是企事业单位基于一般降低成本的要求而自愿采取的措施，而是能源消费技术标准的约束性要求，比如"对浪费资源和严重污染环境的落后生产技术、工艺、设备"等"实行限期淘汰"[①]。

其三，以引导性、激励性措施为主要保障手段。对环境行为本身的关注引出的是对行为提出的规范性要求，不管这些要求是纯粹技术性的，还是社会性、文化性的，它们按照法律规范构成的理论，都是法律规范中的"行为模式"要素，而不是法律规范的全部。在一般的法律设计中，在确定了行为模式之后，接下来要选择的是法律后果，肯定性或否定性的后果。这种后果多表现为责任的施加、自由的丧失或权利的取得。这些法律后果是法律提供的行为规范发挥规范作用所不可缺少的保障措施。环境保全法时代的环境法离不开这类保障措施，但其更常用也是主要依靠的保障手段不是简单的肯定性或否定性法律后果，而是一系列引导性、激励性措施。常见的保障措施有：

1. 提供清洁生产等信息和技术服务。《清洁生产法》第十条规定："国务院和省、自治区、直辖市人民政府的经济贸易、环境保护、计划、科学技术、农业等有关行政主管部门，应当组织和支持建立清洁生产信息系统和技术咨询服务体系，向社会提供有关清洁生产方法和技术、可再生利用的废物

[①]　《中华人民共和国清洁生产促进法》第十二条。

供求以及清洁生产政策等方面的信息和服务。"

2. 支持和加强清洁生产环境保全方面的宣传、教育、培训。《清洁生产法》第十五条规定："国务院教育行政主管部门，应当将清洁生产技术和管理课程纳入有关高等教育、职业教育和技术培训体系。""县级以上人民政府有关行政主管部门组织清洁生产的宣传和培训，提高国家工作人员、企业经营管理者和公众的清洁生产意识，培养清洁生产管理和技术人员。""新闻出版、广播影视、文化等单位和有关社会团体，应当发挥各自优势做好清洁生产宣传工作。"

3. 支持有利于环境保全的科学研究和技术示范、推广。《清洁生产法》要求"县级以上人民政府科学技术行政主管部门和其他有关行政主管部门""指导和支持清洁生产技术和有利于环境与资源保护的产品的研究、开发以及清洁生产技术的示范和推广"①，要求国务院和县级以上地方各级人民政府将"从事清洁生产研究、示范和培训，实施国家清洁生产重点技术改造项目"和法律规定的"自愿削减污染物排放协议中载明的技术改造项目"，列入"同级财政安排的有关技术进步专项资金的扶持范围"②。

4. 对有利于环境保全的产品等给予财税优惠。《清洁生产法》第三十五条规定："对利用废物生产产品的和从废物中回收原料的，税务机关按照有关规定，减征或者免征增值税。"第三十六条规定："企业用于清洁生产审核和培训的费用，可以列入企业经营成本。"③

5. 实行环境管理体系认证。《清洁生产法》第三十条规定："企业可以根据自愿原则，按照国家有关环境管理体系认证规定，向国家认证认可监督管理部门授权的认证机构提出认证申请，通过环境管理体系认证，提高清洁生产水平。"这一规定符合《国际清洁生产宣言》提出的"将预防性战略贯穿于""环境管理体系"④的要求。

---

① 《中华人民共和国清洁生产促进法》第十四条。
② 《中华人民共和国清洁生产促进法》第三十三条。
③ 用税收政策推动清洁生产也是各国普遍实行的做法。比如，美国《能源政策法》多处规定财税优惠，其中包括延长某些投资（比如"大气污染控制设施"）的"摊销期"（美国《2005年能源政策法》第1309条）、给予某些资本成本（比如"在遵守环境保护署有关硫的规定的情况下""小型炼油公司"）"税收减免"（美国《2005年能源政策法》第1324条）等。
④ 《国际清洁生产宣言》第三条。

6. 实行有利于环境保全的产品标志制度。《清洁生产法》第十三条规定："国务院有关行政主管部门和其他有关行政部门可以根据需要批准设立节能、节水、废物再生利用等环境与资源保护方面的产品标志，并按照国家规定制定相应标准。"①

7. 实行有利于环境保全的政府采购制度。《清洁生产法》第十六条要求"各级人民政府""优先采购节能、节水、废物再生利用等有利于环境和资源保护的产品"。《国际清洁生产宣言》提出"利用"宣言者的"影响力""鼓励采纳可持续生产和消费的实践"。政府采购便是很有"影响力"的一种实践。《清洁生产法》第十六条还规定："各级人民政府应当通过宣传、教育等措施，鼓励公众购买和使用节能、节水、废物再生利用等有利于环境与资源保护的产品。"这是对消费者的鼓励。

8. 用环境协议促进有利于环境保全的实践。《清洁生产法》第二十九条规定："企业在污染物排放达到国家和地方规定的排放标准的基础上，可以自愿与有管辖权的经济贸易行政主管部门和环境保护行政主管部门签订进一步节约资源、削减污染物排放量的协议。"通过这种协议的履行可以达到加强污染预防，减少污染的目的。

9. 采用环境绩效评估、清洁生产审核等环境管理工具，促进生产、经营活动朝更有利于环境保全的方向发展。《国际清洁生产宣言》提出将"预防性战略贯穿于各种环境管理工具的使用，如环境绩效评估、环境会计……生命周期评估和清洁生产审核。"《清洁生产法》的规定体现了《宣言》的精神。该法要求："企业应当对生产和服务过程中的资源消耗以及废物的产生情况进行监测，并根据需要对生产和服务实施清洁生产审核。"还要求"污染物排放超过国家和地方规定的排放标准或者超过有关地方人民政府核定的污染物排放总量控制指标的企业""实施清洁生产审核"，"使用有毒、有害原材料进行生产或者在生产中排放有毒、有害物质的企业""定期实施

---

① 实行产品标志制度也是各国推行清洁生产的共同经验。例如，美国根据其《能源政策与节能法》提出一个"能源之星计划"。该计划推出的"住宅能源之星产品"不仅享受各州政府"节能器具补贴方案"规定的补贴，而且其"标签的完整性"等被置于"署长与部长"的"保护职责"范围之内。（美国《2005年能源政策法》第124—131条）

清洁生产审核"①。这些评估、审核对清洁生产和其他有利于环境保全的活动具有推动和促进作用。

10. 表彰奖励先进，鼓励更多的单位和个人投身环境保全的实践。要求"污染严重的企业公布主要污染物的排放情况"是为了让公众监督有关企业采取清洁生产或其他保全环境的措施，而表彰、奖励则是为了树立实行清洁生产，注意环境保全的先进典型，鼓励更多的单位和个人实施有利于环境保全的行为。《清洁生产法》第二十九条规定："对污染物排放已经达到国家规定的标准又自愿进一步节约资源、削减污染物排放量，并就此与政府达成协议的企业，有关管理部门应当在当地主要媒体上公布该企业的名称以及节约资源、防治污染的成果"。第三十二条规定："国家建立清洁生产表彰奖励制度。对在清洁生产工作中作出显著成绩的单位和个人，由人民政府给予表彰和奖励。"②

其四，责任主体多元化。大致说来，"末端治理"时期环境法中的义务主体是企业。企业是污染的制造者，是污染受害者的利益损失的责任者，也是治理污染、停止或克制污染行为的责任者。除了企业之外，如果说还有责任主体的话，这个主体便是政府——政府对污染企业负有加强管理，限制或制止其污染行为，要求企业采取消除或减轻污染、消除污染影响等措施的责任。环境保全法时期的环境法不再仅仅要求企业履行防治污染的义务，而是动员多种主体对环境保全尽责。在《清洁生产法》中，负有责任的主体有五种：

第一，并非作为管理机关的政府部门。该法第十六条规定的"政府采购"中的"政府"就是非因管理职责而对环保负有责任的主体。

第二，作为消费者的"公众"。依据该法第十六条的规定，那被"各级人民政府""通过宣传、教育等措施""鼓励"而"购买和使用节能、节水、废物再生利用等有利于环境与资源保护""产品"的"公众"，就是作

---

① 《中华人民共和国清洁生产促进法》第二十八条。

② 在以往发表的作品中我们还列举了"实行环境影响评价制度"、"公开环境信息"等"保障措施"。现在看来，环境影响评价制度并非清洁生产法的首创，亦非进入环境保全法时期才有的制度。公开环境信息有促进企业实施清洁生产的作用，但这种措施与"法律责任"有某种相似性，与表彰奖励等"保障措施"不是一路。

为消费者的责任主体。同样，那些因认可绿色产品标志而选择有利于环境保全的消费品的公众也是此类责任主体。

第三，作为监督者的公众。在媒体上"公布污染物超标排放或者污染物排放总量超过规定限额的污染严重企业的名单"，是为"公众监督"企业行为提供依据①，而"公众"担负着"监督企业实施清洁生产"的责任。

第四，社会团体和新闻出版等单位。依据《清洁生产法》第十五条的规定，"新闻出版、广播电视、文化等单位②和有关社会团体"有"发挥各自优势做好清洁生产宣传"的责任。

第五，并非以污染者身份出现的企业。按照环境保全法时期的环境法的要求，企业并非只有在成为或可能成为污染者时才承担法律规定的义务，它们即使没有超标排污，也没有实施其他逾越环境标准的行为，也对保全环境负有某种责任。企业"从事清洁生产研究、示范和培训，实施国家清洁生产重点技术改造项目、在污染物排放达到国家和地方规定的排放标准"后"自愿削减污染物排放"等，既不是法定义务，也不是权利，给此类行为某种"扶持"③，不以这些企业有权利或义务为依据。企业可以凭其对环境保全的责任而实施这些行为。

其五，政府是环境保全的直接参与者。在"末端治理"环境法下，政府是环境行政执法者，而且这种执法与审判机关对环境犯罪人处以刑罚还颇相类似。在环境保全法时期的环境法中，政府由"执法者"转变为环境保全的参与者、组织者。人们会注意到这样一个变化：现代环境法诞生之初，其执法主体是国家专门的环境行政主管部门或者国家经济、建设等原有行政主管部门专设的某个机构，如日本于1971年设立的环境厅、中国的环境保护总局和地方各级人民政府下设的环保局，也就是《环境保护法（试行）》所规定的"国家环境保护行政主管部门"，而在环境保全法时代的环境法中，"执法主体"不再是单一的环境主管机关，而是涉及经济、社会发展多

---

① 《中华人民共和国清洁生产促进法》第十七条。
② 从上下文来看，该条规定的"新闻出版"等单位应该是具有行政机关特点的单位，它们在行政上不同于"社会团体"。然而如果去掉它们的行政特点，要求它们承担与"社会团体"甚至公众相同的责任也是完全可以的。
③ 《中华人民共和国清洁生产促进法》第三十三条。

个方面的管理机关。在《清洁生产法》中负有"执法"职责的机关有"国务院经济贸易行政主管机关"，"环境保护、计划、科学技术、农业、建设、水利和质量技术监督等行政主管部门"。这些部门和机关都有其"负责"的"清洁生产促进工作"①。多种机关对环境保全的参与告诉我们，这些机关不再是简单地拿法律标尺衡量行政相对人的行为并决定给予或不给予相对人奖罚的"执法"主体，而是清洁生产工作的组织者、参与者。《清洁生产法》第五条关于"国务院经济贸易行政主管部门负责组织、协调全国的清洁生产促进工作"的规定明确地把"国务院经济贸易行政主管部门"的"责"称为"组织、协调"，而这里要"组织协调"的是"清洁生产促进工作"，是推进"清洁生产"的工作。可以说，这项工作不是在对行政相对人执法，而是国家机关自己实施环境保全活动。《清洁生产法》第九条要求"县级以上地方人民政府"做的"合理规划本行政区域经济布局，调整产业结构"等工作，都是对环境保全产生直接影响的工作。这些工作做好了，环境便可得到保护。这些工作就是环境保全工作，至少可以说是环境保全工作的组成部分。在《清洁生产法》中，节约资源、削减污染物排放量等环保协议的一方签约人是"政府"的"经济贸易行政主管部门和环境保护行政主管部门"②。这些部门虽不会因这种"签订"活动而把自己降低为与"企业"③一样的民事主体，但设定这种协议也在一定程度上反映了这些机关作为清洁生产当事人的地位。依据协议，这类机关取得的不是具有支配、压制特征的权力，而是承担包括给予财政"扶持"④ 或"适当的财政或技术援助"⑤ 的义务。环境保全法时代的环境法要求包括"餐饮、娱乐、宾馆等服务性企业"在内的经营者、消费者"采用节能、节水和其他有利于环境保护的技术和设备，减少使用或者不使用浪费资源、污染环境的消费品"⑥，这些要求加给企业、普通消费者一定的义务或责任，但这类责任并非只压在企业、普通消费者肩头。按照《清洁生产法》第十六条关于"政府采购"的规定，

① 《中华人民共和国清洁生产促进法》第五条。
② 《中华人民共和国清洁生产促进法》第二十九条。
③ 《中华人民共和国清洁生产促进法》第二十九条。
④ 《中华人民共和国清洁生产促进法》第三十三条。
⑤ 美国《2005 年能源政策法》第一百零六条。
⑥ 《中华人民共和国清洁生产促进法》第二十三条。

政府与企业、"公众"一样应该选择"节能、节水、废物再生利用等有利于环境和资源保护的产品"①。

第三节　循环型社会法时期

中国环境法制建设历史上的清洁生产法时期历史并不长，法律建造也不多。可以说清洁生产法时期的环境法还没有来得及充分展示自己，中国环境法历史的又一次阶段性变化便发生了。循环型社会法新理念的传入引起了中国环境法制建设历史的第二次转型，并由此拉开了中国环境法制发展的第三个阶段，即循环型社会法时期的序幕。

循环型社会法也可以称环境友好型社会法、建设生态文明的环境法。

循环型社会的理念来自循环经济，是对循环经济理念在社会生活和环境管理领域里的扩大适用。

据专家考查，循环经济思想最早产生于 20 世纪的美国，而在中国这一术语被接受是 20 世纪的 90 年代。② 循环经济遵循三项基本原则，即所谓"三 R"原则。"三 R"是对减量化（reducing）、再利用（reusing）和资源化（recycling）的简称。20 世纪 90 年代前后，一些国家先后推行循环经济。尽管各国的实际做法有所不同，但"三 R"原则都是各国循环经济模式的核心。

日本在接受了循环经济理念之后除了推行循环经济之外，还于 2000 年提出循环型社会（recycling-oriented society）的概念③，制定了"在世界环境法领域具有重要影响的《推进建立循环型社会基本法》"，并在此后建立了"较为完备的循环型社会立法体系"④。循环型社会建设是一个创新。它将循环经济这种经济理念变成超出经济生活之外的社会生活理念，把循环经济这

---

① 《中华人民共和国清洁生产促进法》第十六条。
② 左铁镛：《关于循环经济的思考》，载中国环境科学学会等编《论环境友好型社会建设》，中国环境科学出版社 2006 年版，第 102—111 页。
③ 诸大建、朱远：《循环经济：三个方面的深化研究》，载冯之浚主编《循环经济立法研究——中国循环经济高端论坛》，人民出版社 2006 年版，第 91 页。
④ 柯坚：《日本循环型社会立法的历史源流与理性架构》，载徐祥民主编《中国环境资源法学评论》，中国政法大学出版社 2006 年版，第 154 页。

种经济模式扩展为在更广泛领域适用的环境管理模式。

中国政界、学界对循环经济的了解显然多于循环型社会，对循环经济的重视程度也显然高于循环型社会，但这对中国环境法的前进方向，即走向循环型社会法并不发生根本性的影响。这是因为，一方面，许多人并没有刻意把循环经济和循环型社会当成两个事物来对待，他们头脑中既没有独立于循环经济之外的循环型社会，也没有与循环型社会本质特征相冲突的循环经济；另一方面，循环型社会和循环经济毕竟同出一途，不管是发展循环经济还是建设循环型社会，都会发生循环经济与循环型社会两者之间的交叉。也就是说，不管人们嘴里说的是循环经济还是循环型社会，他们的努力都会对循环型社会建设发挥积极作用；不管法律文件上写的是循环经济法还是循环型社会法，这些文件都会包含循环型社会法的内容。

中国环境法的循环型社会法时期才刚刚开始。其标志性的法律文件是2008年8月29日第十一届全国人大常委会第四次会议通过的《循环经济促进法》。不过，在该法正式颁布之前中国政府和立法机关已经在一定程度上接受了循环型社会建设的思想，并把这种思想贯彻在若干重要的法律文件中。这类法律文件包括：

2005年7月2日国务院发布的《关于加快发展循环经济的若干意见》（国发〔2005〕22号）（以下简称《循环经济意见》）；

2005年12月3日发布的《国务院关于落实科学发展观加强环境保护的决定》（国发〔2005〕39号）（以下简称《2005年国务院环保决定》）；

2006年3月14日第十届全国人大第四次会议批准的《中华人民共和国国民经济和社会发展第十一个五年规划纲要》（以下简称《经社规划纲要（十一五)》）。

这个时期的环境法的基本特点是引导社会尊重自然，谋求人类与自然和谐相处。具体体现在以下几个方面：

其一，按照物质闭路循环的构想，采用循环经济模式，构建循环型社会。

循环型社会的理念来自循环经济，而循环型社会法则是将扩大适用于社会生活和环境管理领域的循环型社会思想上升为法律制度。循环经济的核心思想是"三R"，循环型社会法，或者它的初级形式循环经济法贯彻了这一思想。如果说末端治理时期的环境法是针对已产生和将产生的污染做"末端"的防治，做的是点上的工作，清洁生产法时期的环境法在生产、流通、消费、废物处置等的全过程采取预防措施，做的是一条线上的工作，那么，循环型社会法时期的环境法则把"生产—流通—消费—废物处理"这样一个线性过程规范为一个没有终点的循环往复的运动过程。循环经济是物质闭环流动型经济（closing-loop materials economy）的简称，是一种以物质闭环流动为特征的经济模式。① 循环经济法就是为"调整因循环经济活动所形成的社会关系"② 而建立的法律。从经济过程的角度看，循环经济法通过减少资源消耗、产品的再使用、废弃物的再循环，最大限度地减少废物排放，减轻环境负荷。

《循环经济法》不仅接受了"三 R"思想，而且把它们变成了明确的法律要求。该法不仅开宗明义给循环经济以及作为循环经济基本原则的减量化、再利用和资源化以明确的定义③，而且用专章规定了减量化④、再利用和资源化⑤。在《循环经济法》之前发布或通过的有关法律文件也都接受了"三 R"原则。比如，《循环经济意见》宣布："本世纪头 20 年，中国将处于工业化和城镇化加速发展阶段，面临的资源和环境形势十分严峻。为抓住重要战略机遇期，实现全面建设小康社会的战略目标，必须大力发展循环经济，按照'减量化、再利用、资源化'原则，采取各种有效措施，以尽可能少的资源消耗和尽可能小的环境代价，取得最大的经济产出和最少的废物排放，实现经济、环境和社会效益相统一，建设资源节约型和环境友好型社会。"尽管这个"立法目的"的眼光不是很远，考虑的主要是"本世纪头 20 年"的需要，但它要求即使是为了这 20 年也要贯彻"减量化、再利用、资源化"原则。再如，《2005 年国务院环保决定》要求"各地区、各部门要

① 参见诸大建《用科学发展观看待循环经济》，《文汇报》2004 年 3 月 22 日。
② 蔡守秋：《论循经济立法》，《南阳师范学院学报》2005 年第 1 期。
③ 《中华人民共和国循环经济促进法》第二条规定："本法所称循环经济，是指在生产、流通和消费等过程中进行的减量化、再利用、资源化活动的总称。""本法所称减量化，是指在生产、流通和消费等过程中减少资源消耗和废物产生。""本法所称再利用，是指将废物直接作为产品或者经修复、翻新、再制造后继续作为产品使用，或者将废物的全部或者部分作为其他产品的部件予以使用。""本法所称资源化，是指将废物直接作为原料进行利用或者对废物进行再生利用。"
④ 《中华人民共和国循环经济促进法》第三章。
⑤ 《中华人民共和国循环经济促进法》第四章。

把发展循环经济作为编制各项发展规划的重要指导原则，制订和实施循环经济推进计划，加快制定促进发展循环经济的政策、相关标准和评价体系，加强技术开发和创新体系建设。要按照'减量化、再利用、资源化'的原则，根据生态环境的要求，进行产品和工业区的设计与改造，促进循环经济的发展。"①

其二，注意到人类是自然的组成部分，以生态文明为基本理念，以环境友好为基本态度，以与自然和谐相处为价值取向。

人类本来就是自然界的一部分，但人类在认识、利用、改造身外的自然的能力得到提高之后，渐渐忽视了自己对自然的依赖关系，把自己当成是自然的征服者了。以往的环境危机可以从这种"忽视"中找到根源。污染防治法时期的环境法和清洁生产法时期的环境法之所以不能帮助急于摆脱环境危机的人类达到目的也可以从这种"忽视"中找到答案。要结束环境危机，人类必须从思想上让自己从自然的统治者、主宰者降低为自然的一部分，回归到自然之中来。作为大自然的一部分的人类应当与身外的自然保持友好的关系，与身外的自然和谐相处。当人类真的实现了这种"回归"，或者意识到应当如此"回归"时，曾经创造了物质文明、精神文明、政治文明等文明的人类便应给自己提出一个新的文明目标——生态文明。这是"回归"后的人类在文明理念上的升华。《2005年国务院环保决定》提出的"倡导生态文明"就是中国政府通过总结环境保护实践中的经验和教训而实现理念升华的结果。该《决定》所说的"环境友好型社会"② 是"生态文明"理念下人类对环境"友好"的社会。在《2005年国务院环保决定》之后，《经社规划纲要（十一五）》采纳了《2005年国务院环保决定》的意见，要求建设"环境友好型社会"。其第六篇的标题就是"建设资源节约型、环境友好型社会"③。

其三，以环境承载力为平衡环境保护和经济发展二者关系的基本依据和环境友好的底线。

人与自然的和谐从根本上来说以人类行为的影响不超出环境的承载力为

---

① 《国务院关于落实科学发展观加强环境保护的决定》第三章第九条。
② 《国务院关于落实科学发展观加强环境保护的决定》第二条第五项。
③ 《中华人民共和国国民经济和社会发展第十一个五年规划纲要》第六篇。

条件。超出这个承载力，人类与自然之间的和谐关系就要被破坏。《2005年国务院环保决定》提出的加强环境保护工作的基本原则之一是"环境保护与经济和社会进步"两者之间"互惠共赢"①。这个原则的基本要求是"经济和社会进步"给环境带来的消极影响不超出环境的承载力。《经社规划纲要（十一五）》在关于区域发展方面的"主体功能区"的规定中把"资源环境承载能力"作为确定"优先开发区域"、"重点开发区域"、"限制开发区域"和"禁止开发区"等"发展方向"②的依据。该《纲要》关于环境保护的许多规定，其目的都是建设"环境友好型社会"，而其直接的要求是国家的经济建设和社会发展不给环境造成超出其承载力的影响。比如，《纲要》规定"实行用水总量控制"制度，而"总量控制"的依据是"生活、生产、生态用水"三者之间的"统筹"③。建立在这个"统筹"基础上的"总量控制"就是水资源在满足"生态用水"最低要求基础上的"控制"使用。再如，《纲要》要求在"限制开发区域""引导超载人口逐步有序转移"④。这显然是要消除人类加给一定区域的"超"出自然"载"荷能力的环境压力，恢复人与自然和谐的状态。

其四，从生态的高度看待环境，保护环境，承认环境保护的优先地位。

污染防治法时期的环境法和环境保全法时期的环境法，不管其保护环境的力度有多大，其所设定的环保任务和目标在与经济和社会发展的对照中总是处于次要地位。不管是学界对企业环境行为价值正当性的判断，还是人们提出的妥善处理环境保护与经济发展两者关系的看似公允、中道的选择，都赋予经济以优先地位。循环型社会法时期的环境法不再把注意力仅仅倾注在烟筒冒出来的黑烟、排污口吐出的污水等等，而是从生态的高度理解环境，从环境（生态）"是人类健康的文化生活所不可缺少"的基础条件，从环境（生态）一旦被破坏便无法或难以恢复的高度看待环境保护。这样的认识高度，以"作为人类存续基础的环境"⑤与眼前的经济和社会发展需要相对

---

① 《国务院关于落实科学发展观加强环境保护的决定》第二条第六项。
② 《中华人民共和国国民经济和社会发展第十一个五年规划纲要》第二十章。
③ 《中华人民共和国国民经济和社会发展第十一个五年规划纲要》第二十五章。
④ 《中华人民共和国国民经济和社会发展第十一个五年规划纲要》第二十章。
⑤ 日本《环境基本法》第三条。

照，自然把环境保护提高到了优先的地位。《2005年国务院环保决定》虽然没有从总体上宣布环保优先于经济和社会发展，但在一些具体问题的处理上明确了环境保护的优先地位。比如，在关于地区经济与环境保护的协调方面，《决定》要求"在经济总量有限、自然资源供给不足而经济相对发达的地区"应"坚持环保优先"①。而"在生态环境脆弱的地区和重要生态功能保护区"应"实行限制开发"，"在坚持保护优先的前提下，合理选择发展方向，发展特色优势产业，确保生态功能的恢复和保育，逐步恢复生态平衡"。此外，《决定》规定的"不欠新账，多还旧账"的环保基本原则也体现了环保优先的精神。《经社规划纲要（十一五）》在关于"限制开发区域的发展方向"的规定中也提出"坚持保护优先、适度开发、点状发展"②的要求。

其五，以保护生态为环境保护的重要任务，重视生态功能的保护与恢复。

以生态环境与眼前发展相对照不仅突出了生态对于人类健康的文化生活的基础地位，从而使生态保护取得优先地位，而且也显示了生态保护在整个环境保护工作中的重要地位，因为生态对经济和社会发展的影响更巨大、更深远。国家环保总局原局长解振华曾提出"编制国土整治综合规划"的建议。他的建议的基本依据就是"生态环境已经成为制约经济社会发展的要素"③。他的这个建议的内容实际上就是保护环境的一项积极措施。《决定》多处使用"生态功能"④、"生态系统"⑤、"生态环境"⑥、"生态平衡"⑦等概念，从其全部内容看，它已经把生态系统当成整个环境保护工作的重中之重。它规定的"环境目标"在2020年的要求是"环境质量和生态状况明显改善"⑧。如果把这个目标与"为子孙后代留下良好的生存和发展空间"

① 《中华人民共和国国民经济和社会发展第十一个五年规划纲要》第三条第八项。
② 《中华人民共和国国民经济和社会发展第十一个五年规划纲要》第二十章。
③ 解振华：《关于循环经济理论与政策的几点思考》，《中国环保产业》2003年第11期。
④ 《国务院关于落实科学发展观加强环境保护的决定》第三条第八项。
⑤ 《国务院关于落实科学发展观加强环境保护的决定》第四条第十七项。
⑥ 《国务院关于落实科学发展观加强环境保护的决定》第五条第二十二项。
⑦ 《国务院关于落实科学发展观加强环境保护的决定》第六条第三十一项。
⑧ 《国务院关于落实科学发展观加强环境保护的决定》第二条第七项。

这一更加长远的目标联系起来，那么，"生态状况"的改善比"环境质量"的改善更有意义。《2005年国务院环保决定》和《经社规划纲要（十一五）》这两份法律文件有一个共同的特点，即它们对环保的规定都有一个基础概念：与生态相联系的区域概念。"环保目标"是与"生态功能保护区"①相联系的目标；经济与环境的"协调发展"是以"不同区域的功能定位"为依据的协调，是在把全国划分为"环境质量有限、自然资源系统不足而经济相对发达的地区"，"环境仍有一定容量、资源较为丰富、发展潜力较大的地区"，"生态环境脆弱的地区"等前提下的协调。《决定》要求"做好生态功能区划工作，确定不同地区的主导功能"②。这更是建立在生态区域概念之下的一种工作安排。《经社规划纲要（十一五）》把"国土空间划分为优化开发、重点开发、限制开发和禁止开发四类主体功能区"，给每一个主体功能区规定了"发展方向"，并要求对不同主体功能区"实行分类管理的区域政策"③。这些都反映了生态保护的要求，也必将对中国的生态保护发挥重要的作用。

从《2005年国务院环保决定》和《经社规划纲要（十一五）》两份文件看，生态保护主要表现在两个方面：一是生态破坏的防止，也就是"事前保护"④。比如，在限制开发区域"发展特色产业，限制不符合主体功能定位的产业扩张"⑤等等，就具有防止生态破坏的意义。二是对已遭破坏的生态的修复和保育。《2005年国务院环保决定》对"生态脆弱的地区和重要生态功能保护区"提出的任务之一是"确保生态功能的恢复和保育"⑥。《经社规划纲要（十一五）》为"生态功能的恢复与保育"规定的方略是"从人工建设为主向自然恢复为主转变"⑦。

其六，从整体上看待环境问题，注意运用规划、宏观经济调控手段实现环保目的。

---

① 《国务院关于落实科学发展观加强环境保护的决定》第一条第四项。
② 《国务院关于落实科学发展观加强环境保护的决定》第三条第八项。
③ 《中华人民共和国国民经济和社会发展第十一个五年规划纲要》第二十章。
④ 《中华人民共和国国民经济和社会发展第十一个五年规划纲要》第二十三章。
⑤ 《中华人民共和国国民经济和社会发展第十一个五年规划纲要》第二十章第五节。
⑥ 《国务院关于落实科学发展观加强环境保护的决定》第三条第八项。
⑦ 《中华人民共和国国民经济和社会发展第十一个五年规划纲要》第二十三章。

　　循环型社会法时期的环境法从生态的高度看待环境，以保护生态为环境保护的重要内容，以生态区域为考虑环境问题的基础性概念，这些都赋予环境法保护的对象一种宏观的特点，体现了环境本身所具有的宏观特性。要实现对这种"宏观"环境的有效保护，单靠企业、个人的个体行为是做不到的，简单地依靠企业、个人自发的群体行为也难以达到目的，必须由政府作出整体的安排，并把企业、个人的环保行为变成落实政府整体安排的行动。《2005年国务院环保决定》意识到应"把环境保护摆在更加重要的战略位置"，并表示要"痛下决心解决环境问题"[1]。该《决定》要求通过制定规划实现环境保护目的。《决定》指出："各地区要根据资源禀赋、环境质量、生态状况、人口数量以及国家发展规划和产业政策，明确不同区域的功能定位和发展方向，将区域经济规划和环境保护目标有机结合起来。"《决定》为制定规划提出的原则性要求是依据环境容量、资源存量等划分"生态功能区划"[2]，在不同的功能区采取不同的经济发展政策和环境保护措施。《经社规划纲要（十一五）》既是"国民经济和社会发展"规划，也是一份重要的环境保护规划。它规定的"经济社会发展的主要目标"包含了与环境保护直接相关的内容，比如它关于"优化发展能源工业"的规定具有有效保护环境的意义，"大力发展可再生能源"[3]意味着不可再生能源消耗比重的降低。它在"促进区域协调发展"一篇规定了一系列环保规划或与环保有关的规划，如在西部地区"继续推进退牧还草、天然林保护等生态工作"、"加强青藏高原生态安全屏障保护和建设"等环保规划。它规定的在东部地区"加强耕地保护，发展现代农业"，"提高资源特别是土地、能源利用效率，加强生态环境保护"[4]，也具有环保规划的意义。除此之外，《纲要》"将国土空间划分为优先开发、重点开发、限制开发和禁止开发四类主体功能区"，并按照主体功能定位"实行分类管理政策"[5]。这更是一项充分反映了环境保护要求的重大规划。《循环经济法》显然很注意运用规划手段实现

① 《国务院关于落实科学发展观加强环境保护的决定》第一条第四项。
② 《国务院关于落实科学发展观加强环境保护的决定》第三条第八项。
③ 《中华人民共和国国民经济和社会发展第十一个五年规划纲要》第十二章第四节。
④ 《中华人民共和国国民经济和社会发展第十一个五年规划纲要》第十九章。
⑤ 《中华人民共和国国民经济和社会发展第十一个五年规划纲要》第二十章。

其目的。例如，它要求"新建、改建、扩建建设项目，必须符合本行政区域主要污染物排放、建设用地和用水总量控制指标的要求"①。"本行政区域主要污染物排放、建设用地和用水总量控制指标"具有规划的作用，或者就是规划的内容，要求"新建、改建、扩建建设项目"符合这些"指标"与要求"新建、改建、扩建建设项目"符合规划具有相同的意义。

《经社规划纲要（十一五）》不仅对环境保护工作做了规划安排，而且其规划是以相关财政政策、投资政策、产业政策、土地政策、人口管理政策、绩效评价政策等作保证的。《经社规划纲要（十一五）》第二十章第五节规定：在"财政政策"上，"要增加对限制开发区域、禁止开发区域用于公共服务和生态环境补偿的财政转移支付，逐步使当地居民享有均等化的基本公共服务"；在"投资政策"上，"要重点支持限制开发区域、禁止开发区域公共服务设施建设和生态环境保护，支持重点开发区域基础设施建设"；在"产业政策"上，"要引导优化开发区域转移占地多、消耗高的加工和劳动密集型产业，提升产业结构层次；引导重点开发区域加强产业配套能力建设；引导限制开发区域特色产业，限制不符合主体功能定位的产业扩张"；在"土地政策"上，"要对优化开发区域实行更严格的建设用地增量控制，在保证基本农田不减少的前提下适当扩大重点开发区域建设用地供给，对限制开发区域和禁止开发区域实行严格的土地用途管制，严禁生态用地改变用途"；在"人口管理政策"上，"要鼓励在优化开发区域、重点开发区域有稳定就业和住所的外来人口定居落户，引导限制开发区域和禁止开发区域的人口逐步自愿平稳有序转移"；在"绩效评价和政绩考核"上，"对优化开发区域，要强化经济结构、资源消耗、自主创新等的评价，弱化经济增长的评价；对重点开发区域，要综合评价经济增长、质量效益、工业化和城镇化水平等；对限制开发区域，要突出生态环境保护等的评价，弱化经济增长、工业化和城镇化水平的评价；对禁止开发区域，主要评价生态环境保护。"这些政策对有关环保规划的落实无疑会发挥强有力的保障作用。

---

① 《中华人民共和国清洁生产促进法》第十三条。

第四章 对环境法历史地位的重新审视

　　中国颁布《环境保护法》，如果从《环境保护法（试行）》颁布算起，已经有 30 年。在这 30 多年中，环境状况和环境保护工作都出现了巨大的变化。这些变化对中国的环境法制建设提出了新的要求。中国环境法的历史地位需要重新审视，作为环境法立法体系之骨干的《环境保护法》的定位需要再行思考。一方面，《环境保护法》对环境法的使命的定位存在问题。《环境保护法》关注的环境问题范围过于狭窄，致使其难以承担环境法在应对环境问题上所应担当的使命；另一方面，《环境保护法》在环境法立法体系中的基本法地位不明确。

第一节　环境问题的展现与中国环境法使命的重新审视

　　环境法作为一个新兴的法律部门，其产生的历史还没有走远。环境法就是为应对环境危机、处理环境问题而创立的法律部门。① "环境危机在 20 世纪 60 年代暴露并为人类所初步认识，环境问题也在那时才真正成为问题。无论是环境科学家，还是环境哲学、环境伦理学、环境法学等方面的专家，都清楚地知道，让已经掌握十分发达的科学技术和雄厚的财力、物力的人类一筹莫展的环境问题是一种现代问题，它绝没有久远的历史。从这个意义上

---

① 参见徐祥民、陈书全等《中国环境资源法的产生与发展》，科学出版社 2007 年版，第 2 页。

说，环境法只有一个源泉，那就是为应对环境危机处理环境问题而做的法律创造。"①

因为"环境问题是现代问题，而环境法是应处理环境问题的需要而产生的法律"，所以环境法不可能从不曾发生过环境问题的时代和社会环境中产生。从这个意义上讲，环境法即是一源的，也是年轻的。② 因此，可以说，环境法的诞生源于解决环境问题的需要，它的天然使命无疑就是要以法律的手段来解决环境问题。

中国环境法的创立是基于应对中国环境问题的需要。如前所述，从《环境保护法（试行）》颁布到 2009 年，中国环境法虽经过两次大的变化，经历了三个时期，但都是以解决环境问题为出发点的。这些变化、经历说明中国环境法制取得了快速的发展和提高。然而，在对环境问题的认识上，中国环境法却没有取得应有的转变。1989 年颁布的《环境保护法》把立法目的定义为"保护和改善生活环境与生态环境，防治污染和其他公害，保障人体健康，促进社会主义现代化建设的发展"，把解决污染的"防治"问题成为立法目的的核心。此后的环境立法在具体制度选择、规范设计等方面都取得了巨大的进步，但却没有在对环境问题这个"原问题"的认识上有所突破。《环境保护法》的如此规定不能涵盖所有的自然环境问题，更不要说自然环境问题之外的其他环境问题。随着环境危机的加深，环境问题已经远远超出了自然环境问题的范畴。因此，我们对于环境法使命的重新审视应该从对于环境问题的重新认识开始。

一、对于环境问题的旧有理解——自然环境问题

自然环境问题很长时间以来都是我们所理解的环境问题的全部，从学者到普通民众都普遍倾向于将环境问题看作是自然环境问题。污染防治法时期、环境保全法时期的环境法律很明显地是立足于这种自然环境问题观点之上。

《环境保护法》立足于解决的主要问题是污染问题，仔细审阅文本，我

---

① 参见徐祥民、陈书全等《中国环境资源法的产生与发展》，科学出版社 2007 年版，第 2 页。
② 参见徐祥民、陈书全等《中国环境资源法的产生与发展》，科学出版社 2007 年版，第 2 页。

们会发现"环境污染"是整部环境法的核心词汇。但是环境污染问题仅仅是整个自然环境问题中的一个种类。自然环境问题具有更多的内涵。有学者认为包括两类，即"生态破坏和污染"①；有的学者认为包括"全球气候变暖、臭氧层耗损、生物多样性减少、土地荒漠化、森林植被破坏、水资源和海洋污染以及酸雨污染"② 等多种；还有的学者将环境问题划分为环境污染、生态破坏、资源与能源问题以及全球性环境问题。③

在 2008 年出版的《环境与资源保护法学》教材中，我们把自然环境问题分为"取竭性环境问题"和"放累性环境问题"两类。④ 其中，由于人类向大自然索取资源而造成的资源枯竭、生物多样性减少、环境退化（包括土地沙化等）属于取竭性环境问题。而由于人类向大自然排放生产、生活的废弃物而使环境不堪负累，如水体污染、空气污染等，则属于放累性环境问题。⑤ 我们认为这两类自然环境问题又可分为以下四种：

第一种是环境污染。在自然环境问题中污染问题占有相当大的比重。经常被用来讨论环境问题的新旧"八大公害"⑥ 基本都属于环境污染事件。按照环境要素的不同，环境污染可以分为水污染、大气污染、土壤污染、海洋污染等等。仅仅从环境要素污染就可以看出环境污染之严重。在水污染方面，中国的地表水污染问题多年来一直没有得到有效缓解。《2009 年中国环境状况公报》显示，2009 年全国地表水污染依然较重。⑦ 在土壤污染方面，"据不完全调查，全国受污染的耕地约 1.5 亿亩，由污水灌溉造成的耕地污染达 3250 万亩，固体废弃物堆存占地和毁田 200 万亩，合计约占耕地总面积的 1/10 以上，其中多数集中在经济较发达的地区"⑧。海洋污染近几年也呈恶化趋势。根据 2009 年环境状况公报，"按照监测点位计算，一类和二类海水比例为 72.9%，比上年上升 2.5 个百分点；三类海水占 6%，比上年下

① 钟水映、简新华主编：《人口·资源与环境经济学》，科学出版社 2007 年版，第 261 页。
② 崔达：《全球环境问题与当代国际政治》，苏州大学博士毕业论文，2008 年，第 7—11 页。
③ 高中华：《环境问题抉择论》，社会科学文献出版社 2004 年版，第 8 页。
④ 徐祥民主编：《环境与资源保护法学》，科学出版社 2008 年版，第 7 页。
⑤ 徐祥民主编：《环境与资源保护法学》，科学出版社 2008 年版，第 7 页。
⑥ 徐祥民主编：《环境与资源保护法学》，科学出版社 2008 年版，第 8 页。
⑦ 《2009 年中国环境状况公报》。
⑧ 贺震：《土壤污染敲响警钟》，载《环境经济》2009 年第 3 期。

降 5.3 个百分点；四类和劣四类海水占 21.1%，比上年上升 2.8 个百分点"①。四类和劣四类海水的比重进一步增加。

第二种是资源减少。随着经济开发活动的加剧，各类资源都出现了程度不同的减少，有的则是明显减少，几达甚至已达枯竭的程度。就土地资源而言，铁一样的事实表明，这一重要资源正在减少。城市的扩张，工业用地需求的强劲，使得可耕作的土地面积不可阻挡地缩小。虽然《2001 年中国国土资源公报》提供了一些让人感到高兴的数字："全国土地整理复垦开发增加耕地 20.26 万公顷（303.9 万亩），其中复垦增加 2.45 万公顷（36.68 万亩）……整理增加 4.36 万公顷（65.42 万亩）……开发增加 13.45 万公顷（201.82 万亩）。""全国划定基本农田 10880.0 万公顷（16.32 亿亩），达到了土地利用总体规划确定 10853.3 万公顷（16.28 亿亩）、保护率 83.5% 的要求。""2001 年全国 31 个省、自治区、直辖市总体上全部实现建设占用耕地当年占补平衡。2001 年建设占用耕地 16.37 万公顷（245.5 万亩），与上年 16.33 万公顷（244.9 万亩）基本持平，建设占用耕地的规模继续得到控制。"但是，这份《公报》不得不承认的一个事实是："2001 年全国可耕种的耕地面积为 12761.58 万公顷（19.14 亿亩），继续呈递减态势。"② 这是反映耕地动态状况的一个总数据，也是土地利用的各种其他需要不断蚕食可耕种土地的有力证据。

就水资源问题而言，中国很早就出现了水资源不足的问题。据统计，中国的水资源人均占有量仅为世界人均占有量的四分之一，是世界上 13 个贫水国家之一。中国北方地区地表水资源十分缺乏，地下水源供水占总供水量的很大比例。在河北、北京、山西、河南 4 个省（直辖市），地下水源供水占总供水量的 50% 以上。③ 由于盲目开采和不合理利用，地下水的储量正在急剧下降。有资料显示：2008 年，北方 17 个省级行政区对 77 万平方千米平原地下水开采区……年末浅层地下水储存量比年初减少 38 亿立方米。在各水资源一级区中，仅海河区和辽河区地下水储存量增加，西北诸河区、黄河区、淮河区、松花江区均有不同程度的减少，其中西北诸河区减少 32 亿立

---

① 《2009 年中国环境状况公报》。

② 《2001 年中国国土资源公报》。

③ 《2008 年中国水资源公报》。

方米，其余 3 区减少幅度在 2 亿—8 亿立方米之间。按省级行政区统计，地下水储存量增加的仅有 6 个省级行政区……储存量减少的有 11 个省级行政区，其中新疆减少最多，达 28 亿立方米，陕西、黑龙江、甘肃减少幅度在 4 亿—6 亿立方米之间。①

除此之外，能源缺乏则是资源短缺问题的另一个焦点。充足的能源供给是每一个经济体保持繁荣与稳定的基本保障，能源的价格与一国的经济是如此密切相关，以至于成为每一个主权国家或者地区经济体的重大政治关注。现在并且将来，能源的缺乏都是全人类所面临的重大困局。对于能源的竞争可能甚至已经引发冲突或战争。据计算，全球拥有的石油储量只够开采 42 年。② 未来石油将成为比现在更为稀缺和昂贵的资源，围绕能源展开的争夺将更为激烈。就中国来说，南中国海与东中国海之所以成为中国的核心利益，不仅仅在于其海域本身的广袤性，更在于该海域所蕴涵的巨大的油气资源开发潜力。能源不再只是经济问题，它已经变成了国家安全问题。针对能源危机有这样一种观点，即能源危机的本质不是资源短缺而是石油的垄断和价格控制。③ 这种看法虽有几分合理，垄断和价格因素对石油危机的发生起了很大的作用，但是，从根本上讲，如果石油资源不是越来越稀缺，对石油的垄断就不会那么具有关键作用；如果没有石油资源与经济发展的时空错位，对石油的市场交易的需求也不会如此之大。

另外，在其他矿产资源方面，短缺问题也是日渐明显。仅就中国而言，据最新一轮对 45 种主要矿产可采储量对 2010 年经济建设的保证程度分析，"在全部 45 种矿产中，中国有 27 种矿产的人均占有量低于世界人均水平，有 22 种属于对经济建设不能保证或基本保证但存在不足的矿产，占所论证矿种数的 48.9%。在可以保证的优势矿产中，相当多的矿产是市场容量不大的非大宗使用的矿产，而在基本保证程度以下的矿产又多数是经济建设需求量大的关键矿产或支柱性矿产。"④ 曲格平曾明确指出："如果按照中国现在的发展方式，再有 20 年，资源基本上用完了，不可能再有什么大的发展。

---

① 《2008 年中国水资源公报》。
② 钱伯章：《2008 年全球探明石油储量出现十年来首次下降》，载《天然气与石油》2009 年第 4 期。
③ 参见赵宏图《能源危机：神话与现实》，载《现代国际关系》2007 年第 9 期。
④ 张久铭：《中国矿产资源安全及其战略对策》，载《中国市场》2007 年第 4 期。

自然环境的破坏达到了非常大的程度。农业发展、牧业发展也会非常困难，因此结论是中国将成为很穷的国家。所以我们应该更加警惕……我们不转变发展方式没有出路。"①

第三种是环境退化。环境退化包括全球气候变暖和臭氧层破坏、土地荒漠化和盐碱化、水土流失和土地沙化等。

就全球气候变暖和臭氧层破坏来说，据国际能源署《2007 世界能源展望》预测，"2005—2030 年的全球二氧化碳排放量将上升 57%"②。温室气体排放如此迅速的增加势必导致全球气候的进一步恶化。

再来看土地退化。全球范围内，从 1972 年到 1998 年间，"大约有 20 亿公顷的土壤因人类活动而发生退化，这一数量相当于地球面积的 15%，大于美国和墨西哥面积的总和"。土壤退化的主要类型包括：水蚀，占 56%；风蚀，占 20%；化学退化，占 12%；物理退化，占 4%。土壤侵蚀的原因包括过度放牧，占 35%；砍伐森林，占 30%；农业活动，占 27%；过度利用植被，占 7%；工业活动，占 1%③。在中国，根据《2006 年中国环境状况公报》的报告，"全国共有水土流失面积 356 万平方公里，占国土总面积37.08%。其中，水蚀面积 165 万平方公里，占国土总面积的 17.18%；风蚀191 万平方公里，占国土总面积的 19.9%。按水土流失的强度分级，轻度水土流失面积 162 平方公里、中度流失面积 80 万平方公里、强度流失面积 43万平方公里、极强度流失面积 33 万平方公里、剧烈流失面积 38 万平方公里。"④ 对于中国这样一个多山、多丘陵、少平原的国家，多达国土总面积37.08%的水土流失必然严重影响可持续发展。"棒打狍子瓢舀鱼，野鸡飞到饭锅里"是对北大荒当年资源丰富情况的一个描述。而如今，东北黑土区水土流失面积已达 27.59 万平方公里，占全区总面积的 26.79%。其中，黑龙江省流失面积 11.52 万平方公里，吉林省流失面积 3.11 万平方公里，辽宁省流失面积 3.41 万平方公里，内蒙古自治区流失面积 9.55 万平方公里。⑤

---

① 参见曲格平《中国的环境保护之路》，载《世界》2006 年第 7 期。
② 转引自胡鞍钢《绿色发展就是绿色贡献》，唐晋主编《大国战略》，华文出版社 2009 年版，第153 页。
③ 张迎新：《30 年来全球土地状况的环境变化概况》，载《国土资源情报》2002 年第 7 期。
④ 《2006 年中国环境状况公报》。
⑤ 水利部松辽水利委员会：《东北黑土区水土流失综合防治规划》。

任凭此趋势恶化下去，那么曾有"北大仓"之美誉的东北大地将会变成真正的"北大荒"。

荒漠化是严重的环境退化形式之一。据统计，"地球表面 43%的土地分布在干旱地区，110 多个国家受土地荒漠化之害"[1]。根据《第三次中国荒漠化和沙化状况公报》所提供的数据，"2004 年，全国荒漠化土地总面积为 263.62 万平方公里，占国土总面积的 27.46%"[2]。

海岸侵蚀也是环境退化的一种形式。据考察，中国是海岸侵蚀灾害最为严重的国家之一。中国 70%左右的沙质海岸线以及几乎所有开阔的淤泥质岸线均存在海岸侵蚀现象。[3]

第四种是生态破坏。生态破坏泛指生态改变和生态破坏。它是综合性的自然环境问题，往往都是由人类的索取和排放两类行为共同作用造成的。生态破坏的后果是持续性的和顽固的，在大多数情形下都是难以恢复的。这意味着生态破坏问题的处理远不像治理污染物排放那么简单。对于污染的治理可以通过限制或禁止排放的方式加以有效控制，而生态系统一旦被破坏就很难恢复到原生状态，即使为恢复生态投入高额的资金和充足的人力物力。

生物灭绝是最严重的生态破坏。物种一旦灭绝就没有任何办法可以将其恢复。然而可怕的是，全球范围内"自 1970 年到 2003 年"，"陆地生物的数量平均下降了 31%，海洋生物下降了 23%，淡水生物下降了 28%"[4]。联合国曾发出警告："除非采取立即行动，否则到 2100 年的时候，地球上现存物种的 2/3 都很可能要灭绝。"[5]

二、无法突破的自然限制——开发空间耗竭

如果说某个国家矿产资源不足是由于管辖范围内矿藏贫乏造成的，这种不足可以通过国际交换来弥补；如果说石油危机在一定程度上是由垄断和价格控制造成的，这种危机可以通过打破垄断，建立更合理的国际经济秩序等

---

[1] 胡培兴：《中国沙化土地现状及防治对策浅谈》，载《林业科学》2003 年第 5 期。
[2] 《第三次中国荒漠化和沙化状况公报》（2005 年 6 月）。
[3] 《中国成为全球海岸侵蚀灾害最为严重国家》，载《人民日报》2005 年 4 月 11 日。
[4] ［美］格雷姆·泰勒：《地球危机》，海南出版社 2010 年版，第 44 页。
[5] ［美］格雷姆·泰勒：《地球危机》，海南出版社 2010 年版，第 44 页。

来解除，那么，人类实际上还面临着远比这类问题严重的危机，即开发空间耗竭的危机。不管是矿产资源、渔业资源、森林资源，还是近年来人们关注的风能、潮汐能甚至太阳能资源等都存在于一定的空间里，没有空间便不可能有这类资源，而人类扩展资源摄取的重要路径是扩大空间占有。近代资本主义迅猛发展的时期同时也就是西方资本主义国家开拓海外市场向世界各地扩展生存空间的时期。在这个资本主义凯歌行进的历史阶段，先发展的资本主义国家霸占了还处在封建时代甚至奴隶时代的许多民族的土地，抢占了人类尚未开发或开发不足从而没有明确归属的地球空间。英国、法国、西班牙、葡萄牙等对美洲、非洲、澳洲、亚洲部分国家的殖民侵略是这种扩张的典型。例如，美国的强盛与对于广袤和富饶的北美新大陆的开发是密不可分的。"1776 年美国独立时，只据有大西洋沿岸地区，面积约 40 万平方英里"，而"它的西部，是 6 倍于当时美国本土的'处女地'"。到"19 世纪末"，是"美国人口中心、农业中心、工业中心的西移"才"把美国由一个弱小的国家推上世界经济大国的宝座"。[①]

殖民者开拓殖民地的目的虽有不同，但殖民地对殖民者带来的最大的收益之一是取得生产生活所需的原材料[②]，是给过剩的人口[③]提供生存空间。垂涎中国广袤大地上的资源无疑是日本侵华战争的重要动因之一。即使到今天，相关国家对于北极地区的主权争议同样体现出了一种通过扩展空间的方式获取资源和发展机会的惯性。

近代殖民者的扩张解决了他们本国资源短缺的问题，从而缓解了开发对资源的需求与有限管辖空间内的有限资源之间的矛盾，使他们本国事实上已经出现的资源减少甚至枯竭没有发展成资源危机。这是近代殖民者的成功，也是人类在那个时代取得的成功。然而，历史发展到今天，人类已经无法通过开拓新的空间这种方式来解决由于开发造成的资源减少甚至枯竭的问题。即使我们完全放弃主权国家的概念，在我们的星球上也无法找到可供殖民的新的空间；即使充分考虑了科学技术给人类提供的开发宇宙空间的武器装

---

①　叶川：《美国西部开发史》，载《中国人民大学复印报刊资料：城市经济·区域经济》2000 年第 4 期。

②　毛蕾：《试析英国统治政策对北美殖民地的双重影响》，《世纪桥》2008 年第 4 期。

③　黄春林：《英帝国的兴衰与地理环境的关系》，《重庆科技学院学报》（社会科学版）2010 年第 2 期。

备，人类也不可能拓展出可以用来弥补地球生存空间之不足的新的空间。

污染、资源减少、生态破坏、环境退化这四类自然环境问题，在人们的观念中都只是局部的问题、微观的问题。比如，人们心目中的水污染的典型是具体的河流、湖泊等水体的污染。人们最容易想到的资源减少是一些资源枯竭城市（比如历史上的煤城枣庄）所遭遇的那种资源蕴藏告罄。某个区域的湿地遭填埋从而造成原有生态系统的消失是人们心目中最典型的生态破坏。在我们的内心深处，与水土流失这种环境退化现象相联系的是水土流失地区农牧民面临的损失。如果我们按照人们的这种通常的理解赋予自然环境问题以微观、局部的特点的话，那么，开发空间耗竭是全局性的问题、宏观的问题。这个宏观的环境问题的"中心事物"是人类整体，是由世界上所有的国家和地区的人们构成的人类共同体。这个宏观的环境问题的环绕"中心事物"的"情况或条件"① 是为人类生存发展提供自然支撑可开发的地球空间。这一环境问题是人类整体与可供人类生存发展的地球空间之间所发生的冲突，是人类的发展与大自然天然设定的无法突破的约束之间的矛盾。

如果说大自然可以自然地降解人类行为造成的污染、可以自然地恢复因人类开发而减少的生物资源，可以慢慢地使受人类行为影响而退化的自然环境恢复其本然的平衡，那么，开发空间耗竭这一环境问题却无法通过大自然的再生能力、自修复功能来化解。无私的大自然无法改变其在宇宙系统中的地位，无法通过扩张自身以满足由其养育的人类所提出的对更广阔的空间的需求。如果说局部（现实有效的计算单位是国家）的资源减少可以通过不同"局部"间的贸易来满足，"异地保护"是解决生态破坏的常用办法，"生态移民"也可用于缓解局部地区的环境退化，那么，开发空间耗竭是无法运用分配、市场、行政强制等机制加以解决的环境问题。②

三、渐次暴露的严重性——自然环境问题之外的环境问题

将环境问题理解为自然环境问题具有历史的合理性。自然环境问题是伴

---

① 徐祥民主编：《环境与资源保护法学》，科学出版社 2008 年版，第 1 页。

② 其实资源减少、环境退化等自然环境问题也存在着人类总需求与自然总供给之间的矛盾，这类问题一旦发生也会变成无法突破的自然限制。环境法学必须接受人类与自然之间关系中的极限概念，（参见徐祥民著《从全球视野看环境法的本位》，载吕忠梅、徐祥民主编《环境资源法论丛》第 3 卷，法律出版社 2003 年版，第 1—22 页）环境法必须为适应大自然天然给定的极限做原则、制度、规范等的安排。

随着工业文明的发展而出现和加剧的问题。工业革命极大地提高了人类社会的生产力，人类可以以数倍于手工劳动的效率来改造自然，以空前的规模从自然中获取资源，也以空前的规模向自然排放有毒有害废物。工业技术与资本主义的唯利是图相结合加速了对自然环境的利用和改造，从而引起自然环境以前所未有的速度和强度遭受损害。正如福斯特教授所言："资本主义经济把追求利润增长作为首要目的，所以要不惜任何代价追求经济增长……这种迅猛增长通常意味着迅速消耗能源和材料，同时向环境倾倒越来越多的废物，导致环境急剧恶化。"[①]

随着环境问题的不断展现，我们发现这种对于环境问题的旧有理解已经落后于环境问题本身。人们以往讨论的环境问题，从环境概念的内涵上来看，都属于环绕"中心事物"的"情况或条件"的问题；而环境问题，也就是环境概念所表达的事物所发生的不尽如人意的问题，应当是环境的中心事物与其周围"情况或条件"之间的问题，而不应只是周围"情况或条件"发生的问题。当人们说环境拥挤时，拥挤指的是环境（"情况或条件"）与进入环境中的人（中心事物）之间的一种状态。当人们说为儿童创造良好的成长环境时，这良好的环境是儿童和儿童成长的需要与实际的"情况或条件"之间的状态。仅仅有牛奶、书包、玩具等并不称其为环境。当明确了中心事物与周围"情况或条件"之关系的环境概念并据以判断人类究竟遭遇了怎样的环境问题时，我们发现，自然环境问题只是人类目前已经遭遇的环境问题之一种，那足以让学者用"危机"来替代的环境问题其实还有其他的表现形式，而且正是由于其他形式的那些环境问题与自然环境问题所发生的连接才使得环境问题突变为环境危机。

除自然环境问题外，我们所遭遇到的环境问题还包括以下两类：

1. 人类繁衍问题。人类繁衍问题与开发空间耗竭问题密切相关。人类的不断繁衍只有在空间限制的条件下才会成为一个严重的问题。如果人类可以找到新的可供开发的空间，人口的增长就不会导致环境危机。然而，我们今天遭遇的情形是人口势不可挡地增加，而可供开发的空间及这些空间中的资源无情地趋向减少甚至枯竭。

---

① ［美］约翰·贝拉米·福斯特：《生态危机与资本主义》，上海译文出版社 2006 年版，第 2—3 页。

我们刚刚在 1999 年送走了全球 60 亿人口日。毫无疑问的是，在不远的将来，我们还会迎来以更大的数字标注的人口日。联合国经社理事会在其《世界人口趋势》报告中预测，世界人口将在 2025 年达到 80 亿，2045 年达到 90 亿。① 人口问题不仅仅表现为数字的大小，而在于这个数字对有限的资源和环境容量的需求，在于人口与资源环境之间的紧张关系。人口的急剧增长对人类的可持续发展带来了前所未有的挑战。

中国是世界第一人口大国，人口问题与环境之间的紧张关系在中国有非常典型的体现。曲格平曾明确指出："从历史和现实来看，庞大的人口压力是中国生态环境恶化的一个直接的、重大的原因。"② 也正像胡玉坤所说的那样："中国众多资源环境危机的根由恐怕首推人口过剩。人口众多这个基本国情过去是、在未来数十年还将继续是困扰中国实现可持续发展的决定性因素。"③ 与巨大的人口数字相对应的将是对环境的更加巨大的压力。面对人口与资源的困局，《中国 21 世纪议程》在应对人口问题上所规划的方案领域之一是"控制人口增长与提高人口素质"。该方案的"行动依据"之一是："进入 90 年代，中国正面临着建国以来的第三次人口出生高峰。据估计中国人口将在 2000 年时接近 13 亿；到下世纪中叶，人口总数将达到 15 亿—16 亿。"④ 针对这样的情况，《议程》所确定的目标是 2000 年前，力争把中国年平均人口自然增长率控制在 12.5‰以内，妇女总和生育率从 1990 年的 2.3 降到低于世界上发达国家 2.0 的平均水平。⑤ 中国的计划生育政策不仅为中国减轻了负担，也是对世界的极大贡献。曲格平认为这项政策在中国产生了巨大的经济社会和环境方面的效益。实行计划生育政策后，人口出生率从 1970 年的 34.33‰，下降到 2004 年的 12.29‰，人口自然增长率从 25.83‰，下降到 2004 年的 5.78‰⑥。

虽然中国为控制人口作出了巨大成绩，但即使按照乐观预测，到本世纪

---

① 联合国经济及社会理事会：《世界人口趋势》2009 年。

② 曲格平：《中国环境保护事业任重道远》，《环境保护》2009 年第 5 期。

③ 胡玉坤：《人口与资源环境的冲突：回眸与前瞻》，载唐晋主编《大国战略》，华文出版社 2009 年版，第 129 页。

④ 《中国 21 世纪议程——中国人口、环境与发展白皮书》，中国环境科学出版社 1994 年版，第 40 页。

⑤ 《中国 21 世纪议程——中国人口、环境与发展白皮书》，中国环境科学出版社 1994 年版，第 41 页。

⑥ 参见曲格平《中国的环境保护之路》，《世界》2006 年第 7 期。

中叶，仅中国就要向我们的星球再多供应 3 亿多个"食客"。面对日益上涨的全球人口数字，我们所乘坐的这个已经满载的星球还能承受得了吗？这个星球上的资源短缺问题在那时会是怎样？胡玉坤直言："到 2030 年前后总人口将达到 15 亿左右。满足不断膨胀的人口的基本生活需求将是无可避免的严峻挑战。"①

2. 人类需求增长问题。不断攀升的人口数字意味着不断增大的福利供应，而自然环境是人类最终的福利供应者。不幸的是，不断增长的人口和不断加剧的资源短缺并没有使人们主动自觉地降低自己的消费需求。相反，人们在基本消费需要得到满足之后不断追求更高的消费，使新的更高的消费需求被不断刷新。与此相应，世界各国天经地义般地追逐支撑色彩斑斓的消费需求的各种资源，并且在政策、外交乃至军事领域为满足这种增长实实在在地采取行动。这种以永不满足的消费需求为背景的行动的结果会是什么？面对着不断破损和难以为继的生态环境，也许答案不难找到。

作为一个发展中的大国，中国面临着由人口、资源、环境、空间等多方面构成的困局。人民生活水平的普遍提高是经济发展的当然目的之一，生活水平的提高意味着消费需求的增长。这必然会给自然环境带来更大的压力。

贫困问题是中国可持续发展的重大挑战之一。中国国家扶贫标准最近几年经历了数次调整：2008 年为 1067 元，2009 年为 1196 元。按照 2009 年的贫困标准，扶贫开发对象覆盖 4007 万人。② 尽管 1196 元的标准是以年为单位，相对于更高的消费需求来说似乎并不是很奢侈的要求，但是，4007 万人的 1196 元生活保障对资源和环境将是巨大的压力。此外，扶贫的内涵不仅仅是解决温饱。温饱解决的只是基本生活需求，而贫困包含很多内容。缺乏教育、医疗、安全的饮用水等基本保护的人群也被认为是贫困人口。

在解决贫困问题之外，从整个社会的角度看，对于发展的期盼或者说发展的动力之一是全社会对于更高生活水平的追求。追求更高生活水平的人们不会满足于"不愁吃、不愁穿"、基本教育、基本医疗、基本公共设施所提供的服务，他们必然会提出对于更高水平的教育、医疗和公共设施等的

① 胡玉坤：《人口与资源环境的冲突：回眸与前瞻》，载唐晋主编《大国战略》，华文出版社 2009 年版，第 130 页。
② 国务院扶贫办公室：《增加贫困人口收入》，载《人民日报》2009 年 12 月 7 日（第 15 版）。

要求。

　　其他发展中国家，基于相似的国情，在发展的很多方面会与中国存在相似性。非洲人口与资源环境的严重矛盾就是很好的例证。非洲国家获得独立后，由于生活水平、医疗技术和教育水平的提高，人口开始高速增长。一些国家，从1960年至2005年人口年均增长率达到26%。[①] "单从60年代到90年代"，"绝大多数国家的人口"都"实现了翻番"。据推测，至2050年，非洲的总人口数将会达到19.97935亿。这个数字是1960年的7倍，2000年的两倍多。[②] 在经济发展背景下，人口数字的快速攀升所带来的消费需求增长对非洲的资源提出了巨大的挑战，成为导致非洲环境危机的直接因素。以粮食为例，有专家指出，"非洲地区粮食的增长低于人口的增长率使得非洲国家的人均粮食消费量越来越低，饥饿人口越来越多……由于粮食安全下降，非洲营养不良的人数几乎翻了一番，由20世纪60年代后期的1亿增加到1995年的近2亿"[③]。根据2008年的估计，"非洲大陆每年至少有1/4的粮食需要进口，1/3的人口完全依赖粮食援助"[④]。再以森林资源为例，全非洲的森林面积递减率是世界上最高的，每年损失的森林大约有500万公顷，几乎相当于刚果一个国家的面积。[⑤] 此外，在生物多样性、沙漠化以及湿地消失等问题上，非洲都面临严峻的挑战。[⑥]

　　如果说"满足不断膨胀的人口的基本生活需求将是无可避免的严峻挑战"，那么，"满足不断膨胀的人口的不断增长的消费需求"将使"严峻挑战"变得更加严峻。有人可能会有这种设想，当社会发展到一定程度之后，由于科技的进步，这些需求增长的速度是否会降低，从而使供需压力减轻？这个假设很明显与如下事实矛盾：作为发展中的中国，虽然能源消费增长较

---

① 郑力斐：《非洲人口增长与环境退化》，上海师范大学硕士学位论文，2008年，第10页。
② 郑力斐：《非洲人口增长与环境退化》，上海师范大学硕士学位论文，2008年，第12页。
③ 郑力斐：《非洲人口增长与环境退化》，上海师范大学硕士学位论文，2008年，第11页。
④ 郑力斐：《非洲人口增长与环境退化》，上海师范大学硕士学位论文，2008年，第16页。
⑤ 郑力斐：《非洲人口增长与环境退化》，上海师范大学硕士学位论文，2008年，第31页。
⑥ "在过去的35年中，非洲的犀牛数量减少了97%。到20世纪90年代初，西非的黑猩猩数量从高峰时的100万只减少到原有数量的1/10，在20世纪80年代，非洲的大象数量减少了一半，从120万只减少到只有60万只，在有些国家大象数量减少到90%。在南部非洲，1980年濒危植物有1915种，1984年为2373种，1995年为3435种。"引自郑力斐《非洲人口增长与环境退化》，上海师范大学硕士学位论文，2008年，第39页。

快，但是中国人均能源消费水平只相当于世界平均水平的 84%，人均石油消费只相当于世界平均水平的二分之一，石油人均进口量只相当于世界平均水平的 37%。[1] 我们的能源消费量不及掌握更多先进能源利用技术的美国的 1/8。[2]

面对有限的资源，面对有限的生存空间，我们不应再奢望自然为人类付出更多。应对环境危机的唯一出路在于改变人类自身，其中包括改变人类的消费欲望和消费模式。我们不应该奢望一个让每个人都富享奢华的生活图景。如果我们继续怀揣这种罪恶的愿望而无节制地开发和利用我们的环境，我们非但不能实现这种图景，恐怕还会更早地被我们的星球所遗弃。

四、环境问题的本质与环境法的使命

对人类遭遇的自然环境问题、自然环境以外的环境和开发空间耗竭三类环境问题的考察使我们确信，那些接受了关于三类环境问题的考察结论的人也会相信，环境危机决不是一个耸人听闻的词语，它是我们时代所遭遇的种种环境问题的一个恰当的表达。自然环境问题是人口逐渐增加、人类消费需求不断提高背景下自然本身出现的症状，或者说是后二者带来的症状；开发空间耗竭使人类无法获得用以解决人与自然矛盾的空间补充，所以自然环境问题才无法破解，人类遭遇的环境问题才变成人类文明发生以来从未遭遇的难题。是这几种实际上无法分开的问题的交互作用，把环境问题变成了难以医治的危机。

对环境危机的这一判断，或者说认识到三类环境问题的存在并把它们联系为一个环境问题整体的认识，对帮助我们发现环境问题的本质是十分有帮助的。环境问题是人与自然相对关系上的问题，是自然相对不足的问题。这种问题的实质不是人类行为破坏了自然的某种状态或品质，造成了某种环境要素的污染，或者造成了某种具体资源的减少等等，而是人类这一方面的作为改变了人与自然之间原先存在的平衡关系，一种类似生态系统中的各生态要素间的平衡的那种关系。不管是数量相对稳定的人口对相对固定的开发区

---

[1]　《习近平出席国际能源会议》，载《人民日报》2008 年 6 月 23 日（第 3 版）。
[2]　张文：《中国能源总自给率保持九成以上》，载《市场报》2006 年 6 月 26 日（第 13 版）。

域的开发强度的加大，还是人口的增长、人类需求的增长带来的对相对固定的开发区域开发强度的加大，抑或是人类不断开拓新的开发区域受挫而引发的对已有开发区域开发强度的加大，都会打破人与自然之间原先存在的或曾经存在的平衡，引起环境问题的发生或加剧。

环境危机的来临充分暴露了环境问题的本质——人与自然的关系问题。环境问题不仅仅包含自然环境问题，还包括地球开发空间耗竭的问题，在人与自然关系的维度下，人类繁衍问题与人类需求增长问题也都是难以克服的环境问题。这三类问题都是我们今日所面临的环境问题的内容。环境危机时代的环境法应当是以解决这三类环境问题，实现人与自然的和谐为基本目标的法，从而，环境法应当为达致这样的目标去设立基本原则、构建法律制度、设定行为规范以及其中包含的权利义务。

对于环境问题本质的发现和对环境法使命的此种定位，与已经步入循环型社会法时期的环境法的时代特点相一致或相适应。如前所述，循环型社会法时期的环境法的特点是注意到人类是自然的组成部分，这个时期的环境法应该以生态文明为基本理念，以环境友好为基本态度，以与自然和谐相处为价值取向来建设。只有重新定位环境法的使命才能使得《环境法》很好地指导整个环境法制建设在循环型社会法时期得到很好的发展，从而为整个环境法制建设提供基本原则。如果说环境法的循环型社会法时代才刚刚开始，那么，我们应当加快符合循环性社会法特点的环境法的建设速度。

第二节　《环境保护法》的基本法地位问题

对环境法历史地位的重新审视，需要我们关注的另外一个问题是《环境保护法》在整个环境法立法体系中的基本法地位问题。

一、现行《环境保护法》没有取得环境基本法地位

我们需要明确，现行《环境保护法》没有取得环境基本法地位，尽管不少研究者都把它称为环境基本法，它的名称似乎也像中国环境立法体系中的基本法。

由于历史的原因，《环境保护法》没有从其前身《环境保护法（试行）》那里继承来环境基本法的地位。《环境保护法（试行）》是在病急乱投医的情况下仓促出台的，不仅它没有为担当环境法立法体系的统帅做好准备，而且它的"试行法"身份也使其无法在如雨后春笋涌现的各种环境单行法中取得一枝独秀的领导地位。

首先，它对先其颁布的法律无法起到"后来居上"的基本法地位。《森林法（试行）》等都是在《环境保护法（试行）》之前颁布的。即使森林法应当是环境法体系的组成部分这个理论问题早已解决，从而立法者也知道它应当接受环境基本法确定的原则、制度等的限制，《环境保护法（试行）》也无法成为《森林法（试行）》所在立法体系的基本法。《森林法（试行）》产生时没有做将来要接受某个即将诞生的法律的"节制"的安排，《环境保护法（试行）》出台时也没有提出让《森林法（试行）》等服从它的"节制"的要求。《森林法（试行）》等于《环境保护法（试行）》颁布之前创制的环境法律与《环境保护法（试行）》都是独立的法律个体，它们相互之前不存在哪一个一定居于优先地位的关系。

其次，《环境保护法（试行）》对在其之后颁布的环境法律也没有取得基本法的地位。1982年的《海洋环境保护法》是由全国人大常委会正式颁布的法律。仅正式颁布这一点就足以将《环境保护法（试行）》中所有的基本法的品质抵消为零，如果这部试行法里有这类品质的话，因为后者尚未取得正式颁布的身份。当然，《海洋环境保护法》绝不是在《环境保护法（试行）》之外另起炉灶的仅有的一例。1984年的《水污染防治法》、《森林法》，1985年的《草原法》，1986年的《渔业法》、《矿产资源法》、《土地管理法》，1987年的《大气污染防治法》，1988年的《水法》、《野生动物保护法》等，既没有把《环境保护法（试行）》当成它们的根据，也没有在创设新制度时向《环境保护法（试行）》求"源"，在作出其他与《环境保护法（试行）》不一致的规定时遵守"不破不立"的立法规律，就这种不一致做严肃的立法说明。这些法律在中国环境法制建设历史上的来头似乎都比《环境保护法（试行）》要大。

《环境保护法》的正式颁布摘掉了其前身的"试行法"的帽子，但它正式颁布身份的取得并没有帮助它同样取得环境基本法的身份。与《环境保护法（试行）》一样，它没有提出让早已自成体系的《森林法》、《草原法》、《水污染防治法》、《大气污染防治法》等服从它的"节制"的要求。它也没有对在其颁布之后将要制定或修改的环境单行法或环境相关单行法必须服从它的"节制"的要求。这部正式颁布的《环境保护法》似乎仅仅是努力摆脱"试行法"身份的一项成果，它没有为把自己打造成环境基本法而做必要的安排。比如，它没有弥补《环境保护法（试行）》的不足充分反映上述那些类型的环境问题，为解决这些环境问题确立法律原则和基本法律制度。① 而在后来的环境法制建设实践中，《环境保护法》与被我们列入环境法的污染防治法、资源保护法等法律、法规，在绝大多数情况下都是各走各的道。比如，1991 年的《水土保持法》就像其前身《水土保持工作条例》（1982 年 6 月 30 日国务院发布）独往独来一样"无视"《环境保护法》的存在。再如，1995 年的《固体废物污染环境防治法》，尽管其基本执行主体与《环境保护法》一样，都是"国务院环境保护行政主管部门"，但它丝毫没有"源出于"《环境保护法》的表示。

二、国家环境立法体系需要环境基本法

中国的《环境保护法》没有取得环境基本法地位，而国家的环境立法体系中需要一部环境基本法。

自然环境问题、地球开发空间耗竭问题、自然环境之外的环境问题这三类问题的解决，显然不是一两部法律就能包办的。在规则层面，环境法不会提供解决这些问题的全部规则，但是环境法应该提供解决这些问题的基本原则和一部分重要规则。这些环境问题不能指望通过直接适用环境法来解决，但却需要环境法提供解决的基本原则、基本制度、整体政策等。从立法的角度来看，这全部环境问题的解决不能只寄希望于环境法的制定和实施，但是，如果不能让国家的法律体系服从统一的环境保护政策、原则、制度，这些环境问题也不可能得到解决。美国《国家环境政策法》所做的"美国之

---

① 1989 年的《中华人民共和国环境保护法》不仅没有更全面地反映需要用环境法去应对的环境问题，相反，它所关照的环境问题的范围似乎比《中华人民共和国环保法（试行）》更窄了。对这一点，我们拟另文详述。

各项政策、法律及公法之解释与执行均应与本法之规定相一致"① 的规定反映了国家对环境基本法的需要，反映了在环境立法体系中基本法的不可替代的作用。

前已述及，中国环境法在过去 30 多年的发展过程中发生了阶段性的变化，存在形成于不同时期的环境法律文件。三个时期累积起来的环境法，它们相互之间的不一致、不统一是无法避免的。正如张梓太所指出的那样，中国"从 20 世纪 80 年代始"陆续按照环境要素制定了一系列单行法，"这些法律由于立法的时间和立法的侧重点不同，出现了立法的指导思想、基本制度等不完全一致的现象，立法相互之间不够协调甚至冲突"②。这不同时期形成的环境法律法规无法构成一个内容协调统一的环境法律体系。比如，污染防治法时期的环境法建立在这样一个假定的基础上，即污染不可避免，就像人工制造的剧毒化学药物尽管剧毒也不能不使用一样。在这种基本认识基础上形成的环境法只能是以污染防治为中心的并且具有"末端治理"特点的法。清洁生产法时期的环境法相信人类可以通过预防性努力减轻甚至局部消除自身活动带给人类和人类环境的消极影响。这两个时期形成的环境法，其基本指导思想、环境保护的理念、实现对环境的保护的路径选择都存在巨大的差异。它们是难以一致起来的。至于循环性社会法时期的环境法，它与前两个时期的环境法就更难以实现一致和统一。循环性社会法时期的环境法"注意到人类是自然的组成部分，以生态文明为基本理念，以环境友好为基本态度，以与自然和谐相处为价值取向"。如果说前两个时期的环境法存在着无法让人类摆脱环境危机的致命的缺点，而循环型社会法时期的环境法恰恰不存在这样的缺点。人类要结束环境危机，必须从思想上让自己从自然的统治者、主宰者降低为自然的一部分，回归到自然之中来。循环型社会法正是把人类降低为自然的一部分的环境法。它不再只是追求物质文明，也不是仅仅追求物质文明、精神文明等创造性文明，而是引导人类向一个新的文明目标——生态文明前进。这样的环境法与污染防治法时期的环境法、清洁生

---

① The National Environmental Policy Act of 1969, as amended (Pub. L. 91 - 190, 42 U. S. C. 4321 - 4347, January 1, 1970, as amended by Pub. L. 94 - 52, July 3, 1975, Pub. L. 94 - 83, August 9, 1975, and Pub. L. 97 - 258, §4 (b), Sept.)

② 张梓太：《中国环境立法应适度法典化》，载《南京大学法律评论》2009 年第 1 期。

产法时期的环境法都存在着巨大的难以弥合的差别。而这种区别足以破坏经三个时期累积起来的环境法律法规体系的统一和一致。环境法发展的这种经历，环境法的三个发展阶段形成的特点等告诉我们，要使环境法真正成为一个内部协调一致的法律体系，必须对现有环境法律法规做"大手术"。我们的手术方案就是建立环境基本法，赋予它"节制"所有环境法律法规的权威，包括《美国环境政策法》所说的对全国"各项政策、法律及公法之解释与执行"权威。

上文已经谈到，中国环境法已经形成一个由两大方阵十余支队伍构成的庞大的法律体系。然而，这个体系却没有被人们发现，或者说人们对这个体系的检阅所见却不甚一致。

蔡守秋把"环境资源法体系"分为（1）"以防止环境污染为主要内容的环境保护法子体系"（简称"污染防治法"）；（2）"以自然资源开发、利用及其管理为主要内容的自然资源法子体系"（又称"自然资源利用与管理法"）；（3）"以城市、乡村和西部区域开发整治为主要内容的国土开发整治法子体系"；（4）"以防治自然灾害为主要内容的灾害防治法子体系"；（5）"以保护野生动植物及其栖息环境为主要内容的自然保护法子体系"；（6）"以防治生态破坏和建设生态环境为主要内容的生态环境建设法子体系"；（7）"以能源开发、利用、节约及其管理为主要内容的能源法子体系"。① 在这七个"子体系"中，最重要的是三个，即"环境污染防治法"、"自然资源法"和"生态保护建设法"。② 进入蔡先生的三个子体系的环境法律法规共 30 项。详见下表（表 4 - 1）

---

① 蔡守秋主编：《环境资源法教程》，高等教育出版社 2004 年版，第 32—33 页。

② 蔡守秋主编的《环境资源法教程》（高等教育出版社 2004 年版）附录二是《主要环境资源法律》。该附录共列举了四类法律法规。在这四类中，除第四类"与环境资源法相关的法律"不属于蔡先生所说的"环境资源法体系"外，其他三类分别是"以防止环境污染为主要内容的法律"、"以自然资源管理和合理使用为主要内容的法律"和"以自然保护、生态建设、防止生态破坏和防治自然灾害为主要内容的法律"。

表4－1：蔡守秋环境法三子体系法律法规简表①

序号	子体系	法律法规
1	以防止环境污染为主要内容的法律	中华人民共和国环境保护法
2		中华人民共和国海洋环境保护法
3		中华人民共和国大气污染防治法
4		中华人民共和国固体废物污染环境防治法
5		中华人民共和国水污染防治法
6		中华人民共和国环境噪声污染防治法
7		中华人民共和国清洁生产促进法
8		中华人民共和国环境影响评价法
9		中华人民共和国放射性污染防治法
10	以自然资源管理和合理使用为主要内容的法律	中华人民共和国森林法
11		中华人民共和国草原法
12		中华人民共和国渔业法
13		中华人民共和国矿产资源法
14		中华人民共和国土地管理法
15		中华人民共和国水法
16		中华人民共和国煤炭法
17		中华人民共和国节约能源法
18		中华人民共和国城市房地产管理法
19		中华人民共和国海域使用管理法
20		中华人民共和国农村土地承包法
21	以自然保护、生态建设、防止生态破坏和防治自然灾害为主要内容的法律	中华人民共和国文物保护法
22		中华人民共和国水土保持法
23		中华人民共和国野生动物保护法
24		中华人民共和国进出境动植物检疫法
25		中华人民共和国动物防疫法
26		中华人民共和国防洪法
27		中华人民共和国防震减灾法
28		中华人民共和国气象法
29		中华人民共和国防沙治沙法
30		中华人民共和国城市规划法

　　王灿发认为，中国环境法体系在横向结构上包括"污染和其他公害防

---

① 根据蔡守秋主编《环境资源法教程》（高等教育出版社，2004 年版）附录二《主要环境资源法律》改制。

治法"、"自然保护法"、"自然资源保护法"、"特别方面环境管理法"、"环境标准法"、"环境责任和程序法"① 等分支，而其中最重要的三个分支是防止污染的法律、自然保护的法律和自然资源保护法法律。在王灿发看来，"防止环境污染立法的范围很广"，但 "主要由大气污染防治立法、水污染防治立法、海洋污染防治立法、噪声污染防治立法、固体废物污染防治立法、放射性污染防治立法、电磁污染防治立法、恶臭污染防治立法、有害化学品污染防治立法、臭氧层保护法等组成"，而中国的环境污染防治立法 "主要由大气、水、海洋、噪声、固体废物、放射性污染防治立法" 等 "组成"②。王灿发认为，自然保护法有广义和狭义之分。"广义的自然保护法，是指调整在开发、利用、保护和改善自然环境中产生的各种社会关系的法律规范的总称。它与环境法的含义基本相同。" "狭义的自然保护法，作为环境法的一个组成部分，是指调整因保护某些特殊的自然和人工环境因素，维护生态平衡和环境的优美和谐而产生的社会关系的法律规范的总称。其保护的对象通常包括自然保护区、国家公园、风景名胜区、珍稀动植物物种、自然和文化遗产等，同时还包括水土保持和荒漠化防治以及因自然资源的开发利用而导致的自然环境破坏的预防和治理。"③ 王灿发认为，"中国已经制定了相当数量的自然保护法律、法规，主要的有：《野生动物保护法》、《水土保护法》、《自然保护区条例》、《风景名胜区管理暂行条例》、《森林和野生动物类型自然保护区管理办法》、《陆生野生动物保护实施条例》、《水生野生动物保护实施条例》、《水土保持法实施条例》、《城市绿化条例》、《野生植物保护条例》、《国务院重点保护野生动物名录》和《中国珍稀濒危保护植物名录》。同时，中国还参加了《生物多样性公约》、《濒危野生动植物物种国际贸易公约》、《关于特别是作为水禽栖息地的国际重要湿地公约》，并与日本、澳大利亚等国签订了保护候鸟及其栖息环境协定。另外还有一些自然保护的行政规章和地方性法规。这些法律法规和规章，初步构成了中国自然保护法的体系。"④ 对自然资源保护法，王灿发这样看：它 "在各国" 都

---

① 王灿发主编：《环境法学教程》，中国政法大学出版社 1997 年版，第 53—56 页。
② 王灿发主编：《环境法学教程》，中国政法大学出版社 1997 年版，第 173 页。
③ 王灿发主编：《环境法学教程》，中国政法大学出版社 1997 年版，第 272—273 页。
④ 王灿发主编：《环境法学教程》，中国政法大学出版社 1997 年版，第 275—276 页。

是"发展较早的法律部门之一"。中国不仅在"古代文献中就有关于生物资源保护的记载"，而且新中国"一直重视自然资源的法律保护，制定了一系列自然资源保护的法律法规"。王先生提到的自然资源保护法主要有：《土地法》及其《实施条例》，《水土保持法》及其《实施条例》，《森林法》及其《实施条例》，《草原法》、《水法》、《渔业法》及其《实施细则》、《矿产资源法》及其《实施细则》、《煤炭法》等。①

表 4‑2：王灿发环境法体系三个重要分支法律法规简表②

序号	子体系	法律法规
1	防治环境污染立法	大气污染防治立法
2		水污染防治立法
3		海洋污染防治立法
4		噪声污染防治立法
5		固体废物污染防治立法
6		放射性污染防治立法
7		电磁污染防治立法
8		恶臭污染防治立法
9		有害化学品污染防治法
10		臭氧层保护法
11	自然保护立法	野生动物保护法
12		水土保持法
13		自然保护区条例
14		风景名胜区管理暂行条例
15		森林和野生动物类型自然保护区管理办法
16		陆生野生动物保护实施条例
17		水生野生动物保护实施条例
18		水土保持法实施条例
19		城市绿化条例
20		野生植物保护条例
21		国务院关于禁止犀牛角和虎骨贸易的通知
22		国家重点保护野生动物名录
23		中国珍稀濒危保护植物名录

① 王灿发主编：《环境法学教程》，中国政法大学出版社 1997 年版，第 308 页。
② 依据王灿发主编《环境法学教程》（中国政法大学出版社 1997 年版）第十一章至第十五章编制。

续表

序号	子体系	法律法规
24	自然资源保护立法	土地法及其实施条例
25		水土保持法及其实施条例
26		森林法及其实施细则
27		草原法
28		水法
29		渔业法及其实施细则
30		矿产资源法及其实施细则
31		煤炭法

曹明德认为："环境资源法体系是指一国内所有调整开发、利用、保护、改善环境资源活动的现行法律规范所组成的相互联系、相互补充、内部协调一致的统一整体。"① 这个判断与王灿发对环境法体系的理解并不存在什么不同，但对这个整体是怎样构成的，曹明德的看法与王灿发的看法就出现了不一致。在曹明德看来，在这个"统一整体"中，最重要的分支有两个，一个是环境污染防治法，一个是自然资源保护法。对环境污染防治法，曹明德做了如下界定："指国家为预防和治理环境污染和其他公害，对产生或可能产生环境污染和其他公害的原因活动进行控制，以达到保护人类生活环境和生态环境，促进人体健康的法律规范的总称"，是"环境资源法的重要组成部分"②。对自然资源保护法，曹明德认为有"实质上的自然资源保护法"与"形式上的自然资源保护法"之分。"实质上的自然资源保护法""是调整人们在开发、利用、管理和养护自然资源的过程中所产生的保护自然资源生态效益的各种社会关系的法律规范的总称。其目的是为了规范人们开发利用自然资源的行为，防止人类对自然资源的过度开发，改善与增强人类赖以生存和发展的自然基础，协调人类与自然的关系，保障经济、社会可持续发展。""形式上的自然资源保护法""是指土地法、水法、矿业法、林业法、草原法、渔业法、野生生物保护法、自然保护区法、水土保持法等自

---

① 曹明德主编：《环境资源法》，中信出版社2004年版，第17页。
② 曹明德主编：《环境资源法》，中信出版社2004年版，第112页。

然资源保护法律规范的表现形式。"① 被曹教授列入自然资源保护法的法律
法规有：《野生动物保护法》及其《实施条例》、《水土保持法》及其《实
施条例》、《自然保护区条例》、《矿产资源法》及其《实施细则》、《土地管
理法》、《基本农田保护条例》、《森林法》、《海洋环境保护法》、《渔业法》、
《防沙治沙法》、《水法》、《草原法》 等。②

表4－3：曹明德环境法二分支法律法规简表③

序号	子体系	法律法规
1		中华人民共和国环境保护法
2		中华人民共和国海洋环境保护法
3		中华人民共和国大气污染防治法
4		中华人民共和国固体废物污染环境防治法
5	环境污染防治法	中华人民共和国水污染防治法
6		中华人民共和国环境噪声污染防治法
7		中华人民共和国清洁生产促进法
8		中华人民共和国环境影响评价法
9		中华人民共和国放射性污染防治法
10		野生动物保护法
11		水土保持法
12		自然保护区条例
13		矿产资源法
14		土地管理法
15	自然资源保护法	基本农田保护条例
16		森林法
17		渔业法
18		防沙治沙法
19		水法
20		草原法
21		中国自然保护纲要

这些不同的划分可能有不同的根据，对这不同的体系判断也可以做不同

---

① 曹明德主编：《环境资源法》，中信出版社2004年版，第213页。
② 曹明德主编：《环境资源法》，中信出版社2004年版，第214页。
③ 根据曹明德主编《环境资源法》（中信出版社2004年版）第二编、第三编制作。

的解释。本文不想追溯它们的根据、寻找可能的解释，只想指出一个影响这不同的划分出现的基本事实，那就是中国环境法尚无法定的体系。如果法律宣布了环境法的体系，给环境法设定了结构、内容等，上述不同的划分、不同的体系判断便没有产生的空间，有关专家也便无须为总结中国环境法的体系而耗费精力。

曹明德把"环境资源法体系"看作是组成这个体系的法律规范之间"相互联系、相互补充、内部协调一致的统一整体"①，而从上述关于环境法体系的几种划分就可以看出，曹明德所要求的，也是作为一个法律部门所应具备的"内部协调一致"是难以实现的。以上几位对同一个法律体系，同一批法律素材能够作出几种不同的归类或划分，就已经反映了环境法作为一个体系的不协调，或者说明这些法律素材并未真正聚合成一个"整体"。

环境法体系的几个分支之间，不管对这些分支的划分是否成立，是否符合环境法发展的客观情况，都存在着不协调的潜在危险。比如，如果说"资源保护的目的是通过保护，使各种资源以其数量和质量最大限度地满足人类生产和生活的需要，充分发挥其经济效能"②，那么，用于保护资源的法与保护生态的法就存在分道扬镳的可能性，因为生态保护法可能的选择之一是禁止对某些资源的开发，不允许发挥某些"资源"的"经济效益"，或禁止在特定时期、特定规模上发挥其经济效益。再如，资源法关心的是资源的开发利用，它与诸如防治臭氧层破坏、防治全球气候变暖等在目的性（这里说的是直接目的）上也存在巨大差距。

对照属于不同分支的法律文件，不协调不一致就更容易被识别。比如，中国《矿产资源法》规定，开采矿产资源由地质矿产主管部门颁发许可证。而国务院颁发的行政法规也明确地把地下水，包括矿泉水和地热水都确定为矿产资源。按照这些法律法规的规定，开采地下水需要向地质矿产主管部门申领许可证。而中国《水法》规定，抽取地下水应当向水行政主管部门申请取水许可证。这样一来，要从地下取水就要申请两个许可证，即向地质矿产主管部门申领开采地质矿产的许可证和向水行政主管部门申领取水许可

---

① 曹明德主编：《环境资源法》，中信出版社 2004 年版，第 17 页。
② 王灿发主编：《环境法学教程》，中国政法大学出版社 1997 年版，第 307 页。

证。而且按照规定，有关申请人既要缴纳矿产资源补偿费，又要缴纳水资源费。这是两部法律之间的不协调造成的重复收费，也是制度设计上的一个冲突。①

一个庞大的环境法队伍已经出现，但它们却"群龙无首"；学者们勉强地把相关的法律法规"划拨"给这个或那个分支，但它们实际上还没有真正构成一个严整的法律体系。如何化解这种纷乱呢？为"群龙"立"首"，制定环境基本法；如何避免后来的环境法也陷入目前环境法的乱局呢？制定环境基本法，让后来的法沿基本法的血脉流向环境法体系的各个分支、末梢。

三、环境基本法应当体现的基本精神

我们认为，那个叫作《中华人民共和国环境保护法》的法律就应当是中国环境立法体系中的基本法。这个基本法在立法体系上上承《宪法》，下联环境法的各分支。在环境法律体系中，这个基本法利用其特殊的立法地位，处于国家环境保护政策、原则和环境法律制度等的核心地位。它应当为其他环境法律文件的制定提供原则和框架，对各环境法规、制度起统摄和指导的作用，成为整个环境法律体系的灵魂和支柱。

中国未来的《环境基本法》应当体现以下基本精神：

1. 人与自然和谐。环境法不应再是污染防治法，也不应是污染防治法加自然资源保护法，而应是以环境承载力为基础性判断，以循环型社会为路径确保人与自然和谐的基本法。在经历了"头疼医头，足疼医足"式的环境法失败的痛苦之后，在领受了环境危机所具有的越来越明显的无可逃避的特点之后，人们逐渐认识到，防、堵式的污染防治法已无法医治环境创伤，更无法阻挡明显带有愈演愈烈趋势的环境危机的到来。基于对环境问题本质的认识，我们知道争取实现人与自然的和谐应当成为全部环境保护工作努力的方向。简单的污染防治法、简单的资源保护法，或者它们的简单的结合，或者再加上一些学者所说的生态保护法等，无法实现这样的目的。以确保人与自然和谐为目的，不限于污染防治，不满足于污染防治加资源保护等的环

---

① 王灿发：《论中国环境管理体制立法存在的问题及其完善途径》，《政法论坛》2003年第4期。

境法并不等于一些学者所总结的"大环境法"，不是要求把"资源保护、城市建设、环境卫生"① 等简单地包罗在一起的法。"城市建设、环境卫生"与环境保护有关，但其主要内容不是环境保护。我们所主张的环境法是调整领域宽阔的环境法，但并不是把其他行政事务都包揽的法律杂烩。

在环境危机时代，基于环境问题所展现的严重性和广泛性，环境问题不再是环境领域的问题，而是涉及经济、政治、社会、文化等多个领域的问题。环境是我们整个民族的本钱，我们的民族复兴计划，我们的经济、教育、国防等等一切的一切无一例外地都要从环境的账户里支取"资本"。发展规划的制定，表面上是在敲打经济的算盘，但是最终起决定性作用的还是一本严肃的环境账。环境账能不能算对将最终决定经济、社会、文化等的成败。经济账算错，我们可以重来，而环境账算错，我们将很难弥补。

因此，人与自然和谐的目标应该是生态文明时代整个法制建设的基本追求。环境法必须按照处理人与自然关系的需要来设计，从按照其自身的自然发展必然是不断增长的人类需求与自然这个人类最根本的生存条件的关系中发现制度设计的依据。环境法必须把实现人与自然和谐当成自己的基本立法目的。如果环境法不能引导社会走上人与自然和谐之路，这个法律就是失败的，其立法目的就没有实现。

2. 义务本位。义务本位是指以环境义务为整个法制建设之本位。回顾环境问题在现代社会不断展现的历史，我们发现促成人类环境危机不断深化的原因，从法律角度来说，是以权利为本位的法。这种法律的基本特点是承认人或其他主体谋取利益的权利。以权利为本位的法律为法律关系主体实现自己的利益期望提供保障，义务性的规定服务于权利的实现。它的立足点是具有谋利欲望的个人，其基本的价值追求是个人的最大利益。与此相反，人与自然和谐的法律应该是以义务为本位的法，这种法律的基本特点是按照人类或一定人群的整体利益需要，为社会主体的行为划定边界，要求每一个社会主体限制自己的谋利行为。它的立足点是全社会乃至全人类，其基本价值追求是人类整体利益或其他由自然条件所决定的某个人群的整体利益。②

① 参见陈仁《环境执法基础》，法律出版社 1997 年版，第 35 页。
② 徐祥民：《极限与分配———再论环境法的本位》，《中国人口·资源与环境》2003 年第 4 期。

　　以义务为本位的法制建设，建立在客观的物质条件基础上，也建立在人与自然之间的关系的基础上。它不是出于某学者或政治家的个人偏好，甚至可以说不以人的意志为转移。在给定的资源分配面前，权利制造了太多的贪婪。权利鼓励法律主体去扩张自己，而义务本位要求人们限制自己，约束自己，不是让自然臣服于自己的欲望而是让主体的一切要求服从自然。环境总量限定了人们行为的最大边界。遵循权利本位下的收益分配原则，主体获得物质利益，而人类总体却得到环境污染或环境破坏。在环境容量有限的条件下，环境保护工作的有效开展，要求的是社会主体对环境责任的分配，通过义务的优先设定，迫使社会主体在不危害环境的前提下寻求自身利益。

　　通过回顾经济发展史，我们可以发现，权利本位下的收益分配法曾经促进了经济的巨大增长和财富的积累。但当我们把视角转换到环境问题史时也会发现，权利本位带来的欲望膨胀也造成了自然的穷竭，环境的破坏和日益严重的环境危机。权利本位的历史就是环境被破坏的历史。显而易见，权利本位的法律设计只能造成环境问题的恶化，无法医治由人类给自然造成的创伤。[1]"要想彻底解决环境问题，消除人类给环境带来的压力，避免人类活动对环境造成新的破坏，必须给追逐物质利益的人们规定行为界限，向他们施加其所不乐于接受的限制，让所有的人、所有的组织、所有的国家和民族承担义务，把人、组织、国家和民族利用自然、开发自然的活动限制在自然所能容许的范围之内。"[2]

① 徐祥民：《极限与分配——再论环境法的本位》，《中国人口·资源与环境》2003 年第 4 期。
② 徐祥民：《极限与分配——再论环境法的本位》，《中国人口·资源与环境》2003 年第 4 期。

第五章　一个迫在眉睫的挑战：环境法如何应对全球气候变化

自工业革命以来，人类对化石能源的大量燃烧以及对森林的大量采伐和破坏，使大气中的二氧化碳浓度不断增加，逐渐破坏了大气中的碳平衡，引发温室效应。近年来，全球酷暑、干旱、洪涝等极端气候事件频发，气候变化影响日益显现。新时期环境法的使命要求环境法必须要在应对全球气候变化、促进温室气体减排上有所作为。

第一节　全球气候变化——最棘手的环境问题

气候变化是指气候平均状态统计学意义上的巨大改变或者持续较长一段时间（典型的为 10 年或更长）的气候变动。气候变化的原因可能是自然的内部进程，或是外部强迫，或者是人为地持续对大气组成成分和土地利用的改变。《联合国气候变化框架公约》（UNFCCC）（以下简称《气候变化公约》）第一款中，将"气候变化"定义为："经过相当一段时间的观察，在自然气候变化之外由人类活动直接或间接地改变全球大气组成所导致的气候改变。"《气候变化公约》因此将因人类活动而改变大气组成的"气候变化"与归因于自然原因的"气候变率"区分开来。由此可见，法律上的气候变化是指由人类活动导致大气组成成分的改变而引起的气候变化，不包括气候的自然变异。[1]

---

[1]　曹明德：《气候变化的法律应对》，《政法论坛》2009 年第 4 期。

全球气候变化是由化石燃料燃烧排放大量温室气体而造成的，各种全球变暖背景下的极端气候影响在世界各地频频上演，暴雪、飓风、洪水、干旱等等。气候变化是气候系统一系列综合反应的结果，气候变化特别是气候变化所产生的影响是广泛的，不仅对人类生产生活产生重要的影响，而且也对整个生态环境具有极大的破坏作用。①

气候变化是最复杂的全球环境问题，也是人类面临的一大挑战。与其他环境问题相比，气候变化问题具有以下特点：第一，气候变化具有整体性。因为地球大气圈是一个整体，气候变化及其带来的影响是全球性的，所以无论温室气体的排放者是哪个人、哪个企业或哪个国家，也无论温室气体是从地球上哪个地区产生的，都可能导致气候变化后果的出现。第二，引起气候问题的温室气体不易被观测、测量。水被污染了可能会在颜色或气味上有异常、大气中粉尘等物质多的话天空会出现灰霾，但是二氧化碳等温室气体的排放不易被直观感受，因此它的防控也更加困难。第三，气候问题具有长期性。温室气体存留在大气中引起气候变化的时间少则几年多则数万年，从温室气体排放到发生气候变化的影响往往要经历数百年的时间。气候问题的长期性不仅表现在它的形成方面，还表现在气候变化的显现方面。人类一个多世纪以来大量使用矿物燃料，排放出大量的二氧化碳等温室气体。而这一百年来，全球平均气温经历了冷—暖—冷—暖两次波动，总的看为上升趋势。进入 20 世纪 80 年代后，全球气温开始明显上升。由此看出，气候问题是长期性的问题，不管是气候问题的形成，还是气候变化的显现，或者是对气候变化的控制都需要用大尺度来衡量。第四，气候变化问题与人类的生存发展密切相关。气候变化问题是由于化石能源的消费引起，几乎所有人类的生产和消费活动都或多或少地依赖于能源消费并产生各种温室气体排放。这和许多污染和环境问题主要是由于某一类活动或某个行业的活动造成有明显不同。因而气候变化问题关系到各国的发展空间并与各国的经济利益密切相连，对它任何程度的解决都会影响经济的发展。

如今，全球气候变化已成为人类面临的最棘手的环境问题之一。这不仅在于气候变化给人类的生存环境带来巨大的变化，还在于气候变化问题的解

---

① 曹明德：《气候变化的法律应对》，《政法论坛》2009 年第 4 期。

决在客观上有着巨大的困难。这种困难一方面源于气候变化不单单是某个国家和地区的事情。气候变化没有国界，由上述气候变化问题的特点可知，地球大气圈是一个不可分割的整体，因此气候变化产生的变化是全球性的，任何国家或者地区都不可能独善其身，因而它的解决也不是某个人、某个团体或者某个国家、地区所能单独完成的。气候变化问题的解决需要全球合作；另一方面，解决气候变化问题的困难还缘于对它任何程度的解决都会影响经济的发展，因为要应对气候变化就必须对碳排放进行限制，但是从历史的和现实的情况看，任何国家的经济社会发展都要消耗一定的化石能源，而化石能源的消耗又必然要进行碳排放。这是不可逾越的规律。因此，要限制碳排放就必须改变现有的经济增长方式、生产消费模式，关闭或者消减排放温室气体的产业。这不论是对于发达国家还是发展中国家，在实施上都有非常的难度。

自从人类意识到气候变化给人类生存和发展带来的巨大挑战，人们就开始为应对气候变化的消极影响减缓气候变化进行积极的尝试。尤其是近20年来，国际间的合作更加频繁和规模巨大。国际社会为了应对气候变化进行了积极的探索和合作。1992年6月在巴西里约热内卢举行的联合国环境与发展大会上通过了《气候变化公约》。《气候变化公约》于1994年3月31日生效，目前共有191个缔约方。《气候变化公约》是世界上第一个为全面控制二氧化碳等温室气体排放，以应对全球气候变化给人类经济和社会带来不利影响的国际公约，也是国际社会在应对全球气候变化问题上进行国际合作的一个基本框架。自《公约》生效以来，缔约方每年举行一次大会。第三次缔约方大会1997年12月在日本京都举行。会议通过了《京都议定书》，对减排的温室气体种类、主要工业发达国家的减排时间表和幅度等进行了具体规定。之后又通过了《巴厘岛路线图》、《哥本哈根协议》等等，这些条约的签署就气候变化的应对措施以及各国应当承担的责任义务达成了初步共识。

第二节　中国应对气候变化应承担的国际义务

在应对全球气候变化的行动中，中国积极参与国际谈判和条约签订。中国于 1992 年 6 月 11 日签署《气候变化公约》并于 1993 年 1 月 5 日批准；1998 年 5 月 29 日签署《京都议定书》并于 2002 年 8 月批准；2010 年 3 月 9 日批准《哥本哈根协议》。另外，中国还和其他国家签订了相关的双边或多边协定、宣言，如《中国欧盟气候变化联合宣言》、《中国政府与法国政府关于清洁发展机制合作的联合声明》、《中国政府和加拿大政府气候变化合作联合声明》、《中国政府与奥地利政府关于清洁发展机制合作的备忘录》、《中国政府与澳大利亚政府关于气候变化合作的备忘录》等。下面是对中国签订的国际条约中应承担的国际义务的梳理。

一、《气候变化公约》对发展中国家义务的规定

《气候变化公约》将公约缔约方分为发达国家与发展中国家。按照共同但有区别的责任原则，《公约》第四条为发达国家和发展中国家规定了不同的义务。

《气候变化公约》第四条第一款规定了所有缔约方（发展中国家和发达国家）共同的承诺：包括：第一，编制温室气体国家清单。第二，制定温室气体减排与适应气候变化的国家计划或者区域计划。第三，促进控制温室气体技术的发展、应用和传播（包括转让）。第四，促进可持续地管理所有温室气体的汇和库，包括生物质、森林和海洋以及其他陆地、沿海和海洋生态。第五，拟订和详细制订关于沿海地区的管理、水资源和农业以及关于受到旱灾和沙漠化及洪水影响的地区，特别是非洲的这种地区的保护和恢复等适应气候变化综合性计划。第六，在有关的社会、经济和环境政策及行动中，在可行的范围内将气候变化考虑进去，以期尽量减少它们为了减缓或适应气候变化而进行的项目或采取的措施对经济、公共健康和环境质量产生的不利影响。第七，研究、观测和数据。促进和合作进行关于气候系统的科学、技术、工艺、社会经济和其他研究、系统观测及开发数据档案，目的是增进对气候变化的起因、影响、规模和发生时间以及各种应对战略所带来的经济和社会后果的认识，以减少或消除在这些方面尚存的不确定性。第八，提供有关履行公约的信息。

二、《京都议定书》对发展中国家义务的规定

《气候变化公约》作为框架公约只对缔约方的义务作出原则性规定，没有就如何实现义务特别是对发达国家如何进行温室气体的减排，以及一些关键性的指标如目标与时间表进行具体规定。因此，《京都议定书》的主要目标就是促使附件一所列缔约方采取政策和措施并规定这些缔约方的温室气体排放的量的限度和排放削减时间限制，同时还重申除确认《气候变化公约》第四条第一款外，不要求非附件一缔约方作出新的承诺。① 不过需要注意的是，《京都议定书》规定，考虑到发达国家给予发展中国家的资金援助和技术转让等，同时要求包括发展中国家在内的所有缔约方应当编制符合成本效益的国家方案，国家方案中应当载有减缓气候变化的措施和适应气候变化的措施。② 由此我们可以看出，《京都议定书》虽然主要是一个为发达国家规定具有法律约束力的具体减排指标的国际法律文件，但同时也对发展中国家提出了新的要求，即要求发展中国家编制应对气候变化的国家方案。

三、《哥本哈根协议》关于发展中国家义务的规定

2012 年底《京都议定书》第一期承诺到期，2012 年至 2020 年第二承诺期如何进一步降低温室气体的排放，成了后京都时代最重要的问题。《气候变化公约》第十五次缔约方大会——哥本哈根会议的目的旨在为各国确立2012 年至 2020 年温室气体中期减排目标和 2020 年至 2050 年长期减排目标。《哥本哈根协议》未能对发达国家设定明确的减排目标，但却明确要求发展中国家采取减排行动。《哥本哈根协议》根据公约"第四条第一款和第四条第七款、在可持续发展的情况下实行减缓气候变化措施，包括在 2010 年 1月 31 日之前按照附录Ⅱ所列格式向秘书处递交的措施"③，并且向全球公开其减排进展情况，要求发展中国家对其所采取的减排措施"每两年""通过国家通信方式进行报告，而且所报告的结论在报告国所在国应当是可测量、

---

① 《京都议定书》第十条。
② 《京都议定书》第十条。
③ 《哥本哈根协议》第五条第一款。

可报告和可核查的"①。由此看出，《哥本哈根协议》为发展中国家规定了新的义务：第一，发展中国家应当采取适当的减缓行动；第二，就其减缓行动每两年进行一次报告；第三，所报告的结论应当是可测量、可报告和可核查的。但是，由于发达国家与发展中国家的分歧与矛盾，《哥本哈根协议》没有具体规定发达国家到 2020 年的中期减排目标和到 2050 年的长期减排目标，只要求公约附件一所列国家"于 2010 年 1 月 31 日前向公约秘书处提交按照附录 I 的格式所要求的各自的或联合的 2020 年温室气体排放目标，并进一步加强《京都议定书》确立的温室气体减排"②。

综上所述，中国作为发展中国家，在《气候变化公约》、《京都议定书》、《哥本哈根协议》下承担的义务可以概括为：第一，《气候变化公约》第四条第一款规定的一般义务；第二，编制应对气候变化的国家方案；第三，采取适当的减缓行动；第四，就减缓行动每两年进行一次报告；第五，所报告的结论应当是可测量、可报告和可核查的。

作为发展中国家的中国承担的义务较发达国家来说要少许多。国际条约没有明确要求发展中国家承担发达国家所要承担的采取减缓性措施的义务，而且还规定发展中国家履行义务的程度取决于发达国家对其有关提供资金和转让技术义务的有效履行。③ 尽管如此，我们也应该注意到另一个事实，那就是中国作为"世界工厂"，承担了全球大部分的碳转移。发达国家由于产业升级和本国对碳排放的限制，往往把含碳密集型生产企业转移到发展中国家。在全球碳转移中"低收入国家生产、高收入国家消费"的格局非常明显。经济全球化的发展使得具有众多人口的中国因其劳动力优势和环境准入门槛较低在国际产业分工中成为"世界工厂"，作为世界碳转移的最大输入国为发达国家的含碳密集型生产转移买单。有数据说明，中国每年仅这种产业转移造成的碳转移高达 12 亿吨，占中国目前碳排放总量的近 20%。可以毫不夸张地说，中国在替全世界排放。这个事实使得中国在碳排放限制的国际义务分担上应当减轻。虽然中国有减少承担国际义务的充分理由，但是，作为负责任的大国，在哥本哈根会议后，中国承诺了二氧化碳排放的自主减

① 《哥本哈根协议》第五条。
② 《哥本哈根协议》第四条。
③ 《京都议定书》第四条第八款。

排责任。到 2020 年将单位 GDP 的碳排放强度在 2005 年基数上削减 40%—45%，尽管这属于自愿减排行动，不属于强制性义务。

按照"条约必须遵守"的国际法原则，各缔约国有义务和责任按照公约及其议定书的规定承担和履行各自的义务和责任。而通过国内立法采取措施履行国际条约规定的义务是缔约国自觉履行国际义务的表现。为了应对气候变化，履行条约规定，中国于 2007 年 6 月发布了《中国应对气候变化国家方案》。这是发展中国家第一部应对气候变化的国家方案。自 1992 年联合国环境与发展大会以后，中国政府组织制定了《中国 21 世纪议程》，并采取了一系列政策措施，全国人大常委会于 2009 年 8 月通过《积极应对气候变化决议》，提出要把加强应对气候变化的相关立法作为形成和完善中国特色社会主义法律体系的一项重要任务，纳入立法工作议程，适时修改完善与应对气候变化、环境保护相关的法律，及时出台配套法规，并根据实际情况制定新的法律、法规，为应对气候变化提供更加有力的法律保障。

气候变化问题作为当今全球最棘手的环境问题，需要环境法对其进行规制。因此，加强气候变化立法研究，对气候变化进行有效的制度安排，应对气候变化挑战，已经成为环境法面临的新使命。

第三节　现行《环境保护法》对全球气候变化无能为力

中国的决策者已经越来越认识到气候变化问题的紧迫性要求我们现在就采取行动。一方面，全球气候变化已经严重地影响了更多的国家的可持续发展；另一方面，减少污染气体排放不可能因为有《京都议定书》的框架而永远与我们发展中国家无关。随着"后京都时代"的来临，中国环境法在应对气候变化上主要面临以下两方面的新形势。

从中国自身来说，在一段时期内需要更大的排放空间。从历史的和现实的情况看，任何国家的经济社会发展都要消耗一定的化石能源，而化石能源的消耗又必然要进行碳排放，这是不可逾越的规律。发达国家经过两三百年高能耗、高排放的发展，已经完成工业化；而中国处于工业化初期，能源结构以煤为主，还有大量人口处于绝对贫困状态，发展经济、改善民生的任务十分艰巨。为了改善国民生存条件，在一定时期内必然需要进行大量的碳排放，这是社会发展的必经过程或阶段。有学者认为，碳排放的需求不是无限的，而是有一个量的约束。人均排放量经过了一个低收入、低碳排放，继而随着收入提高而碳排放需求增加，到高收入低碳排放的过程。同时指出大约在人均收入 8000 美元时，人均碳排放和碳排放强度便开始下降。① 所以，为了国民的生存发展，当前中国必然对碳排放空间提出更大的需求。免责期有限，需要提前做好准备。虽然目前中国作为一个发展中国家暂不承担具体的减排义务，但是在《巴厘行动计划》中第 1（b）（ii）款中已经要求发展中国家在得到"可测量、可报告和可核实"的技术、资金和能力支持时，应当采取"可测量、可报告和可核实"的减排行动。哥本哈根会议后，中国承诺了二氧化碳排放的自主减排责任，到 2020 年将单位 GDP 的碳排放强度在 2005 年基数上削减 40%—45%。虽然这是中国承诺的自愿减排行动，不属于强制义务，但是中国作为发展中国家的免责期已经非常有限，必须做好准备迎接新的挑战。

从外部的形势来说，中国的国际压力逐渐增大。中国作为最大的发展中国家和全球温室气体排放大国，发达国家已经将减排的焦点瞄准中国。有一些国家认为，要实现《气候变化公约》"把大气中温室气体浓度稳定在防止气候系统免受危险的人为干扰的水平"的最终目标，必须以中国实施大量减排为先决条件。② 因此，许多发达国家多年来在气候变化谈判过程中一直想让中国正式承担温室气体排放控制义务，美国甚至以此作为退出《京都议定书》的理由之一。同时，在一些由发达国家倡导的双边或多边的国际会议中，全球气候变化问题也作为重要议题，增加了对中国的压力。还有一些来自国内外的各种非政府组织和环境保护运动，也在有形无形地给中国增加压力。

综上所述，发展中国家尤其是中国已经背负了解决全球变暖问题的直接压力。处于工业化、城镇化初期的中国，首要任务是加快经济发展尽快摆脱贫困，但是减排就意味着要放慢经济发展的步伐，这与中国当前经济发展的目标是相背离的。不断增加的国际压力以及气候变化的实际情况，又不得不

---

①　潘家华：《人文发展分析的概念构架与经验数据——以对碳排放空间的需求为例》，《中国社会科学》2002 年第 6 期。

②　邹骥：《〈京都议定书〉生效：国际气候进程新演进》，载《中国环境报》2005 年 2 月 16 日第 4 版。

使我们去面对这一难题。

气候变化问题虽然近来受到了国家的重视，但比起其他的环境问题，例如水污染问题、土地污染问题等这些直接威胁到人的生活和生存的环境问题而言，气候变化由于具有不易观测、测量和长期性的特点，所以比较容易被忽视。尽管气候变化是全球环境问题中不确定性最大、对策最复杂和最紧迫的问题，但由于它不如水污染、大气污染、生态破坏等直观紧迫，并且对气候变化问题任何程度的解决都会直接影响经济发展，所以应对气候变化的防治措施在实施上会面对许多困难和阻力。这种情况下，运用法律手段对其进行规范就显得尤为重要。现行《环境保护法》是在《环境保护法（试行）》的基础上修改和制定的。《环境保护法》在中国环境与资源保护法律体系中具有"综合基本法"的形式。① 它应当对基本环境问题的应对有所反映，但是目前的这部法律却对全球气候变化这一具体的和紧急的环境问题无能为力。

一、应对气候变化的要求没有反映到《环境保护法》之中

20 世纪 80 年代起草、制定的《环境保护法》，是基于中国实行有计划的商品经济体制制定的，带有浓厚的计划经济色彩。这个时期的环境法还处于污染防治法时期，主要是对应对环境公害和其他环境损害而做"末端"治理。② 该法第一条指出，本法的立法目的是为"保护和改善生活环境与生态环境，防治污染和其他公害"。考察《环境保护法》，全文四十七条，没有一条内容涉及应对全球气候变化或温室气体排放。气候变化问题受到国际社会普遍关注始于 1992 年巴西里约热内卢联合国环境与发展大会签订《联合国气候变化框架公约》，中国《环境保护法》制定时气候变化问题还没有如此急迫。同时，这也和中国环境法制定时对该法的定位有关。1989 年《环境保护法》是在 1979 年《环境保护法（试行）》的基础上修改制成。当时制法的主要目的是为了防治工业污染，因此该法主要是一部污染防治法，

---

① 徐祥民等：《中国环境资源法的产生与发展》，科学出版社 2007 年版，第 19 页。
② 徐祥民将现代环境法划分为三个阶段，分别为污染防治法时期、环境保全法时期和循环型社会法时期，认为目前环境法已度过前两个阶段，进入第三个阶段。参见徐祥民等《中国环境资源法的产生与发展·前言》，科学出版社 2007 年版。

对自然生态保护重视不够。二氧化碳等温室气体时至今日在中国都还没有被明确界定为大气污染物质，更不要说是二三十年前人们的认识水平。在《环境保护法》之后制定的专门规范大气污染物质的《大气污染防治法》对可能造成大气污染的行为和排放物进行限制，包括对有害物质和放射性物质排入大气进行限制。虽然该法也对燃烧煤炭进行限制①，但只是为了防止粉尘污染和二氧化硫排放。《大气污染防治法》中并没有对什么是大气污染和什么是大气污染物质进行相关界定。国际标准化组织（ISO）将大气污染定义为"由于人类活动或自然过程引起某些物质进入大气中，呈现出足够的浓度，达到足够的时间，并因此危害了人体的舒适、健康和福利或环境污染的现象"。将大气污染物按存在状态分为气溶胶状态污染物和气体状态污染物，其中，气溶胶状态污染物主要有粉尘、烟液滴、雾、降尘、飘尘、悬浮物等；气体状态污染物，主要有以二氧化硫为主的硫氧化合物，以二氧化氮为主的氮氧化合物，以二氧化碳为主的碳氧化合物以及碳、氢结合的碳氢化合物。中国的法律没有采取 ISO 的划分标准，没有将二氧化碳界定为大气污染物质，所以《大气污染防治法》没有对造成大气环境质量变化引起气候变化的主要温室气体二氧化碳进行限制。虽然该法的部分法律规范有利于实现温室气体的排放控制，如第九条"鼓励和支持开发、利用太阳能、风能、水能等清洁能源"，第二十五条"国务院有关部门和地方各级人民政府应当采取措施，改进城市能源结构，推广清洁能源的生产和使用"。但是这些规定也只是对清洁能源进行鼓励、推广，并没有对造成气候变化的温室气体进行直接的限制。

二、气候变化应对内容缺失

由于现行《环境保护法》是一部污染防治法，该法没有将二氧化碳作为污染物进行规制，所以《环境保护法》确认的环境基本制度也都没有将二氧化碳作为规范对象。这些内容上的缺失包括但不限于以下方面：

环境质量标准不包括大气中二氧化碳浓度。该法第九条规定："国务院

---

① 《中华人民共和国大气污染防治法》第二十四条规定：国家推行煤炭洗选加工，降低煤的硫份和灰份，限制高硫份、高灰份煤炭的开采。新建的所采煤炭属于高硫份、高灰份的煤矿，必须建设配套的煤炭洗选设备，以使煤炭中的含硫份、含灰份达到规定的标准。

环境保护行政主管部门制定国家环境质量标准。"同时"省、自治区、直辖市人民政府对国家环境质量标准中未作规定的项目，可以制定地方环境质量标准，并报国务院环境保护行政主管部门备案。"依据《环境保护法》和《大气污染防治法》制定的《环境空气质量标准》对二氧化硫（SO_2）、总悬浮颗粒物（TSP）、可吸入颗粒物（PM_{10}）、氮氧化物（NOx）、二氧化氮（NO_2）、一氧化碳（CO）、臭氧（O_3）、铅（Pb）、苯并［a］芘（B［a］P）、氯化物（F）等污染物的浓度值做了规定，但是该环境质量标准中不包括大气中二氧化碳浓度。

环境监测制度中的监测对象不包括二氧化碳。《环境保护法》第十一条对环境监测制度作出规定："国务院环境保护行政主管部门建立监测制度，制定监测规范，会同有关部门组织监测网络，加强对环境监测和管理。国务院和省、自治区、直辖市人民政府的环境保护行政主管部门，应当定期发布环境状况公报。"该监测制度是对污染物排放进行监测，根据环保总局2007年发布的《环境空气质量监测规范（试行）》的规定，监测项目分为必测项目和选测项目，其中必测项目包括二氧化硫（SO_2）、二氧化氮（NO_2）、可吸入颗粒物（PM_{10}）、一氧化碳（CO）、臭氧（O_3），选测项目包括总悬浮颗粒物（TSP）、铅（Pb）、氟化物（F）、苯并［a］芘（B［a］P）、有毒有害有机物。[①] 不管是必测项目还是选测项目都没有将二氧化碳列入其中。

环境影响评价制度范围狭窄。《环境保护法》确立了环境影响评价制度。依据该法制定的《环境影响评价法》也于2002年颁布实施。《环境影响评价法》第二条对环境影响评价的定义作出规定："本法所称环境影响评价，是指对规划和建设项目实施后可能造成的环境影响进行分析、预测和评估，提出预防或者减轻不良环境影响的对策和措施，进行跟踪监测的方法与制度。"第四条规定环境影响评价必须"综合考虑规划或者建设项目实施后对各种环境因素及其所构成的生态系统可能造成的影响"。该法虽然没有明确指出环评涉及的规划或者建设项目实施后所影响的环境因素或生态系统是否包括二氧化碳，但是实践中都没有将规划或建设项目产生的二氧化碳作为影响因素进行考察。

---

① 《环境空气质量监测规范（试行）》（国家环保总局公告2007年第4号）附件一。

　　排污登记制度和排污收费制度都不涉及二氧化碳排放。《环境保护法》第二十七条、二十八条对企事业单位规定了排污登记制度和排污收费制度。第二十七条规定："排放污染物的企业事业单位，必须依照国务院环境保护行政主管部门的规定申报登记。"第二十八条规定："排放污染物超过国家或者地方规定的污染物排放标准的企业事业单位，依照国家规定缴纳超标准排污费，并负责治理。"同时还对水污染的排放做了特别规定："水污染防治法另有规定的，依照水污染防治法的规定执行。"但是由于二氧化碳在中国目前的身份仍是"白"，还不属于"污"，所以关于排污的规定也不适用于二氧化碳。

三、气候资源保护方面内容不足

　　气候资源保护是气候背景下全球生态安全关注的重点，也是人类社会可持续发展的必然选择。发展低碳经济、建设低碳社会必须在环境保护立法中对气候资源的保护作出规定。但是，从中国环境法的制度设计来看，对气候资源保护方面内容的关注是不够的。因为《环境保护法》没有将气候明确作为一种资源对待，从而也没有设计对其进行保护的规定。《环境保护法》第二条规定："本法所称环境，是指影响人类生存和发展的各种天然的和经过人工改造的自然因素的总体，包括大气、水、海洋、土地、矿藏、草原、野生生物、自然遗迹、人文遗迹、自然保护区、风景名胜区、城市和乡村等。"该法关于"环境"的定义中并没有明确提出"气候"的概念，只是列举了大气，但是"气候"和"大气"两个概念并不等同。《环境保护法》中关于气候资源保护方面规定的缺失必然导致环境法律制度设计和实践中对于气候资源保护忽视的倾向。因此，中国不仅要在环境立法中对气候资源保护予以明确规定，而且还要在环境法律制度设计中重视气候资源保护方面的内容，以适应应对气候变化的需要。

　　综上所述，中国现行《环境保护法》对全球气候变化无能为力。这种无能为力不仅表现在环境法的立法理念滞后、对气候变化缺乏制度安排，而且还体现在其现有的一些制度对气候变化应对造成了阻碍。作为最大的发展中国家和全球温室气体排放大国，中国在气候减排方面备受瞩目。中国是否有决心应对气候变化以及如何应对气候变化成为全球关注的重点。中国的环境保护基本法中缺少综合性的应对全球气候变化的制度安排，将在中国的国际形象以及国内应对气候变化的原则、体制、机制上产生负面效应。

第四节　环境法怎样才能有所作为

气候变化对人类生存和发展的方方面面产生的重大影响，使得气候变化日益成为全球第一大挑战，低碳发展也日益成为一种具有普世价值的观念。为了应对气候变化和发展低碳经济，中国需要在立法和决策中增强应对气候变化的意识，把应对气候变化这一问题放在优先环境事项的位置上，认真考虑如何主动适应短期内不可逆转的气候变化趋势和如何应对气候变化所造成的危害，以及如何减少造成气候继续恶化的因素。中国政府越来越重视气候变化问题，国家领导人在各种场合也多次提到中国为应对气候变化所作出的努力和贡献。[1] 中国已经制定和实施了《应对气候变化国家方案》，明确提出 2005 年到 2010 年降低单位国内生产总值能耗和主要污染物排放、提高森林覆盖率和可再生能源比重等有约束力的国家指标。

当前国际社会已经达成了这样的共识，那就是要应对气候变化就必须对碳排放进行限制。所以气候变化应对的重心是"温室气体排放的控制"，而温室气体排放控制的实现需要法律给予规范。尽管根据《气候变化公约》和《京都议定书》的规定，中国作为发展中国家，没有减少或限制温室气体排放的强制性义务，不参与国际上具有法律约束力的碳排放总量控制，但是，中国也自愿进行碳排放控制，提出 2020 年碳强度降低 40%—45% 就是这样一个目标。自主减排义务的实现不仅需要政策上的重视还需要在法律上给予肯定。同时，中国现行环境法以应对环境污染为主，与中国目前建设环境友好型社会实现人与自然的和谐相处的生态文明理念也不相符。所以，原有的以应对环境污染和破坏为主的环境法必须作出修改。

首先，要转变环境法立法的基本理念，由应对污染的法转变为对生态进行全面保护的法。立法定位上应当是体现国家环境保护基本方针政策的环境

---

[1]　温家宝总理在哥本哈根气候大会上对中国为应对气候变化作出了不懈努力和积极贡献做了几点总结。温家宝：《凝聚共识，加强合作，推进应对气候变化历史进程——在哥本哈根气候变化会议领导人会议上的讲话》。

基本法。由于该法是国家环境保护的大政方针的集中体现，所以对于环境保护的重要方面气候变化的应对必然应该有所反映。转变环境立法理念首先要转变人的思想理念。要摒弃那种认为限制温室气体排放是中国作出单方面牺牲的想法。气候变化的影响是全球性的，没有哪个国家可以独善其身。中国不仅受到了气候变化的影响，如造成了海平面上升、西部冰川面积减少、春季物候期提前等，而且中国还是最易受气候变化不利影响的国家之一。控制温室气体不是中国对世界作出的牺牲。如果非要说限制温室气体排放是一种"牺牲"的话，那也是不可持续的经济发展方式对可持续的发展作出的"牺牲"。有些学者基于"目前中国没有减排二氧化碳的国际义务"，同时中国"幅员辽阔，适应温室气体的潜力巨大"的判断，以维护中国的国家利益，保持中国经济持续增长势头为由，认为《大气污染防治法》在修订时不应当把二氧化碳的排放控制纳入立法修订任务。① 这种狭隘的爱国主义极易把中国推入全人类利益的对立面。当然我们说要控制温室气体排放并不是说在气候变化中就不考虑国家利益，我们的控制是在满足基本生存需要的基础上的控制，是符合中国当前减排能力的控制。中国环境法立法的基本理念需要改变，要由主要应对污染防治的法转变为对生态进行全面保护的法。

其次，要在环境法中对气候变化应对措施作出原则性规定，以立法形式肯定中国政府积极应对气候变化、积极参与全球应对气候变化的合作、减少温室气体排放的立场和措施。根据国际公约的规定，中国承担的很多应对气候变化义务都已经在环境法的配套法律法规中作出规定，并对减缓气候变化起到了一定作用。如《节约能源法》通过制度建设包括确立节能目标责任制、节能评价考核制度、电力需求管理、合同能源管理、节能自愿协议、单位能耗限额标准、能效标识管理等提高能源利用效率，并对工业节能、建筑节能、交通运输节能、公共机构节能、重点用能单位节能作出明确规定，以降低单位 GDP 能耗。2005 年 2 月颁布并于 2009 年 8 月进行了第一次修改的《可再生能源法》，通过总量目标制度、全额保障性收购制度、价格管理制度、费用分摊制度、政府性基金制度、税收优惠制度等促进可再生能源的开发和利用。《森林法》确立的限额采伐、植树造林、封山育林、扩大森林面

---

① 常纪文：《二氧化碳的排放控制与〈大气污染防治法〉的修订》，《法学杂志》2009 年第 5 期。

积、设立森林生态效益补偿基金、加强森林经营管理、预防森林火灾、防治森林病虫害等法律制度对增加森林碳汇、减缓气候变化起了积极的作用。但是这些法律法规所做的这些规定都没有表达应对气候变化的立法目的，这些法律法规取得的成果需要在环境基本法中予以确认。

再次，增列二氧化碳为规范对象。中国对二氧化碳是否为污染物还存在争论，就算不将二氧化碳界定为污染物，对生态环境进行全面保护的环境法也应对影响环境的物质进行规制。应当扩大环境质量标准的内容，可以区分环境污染物质和环境影响物质，分别对其进行规定。二氧化碳一旦纳入环境质量标准，环境监测制度、环境影响评价制度、污染物登记制度、污染物排放收费制度、总量控制等制度都应做相应调整。也可以在中国环境基本法中专设"全球气候变化应对措施"章。该章规定减缓与适应气候变化的基本制度与基本措施，如温室气体排放的监测统计制度、温室气体排放的报告与核查制度、温室气体排放的标准体系、温室气体的分区分类管理等碳排放量国家管理制度；森林碳汇、促进清洁能源发展制度、碳税、清洁发展机制等减缓气候变化的基本措施等。在具体条款内容的设计上，由于中国目前不承担任何强制性减排义务，所以不需要在法律上对减排规定限额，只需从宏观上确立中国应对气候变化的基本制度，体现政策性立法的要求。将二氧化碳列为环境法的规范对象，也有利于中国应对国际碳排放转移。对于碳排放量高的企业、项目限制其入境，对中国境内碳排放量高的企业可以要求其限期治理甚至停业关闭。

最后，加强对气候资源的利用与保护。气候资源作为为人类提供相应生态服务的重要环境因素，如何保证其正常生态功能的有效发挥，并且消除人为原因导致的大气污染和气候变化需要建立健全相应法律制度。在保护大气环境的前提条件下，开发利用气候资源，首先应当完善大气环境污染防治法律制度，对于大气污染防治法中的大气污染物总量控制制度进一步完善。应当科学合理地确定排放总量，即根据对大气环境的安全评估拟定排放总量，实现容量总量控制。搭建排放者排放量供求信息平台，提供给交易者及时准确的信息，并且政府对排放指标的交易价格应当进行指导监督。

第六章 环境国际合作:《环境保护法》面临的长期任务

"人类处于历史的关键时刻。我们面对着国家之间和各国内部永存的悬殊现象,不断加剧的贫困、饥饿、病痛和文盲问题以及我们福祉所依赖的生态系统的持续恶化。"这是 172 个国家和地区的代表团、116 位国家元首或政府首脑、50 多个包括联合国及其下属机构在内的政府间组织和 3000 多个非政府组织的代表在 1992 年联合国环境与发展大会上达成的共识。它向人们揭示了世界各国所面临的一个共同问题:全球环境的持续恶化。

当今世界,气候的变异、海洋的污染、森林面积的缩小、人口激增、酸雨和沙漠化等等,所有这些都构成了对全人类的威胁。环境国际合作已经成为一种必然趋势。中国十分重视环境国际合作,在实践中采取了很多措施,如积极开展多边、双边合作等。但是,中国环境保护领域的重要立法《环境保护法》没有对环境国际合作问题提供足够多的制度规范。

第一节 环境国际合作是大势所趋

随着经济、社会和科技的长足进步,越来越多的人更加深刻地认识到,许多严重的环境问题是全人类面临的共同问题。为了保护当代人及其子孙后代赖以繁衍生存的地球,国际社会别无选择,只有超越国界、民族、宗教及文化的制约,同舟共济,共同合作保护环境。

一、环境问题的属性决定了环境保护日趋明显的国际性

地球是一个整体，是一个总的生态系统，一个地方的环境问题会不同程度直接或间接地影响到其他地方的环境状况。环境资源是一种公共资源，环境无国界及资源的外部性使得环境资源无法做到产权清晰。全球公共资源的特性决定了，如果所有国家都根据局部效用的最大化原则选择污染排放量，就必然导致全球环境污染的日益加剧；同时，也使得各国仅重视局部污染的治理，而没有动力应对全球的公共污染。这种由个体理性导致的集体非理性，使全球环境危机愈演愈烈，已经影响到人类社会整体的生存和发展。[1]全球环境问题已经超越了主权国家的范围，任何一个国家都无力单独地面对环境的严峻挑战，通过国际合作寻求集体理性成为保护全球环境的必然要求。

二、经济全球化及南北问题决定了环境国际合作的必要性

环境国际合作产生的历史背景是环境问题的全球化，而经济全球化的迅速推进更加剧了国际环境合作的迫切性和艰巨性。经济全球化使地球成为一个"地球村"。随着国与国之间经济联系日益广泛和密切，环境恶化的负面影响借助国家间的经济交往得以扩散。国际自由贸易的增加使得一国单独采取某种环境政策变得异常困难，使与贸易有关的环境合作成为必须。跨国公司日益频繁的经济活动也带来了环境污染的扩散。另外，发展中国家在国际经济秩序中处于不利地位，单一资源出口国等因素进一步导致了其自然环境与资源的破坏。因此，经济的全球化也促使各国尤其是发展中国家迫切地要求环境国际合作。

南北问题主要是指发达国家和发展中国家之间由于政治、经济发展的极端不平衡而引发的一系列的国际问题。国际环境合作不可避免地受到南北问题的影响。发达国家在几百年的发展中排放了大量的污染物，最终酿成了当今世界的重大环境问题。即便到了现代，发达国家利用地球资源的人均数量

---

[1] 陈迎：《全球可持续发展的制度构架及发展趋势》，载滕藤、郑玉歆主编《可持续发展的理念、制度与政策》，社会科学文献出版社 2004 年版，第 157 页。

依然高出发展中国家数倍，而广大发展中国家普遍面临着发展经济与保护环境的双重挑战，发达国家理应为发展中国家解决环境问题提供资金和技术。然而，多数发达国家非但没有积极履行自己的义务，反而回避和推卸责任，甚至利用环境保护限制发展中国家的发展。南北问题导致的国家间经济发展不平衡及地理因素的差异，要求相互取长补短，进行合作。

三、已取得的成就显示环境国际合作为大势所趋

国际社会及世界各国通过不懈的努力，在环境保护领域开展了广泛、有效的国际合作，签署了一系列环境公约及双边、多边协议或协定，环境国际合作取得了长足的进展。按照环境问题的不同，目前环境国际合作涉及臭氧层破坏、全球气候变化、海洋环境污染、生物多样性保护、土地沙漠化等诸多领域。开展的形式包括国家与地区之间的多边合作、区域性合作以及双边合作等。在具体方式上，包括建立国际协作制度、信息交流与共享、援助发展中国家、全球资源共享共管、环境贸易等。丰富多样、蓬勃发展的环境国际合作为保护、改善全球环境作出了巨大贡献。同时，环境国际合作也推动了南北对话及南南合作，有利于经济全球化和建立国际经济新秩序。这些成就从事实上有力地证明了环境国际合作已经成为必然趋势。

第二节　《环境保护法》在规范和保障 环境国际合作上的成败得失

《环境保护法》仅有一个条款涉及环境国际合作。这部重要环境法律的规定落后于由国务院等部门发布的规范性法律文件，而且也落后于中国的环境国际合作实践。虽然中国的环境国际合作取得了一定的成绩，但是开始萌生的诸多问题表明，由《环境保护法》规定的不足带来的弊端已经开始显现。

一、《环境保护法》对环境国际合作的规定

《环境保护法》以附则形式对国际公约的适用问题作出了专条规定。第四十六条规定："中华人民共和国缔结或者参加的与环境保护有关的国际公

约，同中华人民共和国的法律有不同规定的，适用国际公约的规定，但中华人民共和国声明保留的条款除外。"

在此之前的《环境保护法（试行）》中也有一条有关国际合作的规定，即第四章"环境保护机构和职责"中提到，国务院设立的环境保护机构的职责之一为"组织和协调环境保护的国际合作和交流"。1989 年《环境保护法》的改动应该是考虑到法律中不适宜出现具体的部门职责。不过，《环境保护法》第四十六条更多的只是一种国际法上例行宣示，并没有实质性的内容。

二、《环境保护法》落后于规范性法律文件

某种程度上讲，国际合作属于外交的范畴，政治性往往较强。加之国际合作内容繁杂，涉及的领域、部门众多，所以，一般而言，各领域的国际合作往往会在相关的立法中作出原则性的规定，具体的内容则会以政策的形式予以规定。目前中国关于环境国际合作的规范性法律文件主要有：

1. 1990 年《中国关于全球环境问题的原则立场》（国务院环境保护委员会通过）。这个文件是在有关环境问题的国际活动日益频繁的背景下出台的，是长时间以来指导中国环境领域对外国际交流的重要文件。《原则立场》开篇提到：保护和改善全球生态环境，是人类的共同愿望，但是围绕着如何认识和解决这些问题，有各种不同的观点和立场。尤其是在涉及解决环境问题的权益与所应承担的义务方面，发展中国家与发达国家之间存在着复杂的矛盾和斗争。为了推进全球环境问题的解决，维护中国权益和发展中国家的共同利益，有必要明确中国对解决全球环境问题的原则立场，以便协调国内各方面意见，形成共识，更好地参与国际环境外交活动。

《原则立场》提出了八项基本原则，高度概括了中国参与国际环境外交活动的原则。其中包括：要正确处理环境保护与经济发展的关系；要明确发达国家应当承担国际环境问题的主要责任；维护各国资源主权，不干涉他国内政；发展中国家的广泛参与非常必要；应充分考虑发展中国家的特殊情况和需要；不应把保护环境作为提供发展援助的新的附加条件，也不应以保护环境为借口设立新的贸易壁垒；发达国家有义务在现有的发展援助之外，提供充分的额外资金，帮助发展中国家参加保护全球环境的努力，或补偿由于

保护环境而带来的额外经济损失，并以优惠、非商业性条件向发展中国家提供环境无害技术；加强环境领域内的国际立法是必要的，在一些问题尚未有科学结论之前，在有关环境的国际立法活动中应持慎重态度。同时，这个文件还对中国在气候变化等几个重要的环境国际问题上所持的立场做了阐述。应当说，这些原则至今仍对各部门处理环境国际关系事务有着重要的指导作用。

2. 1990 年《关于进一步加强环境保护的决定》（国务院发布）。《决定》就"积极参与解决全球环境问题的国际合作"作了原则规定，要求"外交部和国家环保局会同有关部门做好环境保护重要国际活动的国内外协调工作"，从组织机构上明确了环境外交的执行机关。《决定》中有关环境国际合作的规定包括：中国坚持独立自主的外交政策，广泛开展环境保护的国际合作与交流。在签订有关国际公约时，应做好调查研究和各项准备工作，采取既积极又慎重的态度。各部门、各单位在参加有关国际活动时，应认真贯彻和积极宣传中国政府关于全球性环境问题的原则立场，注意维护中国和发展中国家的利益。外交部和国家环保局应会同有关部门做好环境保护重要国际活动的国内外协调工作。

3. 1999 年《全国环境保护国际合作工作纲要（1999—2002）》（国家环保总局发布）。该《纲要》是由国家环保总局制定并发送给各省、自治区、直辖市及计划单列市环境保护局和国家环境保护总局各直属单位的工作指导性文件，应当说法律层级较低。但是，该《纲要》是目前可以查到的唯一专门针对环境国际合作事务的正式政策文件，反映了环保部门对于国际合作工作的重视。《纲要》也对如何开展环境国际合作工作提出了实际的措施，如加强人员培训、加强国际合作研究等，对各级环境部门落实环境国际合作具有重要的指导意义。

此外，在 2006 年《国家环境保护"十一五"规划》、《2005 年国务院环保决定》等文件中也都有关于环境国际合作的内容。

总体来讲，上述关于环境国际合作的法律政策法律位阶低，也十分分散，缺乏系统性。各相关部门开展环境国际合作更多的是依靠政策文件，而非法律。

三、《环境保护法》落后于环境国际合作的实践

20 世纪 70 年代以来，随着中国国内环保事业的发展以及国际环保运动的兴起，中国的环境国际合作也逐渐提上日程。几十年以来，作为一个负责任的大国，中国积极开展了多种形式的国际合作，为保护全球环境作出了应有的贡献。中国开展和参与的环境国际合作活动主要有：

1. 支持并积极参与联合国等国际组织开展的环境国际合作。中国积极开展了与联合国环境署、可持续发展委员会、亚太经社会、开发署等联合国组织的合作；与世界银行、亚洲开发银行等国际组织也建立了良好的合作关系。值得一提的是中国对联合国环发大会的推动作用。联合国环境与发展大会是国际环保史上最具影响力的国际会议之一。中国不但积极参加会议，而且还参与了会议的筹备工作。1991 年在北京召开的由 41 个发展中国家参加的环境与发展部长级会议，确定了发展中国家在环境与发展问题上的原则立场，对环发大会的召开起到了重要的推动作用。1992 年 6 月，中国政府代表团出席了联合国环境与发展大会，提出了加强环境与发展领域国际合作的主张，得到了国际社会的积极评价。

2. 以签订公约形式开展多边合作。1979 年以来，中国先后签署了《濒危野生动植物种国际贸易公约》、《国际捕鲸管制公约》、《保护臭氧层维也纳公约》、《控制危险废物越境转移及处置的巴塞尔公约》、《关于消耗臭氧层物质的蒙特利尔议定书（修订本）》、《气候变化公约》、《生物多样性公约》、《防治荒漠化公约》、《关于特别是作为水禽栖息地的国际重要湿地公约》、《1972 年伦敦公约》等一系列国际环境公约和议定书。

中国对已经签署、批准和加入的国际环境公约和协议，严肃认真地予以执行，履行自己所承担的责任。环保部门、海洋部门、林业部门等公约履行的负责部门分别通过推动国内立法、建立监督履约机构等方式，监督负责公约的履行。比如在《中国 21 世纪议程》的框架指导下，编制了《中国环境保护 21 世纪议程》、《中国生物多样性保护行动计划》、《中国 21 世纪议程林业行动计划》、《中国海洋 21 世纪议程》等重要文件以及国家方案或行动计划，（详见表 6－1）认真履行所承诺的义务。

表6-1：中国签订的国际环境公约及其实施情况一览表

序号	时间	名称及缔约发起国	公约简介及中国加入和履约状况
1	1946 年通过，1948 年生效	《国际捕鲸管制公约》，美国、法国等 15 国发起签订。美国为公约保存国	为防止所有种类鲸鱼的过度捕猎，建立国际捕鲸管制制度，设立国际捕鲸委员会。中国 1980 年加入。国家海洋局负责监督履约
2	1947 年签订，1950 年生效	《世界气象组织公约》，45 个国家和 30 个地区气象组织发起签订	为了协调、统一和改进世界气象活动，将国际气象组织改组为政府间组织——世界气象组织。中国 1973 年批准该公约，并对二十九条作出声明保留
3	1954 年签订，1958 年生效	《防止海洋石油污染的国际公约》，英国、墨西哥等国发起签订	是有关海洋环境保护的第一个多边公约，标志着人类在防止海洋环境污染方面迈出了决定性的第一步
4	1956 年签订，1956 年生效	《东南亚及太平洋区植物保护协定》，澳大利亚、中国等国家发起签订，粮农组织保管	防止破坏性的植物病虫侵入和蔓延本区域。设立了东南亚及太平洋地区植物保护委员会。1956 年 7 月 2 日对中国生效
5	1958 年签订，1964 年生效	《大陆架公约》，美国发起关于大陆架的总统公告，后由联合国国际法委员会着手。原文交联合国秘书长存放	规定各沿海国对其大陆架海床和底土所拥有开发利用、养护管理自然资源，包括生物资源的主权权利
6	1958 年签订，1966 年生效	《捕鱼及养护公海生物资源公约》，联合国秘书长存放	为防止对公海海洋生物的过度开发，规范各国在公海捕鱼和保护公海生物资源
7	1959 年签署，1961 年生效	《南极条约》，美、英、苏、日、法等 12 国签署。美国为保存国	条约冻结了对南极任何形式的领土要求，并规定各协商国都有权到其他协商国的南极考察站视察。中国 1983 年加入。国家海洋局负责监督履约
8	1966 年通过，1967 年生效，无期限有效	《关于各国探测及使用外层空间包括月球与其他天体之活动所应遵守原则之条约》，即《外层空间条约》	该条约是国际空间法的基础，号称"空间宪法"，规定了从事航天活动所应遵守的 10 项基本原则，是有关外层空间的基本法。1983 年 12 月 30 日对中国生效
9	1969 年通过，1975 年生效	《国际油污损害民事责任公约》，交由国际海事组织秘书长保管	由于船舶溢出或排放油类造成污染而遭受损害的人给予适当的赔偿，确定相应的责任问题。1980 年 4 月对中国生效

续表

序号	时间	名称及缔约发起国	公约简介及中国加入和履约状况
10	1971年，在伊朗拉姆萨通过，1975年生效	《关于特别是作为水禽栖息地的国际重要湿地公约》（也称拉姆萨公约），交存机关为联合国教育科学及文化组织总干事	通过协调一致的国际行动确保作为众多水禽繁衍栖息地的湿地得到良好的保护。中国于1992年递交加入书；同年生效。多部门共同实施
11	1971年通过，1972年生效	《禁止在海床洋底及其底土安置核武器和其他大规模毁灭性武器条约》，联合国发起	条约规定禁止在海岸线12海里以外的公海海底中放置、试验核武器和大规模杀伤性武器。中国1991年2月加入该条约
12	1972年签署，1975年生效	《关于禁止发展、生产和储存细菌（生物）及毒素武器和销毁此种武器的公约》，美、英等12个国家联合发起签订	永远禁止对细菌（生物）及毒素武器在任何情况下的发展、生产、贮存、取得和保留。该公约于1984年11月15日对中国生效
13	1972年通过，1975年生效	《保护世界文化和自然遗产公约》，联合国教育、科学及文化组织存档	为国际社会集体保护具有重大价值的文化遗产和自然遗产建立一个长久性的有效制度。中国于1985年加入
14	1972年签订，1975年生效	《防止因倾弃废物及其他物质而引起海洋污染的公约》，简称"1972年伦敦倾废公约"或"伦敦公约"	为改进对海洋环境的保护，防止通过大气、河流、河口、出海口及管道的倾倒和排放污染海洋。1985年12月15日对中国生效。国家海洋局负责
15	1973年在伦敦签订，1983年生效	《1973年干预公海非油类物质污染议定书》，国际海事组织秘书长为保存机关	应1969年国际海洋污染损害法律会议的建议，政府间海事协商组织应加强除油类外所有方面的污染工作。1990年5月24日对中国生效。交通部等部门负责
16	1973年11月2日订于伦敦	《国际防止船舶造成污染公约》，保存机关为国际海事组织总干事	防止和限制船舶排放油类和其他有害物质污染海洋。1988年11月中国加入了公约附则Ⅴ，1989年2月对中国生效
17	1973年3月3日签订，1975年生效	《濒危野生动植物种国际贸易公约》（简称华盛顿公约），瑞士联邦政府为保存机关	通过国际合作采取许可证制度保护有灭绝危险的野生动植物，使其不因国际贸易而遭到过度开发利用。1981年4月8日起生效。国家林业局负责
18	1980年在维也纳签订，1987年生效	《核材料实物保护公约》，保存机关为国际原子能机构总干事	保护核材料在国际运输中的安全，防止未经政府批准、授权的集团或者个人获取、使用、扩散核材料。1989年1月2日对中国生效。声明不受公约所规定的两种争端解决程序约束

续表

序号	时间	名称及缔约发起国	公约简介及中国加入和履约状况
19	1982 年通过，1994 年生效	《联合国海洋法公约》，由联合国秘书长保存	对全球的领海主权争端、海上天然资源管理、污染处理等具有重要的指导和裁决作用。中国于 1996 年 5 月 15 日批准加入
20	1985 年在奥地利维也纳签订，1988 年生效	《保护臭氧层维也纳公约》，由联合国秘书长保存	要求缔约国控制或禁止一切破坏大气臭氧层的活动，保护人类健康和环境，减少臭氧层变化的影响。1989 年 12 月 10 日生效。环保部牵头负责
21	1986 年在维也纳通过，1986 年 10 月 27 日生效	《核事故或辐射事故紧急情况援助公约》，国际原子能机构总干事保存	旨在进一步加强安全发展和利用核能方面的国际合作，建立有利于在发生核事故或辐射紧急情况时迅速提供援助的国际援助体制。1987 年 10 月对中国生效，并对某些条款声明保留①
22	1986 年在维也纳通过，同年 10 月 27 日生效	《核事故及早通报公约》，国际原子能机构总干事保存	通过在缔约国之间尽早提供有关核事故的情报，以使可能超越界的辐射后果减少到最低限度。1987 年 10 月对中国生效。对第 11 条第 2 款所规定的两种解决争端程序提出保留
23	1987 年签订②，1989 年生效	《关于消耗臭氧层物质的蒙特利尔议定书》，缔约国有加拿大等 24 个国家。联合国秘书长保存	公约规定了受控物质的种类；规定了控制限额的基准；规定了控制时间；确定了评估机制。中国 1991 年交存加入书，1992 年对中国生效。环保部负责
24	1988 年签订，1990 年生效	《亚洲和太平洋水产养殖中心网络》，联合国粮食及农业组织保管	宗旨是帮助成员国扩大养殖发展的努力。中国 1988 年签署，1990 年对中国生效
25	1989 年通过，1992 年生效	《控制危险废物越境转移及处置的巴塞尔公约》，联合国秘书长保存	遏止越境转移危险废料，特别是向发展中国家出口和转移危险废料。中国于 1990 年 3 月 22 日签字。环保部负责

---

①　声明对公约第十三条第二款所规定的两种争端解决程序，以及在由于个人重大过失而造成死亡、受伤、损失或毁坏情况下的第十条第二款的规定提出保留。

②　至今已经过了 4 次修正和两次调整。它们分别是：1990 年 6 月在伦敦召开的第 2 次缔约方会议上形成的《伦敦修正案》、1992 年 11 月在哥本哈根召开的第 4 次缔约方会议上形成的《哥本哈根修正案》、1997 年 9 月在蒙特利尔召开的第 9 次缔约方会议上形成的《蒙特利尔修正案》和 1999 年 11 月在北京召开的第 11 次缔约方会议上形成的《北京修正案》；以及 1995 年 12 月在维也纳召开的第 7 次缔约方会议上形成的《维也纳调整案》和 1997 年在蒙特利尔召开的第 9 次缔约方会议上形成的《蒙特利尔调整案》。

续表

序号	时间	名称及缔约发起国	公约简介及中国加入和履约状况
26	1992 年通过，1994 年生效	《联合国气候变化框架公约》，联合国秘书长保存	国际社会在对付全球气候变化问题上进行国际合作的一个基本框架。中国于 1992 年 6 月签署公约，1993 年 1 月交存加入书
27	1992 年里约热内卢签字，1993 年生效	《生物多样性公约》，联合国秘书长保存	旨在保护濒临灭绝的植物和动物，最大限度地保护地球上的多种多样的生物资源。中国于 1992 年 11 月 7 日批准。国家环保部负责
28	1994 年 6 月签署，1996 年生效	《联合国防治荒漠化公约》	是联合国环境与发展大会框架下的三大环境公约之一，各国联合起来共同应对荒漠化挑战。1997 年 5 月对中国生效，国家林业局等部门负责。
29	1997 年通过，2005 年正式生效	《京都议定书》，本议定书正本应交存于联合国秘书长	是《联合国气候变化框架公约》的补充，为各国的二氧化碳排放量规定了标准。2005 年对中国正式生效①
30	1998 年在鹿特丹制定，2004 年生效	《关于在国际贸易中对某些危险化学品和农药采用事先知情同意程序的鹿特丹公约》，联合国环境规划署、粮农组织制定	要求各缔约方对某些极危险的化学品和农药的进出口实行一套决策程序，即事先知情同意（PIC）程序。2005 年 6 月 20 日对中国生效。环保部牵头负责
31	2001 年通过，2004 年生效。	《关于持久性有机污染物的斯德哥尔摩公约》，联合国秘书长保存	为了保护人类健康和环境，使其免受持久性有机污染物的危害。2004 年对中国生效。环保部牵头负责
32	2009 年在哥本哈根签订	《哥本哈根协定》，美国、巴西、印度、中国、南非制定本协定	是《联合国气候变化框架公约》第 15 次缔约方会议暨《京都议定书》第 5 次缔约方会议上达成的不具法律约束力的文件。中国是发起签订国之一

3. 积极发展环境保护领域的双边合作与区域合作。自 1980 年与美国签订环保科技合作议定书以来，中国先后与美国、朝鲜、加拿大、印度、韩国、日本、蒙古、俄罗斯、德国、澳大利亚、乌克兰、芬兰、挪威、丹麦、荷兰等国家签订了环境保护双边合作协定或谅解备忘录，在大气、海洋等不同领域环境问题、环境规划与管理经验等方面进行了交流与合作，取得了一

① 中国是条约控制框架外国家，暂不受温室气体排放限制。

批重要成果。

经过多年努力,以中国周边国家为重点的区域合作框架初步形成。中日韩三国环境部长会议、中欧环境政策部长级对话会议、东盟—中日韩(10+3)环境部长会议、大湄公河次区域环境部长会议、中亚环境合作、亚欧环境部长会议、地区性环境合作计划以及在上海合作组织框架下开展环境合作等区域性国际环境合作机制均取得积极进展。

4. 科学研究交流。环境各学科的科学研究交流是国际环境合作的重要方面。从 20 世纪 70 年代后期,中国陆续开始了与国际上的环境科学研究交流工作。一些环境科研机构,如中国环境科学研究院等从国外引进先进仪器并派员到国外学习。随着近年来中国在国际社会的影响力日益增强,中国与国际上有关国家和组织开展的科学研究交流也日益频繁,形式更加多样化。如 1997 年 6 月在北京正式成立中国亚太经合组织环境保护中心,为亚太经合组织成员提供人员培训、信息交流、技术研究与开发的场所。中国环保科研人员开始在国外著名科学杂志上发表有关环境科学的论文。国外也有越来越多环境管理、环境法、环境化学和其他环境科学领域的专家学者来中国讲学。

5. 资金利用。多年来,中国与广大发展中国家一道面对发达国家,与之进行艰苦的谈判,在《保护臭氧层维也纳公约》、《关于消耗臭氧层物质的蒙特利尔议定书》、《京都议定书》等国际文件的框架下建立了有效的资金机制。如发达国家出资帮助发展中国家淘汰消耗臭氧层物质,中国在这个领域获得的赠款就已超过 8 亿美元,对国内家电行业的更新换代、家电产品的出口等领域的发展起到了极大的促进作用。据统计,中国在环保领域获得的外国赠款、引进的贷款与其他领域相比数额都是很高的。另外,世界银行和亚洲开发银行等国际金融机构也对发展中国家提供优惠贷款和赠款,用于开展环境保护项目。通过使用这些资金,一方面,中国的污染防治和环境管理能力得到了提高,另一方面也为全球环境保护和可持续发展事业作出了贡献。

6. 设立中国环境与发展国际合作委员会。中国环境与发展国际合作委员会(简称"国合会")在中国的环境国际合作工作中具有独特的地位。国合会 1992 年由中国政府批准成立,是一个由中外环发领域高层人士与专家组成的、非营利的国际性高级咨询机构，主要任务是"交流、传播国际环发领域内的成功经验，对中国环发领域内的重大问题进行研究，向中国政府领导层与各级决策者提供前瞻性、战略性、预警性的政策建议"。国合会自成立以来，与加拿大、挪威、瑞典、德国、英国、瑞士、日本、荷兰、意大利、澳大利亚、法国、丹麦、欧盟、联合国环境署、联合国发展计划署、世界银行、亚洲开发银行、世界自然基金会、洛克菲勒基金会、福特基金会、壳牌公司、美国环保协会、洛克菲勒兄弟基金会等政府、国际机构和非营利组织以及跨国公司等开展了各种方式的合作。国合会通过邀请国际社会高层人士和专家学者，就环境与发展领域的重大问题向中国政府提出了一些建议，为中国经济发展与环境保护作出了独特贡献，发挥了积极作用。

四、缺乏法律保障的环境国际合作问题丛生

几十年来，中国的环境国际合作取得了巨大成就。中国积极参与多边环境合作，认真履行国际环境公约；双边环境合作和区域环境合作不断拓展、深化，取得突破性进展。通过参与环境国际合作，中国树立了一个负责任大国的形象，同时也为国内的污染治理和生态保护带来切实帮助。不过，在取得成就的同时，也存在着一些不容忽视的障碍和不足。

1. 缺乏统一的原则和协调机制。环境国际合作已经成为中国环境工作中不可或缺的一部分。由于环境问题复杂多样，目前有多个不同的部门都参与其中。例如，仅大气类的公约就有民航总局、外交部、发改委、环保部、气象局等多个部门参与。生物资源类的公约有林业局、农业部、科技部、环保部等多个部门参与。海洋资源类的有国家海洋局、农业部、交通部、外交部等多个部门参与。如此之多的部门，加之近几十类环境公约、协议、议定书，以及后续繁多的补充谈判等事项，工作之繁重和复杂可想而知。在如此众多部门参与的国际合作事务中，环境国际合作尚缺乏具有权威性的统一原则和有效的协调机制。

2. 技术转让与资金援助仍需进一步落实。尽管发达国家已经普遍认同其应当承担更多的环境义务，应对发展中国家进行技术和资金援助，但是，除《保护臭氧层维也纳公约》及其《蒙特利尔议定书》取得较大进展外，其他公约由于受资金、技术等因素的影响，履约工作进展相对缓慢。一些发

达国家一直都以各种借口予以推脱。目前，国际社会，包括联合国都无法建立一个有效机制解决具体应该转让哪些技术、如何转让等问题。尤其是在受援国是中国这样的大国时，发达国家在进行技术和资金援助时往往会提出各种苛刻的条件。比如在气候变化问题上，技术和资金问题一直都是谈判的难点。不仅以优惠条件的转让，甚至连商业性质的转让，都有一些国家以转让先进技术可能会影响其竞争力为理由设置障碍。资金方面更是如此。发达国家的承诺并没有很好地履行。

3. 国内 NGO 力量薄弱。在国外，国际环境合作中活跃着很多 NGO。相比较于国家，NGO 在很多方面都具有独特的优势。它们政治指向不像国家那样敏感，因此比官方往往更灵活、更具有创造性；专业性强，信息收集和传递能力强。例如，在近些年举行的气候变化谈判中，有大量的 NGO 活跃在谈判会场，在谈判陷入僵局时为各国提供了回旋的余地。有观点认为，在《京都议定书》第一阶段（1995—1997 年）谈判中，NGO 在谈判幕后的工作对谈判过程有不小的作用，特别是谈判中几个关键国家的立场，都或多或少受到 NGO 的影响。而目前中国进行的环境国际合作大多都是由政府主导的。受法律限制、发展资金、公民意识等诸多原因的影响，中国的环境 NGO 力量还很薄弱。在国际环境合作中，与国外一些国家的 NGO 相比，中国的环境 NGO 所能发挥的作用也十分有限。

4. 环境与贸易之间存在冲突。贸易是国际经济往来的一种重要方式，也是环境国际合作中经常采取的方式。比如，在气候变化应对机制中，碳排放权交易就是通过贸易的方式来实现全球共同应对气候变化的努力。随着国际上对于环境保护的重视，环境与贸易逐渐成为一对相辅相成、互相联系又互为矛盾的连生体。由于经济发展落后，环境问题严重，发展中国家在贸易与环境问题的争论中更多处于被动地位。作为一个发展中的大国，中国在环境国际合作中面临着更为激烈的贸易与环境之间的冲突。一方面，国际市场上不符合发达国家环境标准的产品越来越受到限制，对中国经济发展产生了严重冲击；另一方面，发达国家大量从中国廉价进口原材料，将污染严重的企业及废弃物转移到中国的现象仍然存在，加剧了环境与贸易的冲突。然而，由于环境保护已成为不可阻挡的历史潮流，在环境国际合作中中国究竟该如何处理环境与贸易之间的矛盾与冲突，将直接影响到中国环境与协调发展目标的实现。

5. 与发展中国家的合作不够紧密。在过去几十年的环境国际合作中，中国更多地是将精力放在与发达国家之间的合作上，与发展中国家的合作略显不足。据统计，目前中国签订的双边环境合作协定的合作方主要集中于发达国家，而与非洲国家、拉美国家签订的双边环境保护合作协定或谅解备忘录数量相对较少。中国不能只单纯接受发达国家资金和技术的援助，也应当将对有关发展中国家的环境援助作为中国援外的一个重要方面。开展与发展中国家的环境合作，有利于加强南南合作，推动南北对话，从而能够更好地促进在环境领域的国际合作。另外，加强与发展中国家的环境合作还有利于树立中国的环境形象，扩大中国在环境国际事务中的影响力。

第三节　环境国际合作对《环境保护法》提出的修改任务

环境国际合作在一国环境事务中的重要意义和地位毋庸置疑。《环境保护法》中对于环境国际合作规定的不足已经影响到了中国环境国际合作的健康发展。中国的环境基本法应当充分反映环境国际合作的要求。①

一、《环境保护法》应当对环境国际合作作出规定

国际社会上不乏将环境国际合作纳入本国法律体系的范例。如我们的近邻日本、俄罗斯，还有中国台湾地区都在立法中或单独成章或单独成节地将环境国际合作作为本国环境保护法体系的重要部分。比如日本在其《环境基本法》（1993年）第二章《关于环境保护的基本政策》中的第六节《有关全球环境保护的国际合作》规定了促进与发展中国家的国际合作、收集信息情报的协作、旨在促进地方公共团体或民间团体发起的活动、对域外企

---

① 前文所述中国环境国际合作开始萌生的问题中，资金技术的问题以及环境与贸易的问题由于比较复杂，并非立法能够解决，故笔者认为不宜列入法律条款之中；将 NGO 组织及与发展中国家的国际环境合作等问题作为"突出的问题"列入法律条款中。

业的活动实施地球环境保全的关照等内容。①

在中国国际合作比较发达的体育、教育等领域的立法,对国际合作都有专门规定。《体育法》虽然没有设专章,但是在总则部分专款规定了对外体育交往的原则。《教育法》(1995)中设专章(第八章教育对外交流与合作)、四个条款规定了教育对外交流和合作问题。第六十七条:"国家鼓励开展教育对外交流与合作。教育对外交流与合作坚持独立自主、平等互利、相互尊重的原则,不得违反中国法律,不得损害国家主权、安全和社会公共利益。"第六十八条:"中国境内公民出国留学、研究、进行学术交流或者任教,依照国家有关规定办理。"第六十九条:"中国境外个人符合国家规定的条件并办理有关手续后,可以进入中国境内学校及其他教育机构学习、研究、进行学术交流或者任教,其合法权益受国家保护。"第七十条:"中国对境外教育机构颁发的学位证书、学历证书及其他学业证书的承认,依照中华人民共和国缔结或者加入的国际条约办理,或者按照国家有关规定办理。"

环境和资源能源近几十年来都是对外交流比较活跃的领域。2007 年 12 月公布的中国能源领域基础性法律——《能源法》(征求意见稿)中,国际能源合作不仅在总则部分有原则性的规定,在章节设计中,也以专章七个条款的形式对国际能源合作进行了规定。

从上述国外及中国其他领域的立法实践来看,环境基本法应当对环境国际合作有所体现。环境资源问题的重要性和中国的国际地位都决定了,《环境保护法》在未来修改时应将环境国际合作写入其中。

二、对《环境保护法》中环境国际合作内容的设想

结合日本等国家和地区环境法中对国际环境合作的规定以及中国其他领域国际合作的相关法律规定,对《环境保护法》中环境国际合作部分的条款设想如下:

(一)在总则部分设专款对环境国际合作的原则进行规定。该条款应体

---

① 汪劲译:《日本环境基本法》,《外国法译评》1995 年第 4 期;杜群:《日本环境基本法的发展及中国对其的借鉴》,《比较法研究》2002 年第 4 期。

现出中国对于环境国际合作的重视，表明中国在环境国际合作中的立场和原则。立场和原则可以从 1990 年发布的《中国关于全球环境问题的原则立场》、《关于进一步加强环境保护的决定》等文件中进行提炼。

（二）设专章规定环境国际合作的制度、原则等。

1. 环境国际合作的部门协调机制。由于受到中国固有环境管理体制的制约，不同领域的环境国际合作被人为切分为环境部门、外交部门、发展与改革部门、林业部门、农业部门、海洋部门等多个部门分头负责。如此众多的负责部门，必然要求有一个强有力的协调机制。1990 年《关于进一步加强环境保护的决定》规定："外交部和国家环保局应会同有关部门做好环境保护重要国际活动的国内外协调工作。"环境基本法应当将此机制通过立法固化，并赋予其法律权威性。对于林业、海洋等具有明显部门性质的领域，可以由相应管理部门会同环保部门开展环境国际合作。在这种情况下，环保部门虽然不是主要负责部门，但是由于参与其中有利于使其做好信息的统计和跟踪汇总工作，可以为决策提供有力的支持。

2. 促进与发展中国家的环境国际合作。进一步加快中国与发展中国家的环境国际合作，是提高中国国际地位和影响力，建立负责任大国形象的重要举措。鉴于在实践中中国与发展中国家的环境合作相对较弱，故立法中应对此问题进行强调。在日本的 1993 年《环境基本法》第二章第六节中，对于发展中国家的国际合作进行了专款规定：国家除了应当采取必要的措施确保关于地球环境保全的国际合作以及推进其他关于地球环境保全的国际协作外，为了被认为具有高度国际价值的环境保全，应当努力采取必要的措施在为人类福利作贡献以及为确保国民健康、文化生活方面实行援助，推进其他形式的国际协作。① 中国目前的环境国际合作实践中仍然比较重视发达国家，对发展中国家的重视不够。随着中国国际地位的日益提升，应当通过立法对此现象予以纠正。

3. 对中国企业境外投资等活动的环境问题提供环境信息和咨询服务。近些年来，越来越多的中国企业响应"走出去"的号召，纷纷到海外投资。随之而来的也有很多风险因素，环境就是其中之一。中国应当为这些企业切

---

① 汪劲译：《日本环境基本法》，《外国法译评》1995 年第 4 期。

实提供环境信息和咨询服务。1993 年《日本环境基本法》规定："国家可以对在日本以外地域实行企业活动的企业者就实行企业活动地域的地球环境保全等予以适当的关照，应当努力对该企业者采取提供情报以及其他必要的措施。"① 目前，外交部驻一些国家的使领馆已经开始提供这方面的信息，为中国企业境外投资起到了很好的指引作用。

4. 鼓励中国环境 NGO 在环境国际合作中发挥更大的作用。中国的 NGO 无论从数量上还是从专业水平上，都和发达国家的 NGO 有很大差距。中国的 NGO 发展，可以在环境这样的公益领域逐渐获得突破。国家应当从立法、政策支持等方面给予环境民间 NGO 生存和发展的空间。环境基本法不妨可以做一个尝试。2008 年修订的《水污染防治法》对 NGO 做了突破性的规定："环境保护主管部门和有关社会团体可以依法支持因水污染受到损害的当事人向人民法院提起诉讼。"根据此条规定，环境 NGO 可以在环境诉讼中发挥更大的作用，更好地保护污染受害者的权益。在环境国际合作领域，中国的环境 NGO 也应该有更大的作为，而这很大程度上就要有赖于立法上的突破。

5. 加强环境科技、人才培训、信息监测等方面的合作交流。科技、人才、信息等方面的合作交流是通行的国际合作内容，一般都要在国际合作部分的立法中予以体现。如果有必要，还可以将科技、人才的培训和交流与信息监测分为两个条款来写。

---

① 汪劲译：《日本环境基本法》，《外国法译评》1995 年第 4 期。

第七章　与时俱进：生态文明建设对环境法提出的要求

环境问题推动环境法的诞生，这已是国内外学术界的共识。在这个共识基础上的思考，对与这个共识有关的环境问题的深度关注让我们发现了环境问题的另一个"贡献"，一个堪称伟大的"贡献"——推动生态文明时代的到来。这必将成为国内外学术界的新的共识。

中国的环境法无疑是为应对环境问题而创制的。当中国政府和中国执政党从对环境问题，或者环境危机的认识中发现了生态文明这种文明要求，并作出建设生态文明的具有伟大历史意义的决定之后，中国环境法也应该像为应对环境问题而建立一样对生态文明建设作出积极的回应。

第一节　发展观的转变及其原动力

党的十一届三中全会以来，我们国家和社会总的前进方向是建设和发展。1978 年 12 月 22 日通过的《中国共产党第十一届中央委员会第三次全体会议公报》（以下简称《三中全会公报》）宣告了中国共产党中央委员会的"决定"："实现四个现代化"是"最伟大的历史任务"①。因此"全党工

---

① 《中国共产党第十一届中央委员会第三次会议公报》，载中共中央文献研究室编《三中全会以来重要文献选编》（上），人民出版社 1982 年版，第 13 页。

作的着重点”要“从 1979 年转移到社会主义现代化建设上来”①，要“把全党工作的着重点和全国人民的注意力转移到社会主义现代化建设上来”②，要“使全党、全军、全国各族人民万众一心向前看，调动一切积极因素为四个现代化努力”③。次年，也就是《三中全会公报》所提出的 1979 年召开的第五届全国人大第二次会议接受中国共产党的建议，表示要尽快或“在本世纪内”“把中国目前很低的生产力水平迅速提高到现代化水平”，“将中国建设成为一个具有现代农业、现代工业、现代国防和现代科学技术的社会主义强国”④。在这之后，我们党和国家的具体政策、法律都是沿着这个大方向前进的。可以说，从 1979 年到 2009 年这 30 年就是中国一心一意搞建设、一心一意求发展的 30 年，是使中国社会主义现代化建设取得举世瞩目的伟大成就的 30 年。

然而，在这 30 年中，在这个以建设和发展为主旋律的历史时期内，中国的发展观和文明观却发生了看似细微但实际上却十分深刻的变化。

大致说来，中国执政党和中国政府的发展观经历了一个从“发展是硬道理”到“科学发展”的转变。在 1979 年到 2002 年这个历史时期，我们的发展观大致可以概括为“发展是硬道理”，而从 2002 年到现在则可用“科学发展观”来表达。

先看 2002 年之前的情况。以下文献可以反映这个时期的发展观：

第一个时期：1982 年 9 月 1 日，胡耀邦在中国共产党第十二次全国代表大会上的报告中宣布：“中国共产党在新的历史时期的总任务是：团结全国各族人民，自力更生，艰苦奋斗，逐步实现工业、农业、国防和科学技术现代化，把中国建设成为高度文明、高度民主的社会主义国家。”⑤

---

① 《中国共产党第十一届中央委员会第三次会议公报》，载中共中央文献研究室编《三中全会以来重要文献选编》（上），人民出版社 1982 年版，第 1 页。

② 《中国共产党第十一届中央委员会第三次会议公报》，载中共中央文献研究室编《三中全会以来重要文献选编》（上），人民出版社 1982 年版，第 4 页。

③ 《中国共产党第十一届中央委员会第三次会议公报》，载中共中央文献研究室编《三中全会以来重要文献选编》（上），人民出版社 1982 年版，第 9 页。

④ 第五届全国人民代表大会上的《政府工作报告》，中共中央文献研究室编：《三中全会以来重要文献选编》（上），人民出版社 1982 年版，第 159 页。

⑤ 胡耀邦：《全面开创社会主义现代化建设的新局面——在中国共产党第十二次全国代表大会上的报告》，人民出版社 1982 年版，第 10 页。

　　第二个时期：1987年10月25日，赵紫阳在中国共产党第十三次全国代表大会上的报告。报告宣布了"在社会主义初级阶段，我们党的建设有中国特色的社会主义的基本路线"："领导和团结全国各族人民，以经济建设为中心，坚持四项基本原则，坚持改革开放，自力更生，艰苦创业，为把中国建设成为富强、民主、文明的社会主义现代化国家而奋斗。"[①]

　　第三个时期：1992年10月12日，江泽民在中国共产党第十四次全国代表大会上的报告。报告认为1987年召开的党的第十三次全国代表大会的"主要历史功绩，是比较系统地论述了中国社会主义初级阶段的理论，明确概括和全面阐发了党的'一个中心、两个基本点'的基本路线"[②]。《报告》认为，从1978年到1992年这"十四年伟大实践的经验，集中到一点，就是要毫不动摇地坚持以建设中国特色社会主义理论为指导的党的基本路线。这是我们事业能够经受风险考验，顺利达到目标的最可靠保证。""坚持党的基本路线不动摇，关键是坚持以经济建设为中心不动摇。"[③]《报告》还强调，"中国近代的历史和当今世界的现实都清楚表明，经济落后就会非常被动，就会受制于人。当前国际竞争的实质是以经济和科技实力为基础的综合国力较量。世界上许多国家特别是我们周边的一些国家和地区都在加快发展。如果中国经济发展慢了，社会主义制度的巩固和国家的长治久安都会遇到极大困难。

　　所以，中国经济能不能加快发展，不仅是重大的经济问题，而且是重大的政治问题。"[④]

　　第四个时期：1997年9月12日，江泽民在中国共产党第十五次全国代表大会上的报告。《报告》认为，"社会主义的初级阶段"是中国需要经历

　　①　赵紫阳：《沿着有中国特色的社会主义道路前进——在中国共产党第十三次全国代表大会上的报告》，人民出版社1987年版，第13页。
　　②　江泽民：《加快改革开放和现代化建设步伐，夺取有中国特色社会主义事业的更大胜利》，载《江泽民文选》第一卷，人民出版社2006年版，第216页。
　　③　江泽民：《加快改革开放和现代化建设步伐，夺取有中国特色社会主义事业的更大胜利》，载《江泽民文选》第一卷，人民出版社2006年版，第222页。
　　④　江泽民：《加快改革开放和现代化建设步伐，夺取有中国特色社会主义事业的更大胜利》，载《江泽民文选》第一卷，人民出版社2006年版，第224页。

的"实现工业化和经济的社会化、市场化、现代化"的"不可逾越的历史阶段"。"社会主义初级阶段，是逐步摆脱不发达状态，基本实现社会主义现代化的历史阶段，是由农业人口占很大比重、主要依靠手工劳动的农业国，逐步转变为非农业人口占多数、包含现代农业和现代服务业的工业化国家的历史阶段；是由自然经济半自然经济占很大比重，逐步转变为经济市场化程度较高的历史阶段；是由文盲半文盲人口占很大比重、科技教育文化落后，逐步转变为科技教育文化比较发达的历史阶段；是由贫困人口占很大比重、人民生活水平比较低，逐步转变为全体人民比较富裕的历史阶段；是由地区经济文化很不平衡，通过有先有后的发展，逐步缩小差距的历史阶段；是通过改革和探索，建设和完善比较成熟的充满活力的社会主义市场经济体制、社会主义民主政治体制和其他方面体制的历史阶段……是逐步缩小同世界先进水平的差距，在社会主义基础上实现中华民族伟大复兴的历史阶段。"①

第五个时期：2002 年 11 月 8 日，江泽民在中国共产党第十六次全国代表大会上的报告。《报告》提出，"根据十五大提出的到二○一○年……的发展目标，我们要在本世纪头二十年，集中力量，全面建设惠及十几亿人口的更高水平的小康社会，使经济更加发展、民主更加健全、科技更加进步、文化更加繁荣、社会更加和谐、人民生活更加殷实。这是实现现代化建设第三步战略目标必经的承上启下的发展阶段……经过这个阶段的建设，再继续奋斗几十年，到本世纪中叶基本实现现代化，把中国建成富强民主文明的社会主义国家。"②

从 1979 年到 2002 年，中国执政党和中国政府的重大会议的报告、公报等重要文件所表达的发展观都是以经济建设为中心的发展观。其总的主线是"中国共产党第十三次全国代表大会规划"的"中国社会主义现代化建设的

---

① 江泽民：《高举邓小平理论伟大旗帜，把建设有中国特色社会主义事业全面推向二十一世纪——在中国共产党第十五次全国代表大会上的报告》，载《江泽民文选》第二卷，人民出版社 2006 年版，第 13—15 页。

② 江泽民：《全面建设小康社会，开创中国特色社会主义事业新局面》，载《江泽民文选》第三卷，人民出版社 2006 年版，第 542—543 页。

宏伟蓝图"①，是"中国经济建设"的"三步走"战略。②

2002年之后中国执政党和中国政府对发展观的表达发生了明显的变化。例如：

2003年7月1日，胡锦涛《在"三个代表"重要思想理论研讨会上的讲话》中说："在中国社会主义初级阶段，我们党作为执政党的根本任务就是发展生产力，发展是我们党执政兴国的第一要务。发展是以经济建设为中心、经济政治文化相协调的发展，是促进人与自然相和谐的可持续发展。"③这一阐述没有对"以经济建设为中心"这个"中心"的动摇，没有对"以经济建设为中心、经济政治文化相协调"的怀疑，但却在这两者之外增加了"促进人与自然相和谐"这一内容。这段话提出了人与自然和谐的可持续发展新概念。它不是对里约环发大会以来被广泛使用的"可持续发展"概念的简单套用，而是一种新的发展观的创立。

2003年10月14日，胡锦涛在题为《树立和落实科学发展观》的讲话中指出："树立和落实全面发展、协调发展和可持续发展的科学发展观，对于我们更好地坚持发展才是硬道理的战略思想具有重大意义。树立和落实科学发展观，这是二十多年改革开放实践的经验总结，是战胜非典疫情给我们的重要启示，也是推进全面建设小康社会的迫切要求。"这一讲话宣布了"科学发展观"的正式诞生。它把科学发展界定为"全面发展、协调发展和可持续发展"。自然，这样的发展观是以人与自然和谐为重要内涵的发展观，是坚持"在开发利用自然中实现人与自然和谐相处"④的发展观。

2004年3月10日，胡锦涛在中央人口资源环境工作座谈会上的讲话中

---

① 李鹏：《政府工作报告》，人民出版社1988年版，第16页。

② 赵紫阳：《沿着有中国特色的社会主义道路前进——在中国共产党第十三次全国代表大会上的报告》，人民出版社1987年版，第14页。这个三步走战略的内容大致是："第一步，实现国民生产总值比一九八○年翻一番，解决人民温饱问题……第二步，到本世纪（20世纪——引者注）末，使国民生产总值再增长一倍，人民生活达到小康水平。第三步，到下个世纪中叶，人均国民生产总值达到中等发达国家水平，人民生活比较富裕，基本实现现代化。然后，在这个基础上继续前进。"（赵紫阳：《沿着有中国特色的社会主义道路前进——在中国共产党第十三次全国代表大会上的报告》，人民出版社1987年版，第14—15页）

③ 胡锦涛：《在"三个代表"重要思想理论研讨会上的讲话》，人民出版社2003年版，第7—8页。

④ 胡锦涛：《树立和落实科学发展观》，载《深入学习实践科学发展观活动领导干部学习文件选编》，中央文献出版社2008年版，第4页。

把"坚持以人为本，全面、协调、可持续的发展观"称为"我们……从新世纪新阶段党和国家事业发展全局出发提出的重大战略思想"。"科学发展观总结了二十多年来中国改革开放和现代化建设的成功经验，吸取了世界上其他国家在发展进程中的经验教训，概括了战胜非典疫情给我们的重要启示，揭示了经济社会发展的客观规律，反映了我们党对发展问题的新认识。"①

2005 年 10 月 11 日，中国共产党第十六届中央委员会第五次全体会议通过《中共中央关于制定国民经济和社会发展第十一个五年规划的建议》。《建议》第二章是《全面贯彻落实科学发展观》。该《建议》要求"发展必须是科学发展，要坚持以人为本，转变发展观念、创新发展模式、提高发展质量，落实'五个统筹'，把经济社会发展切实转入全面协调可持续发展的轨道。"②

2006 年 3 月 5 日，温家宝在第十届全国人大第四次会议上做的《政府工作报告》对过去一年工作概括为"以科学发展观统领经济社会发展全局"，而其中的重要工作之一就是"促进人与自然相和谐"，包括"提出了建设资源节约型社会、发展循环经济的任务和政策措施"，"解决了一些危害群众健康的环境问题"③。而在对当年工作的安排中，《报告》提到的第三项工作就是"加大产业结构调整、资源节约和环境保护力度"，其中包括"推进产业结构调整和优化升级"、"抓好资源节约工作"、"加快建设环境友好型社会"④。

2006 年 3 月 14 日，第十届全国人民代表大会第四次会议通过的《经社规划纲要（十一五）》确定的三个方面的"指导原则和发展目标"之一是

---

① 胡锦涛：《在中央人口资源环境工作座谈会上的讲话》，载《十六大以来重要文献选编》（上），人民出版社 2008 年版，第 849—850 页。

② 全国人大财经委：《中共中央关于制定国民经济和社会发展第十一个五年规划的建议》，载《建国以来国民经济和社会发展五十年计划重要文件汇编》，民主法制出版社 2008 年版，第 15 页。

③ 温家宝：《政府工作报告——2006 年 3 月 5 日在第十届全国人民代表大会第四次会议上》，人民出版社 2006 年版，第 4—6 页。

④ 温家宝：《政府工作报告——2006 年 3 月 5 日在第十届全国人民代表大会第四次会议上》，人民出版社 2006 年版，第 19—22 页。

"全面贯彻落实科学发展观"①。《纲要》的第五篇《促进区域协调发展》和第六篇《建设资源节约型、环境友好型社会》集中体现了科学发展观的要求。

2006 年 12 月 5 日，胡锦涛在中央经济工作会议上的讲话把"科学发展观"看作是"指导发展的世界观和方法论的集中体现，是运用马克思主义的立场、观点、方法认识和分析社会主义现代化建设的丰富实践，深化对经济社会发展一般规律认识的成果"，也是"我们推进经济建设、政治建设、文化建设、社会建设必须长期坚持的根本指导方针"②。

2007 年 10 月 15 日，胡锦涛在中国共产党第十七次全国代表大会上的报告中强调"在新的发展阶段继续全面建设小康社会、发展中国特色社会主义，必须……深入贯彻落实科学发展观"。《报告》认为，"科学发展观，是对党的三代中央领导集体关于发展的重要思想的继承和发展，是马克思主义关于发展的世界观和方法论的集中体现，是同马克思列宁主义、毛泽东思想、邓小平理论和'三个代表'重要思想既一脉相承又与时俱进的科学理论，是中国经济社会发展的重要指导方针，是发展中国特色社会主义必须坚持和贯彻的重大战略思想。""科学发展观，第一要义是发展，核心是以人为本，基本要求是全面协调可持续，根本方法是统筹兼顾。"因而，全党、全国"必须坚持全面协调可持续发展。要按照中国特色社会主义事业总体布局，全面推进经济建设、政治建设、文化建设、社会建设，促进现代化建设各个环节、各个方面相协调，促进生产关系和生产力、上层建筑和经济基础相协调。坚持生产发展、生活富裕、生态良好的文明发展道路，建设资源节约型、环境友好型社会，实现速度和结构质量效益相统一、经济发展与人口资源环境相协调，使人民在良好生态环境中生产生活，实现经济社会永续发展。"③

---

① 全国人大财经委：《中华人民共和国国民经济和社会发展第十一个五年规划刚要》，《建国以来国民经济和社会发展五年计划重要文件汇编》，民主法制出版社 2008 年版，第 42 页。

② 胡锦涛：《在中央经济工作会议上的讲话》，《十六大以来重要文献选编》（上），人民出版社 2008 年版，第 221 页。

③ 胡锦涛：《高举中国特色社会主义伟大旗帜，为夺取全面建设小康社会新胜利而奋斗——在中国共产党第十七次全国代表大会上的报告》，人民出版社 2007 年版，第 12—16 页。

中国执政党和中国政府的文明观也是在 2002 年这个时间结点上发生了变化。在 1979 年到 2002 年这段历史上，我们的发展观大致可以概括为物质文明和精神文明，在这段历史的后半段也能找到在物质文明和精神文明之外单列政治文明的表述。

以下是几份有代表性的文献的表达：

第一份是 1982 年 9 月 1 日，邓小平在中国共产党第十二次全国代表大会上的开幕词。《开幕词》指出："八十年代是我们党和国家历史发展的重要年代。加紧社会主义现代化建设，争取实现包括台湾在内的祖国统一，反对霸权主义，维护世界和平，是中国人民在八十年代的三大任务。这三大任务中，核心是经济建设。它是解决国际国内问题的基础。今后一个长时期，至少是到本世纪末的近二十年内，我们要抓紧四件工作：进行机构改革和经济体制改革，实现干部队伍的革命化、年轻化、知识化、专业化；建设社会主义精神文明；打击经济领域和其他领域内严重破坏社会主义的犯罪活动；在认真学习新党章的基础上，整顿党的作风和组织。这是我们坚持社会主义道路，集中力量进行现代化建设的最重要的保证。"[1] 从字面上看，《开幕词》只提到了"精神文明"，但它更加强调的是物质文明，也就是"现代化建设"或"经济建设"。经济建设"是解决国际国内问题的基础"，"是中国人民在八十年代的三大任务"的"核心"。此外，"进行机构改革和经济体制改革，实现干部队伍的革命化、年轻化、知识化、专业化"，"在认真学习新党章的基础上，整顿党的作风和组织"等应该就是后来党的文件中提到的政治文明。[2]

其次是 1987 年 10 月 25 日，赵紫阳在中国共产党第十三次全国代表大会上的报告。《报告》指出："从社会主义初级阶段的实际出发，我们应当确立哪些具有长远意义的指导方针呢？第一，必须集中力量进行现代化建设。……第二，必须坚持全面改革。……第三，必须坚持对外开放。第四，

---

① 邓小平：《中国共产党第十二次全国代表大会上开幕词》，载《邓小平文选》（一九七五——一九八二），人民出版社 1983 年版，第 372 页。

② 胡锦涛在中共十六届三中全会第二次会议上的讲话就使用的"促进社会主义物质文明、政治文明和精神文明协调发展"的提法。（参见胡锦涛《树立和落实科学发展观》，载中央文献研究室编《深入学习实践科学发展观活动领导干部学习文件选编》，中央文献出版社 2008 年版，第 4 页）

必须以公有制为主体，大力发展有计划的商品经济。……第五，必须以安定团结为前提，努力建设民主政治。……第六，必须以马克思主义为指导，努力建设精神文明。"① 《报告》要求按照"有理想、有道德、有文化、有纪律"的要求，提高整个民族的思想道德素质和科学文化素质。《报告》认为，"我们的现代化建设和改革开放，对社会主义精神文明建设是巨大的促进，同时也对它提出了很高的要求。要努力形成有利于现代化建设和改革开放的理论指导、舆论力量、价值观念、文化条件和社会环境，克服小生产的狭隘眼界和保守习气，抵制封建主义和资本主义的腐朽思想，振奋起全国各族人民献身于现代化事业的巨大热情和创造精神。"②

第三份是 1988 年 3 月 25 日，李鹏在第七届全国人大第一次会议上所做的政府工作报告。《报告》的第七部分是"大力进行社会主义精神文明建设，促进改革开放和现代化事业的顺利发展"。报告指出，"在建设社会主义物质文明的同时，不断把社会主义精神文明推向前进，是我们的一贯方针。各级政府和各基层单位要全面负起两个文明建设的责任，采取切实有效的措施，包括提供必要的财力和物力条件，积极推进本地区本单位的精神文明建设。"③ 这份《报告》不仅把"物质文明"和"精神文明"并称，而且提出"两个文明建设"的口号。

第四份是 1992 年 10 月 12 日，江泽民在中国共产党第十四次全国代表大会上的报告。《报告》认为，"我们要在九十年代把有中国特色社会主义的伟大事业推向前进，最根本的是坚持党的基本路线，加快改革开放，集中精力把经济建设搞上去。同时，要围绕经济建设这个中心，加强社会主义民主法制建设和精神文明建设，促进社会全面进步。"④

第五份是 1997 年 9 月 12 日，江泽民在中国共产党第十五次全国代表大会上的报告。《报告》认为，党的十四大以来五年的工作的"突出特点"之

① 赵紫阳：《沿着有中国特色的社会主义道路前进——在中国共产党第十三次全国代表大会上的报告》，人民出版社 1987 年版，第 11—12 页。

② 赵紫阳：《沿着有中国特色的社会主义道路前进——在中国共产党第十三次全国代表大会上的报告》，人民出版社 1987 年版，第 12—13 页。

③ 李鹏：《政府工作报告》，人民出版社 1988 年版，第 41 页。

④ 江泽民：《加快改革开放和现代化建设步伐，夺取有中国特色社会主义事业的更大胜利》，载《江泽民文选》第一卷，人民出版社 2006 年版，第 224 页。

一是"物质文明和精神文明建设全面推进"①。《报告》赋予社会主义初级阶段的特性之一是"广大人民……自强不息，锐意进取，艰苦奋斗，勤俭建国，在建设物质文明的同时努力建设精神文明"。《报告》强调指出，"在社会主义初级阶段……必须坚持……物质文明和精神文明两手抓、两手都要硬的方针"②。这一报告不仅肯定了两个文明的地位，而且用"两手抓、两手都要硬"强调了它们的重要性。

第六份是 2002 年 11 月 8 日，江泽民在中国共产党第十六次全国代表大会上的报告。《报告》认为，党的十五大以来 13 年的经验之一是"坚持物质文明和精神文明两手抓，实行依法治国和以德治国相结合"。《报告》还认为，"社会主义精神文明是中国特色社会主义的重要特征。必须立足中国现实，继承民族文化优秀传统，吸取外国文化有益成果，建设社会主义精神文明，不断提高全民族的思想道德素质和科学文化素质，为现代化建设提供强大的精神动力和智力支持。"③

中国执政党和中国政府的文明观在 2003 年前后也发生了变化。

2003 年 10 月 14 日，胡锦涛在题为《树立和落实科学发展观》的讲话中认为，"要全面实现""全面建设小康社会的宏伟目标"，"必须促进社会主义物质文明、政治文明和精神文明协调发展，坚持在经济发展的基础上促进社会全面进步和人的全面发展，坚持在开发利用自然中实现人与自然的和谐相处，实现经济社会可持续发展。"④ 这里虽然也使用了"物质文明、政治文明和精神文明协调发展"的提法，但在这三个文明之外，讲话又提出了"坚持在经济发展的基础上促进社会全面进步和人的全面发展，坚持在开发利用自然中实现人与自然的和谐相处"，而这些内容在此后的讲话、报告等文件中便被概括为生态文明，或者与生态文明联系在一起。例如，胡锦

---

① 江泽民：《高举邓小平理论伟大旗帜，把建设有中国特色社会主义事业全面推向二十一世纪》，载《江泽民文选》第二卷，人民出版社 2006 年版，第 5 页。

② 江泽民：《高举邓小平理论伟大旗帜，把建设有中国特色社会主义事业全面推向二十一世纪》，载《江泽民文选》第二卷，人民出版社 2006 年版，第 14—15 页。

③ 江泽民：《全面建设小康社会，开创中国特色社会主义事业新局面》，载《江泽民文选》第三卷，人民出版社 2006 年版，第 534 页。

④ 胡锦涛：《树立和落实科学发展观》，《十六大以来重要文献选编》（上），人民出版社 2008 年版，第 483 页。

涛在中国共产党第十七次全国代表大会上的报告指出，"科学发展观"的
"基本要求是全面协调可持续"，而"全面协调可持续发展"的重要内容之
一就是"坚持生产发展、生活富裕、生态良好的文明发展道路，建设资源
节约型、环境友好型社会，实现速度和结构质量效益相统一、经济发展与人
口资源环境相协调，使人民在良好生态环境中生产生活，实现经济社会永续
发展。"① 报告提出的"实现全面建设小康社会奋斗目标的新要求"之一是
"建设生态文明，基本形成节约能源资源和保护生态环境的产业结构、增长
方式、消费模式。循环经济形成较大规模，可再生能源比重显著上升。主要
污染物排放得到有效控制，生态环境质量明显改善。生态文明观念在全社会
牢固树立。"② 这份报告向我们展示的生态文明在产业结构、增长方式和消
费模式方面的要求是"节约能源资源和保护生态环境"。从环境保护的角度
来看则是，在资源利用上"循环经济形成较大规模，可再生能源比重显著
上升"；在污染防治上"主要污染物排放得到有效控制"；在环境质量上表
现为"生态环境质量明显改善"。

如果说"加快建设资源节约型、环境友好型社会"是"提高生态文明
水平"③ 的路径和"生态文明"建设的内容，那么，《十一五规划纲要》所
规定的"建设资源节约型、环境友好型社会"，"落实节约资源和保护环境
基本国策，建设低投入、高产出、低消耗、能循环、可持续的国民经济体系
和资源节约型、环境友好型社会"④ 就是生态文明建设的要求。⑤ 这一建设
所取得的文明成果如果不单独命名的化，那就应当属于温家宝总理所说的对

① 胡锦涛：《高举中国特色社会主义伟大旗帜，为夺取全面建设小康社会新胜利而奋斗——在中国
共产党第十七次全国代表大会上的报告》，人民出版社 2007 年版，第 12—16 页。

② 胡锦涛：《高举中国特色社会主义伟大旗帜，为夺取全面建设小康社会新胜利而奋斗——在中国
共产党第十七次全国代表大会上的报告》，人民出版社 2007 年版，第 20 页。

③ 温家宝：《对〈中共中央关于制定国民经济和社会发展十二个五年规划的建议〉所作的说明》，
载《中共中央关于制定国民经济和社会发展第十二个五年规划的建议辅导》，人民出版社 2012 年版，第
102 页。

④ 全国人大财经委：《中华人民共和国国民经济和社会发展第十一个五年规划纲要》，载《建国以
来国民经济和社会发展五年计划重要文件汇编》，民主法制出版社 2008 年版，第 42 页。

⑤ 事实上，五年之后的十二五发展规划就把这类内容直接称为生态文明。《十二五规划纲要》第
六篇题为"绿色发展，建设资源节约型、环境友好型社会"。其开篇语称："面对日趋强化的资源环境约
束，必须增强危机意识，树立绿色、低碳发展理念，以节能减排为重点，健全激励与约束机制，加快构
建资源节约、环境友好的生产方式和消费模式，增强可持续发展能力，提高生态文明水平。"

"社会主义政治文明、精神文明与和谐社会建设"有所添加的"社会现代文明程度"的"提高"①。

在长期坚持"以经济建设为中心"的战略方针的国家，在丝毫没有动摇"发展"是"执政兴国的第一要务"，"是解决中国所有问题的基础和关键"②的时代，中国执政党和中国政府的发展观和文明观为什么会发生上述的变化，上述变化的意义又在哪里呢？胡锦涛同志谈到，"科学发展观，是立足社会主义初级阶段基本国情，总结中国发展实践，借鉴国外发展经验，适应新的发展要求提出来的。"③中国的"实践"会提出许多要求，会形成若干经验；国外的"发展经验"也有多条多项，"新的发展要求"当然也有可能是多方面的。胡锦涛同志把科学发展概括为"全面、协调、可持续"大概就反映了"许多"、"多样"、"多条多项"、"多方面"的特点。我们可能一时很难说清这"许多"、"多样"、"多条多项"、"多方面"都包含什么，但却可以准确地判断"可持续"的要求来自于对环境污染、资源短缺、生态破坏，总之是环境问题的认识，或者说是来自于对环境问题的认识的加深。胡锦涛同志在十六届三中全会第二次会议上的讲话谈到经济发展和人与自然和谐在科学发展观中的地位。他说："增长是发展的基础，没有经济的数量增长，没有物质财富的积累，就谈不上发展。但增长并不简单地等同于发展，如果单纯扩大数量，单纯追求速度，而不重视质量和效益，不重视经济、政治和文化的协调发展，不重视人与自然的和谐，就会出现增长失调、从而最终制约发展的局面。忽视社会主义民主法制建设，忽视社会主义精神文明建设，忽视各项社会事业的发展，忽视资源环境保护，经济建设是难以搞上去的，即使一时上去了最终也可能要付出沉重的代价。"④这段话对"单纯扩大数量，单纯追求速度"的发展观的批评之一是其"不重视人与自

① 温家宝：《对〈中共中央关于制定国民经济和社会发展十一个五年规划的建议〉所作的说明》。其原文为："要适应全面建设小康社会的需要，在发展经济的同时，更加注重社会全面进步，不断加强社会主义政治文明、精神文明与和谐社会建设，提高社会现代文明程度，推动经济社会协调发展。"

② 胡锦涛：《搞好宏观调控，促进科学发展》，《科学发展观重要论述摘编》，中央文献出版社2009年版，第17—18页。

③ 胡锦涛：《高举中国特色社会主义伟大旗帜，为夺取全面建设小康社会新胜利而奋斗——在中国共产党第十七次全国代表大会上的报告》，人民出版社2007年版，第13页。

④ 胡锦涛：《树立和落实科学发展观》，载中央文献研究室编《深入学习实践科学发展观活动领导干部学习文件选编》，中央文献出版社2008年版，第5页。

然的和谐"，"忽视资源环境保护"，其中所说的"一时"的发展"可能要付出沉重的代价"已经表现在"人与自然"的关系中。胡锦涛所说的已经被"概括"在科学发展观中的"战胜非典疫情给我们的重要启示"[①] 大概就包含了曾经为一时的发展所"付出"的"沉重的代价"。根据温家宝总理在第十届全国人大第四次会议上所作的《政府工作报告》披露的消息，2002年仅"淮河、太湖等重点流域污染防治和天然林保护、退耕还林还草、防沙治沙等重点生态工程"就"投入国债资金152亿元"[②]。此类的"代价"恐怕非止"重点生态工程"建设。2003年公布的中国草原退化情况可以作为一个例子。

"中国90%的天然草原不同程度地退化，其中严重退化草原1.8亿公顷。全国退化草原的面积每年以200万公顷的速度扩张，天然草原面积每年减少约65万—70万公顷。草原质量不断下降。20世纪80年代以来，北方主要草原分布区产草量平均下降幅度为17.6%，下降幅度最大的荒漠草原达40%左右，典型草原的下降幅度在20%左右。产草量下降幅度较大的省区主要是内蒙古、宁夏、新疆、青海和甘肃，分别达27.6%、25.3%、24.4%、24.6%、20.2%。"

这些损害恐怕远远超过2002年为"重点生态工程"投入的一百多亿元。温家宝总理在第十届全国人大第四次会议上的《政府工作报告》中提到："'十五'时期经济社会发展中也存在不少矛盾和问题"，其中的问题之一是"能源资源消耗过大，环境污染加剧"[③]。这大概就是胡锦涛说的"沉重的代价"。

为了实现可持续发展，为了避免为"一时"的发展而承受环境资源方面的"沉重的代价"，我们必须选择科学发展，必须建设生态文明。这是胡锦涛等党和国家领导人、全国人大和中国共产党中央委员会等得出的结论、作出的选择，也是中国许多有识之士的判断。

---

① 胡锦涛：《在中央人口资源环境工作座谈会上的讲话》，载《科学发展观重要论述摘编》，中央文献出版社2009年版，第2页。

② 温家宝：《政府工作报告——2006年3月5日在第十届全国人民代表大会第四次会议上》，人民出版社2006年版，第6页。

③ 温家宝：《政府工作报告——2006年3月5日在第十届全国人民代表大会第四次会议上》，人民出版社2006年版，第43页。

　　全国政协副主席李蒙认为，"在构成生态环境的'水、土、气、矿'四个方面，中国都存在着相当严重的问题。倘若处理不好，有可能成为21世纪制约中国经济社会发展的重大因素"①。正是基于这样的判断，他主张"从维护民族生存和国家安全的高度来认识"生态环境问题，他为解决这一问题提出的建议是"把改善生态环境作为基本国策"，像"抓计划生育一样抓生态保护和生态环境改善"，还要"弘扬环境文化，倡导生态文明"，以便"在全社会形成保护生态环境的良好氛围"②。

　　中国工程院院士钱易更是清楚地理出了中国的环境状况与科学发展、生态文明建设之间的联系，回答了"建设生态文明的必要性和可行性"。他列举了"按照人均资源的拥有量与世界人均资源拥有量比较……中国是一个很穷的国家"，"中国的自然环境"存在"先天不足"，"中国的环境污染……非常严重"等，然后给出结论说："所以，国家'十一五'规划就明确提出，要加快经济模式的转变，要'建设资源节约型和环境友好型的社会'。"他的观点非常明确："人口众多，资源利用率低，生态环境恶化的趋势，使中国可持续发展遇到了前所未有的严峻考验，这是我们站在新世纪门槛前不得不面对的严峻现实。""为了中华民族和人类的根本利益，为了地球的光明前途，我们必须改变发展模式，走可持续发展之路。"③

　　总之，因为存在或遇到了资源和环境问题，所以才需要实行科学发展，才需要"建设资源节约型和环境友好型的社会"。

　　中国人民大学马中教授对党中央之所以选择新的发展观和新的文明观做了如下解读：

　　"中央之所以提出这一系列概念，并在认识上逐步深入、全面、具体，关键是认识到，过去20多年的经济赶超战略建立在一个非常不稳固，风险日益加大的能源、资源和环境利用基础之上。目前发展的基础条件已发生了根本性变化，即能源、资源全面紧缺，污染物排放总量大大超过环境容量。

　　①　李蒙：《建设生态文明，维护国家安全》，载巴中侠主编《生态文明与国家安全——第七届中国国家安全论坛文集》，时事出版社2009年版，第7页。
　　②　李蒙：《建设生态文明，维护国家安全》，载巴中侠主编《生态文明与国家安全——第七届中国国家安全论坛文集》，时事出版社2009年版，第8—9页。
　　③　钱易：《循环经济与生态文明建设》，载巴中侠主编《生态文明与国家安全——第七届中国国家安全论坛文集》，时事出版社2009年版，第17—19页。

如果继续沿袭过去的发展模式，势必会损害到经济社会发展的基础，最终影响到经济发展本身。"①

　　这些看法、这些论证一方面是对中国执政党和中国政府调整发展观、文明观的理解，另一方面则说明科学发展观、生态文明观已经被广泛接受，或者已经成为学界、政界有识之士们的共识。②

第二节　从科学发展观看现行《环境保护法》的不足

　　按照学者们的解读，对日益"严峻"的"环境形势"的反映③是科学发展观的重要来源，而生态文明建设的任务主要就是应对那日益"严峻"的"环境形势"，解决人与自然之间已经出现的不和谐问题。④ 这个解读既说明了树立科学发展观、建设生态文明的必要性，同时也给环境法制提出了建设的任务。显然，不管是应对环境污染，还是解决资源约束问题，抑或是改善生态环境，遏制土地、草原沙化等环境退化趋势，都需要使用环境法这一法律武器。这一点从《经社规划纲要（十一五）》中就可以看出来。在《经社规划纲要（十一五）》第六篇规划的项目，不管是"发展循环经济"（第二

---

　　① 宗建树：《整体把握环境友好型社会本质——访中国人民大学马中教授》，载中国环境科学学会等编《论环境友好型社会建设》，中国环境科学出版社2006年版，第278—279页。
　　② 国家环境保护部部长周生贤的一段话是我们的这个结论的最后的证明。他说："建设生态文明是中国深入贯彻科学发展观，立足经济快速增长中资源环境代价过大的严峻现实而提出的重大战略思想和战略任务，是中国特色社会主义事业总体布局的重要组成部分。这既反映了中国政府对环境和发展问题的清醒认识和自觉行动，也是对世界走可持续发展之路的有益探索和积极贡献。"（周生贤在国合会2010年年会上的讲话：《积极探索中国环保新道路，努力提高生态文明水平——在年会开幕式上的特别演讲》，http：//www. cenews. com. cn/xwzx/zhxw/ybyw/201011/t20101112 _ 689249html. 访问日期：2010-11-19）
　　③ 《国务院关于落实科学发展观，加强环境保护的决定》第一章第二条指出："中国环境保护工作取得了积极进展，但环境形势严峻的状况仍然没有改变。主要污染物排放量超过环境承载力，流经城市的河段普遍受到污染，土壤污染面积扩大，近岸海域污染加剧，核与辐射环境安全存在隐患。生态破坏严重，水土流失量大面广，石漠化、草原退化加剧，生物多样性减少，生态系统功能退化。发达国家上百年工业化过程中分阶段出现的环境问题，在中国近20多年集中出现，呈现结构型、复合型、压缩型的特点。环境污染和生态破坏造成了巨大经济损失，危害群众健康，影响社会稳定和环境安全。未来15年中国人口将继续增加，经济总量将再翻两番，资源、能源消耗持续增长，环境保护面临的压力越来越大。"
　　④ 周生贤部长认为："人与自然和谐相处是生态文明的本质特征。"（见周生贤在国合会2010年年会上的讲话：《积极探索中国环保新道路，努力提高生态文明水平——在年会开幕式上的特别演讲》，http：//www. cenews. com. cn/xwzx/zhxw/ybyw/201011/t20101112_ 689249html. 访问日期：2010-11-19）

十二章），还是"修复自然生态"（第二十三章），是"节约能源"（第二十二章第一节）、"节约用水"（第二十二章第二节）、"节约土地"（第二十二章第三节），还是"节约材料"（第二十二章第四节）、"加强资源综合利用"（第二十二章第五节），是"加强""水污染防治"（第二十四章第一节）、"大气污染防治"（第二十四章第二节）、"固体废物污染防治"（第二十四章第三节），还是"加强""水资源管理"（第二十五章第一节）、"土地资源管理"（第二十五章第二节）、"矿产资源管理"（第二十五章第三节）等等，都离不开环境法。事实上《经社规划纲要（十一五）》在这一篇就明确提出了"加快循环经济立法"① 的要求。在《经社规划纲要（十一五）》之前颁布的《2005 年国务院环保决定》对"充分认识做好环境保护工作的重要意义"所形成的看法之一就是"环境保护法制不够健全，环境立法未能完全适应形势需要"②。与此相应，其对如何"用科学发展观统领环境保护工作"提出的"基本原则"之一是"强化法治，综合治理"，"坚持依法行政，不断完善环境法律法规"③。其要求"建立和完善"的"环境保护的长效机制"之一是"健全环境法规和标准体系"④。

我们可以相信，贯彻与"严峻"的"环境形势"有关联的科学发展观和建设生态文明都需要加强环境法制。我们同样可以相信，《2005 年国务院环保决定》对"严峻"的"环境形势"的出现与"环境保护法制不够健全，环境立法未能完全适应形势需要"有关，加强环境保护需要"完善环境法律法规"的判断是正确的。

那么，我们应当如何"完善环境法律法规"呢？这个答案大概应该通过对中国《环境保护法》的审视来寻找。

其实，当《2005 年国务院环保决定》说"严峻"的"环境形势"的出现与"环境保护法制不够健全，环境立法未能完全适应形势需要"有关时，就已经给出了结论，即那有待"完善"的"环境法律法规"不符合科学发展观的要求，不具备建设生态文明的精神禀赋。如果说科学发展观要追求的

---

① 《中华人民共和国国民经济和社会发展第十一个五年规划纲要》第二十二章第六节。
② 《国务院关于落实科学发展观加强环境保护的决定》第一章第三条。
③ 《国务院关于落实科学发展观加强环境保护的决定》第二章第六条。
④ 《国务院关于落实科学发展观加强环境保护的决定》第五章第十八条。

发展，生态文明要建立的文明是"生产发展、生活富裕、生态良好"，是"资源节约型"、"环境友好型社会"的建立，是"速度和结构质量效益相统一、经济发展和人口资源环境相协调"[①]，那么，现行的《环境保护法》没有能力实现这样的发展和这样的建设目标，它以及依据它制定的其他法规实施的结果是导致了或无法避免"环境形势""严峻"的局面。环境法要想具备保障实现科学发展，推进生态文明建设的功能，必须先接受发展观的改造，必须按照建设生态文明的需要去改造。《2005年国务院环保决定》提出的"完善环境法律法规"的任务，说到底就是接受科学发展观的改造，把建设生态文明的要求加进环境法中去。《经社规划纲要（十一五）》在"建设资源节约型、环境友好型社会"总题目下提出的那些建设任务都只有靠经过改造的，体现了科学发展观和生态文明思想的环境法来保证完成。

中国现行《环境保护法》是1989年12月26日由第七届全国人大常委会第十一次会议修订通过的。这部法律与它的前身《环境保护法（试行）》一样受中国执政党和中国政府发展观的影响，肩负着文明建设的任务，而在它诞生的那个时候，中国执政党和中国政府的发展观尚未实现向科学发展观的转变，生态文明也显然没有成为立法机关文明建设的目标。

在从中国实行改革开放政策以来到2003年之前的这段历史中，中国的环境管理实践和环境法制建设也曾经历过某种带有阶段性的变化，但这种变化与我们所说的从改革开放初年的发展观和文明观到科学发展观、生态文明观的转变不是一回事，也不具有相同的意义。

曲格平把"从1973年国务院环境保护领导小组成立"开始的环境保护历史分成两个阶段，第一个阶段"从1973年到1981年"，第二个阶段"从1982年"起，大致说来就是整个80年代。[②] 按照他的总结，这两个时期所执行的发展思想，或者所追求的发展是不同的。前一个时期的发展大致可以概括为"置环境与生态后果于不顾，片面追求经济增长指标的发展"；而后一个时期，也就是曲格平先生正带领全国的环境保护管理人员实施环境管理

---

① 胡锦涛：《高举中国特色社会主义伟大旗帜，为夺取全面建设小康社会新胜利而奋斗——在中国共产党第十七次全国代表大会上的报告》，人民出版社2007年版，第16页。

② 曲格平：《再论环境监督管理》，载《曲格平文集》第四卷，中国环境科学出版社2007年版，第264—265页。

的那个时期的发展，"是一种与自然资源供给相协调的新型发展"。他也把这种发展概括为"协调发展"、"持续发展"，并因而把前一个时期执行的战略称为"传统发展战略"，把后一个时期执行的战略称为"新发展战略"。在他看来，"80 年代"就是"传统发展战略向新的发展战略转变"①的历史时期。不仅如此，他还认为那时中国正在实施的"新发展战略"与"世界上越来越多的国家""接受"的"可持续发展的思想"②具有相同的时代价值。应该说在从 1973 年到 80 年代后期这段历史上，中国的环境管理的确是发生了一些变化，环境管理水平也在不断提高，但 80 年代环境管理工作所发生的阶段性变化与发生在从中国共产党第十六次全国代表大会到第十七次全国代表大会期间的变化相比，只能算是细微变化。

按照曲格平先生的总结，进入"新发展战略"时期的环境政策主要有三个大的方面，即"预防为主、防治结合的政策"，"谁污染谁治理，谁开发谁保护的政策"和"强化环境管理的政策"③。反映"强化环境管理的政策"的主要是"五项新制度和措施"，其中包括"环境保护目标责任制"、"城市环境综合整治定量考核制"、"排放污染物许可证制度"、"污染限期治理"、"污染集中控制"④。当然，在"新发展战略"时期，环境管理还在继续运用"三大法宝"，即"环境评价制度、'三同时制度'和排污收费制度"⑤。曲格平先生曾多次论证过实行"强化环境管理"的政策的理由和意义。其理由大概有二：第一，西方工业发达国家"法律加科技"的管理经验在中国行不通。⑥他认为，在中国 80 年代的"经济条件下，控制和解决

① 曲格平：《中国发展战略的转变》，载《曲格平文集》第四卷，中国环境科学出版社 2007 年版，第 194—195 页。
② 曲格平：《中国发展战略的转变》，载《曲格平文集》第四卷，中国环境科学出版社 2007 年版，第 197 页。
③ 曲格平：《中国发展战略的转变》，载《曲格平文集》第四卷，中国环境科学出版社 2007 年版，第 198—199 页。
④ 曲格平：《中国环境管理思想的演变与发展》，载《曲格平文集》第四卷，中国环境科学出版社 2007 年版，第 211—216 页。
⑤ 曲格平：《中国环境管理思想的演变与发展》，载《曲格平文集》第四卷，中国环境科学出版社 2007 年版，第 211 页。
⑥ 曲格平：《中国环境管理思想的演变与发展》，载《曲格平文集》第四卷，中国环境科学出版社 2007 年版，第 216 页。

环境污染问题靠大量投资和采用先进的控制污染新技术是不现实的"，中国的环境管理"必须把工作的着重点转移到加强环境管理上来，通过管理促进污染的治理和控制"①。第二，"有许多事情只要通过管理就可以解决，就能见到成效"②，而中国的一些环境问题，如"资源能源的浪费"，"严重的环境污染就是……管理不善造成的一种结果"。对这类问题"只要加强管理"，"不需要花很多的钱就可以得到控制或解决"③。至于如何"强化管理"，除了采用"三大法宝"和"五项新制度"等之外，主要有五个方面的内容。曲格平说："所谓强化环境管理，在当前来说，就是：第一，制定必要的法规和政策，为各行各业提供一个行为准则，使人们知道哪些是应该做的，哪些是不应该做的。第二，不断完善在统一领导下的分工协作的环境管理体制，各行各业按照环境建设和环境管理的不同职能各司其职，做好工作。第三，建立起强有力的环境管理机构，切实按照法规和政策进行监督管理，执法必严，违法必究。……第四，广泛开展宣传教育，不断提高全民族的环境意识，真正把环境保护变成全民的事业。"④

"强化环境管理"的这四个方面可以概括为：（1）"制定必要的法规和政策"；（2）"完善""环境管理体制"；（3）"建立""环境管理机构"；（4）"提高""环境意识"。曲格平列举的这四个方面的"强化"其实都是初创，是建立。不管是"制定"还是"建立"，都带有从头开始或从现在开始，甚至准备开始的意思。"提高""环境意识"大概也不是在一个相当高的水准上的"更上一层楼"，而是通过尽可能"广泛"的"宣传教育"让更多的人形成"环境意识"。这也是初创，是开辟，而不是在较高水平上的"强化"。"完善""环境管理体制"在字面有"使之更好"的意思，暗含了对已经存在的"环境管理体制"的"好"评价，但是使"各行各业按照环

---

① 曲格平：《中国环境管理思想的演变与发展》，载《曲格平文集》第四卷，中国环境科学出版社2007年版，第209页。

② 曲格平：《努力开拓有中国特色的环境保护道路》，载《曲格平文集》第四卷，中国环境科学出版社2007年版，第185页。

③ 曲格平：《中国环境管理思想的演变与发展》，载《曲格平文集》第四卷，中国环境科学出版社2007年版，第217页。

④ 曲格平：《中国环境管理思想的演变与发展》，载《曲格平文集》第四卷，中国环境科学出版社2007年版，第217页。

境建设和环境管理的不同职能各司其职，做好工作"的话又透露了字面含义以外的秘密，即这个管理体制尚处在"建设"阶段，正面临着如何让"各行各业""各司其职"，甚至确定"各行各业"在"环境建设和环境管理的不同职能"的问题。① 第三个方面所说的"建立""强有力的环境管理机构"也说明，所谓"完善"体制是从头开始的。机构尚未"建立"，体制如何表现？

"强化环境管理"的四个方面，强化环境管理所要采用的"三大法宝"、"五项新制度和措施"，再加上"强化环境管理"所属的"三大政策"，大概可以反映"新发展战略"时期环境政策和环境管理的转变和创新。这些转变、创新与中国政府派代表团参加人类环境会议时中国的环境管理相比，的确可以说是了不起的进步，与 1973 年第一次全国环境会议时国家对环境保护所开展的工作和所建立的制度相比，的确称得起翻天覆地的变化，但在今天看来，80 年代的环境管理实践和制度建设基本上处于草创时期，是环境管理制度，环境管理政策、法律初步形成的时期。对发生在 80 年代的转变，曲格平先生有一个描述——"'以组织污染源治理为中心'到'以强化环境管理为中心'的转变"②。这个描述基本上反映了"新发展战略"时代的环境管理水平。

"新发展战略"时期的环境管理处在初创阶段，这个时期制定的环境法大致也是处在这个阶段。按照曲格平的总结，新发展战略时期有三大环境政策，而形成于"新发展战略"时期③的《环境保护法》较好地贯彻了这三大政策，尤其是"强化环境管理的政策"。曲格平在《环境保护法》颁布新闻发布会上的讲话就环保法的"主要内容"谈了四点，其中第一点是"明确

---

① 曲格平关于中国环境法的修改问题的谈话中谈到的 1989 年环境法与 1979 年环境法试行相比的最大进步就是"综合考虑了各部门在环保工作中的责任与权限"，解决了"环境保护行政主管部门与依照有关法律行使环境监督管理权的部门之间的关系""不明确"的问题。（参见曲格平《深化改革，转变职能，提高环境管理水平》，载《曲格平文集》第四卷，中国环境科学出版社 2007 年版，第 324—325 页）

② 曲格平：《中国经济—环境发展战略问题》，载《曲格平文集》第四卷，中国环境科学出版社 2007 年版，第 169 页。

③ 对《中华人民共和国环境保护法（试行）》的修改"始于 1983 年年初"，1989 年 12 月 26 日通过。（参见曲格平《中国环境管理思想的演变与发展》第 324 页）这个历程基本上与曲格平所说的新发展战略时期相始终。

监督管理部门各自的职责权限"；第二点是"把'环境监督管理'作为单独的一种"的理由；第三点是吸收环境管理"实践中出现的好的、已成熟的制度和措施"，其中包括"新发展战略"时期推行的五项制度之一的环境保护责任制度等；第四点是关于"法律责任的规定更加详细、具体、易于执行"①。曲格平所谈的这四点是 1989 年《环境保护法》与 1979 年《环境保护法（试行）》相比最大的变化。这四点变化证明了我们对 80 年代的环境管理实践和制度建设基本上处于初创阶段，80 年代是环境管理制度、环境管理政策、法律初步形成的时期的判断。这四点变化除了可以对国家强化环境管理的政策提供充分的说明之外，看不出基本指导思想、发展观、文明观方面的变化。

　　总之，在《环境保护法》制定的时代，虽然中国立法者、环境管理部门也在一定程度上接受了可持续发展的思想，一些有识之士也提出了"经济发展要与自然资源承受能力相平衡"的看法和"由片面追求 GNP 增长的单一目标模式向经济、社会与环境协调发展的多目标模式转变"② 的要求，但没有真正成为国家经济和社会发展、法制建设的指导思想。

第三节　生态文明理念与环境法的完善

　　中国经济快速发展带来的严重环境问题呼唤来了科学发展观，提出了生态文明建设的需要，而要克服中国发展中已经出现的严重环境问题则需要贯彻科学发展观，努力建设生态文明。不管是为了走出困境，还是为了永续发展，我们都必须接受科学发展观，把生态文明作为我们的建设目标。解决环境问题实现科学发展、建设生态文明离不开环境法，而现行的环境法不仅不是在科学发展观的指导下建立，不是在生态文明建设的氛围中形成，而且对"环境形势"的"严峻"也难辞其咎。那么，环境法要发挥促进科学发展和生态文明建设的作用，必须先进行发展观和文明观的改造。不管是指导思

---

　　① 曲格平：《深化改革，转变职能，提高环境管理水平》，载《曲格平文集》第四卷，中国环境科学出版社 2007 年版，第 324—326 页。
　　② 曲格平：《中国发展战略的转变》，载《曲格平文集》第四卷，中国环境科学出版社 2007 年版，第 197 页。

想、基本原则、重要制度、运行体制等等都必须按照科学发展观和生态文明建设的要求作出调整。

生态文明"是在人类遭遇了环境危机之后才刚刚被提出的文明形式"①，是在人类物质文明创造活动已经引发了对人类文明的自然基础的破坏，人类物质文明的扩张与人类生存的自然基础之间出现尖锐冲突的历史条件下产生的文明要求。

人类是自然进化创造的一个物种，是大自然的一个部分。这个物种在进化过程中形成了比其他生物的优越性，具备在一定程度上摆脱自然之束缚，为自己营造大自然未曾提供的生活便利的能力，也就是创造自然成果之外的文明成果的能力，创造了自然进化历史之外的人类文明史。今天，人类不仅创造了辉煌的物质文明，而且还创造了丰富多彩的精神文明以及按照物质和精神二分的存在论观点也属于精神文明的政治文明。文明的积聚给人类带来了繁荣，显示了人类的伟大和神奇。然而，来源于对自然束缚的挣脱的文明具有违背自然的本性。在人类文明发展的早期，由于人类获得的自然赋予的能力之外的创造力还比较小，所以文明与自然之间很少发生冲突，即使发生了也会通过人类的主动性（比如实施迁移，离开生态遭破坏的地区）来化解，或者虽有发生但没有被人们意识到。工业文明到来之后，人类文明违背自然的本性逐渐暴露，文明与自然之间的冲突不断发生。起初在个别地区发生，后来在各工业国家普遍发生；起初是单一的污染事件，后来是多种多样的自然环境灾难接踵而至；起初只发生在工业发达国家，后来波及全世界的每一个国家、每一个地区。面对这样的冲突，创造了文明的人类不得不寻找更加文明的解决之道。生态文明就是在这样的历史背景下被创造出来的。

人类创造了无数的文明成果，人类是伟大而神奇的，但人类的伟大和神奇却不能使它脱离自然，无法改变它作为自然的一个部分的自然地位。在人类与自然的关系中，在终极意义上是自然决定人类，而不是人类决定自然。自然规定了人类活动的极限，人类必须在自然规定的限度内施展其创造活动。在人类文明活动与自然的整体性冲突中，人类只能甘作弱者，选择适应自然而不是征服自然或改变自然的道路。如果说以往的文明都是创造性文

_____

① 徐祥民：《被决定的法理——法学理论在生态文明中的革命》，《法学论坛》2007 年第 1 期。

明，是人类改变自然甚至破坏自然的文明①，那么，生态文明是人类适应自然的文明，或者叫适应性文明。②

胡锦涛在党的十七大报告中所说的"生态良好"不是需要人类运用自然赋予的能力之外的能力去建造的良好，而是人类约束自己非由自然赋予的创造力，让生态保持其原本就有的状态，或恢复其原本就有的状态。生态良好的最高境界就是恢复生态原有的状态，消除人类非受之于自然的创造力的影响。也许我们不能期待达到这样的境界，但走"生态良好"的发展道路意味着约束人类的创造活动，尽可能地限制人类改变生态、破坏生态的活动。"建设资源节约型社会"的要求显然不是出于"勤俭持家"的美德，亦非出于为了抵抗外敌入侵或为了其他民族大业而"节约每一个铜板"的精神，而是人类对无法挣脱的大自然的"约束"的不得已的接受。因为大自然对中国③"设定"了"资源约束"，要化解"资源禀赋"与"工业化和城镇化"④ 发展等对更多资源的需求之间的矛盾，只有在接受"约束"的前提下寻找解决的办法，这个办法只能是走资源节约型的发展道路，用更少的资源办更多的事情。建设"环境友好型社会"的战略安排显然不是出于自然审美的要求，不是出于悲天悯人的环境伦理的提倡，而是出自无法脱离自然的人类对其生存繁衍的环境的敬畏，是人类在自身行为已经严重伤害了其生存繁衍的环境时而生的警醒。"环境友好"不是环境对人类友好，而是人类对环境友好。环境孕育了人类，为人类的生存繁衍提供支持，它，如果有感情的话，对人类一直是友好的。人类之所以需要对环境友好，不是因为人类应当对为自己的生存繁衍提供支持的大自然感恩，而是因为人类已经严重地伤害了自然，并因为这种伤害也招来了自然的"报复"。人类要想继续享受大自然对其生存繁衍提供的支持，必须以"友好"的态度、用"友好"的

---

① 以往文明的特点之一是"以对自然条件的利用"或"对自然的改变甚至破坏为前提"。工业文明给人类带来的"更大的文明成果""以对自然的更大规模的改变或者破坏为代价"。参见徐祥民等《从生态文明的要求看环境法的修改》，《中州学刊》2008 年第 2 期。

② 徐祥民：《被决定的法理——法学理论在生态文明中的革命》，《法学论坛》2007 年第 1 期。

③ 这种约束不独中国存在，随着增长的加剧，世界各国都遇到了程度不同的资源约束。然而，建设生态文明的要求在本质上并非来自一国资源短缺的考虑，而是对人类与自然之间的整体性冲突的反映。

④ 马凯：《发展循环经济，建设资源节约型和环境友好型社会》，载中国环境科学学会等编《论环境友好型社会建设》，中国环境科学出版社 2006 年版，第 40—41 页。

行为对待自然，必须停止或减少伤害自然的行为，至少需要停止大规模地伤害环境的行为。

《经社规划纲要（十一五）》无疑是一份大力提倡生态文明的官方文件。它不仅提出了"建设资源节约型、环境友好型社会"的方略，而且规定了许多具体的措施，包括"发展循环经济"、"保护修复自然生态"、"强化资源管理"、"合理利用海洋和气候资源"等①，这些都是化解人与自然矛盾的办法，对实现人与自然和谐具有不可替代的作用。它"根据资源环境承载能力、现有开发密度和发展潜力，统筹考虑未来中国人口分布、经济布局、国土利用和城镇化格局，将国土空间划分为优先开发、重点开发、限制开发和禁止开发四类主体功能区"②的做法显然充分考虑了对人与自然之间如何实现和谐的问题。

那么，环境法怎样反映生态文明这种适应性文明的需要，并对生态文明建设发挥法律的支持、引导作用呢？

我们曾经根据生态文明的要求提出修改中国环境法的八条建议。③这八条建议是：

"第一，环境法不应再是污染防治法，也不应是污染防治法加自然资源保护法，而应是以环境承载力为基础性判断，以循环型社会为路径确保人与自然和谐的基本法。"

"第二，按照循环型社会的路径判断，环境法的调整对象应当是全部人类行为（指影响环境的行为），其中包括传统环境法关照的企业行为、个人消费行为，也包括社会性活动、政府决策和国家机器的运转。"

"第三，调整一切人类行为的环境法已经超出传统行政法的容纳极限。这样一来，由国家环境保护局作为基本执行主体或以国家环保局为主其他国家行政机关为辅的执法主体安排就不合时宜了。这个法的构设应当遵循宪政

① 《中华人民共和国国民经济和社会发展第十一个五年规划纲要》，人民出版社 2006 年版，第42—50 页。

② 《中华人民共和国国民经济和社会发展第十一个五年规划纲要》，人民出版社 2006 年版，第37—40 页。

③ 徐祥民等：《从生态文明的要求看环境法的修改》，《中州学刊》2008 年第 2 期。其主要观点另见徐祥民《关于修改环境法的八点看法——人与自然和谐的视角》，载徐祥民主编《中国环境资源法学评论（2007 卷）》，人民出版社 2008 年版，第3—9 页。

设计的思路，即把所有的社会主体和政治主体都纳入法律之内，而不是只约束一部分社会主体而让另外的机关、组织处于法律之外。"

"第四，按照宪政设计的思路，环境法应当首先是评判政府决策行为（包括立法行为）的法。"

"第五，以一切人类行为作为调整对象的环境法必须有与之相适应的审判制度。这个审判制度是有能力对政府决策行为作出具有可执行性且有执行力的判决的法律制度。"

"第六，以一切人类环境行为为调整对象的法，也就是把一切社会主体作为法律关系主体的法，确保有效运转的由文明（宪政）经验证明的办法是所有主体对其实施的广泛参与。环保法不仅要一般地提倡公众参与，而是最大限度地为各种社会主体的参与提供便利。"

"第七，以一切人类行为为调整对象，又具有宪政特点的环境法应当是一个法律体系，而不必一定是同一个法律文件。事实上现有的环境法律部门也不是一个文件一统到底，而是由规定在若干不同位阶法律文件中的制度、规范等构成的。"

"第八，按照环境政策基本法调整现行管理体制、环保实践运行体制，比如成立具有协调国务院各部委工作能力的环境委员会。这是一个虽以环保为目的但却具有综合性特点的机构，是环境政策基本法实施的行政性保障。这一机构的综合性是对环境问题的综合性的反应，没有这样的综合性，便没有环境的根本好转，便无法建立起理想的生态文明。"①

现在看来，这八条建议都符合生态文明的一般原理，符合生态文明建设的需要，对中国《环境保护法》的修改也都具有指导意义。

在对中国执政党和中国政府发展观和文明观的转变做了如上的考查，在对中国执政党和中国政府发展观和文明观转变的意义作出了明确的判断之后，我们认为更有必要按照建设生态文明的要求审视中国环境法制建设，也更有条件对环境法的修改和完善提出建议和意见。

让我们从环境法的立法目的着眼看中国环境法的修改和完善。

---

① 徐祥民：《关于修改环境法的八点看法——人与自然和谐的视角》，载徐祥民主编《中国环境资源法学评论（2007 卷）》，人民出版社 2008 年版，第 3—9 页。

一、关于环境法的立法目的

不管是《环境保护法（试行）》还是《环境保护法》，其立法目的，从文明建设的角度来看，都是推进创造性文明，尤其是物质文明建设。不管是"促进经济发展"① 还是"促进社会主义现代化建设的发展"②，都是要推进创造性活动，促进更多创造性成果的产生。这符合中国现代化建设的总要求，符合中华民族的根本利益的需要。这样的立法目的，或者给环境法设定这样的"任务"③ 原本无可厚非。但是，当我们接受了生态文明的文明观之后，在党和国家把生态文明作为建设目标的时候，这样的立法目的就显得不够妥当了。不管是为了在法律中贯彻科学发展观，实现环境法与"全面协调可持续"的科学发展之间的一致，还是为了顺应生态文明时代的一般要求，建设生态文明都应该成为环境法的立法目的或立法目的之一。

根据胡锦涛总书记在中国共产党第十七届全国代表大会上的讲话、《经社规划纲要（十一五）》等文件对生态文明的理解和界定，生态文明的核心是"人与自然和谐相处"。环境法应当把促进"人与自然和谐相处"的生态文明建设作为立法目的。如果接受现行《环境保护法》对立法目的的表达思路，以建设生态文明为内容的环境法的立法目的可以表达为："为保护和改善生活环境与生态环境，防治污染和其他公害，促进人与自然和谐的可持续发展，制定本法。"

这样的修改方案对现行《环境保护法》的改动，从字面上来看并不大，仅仅把"促进社会主义现代化建设的发展"改为"促进人与自然和谐的可持续发展"，但这一改动的内涵却是十分深刻的。它是发展观的改变、文明观的改变。

二、关于环境法调整的事务范围

环境法如果接受立法目的的上述改变，那便自然提出了改变《环境保

---

① 《中华人民共和国环境保护法（试行）》第二条。
② 《中华人民共和国环境保护法》第一条。
③ 《中华人民共和国环境保护法（试行）》把"防治环境污染和生态破坏"、"保护人民健康，促进经济发展"等规定为"中华人民共和国环境保护法的任务"。（见第二条）

护法》的一些基本原则、制度、规范的要求，其中包括改变环境法的基本任务。

"人与自然和谐的可持续发展"把发展限定为"可持续"的发展，并且是以"人与自然和谐"为基本特征的可持续发展。环境法要"促进人与自然和谐的可持续发展"就要努力保证实现"人与自然和谐"。也就是说，环境法应以保证"人与自然和谐"为其基本使命或基本任务。那么这一基本任务的内容是什么呢？答案要从人与自然关系的现状和发展趋势中去寻找。人与自然的不和谐出现在哪里，环境法的任务就在哪里。

这一判断包含两个层面的内容：第一，人与自然之间的不和谐不等于自然环境出现了不利于人类的状况。不和谐是"相互关系"的不良状态，这种不良状态可能是因为甲方出现了不适于乙方的情况，比如草原沙化这种自然变化，也可能是因为乙方出现了为甲方所不能接受的情况，比如渔业捕捞极度扩张这种人类生产能力的变化。在这个层面，人与自然不和谐的情况，也就是人类当今遭遇的环境问题。这些问题主要有三个方面，即（1）自然环境不利改变；（2）人口数量大规模增长；（3）人类需求激剧提高。① 第二，自然环境发生的不利变化不只是环境污染和资源减少，而是还包括生态破坏、环境退化。从对人与自然关系中的重要性来看，后两者比前两者更值得关注。

概括起来，环境法的基本任务是处理（1）自然环境不利改变；（2）人口数量大规模增长；（3）人类需求激剧提高三类环境问题，其中包括环境污染、资源减少、生态破坏、环境退化四类自然环境不利改变。

现行的环境法主要承担了污染防治的任务。上文已经谈到，现行环境法的核心部分是其第四章《防治环境污染和其他公害》，其他各章节主要都是为污染防治服务的。这也就是说，现行环境法只把三类环境问题中的一类，即自然环境不利变化中的污染防治纳入处理范围。由此看来，环境法在基本任务方面必须做重大修改。

---

① 参见本文第四章。

三、关于环境法调整的行为范围

以化解人与自然的不和谐为使命的环境法，不仅其所调整的事务范围大大超出单一的污染防治或者污染防治加资源保护，而且其调整的行为范围也是大大超过以往环境法设计的调整范围。简单说来，以建设生态文明为立法目的的环境法应当把一切人类环境行为①纳入其调整范围。

环境法之所以要把一切人类环境行为都纳入其调整范围，是因为一切人类环境行为都会对人与自然关系产生影响。人与自然不和谐是人类环境行为造成的不和谐。造成这种不和谐的人类环境行为并非只是某一部分人类行为，而是所有人类环境行为。排污行为、资源开发行为等对人与自然关系的影响尽管比较突出，但它们却不是仅有的影响人与自然关系的行为。普通市民使用电灯会加大能源消耗，普通农民烧火做饭会增加温室气体排放。不管是驾驶"宝马"、"奔驰"在高速公路上奔跑，还是乘坐"空中客车"在空中翱翔，都会促使自然环境走向与人不和谐。在当今时代，不管你是轻轻地使用一点清洁剂、启动一下小型家用电器，还是节俭地吃一口面包、蘸一蘸番茄酱，都无法回避工业化的影响，都在给自然环境增加压力。②

环境法之所以需要把一切人类环境行为都纳入其调整范围，还因为我们现在能够找到的缓解人与自然之间紧张关系的最可行的出路是建设循环型社会或环境友好型社会。③ 循环型社会的基本特点是通过从生产到消费等构成对自然无害或低害的人类行为之循环。这个循环由从生产到消费的所有人类环境行为构成。环境友好型社会是人类生产生活中的各种行为都对环境友好的，都有利于缓解人与自然之间的紧张关系的社会。这样的社会也是由所有人类环境行为一起建立起来的。

---

① 环境行为，简单说来就是对自然环境构成积极的和消极的影响的各种人类行为。我们以往曾使用过人类环境行为的概念，（参见徐祥民《从现代环境法的发展阶段看循环型社会法的特点》，《学海》2007 年第 1 期）但未及对这一概念做认真的解说。由于研究主题的限制，本文也无法对环境行为展开论述。这个任务只能留待将来专门讨论了。

② 我们在讨论环境侵权实行无过错责任原则的法理依据时曾提出"原罪说"（参见徐祥民、吕霞《环境责任原罪说——关于环境无过错归责原则合理性的再思考》，《法学论坛》2004 年第 6 期；吕霞、徐祥民《再论环境侵权责任的"原罪"说》，《现代法学》2007 年第 4 期）从人与自然关系的角度看，人的环境行为的确具有这种"原罪"特征。

③ 按照上文的总结，与循环型社会法时期的环境法相对应的社会是循环型社会。

环境友好型社会建设已经进入《2005 年国务院环保决定》①，已经写进十一五规划并得到执行。如果说中国最高行政机关依法享有制定行政法规的立法权，最高行政机关制定的行政法规和全国人大发布的规范性法律文件可以担当法律制度创新的任务，那么，这些已经实现的创新应该及时在环境基本法中固定下来。

从行为对人与自然关系的影响这个角度看问题，最应该纳入环境法调节范围之内的人类行为不是普通民众的消费行为，而是政府决策行为，包括立法行为。② 在这个意义上，中国《环境影响评价法》设立规划环评制度③是必要的。按照同一原理，"推行有利于环境保护的经济政策"④ 这一写在规范程度较低、立法位阶较低的《2005 年国务院环保决定》中的要求应该进入中国环境基本法，并在环境基本法中做进一步的提炼加工，使之更加规范，更具有普遍适用性。

四、关于环境法的调整手段

以一切人类环境行为为调整对象的环境法，其调整手段一定是多样的。

现行《环境保护法》的主要手段都服务于污染防治⑤。比如，"三同时制度"是要求"防治污染的设施"与"建设项目""主体工程"⑥ 之间的同时。不仅如此，包括"三同时制度"在内被曲格平先生称为"三大法宝"的三项制度大致说来都是污染防治制度，或主要用于污染防治事务的制度。再如，"现场检查"制度是"县级以上人民政府环境保护行政主管部门或者其他依照法律规定行使环境监督管理权的部门"对"管辖范围内的排污单位"⑦ 实施检查的制度。又如，被曲格平认定为"好的、已成熟的制度和措施"之一的企业"环境保护责任制度"是适用于"产生环境污染和其他公

---

① 《国务院关于环境保护若干问题的决定》第二章第五条。
② 上文提到的八条建议中的第四条就是建议把环境法建设成可以用来评判政府决策的法。
③ 《中华人民共和国环境影响评价法》第二章就是《规划的环境影响评价》。
④ 《国务院关于环境保护若干问题的决定》第五章第二十三条。
⑤ 之所以把现行《环境法》当成污染防治法，理由之一就是它的主要手段都是用来对付环境污染的。
⑥ 《中华人民共和国环境保护法》第二十六条。
⑦ 《中华人民共和国环境保护法》第十四条。

害的单位"的制度。①

不仅如此，该法设定的环境管理体制就是一个污染防治的管理体制，至少是以污染防治为中心的体制。在曲格平看来，该法第七条实现了使"各部门在环保工作中的责任与权限"变得更加"明确"② 了。而从该条的规定来看，那"明确的责任和权限"除资源保护而外就是"污染防治"。其第一款、第二款使用的"环境保护工作"指向不明确，读者、执法者从这一规定中难以把握到底何谓"环境保护"或"环境保护工作"。其第三款是明确的，而这一明确的规定加给"国家海洋行政主管部门、港务监督、渔政渔港监督、军队环境保护部门和各级公安、交通、铁道、民航管理部门"的任务是"对环境污染防治实施监督管理"。

不管是排污收费制度中的收费、"谁污染谁治理"中的治理等手段在遏制污染行为上多么有效，它们以及其他用于污染防治和资源保护的手段都只能是以建设生态文明为立法目的的环境法的法律手段中的具体种类，而不是其全部。影响人与自然关系的人类环境行为是多种多样的，对这多种多样的环境行为具有影响作用的手段一定是多种多样的，国家也应该按照效率、公平、人道主义等原则选择对不同的行为能够产生影响的不同的方法。简单地设定"法律责任"，仅仅期待法律加给行为主体的不利后果发挥作用的立法方案显然是不合适的。比如，让消费者选择用再生能源生产的产品无须设定国家刑罚、让居民在环境影响评价制度的运行中发挥作用不应动用警察力量。

中国《清洁生产法》和《循环经济促进法》已经创造了可以影响人们环境行为的多种方法。实行"从摇篮到坟墓"全过程控制的清洁生产法，其调整手段不能不是多样的。如前所述，中国《清洁生产促进法》仅"引导性、激励性"的手段就有 12 种之多。③《循环经济促进法》的调控体系大概可以概括为"从摇篮到摇篮"，这样的调控体系中的调整手段也一定是多样，比如"计划"制度（第六条）、"目标责任制度"（第八条）、公民"举

---

① 估计该制度中的"责任"的立法原意也是对"环境污染和其他公害"的责任。

② 曲格平：《深化改革，转变职能，提高环境管理水平》，载《曲格平文集》第四卷，中国环境科学出版社 2007 年版，324—325 页。

③ 参见本书第三章。

报浪费"等"行为"（第十条）制度、"指标"制度（第十二条、第十三条、第十四条）、"名录"制度（第十五条、第十八条、第二十八条、第四十五条）、"能耗、水耗""重点监督管理制度"（第十六条）、"循环经济统计制度"、循环经济"标准"制度、"能源效力标识"（第十七条）、"再利用产品"和"翻新产品""标识"（第三十九条、第四十条）制度、"许可证"制度（第二十二条）、国家机关"用能用水定额"制度（第二十五条）、"环境影响评价"制度（第二十九条）、"财政性资金""支持"（第四十三条）、"税收优惠"（第四十四条）制度、"投资"倾斜制度（第四十五条）、"价格政策"（第四十六条）、"垃圾排放收费制度"（第四十六条）、"政府采购政策"（第四十七条）、"表彰和奖励"（第四十八条），等等。这些措施、手段，不管叫制度、政策，还是办法、机制，大多都是行之有效的。中国环境法应当及时把它们纳入基本法之中，使之形成一个更加科学的制度体系。

环境保护的实践已经创造了其他一些有利于实现人与自然和谐的办法，比如生态补偿等。根据环境法学界所做的研究，这应当是一项可行的措施。环境法应当把这类措施、设计尽可能地法律化。

五、关于环境法的规划手段

环境法应该使用多种多样的手段促成人与自然的和谐，但建设生态文明的环境法的最重要的手段应当是规划。我们认为规划是实现人与自然和谐的最重要的手段，是克服业已存在且有愈演愈烈之势的人与自然不和谐的最有效的手段，也是环境法完成其基本任务的最重要的手段。

我们这里所说的规划是作为一种规制、干预手段的规划。规划一般具有以下特点：第一，它是一种决策，具有国家强制性，对有关行为、活动具有约束力；第二，它有明确的方向和目标，目标是设定于一定时期内取得的收获，方向则是阶段目标所服务的更远的目标。第三，它包含为达到阶段目标和长远目标而应采取的方法、步骤、措施等保证手段。我们这里所说的作为环境法保护环境的基本手段的规划最终也需要表现为这样的规划。但是，环境法对规划手段的使用显然不是直接制作这种类型的规划，而是对如何制订规划指出方向、提出任务、提供一般原则、规定限制。根据上述分析，生态文明应当是一切规划的方向，人与自然和谐应当是制定一切规划所当遵循的一般原则。为了确保人与自然和谐，环境法应当对政府提出制订哪些规划，或在何种情况下应当制订何种规划的要求。比如是否应当制定"三北防护林"建设规划、渤海环境治理规划等。为了沿着建设生态文明的方向不断前进，尽可能避免人与自然之间不和谐情况的出现或恶化，环境法应当为规划的制定确定若干限制，比如"建设总体布局"不得违反"国土规划"——这是《国土规划编制办法》已经规定了的限制。[①]

之所以把规划看作是环境法实现生态文明建设任务的基本手段，是因为在中国的经济和社会管理中对人与自然关系影响最深刻，且能为政府所掌控的手段是规划。不管是环境保护中的"总量控制"原理，还是环保实践所创造的"区域限批"制度，都给规划留出了做功的空间。《经社规划纲要（十一五）》确立的主体功能区制度是实现人与自然和谐的一项具有典型意义的制度。[②] 显然，实行"发展资源环境可承载的特色产业，加强生态修复和环境保护，引导超载人口逐步有序转移"的政策更有利于实现对"限制开发区域"的保护，"实行强制性保护，控制人为因素对自然生态的干扰"，更有利于实现对"禁止开发区"的保护。对这不同区域实行不同的开发和保护政策，能够实现生产发展（主要在优化开发区和重点开发区）和生态保护（主要在限制开发区和禁止开发区）的协调。主体功能区这一规划在化解人与自然不和谐上的作用是任何其他政策工具都难以具备的。

我们不得不拿《经社规划纲要（十一五）》的例子来说明环境法应当把规划当成最重要的手段，而我们的论证承认了一个事实，即环境保护法落后于实际制订的规划。这个事实使修改环境法的必要性更加凸显。

环境法和国家各项规划之间应有的关系是规划根据环境法制定的，环境法关于制订规划的原则、要求等是规划制订的依据。今天的《环境保护法》已经落后于规划，包括全国"十一五"规划、"十二五"规划等，环境法修改的急迫任务就是抓紧走到规划前头去，为此后将要产生的规划的制订提供

---

① 《国土规划编制办法》第三条。

② 《中华人民共和国国民经济和社会发展第十一个五年规划纲要》确定主体功能区制度本身就是一次规划。这正像《规划纲要》所说，《纲要》"将国土空间划分为……四类主体功能区……规范空间开发秩序……"（第二十章）

原则、要求等。

不过，这里说的落后主要是指《环境保护法》落后，而不是中国的环境法一概落后。我们注意到，在中国，要求规划的制订服从某种既定的原则、制度已经不存在原理上的障碍。

《国土规划编制办法》第三条规定："国土规划是国民经济和社会发展计划体系的重要组成部分，是资源综合开发、建设总体布局、环境综合整治的指导性计划，是编制中、长期计划的重要依据。""国土规划确定的国土开发整治任务，根据社会经济发展的需要和国家经济技术力量的可能，分期分批纳入国民经济和社会发展的五年和年度计划，并制定相应的政策、法规、发动群众进行等多种方式组织实施。"

不管是"资源综合开发、建设总体布局"，还是"环境综合整治"都必须以"国土规划"为"指导"，而在"国土规划"与"国民经济和社会发展的五年和年度计划"之间，是"国民经济和社会发展的五年和年度计划"承担"国土规划""确定的""任务"，而不是反过来依据"国民经济和社会发展的五年和年度计划"确定国土规划的任务。如果不考虑立法位阶的问题，我们可以说《国土规划编制办法》确定了依法制订国民经济和社会发展规划的法理，并为环境法依照生态文明建设的需要确定制定规划的一般原则、要求，为各项规划的制定提供一般遵循扫除了理论障碍。

第八章　完善中国环境法的首要任务
——制定环境基本法

　　从 1979 年到 2009 年，这段历史既是作为由国家立法机关制定的法律文件的《环境保护法》从"试行"（1979 年）到正式颁布实施（1989 年，或可称"颁行"），再到 2009 年完成 30 年实施过程的历史，同时也是与这部法律的"试行"、"颁行"及其实施相伴随的中国环境法制建设走过的 30 年的历史。这 30 年的历史大致存在两条发展线索，一条是作为国家立法机关制定的法律文件的《环境保护法》自身的发展。对这个线索，可以用《环境保护法》从"试行"到"颁行"及其实施来概括；另一条线索是中国环境法制建设在立法方面的发展。这一线索从法律文件的一再发布来看，大致可以概括为多点开花，各自绽放，而《环境保护法》是竞相绽放的多个花簇中的一簇。在这个意义上，《环境保护法》自身的发展线索是中国环境法制建设总线索中的一条，就像水污染防治法、渔业法、森林法等也是这个总线索中的一条那样。这个判断暗含了这样的结论，即我们沿着《环境保护法》展开的中国环境法制建设历史的考查可能是偏颇的。如果我们要为自己的"偏颇"辩解，可能的理由会是：我们认为《环境保护法》是中国环境法律体系的核心，或者它应当是中国环境法律体系的核心，因而对中国环境法制历史的总结，对中国环境法制建设如何才能更加完善地思考应当围绕这个核心展开。"偏颇"的判断可能是成立的，因为《环境保护法》并没有真正取得中国环境法律体系之核心的地位，不管是在立法位阶上，还是在环境法体系的结构中。我们的辩解又可能是成立的，因为中国环境立法确实需要有一个核心，这个核心应当就是《环境保护法》，或者一个叫作《环境保护法》的具有环境基本法地位的法律文件。

第一节　环境法制建设的实践要求尽快出台环境基本法

我们沿着《环境保护法》"试行"、"颁行"及其实施展开的环境法 30年历史的研究既发现了这部法律在新中国环境法制建设历史上所发挥的巨大作用，作出的巨大贡献，也不情愿地发现了它的不足，而且是明显的不足。它的不足主要就是没有真正担负起环境基本法的任务。这个不足对中国的环境法制建设提出了制定环境基本法，或把现行《环境保护法》"提升"为环境基本法的任务。

一、"两个方阵、十余支队伍"需要共同的"指挥中心"

自 1979 年起，中国陆续颁布施行了数量庞大的环境保护单行法律法规。这些法律法规，按照我们对环境保护科学要求的理解和实践经验的总结，可以大致划分为环境保护事务法和环境保护手段法两大系统（上文称之为"两个方阵"），而这两大系统又可分为污染防治法、资源保护法、环境退化防治法、生态保护法、环境影响评价法、环境规划法、环境税法等十余个法律支系统（上文称之为"十余支队伍"）。这已经是一个十分庞大的法律体系。在中国传统的法律部门，比如民法、刑法、诉讼法等，都没有如此庞大的阵容。然而，在我们把这些环境法律法规称为一个法律体系时实在是底气不足。因为我们的结论纯粹是学理性的，它既没有取得来自国家立法机关的立法强制的支持，也没有得到国家行政机关的行政力量的捍卫。直观上看，现有的被我们称为环境法律法规的那些法律文件，出自国家立法机关、地方立法机关的文件，以及出自中央行政机关和地方行政机关的文件都是散乱的。在这众多的法律文件中除了可以找到一些单行法与为实施这部单行法而制定的实施条例，比如《海洋环境保护法》与《海洋倾废管理条例》、《防止船舶污染海域管理条例》、《防止拆船污染环境管理条例》、《防治陆源污染物污染损害海洋环境管理条例》、《防治海洋工程建设项目污染损害海洋环境管理条例》、《防治海岸工程建设项目污染损害海洋环境管理条例》等构成的用以执行单一环保业务的法律体系之外，不存在全部环境法律法规之间的统属关系。从形成过程看，这众多的环境法律法规不是一个体系生长的结果，而是污染防治、资源保护、生态保护、环境退化防治等方面"各自为政"的产物。环境保护部门推动污染防治法的增长，林业部门推动与林业、野生动物保护、生态保护等有关的法律的发展，农业部门支持渔业法的制定和修改，海洋部门为海洋环境保护法律体系的完善摇旗呐喊。这就是上文所说的"多点开花，各自绽放"。自然界的"多点开花，各自绽放"造成的是百花园里的多样性，而国家立法所需要的却不是这样的多样性，而是法律体系的科学性、完整性。

在学者们的著作中，中国环境法存在一个体系，尽管大家对这个体系的认识可能不一致。而在立法和执法的实践中，这个体系实际上并不存在。一方面，国家立法机关并没有给这个体系一个界定，也没有在有关法律文件中着意树立某个法律文件的中心或核心地位。《环境保护法》对于其他被我们称为环境法律法规的文件即不存在权力上的上位法与下位法的关系，也不存在立法精神上的源与流或一般与特殊的关系。另一方面，国家执法机关实际上并不接受所谓统一的法律体系的概念，更没有实施统一的法律体系的行动。这种状态对于环境法这个年轻的法律部门来说是正常的，但是，这却不能成为我们容忍这种状态长期存在的理由。

"两个方阵、十余支队伍"互不统属，这是一个乱局。它意味着国家的环境立法没有明确的发展方向，没有稳定的建设计划，没有有效实施的保障。"多点开花"所形成的发展是非规定目标的发展，是没有明确方向的发展。"各自绽放"的建设所取得的建设成果是竞争性的成果，这种成果不必一定来自科学的规划，也不必然符合科学的要求。国家究竟建立或修改哪个领域的法律，没有统一立法的依据，只能看哪个部门吆喝得紧，鼓吹得厉害。立法构不成体系，各部门只对经自己鼓吹才建立的，从而也常常都是自己取得了执行权，甚至是独占的执行权的法律负责，无法保证所有环境法律法规都能得到有效的实施。要解决这些问题必须尽快结束"两个方阵、十余支队伍"互不统属的乱局，而结束这个乱局的最好的路径就是建立环境基本法，建立在环境法律体系中居于核心地位的基本法，也就是给目前这些互不统属的法律法规建立一个核心。

二、应对多样的环境问题需要综合性的环境基本法

人类遭遇了"环境危机"，这已经是被普遍认同的判断。人们可以列举出构成这一危机的诸多环境问题。仅就表现在自然环境上的问题就可以概括为环境污染、资源减少或资源衰退、环境退化和生态破坏。中国立法机关也针对这些环境问题采取了相应的立法措施，上述"十余支队伍"中的污染防治法、资源保护法、生态保护法等队伍就是应处理这些问题的需要而创立的。这些法律文件以及在它们之中形成的某些"体系"，比如前述海洋环境保护法的体系，对解决这些环境问题发挥了重要的作用。人们为在 30 年的时间里能取得这样的立法成就而欢欣鼓舞，为在 30 年里能取得治理有关环境问题或防止有关环境问题的恶化所取得的成就而奔走相告。然而，面对这样的立法和环境治理实践我们需要思考一个问题，即被人们发现的那些环境问题，也就是已经被单行环境立法所关照的那些环境问题是各自孤立的问题，还是有某种内在联系的问题甚或就是一个问题，对这些问题是本来就应该"分而治之"，还是在分治的基础上还应采取某些共同的措施，甚至就是采取同一种措施。环境问题，或者环境危机是新问题，面对这一新问题，我们应当思考这些问题，并尽可能地找到对这一问题的答案。在环境法制建设已经走过了 30 年的历程之后，我们也有条件思考这些问题。

对上述这些疑问的回答如果落实在一部法律中，这部法律就是环境基本法。

三、进入新时代的环境保护事业需要环境基本法"挑大梁"

环境立法的历史走过的 30 年，不算久远，但却经历了不少变化，甚至还算得上是深刻的变化。第一，从污染防治法时期到清洁生产法时期，再到现在的循环型社会法时期。以 2008 年 8 月 29 日第十一届全国人大常委会第四次会议通过《循环经济促进法》为标志，中国环境法进入循环型社会法时期。这一时期的环境保护立法与此前的环境法，尤其是污染防治法时期的环境法相比发生了重大的变化。这个时期的立法要求引导社会尊重自然，谋

求人类与自然和谐相处，主张以环境友好为基本态度，以生态文明为基本理念，把人类作为自然的一部分来看待，以人与自然的和谐相处为价值取向，以环境承载力为平衡环境保护和经济发展二者关系的基本依据和环境友好的底线。第二，在进入到 21 世纪之后，中国政府和中国执政党根据时代发展的客观情况和要求提出了建设生态文明的口号，确定了建设生态文明的方针。建设生态文明的主张是人类文明发展史上的创举，而生态文明建设是惊天动地的大变革。在发生了这样深刻的变革之后，环境法应当有所调整，即使它原本就是健康的、完备的。

我们说"环境法应当有所调整"，这个要求是指向环境法体系的，而不是指向现存的某个只适用于环境治理某个特定领域的法律文件。在环境法没有形成一个有机整体的情况下，难以对已经发生的变革作出应有的调整，尤其是难以作出一致的调整。即使仅从适应已经发生的重大变革的角度看问题，中国的环境法也需要经历一次整体性的检视，或者发现问题，或者为顺应已经发生的变革赋予环境法体系某种新的精神内涵，为环境法体系创设某种原则、制度等。实现这样的检视、赋予、创设的最好方法就是建立环境基本法。

四、环境国际合作需要环境基本法确定行为准则

30 年来，不仅中国的环境法律法规数量激增，而且中国签订或参加的国际环境条约、公约也有相当大的数目。比如，《亚洲—太平洋水产养殖中心网协议》（Agreement on the Network of Aquaculture Centers in Asia & the Pacific）（1988 年 1 月 8 日签署，1990 年 1 月 11 交存加入书）、《关于特别是作为水禽栖息地的国际重要湿地公约》（Convention on Wetlands of International Importance Especially as Waterfowl Habitat）（1992 年 3 月 31 日交存加入书，1992 年 7 月 31 日对中国生效）、《濒危野生动植物种国际贸易公约》（Convention on International Trade in Endangered Species of Wild Fauna and Flora）（1981 年 1 月 8 日交存加入书，1981 年 4 月 8 日对中国生效）、《国际植物新品种保护公约》（1978 Act of the International Convention for the Protection of New Varieties of Plants）（1999 年 3 月 23 日交存加入书，1999 年 4 月 23 日对中国生效）、《控制危险废物越境转移及其处置的巴塞尔公约》

（Basel Convention on the Control of Trans-boundary Movements of Hazardous Wastes and Their Disposal）（1990 年 3 月 22 日签署，1991 年 12 月 17 日交存批准书，1992 年 5 月 5 日对中国生效）、《生物多样性公约》（Convention on Biological Diversity）（1992 年 6 月 11 日签署，1993 年 1 月 5 日交存批准书）、《〈生物多样性公约〉卡塔赫纳生物安全议定书》（Cartagena Protocol on Bio-safety to the Convention on Biological Diversity）（2000 年 8 月 8 日签署，2005 年 6 月 8 日交存核准书）等等。这说明，环境领域里的国际合作也在迅速发展。面对这样的成就，我们不禁要问，这些条约、公约是否贯彻了共同的原则、准则，当然我们也可以问它们是否有共同的理念、共同的价值追求等。如果贯彻了共同的原则、准则，这原则、准则是什么。如果有那么个原则、准则，那么这原则、准则又是从哪里来的，以什么为根据。对这些疑问，我们或许可以勉强作出某些回答，但却很难让我们的答案充满合理性，有足够的说服力。因为我们签订或不签订这些条约、公约除了有宪法授权，也就是立法权、行政权这种简单的授权的依据之外，在环境保护方面除了宪法关于“保护生活环境和生态环境”的简单表态之外，很难找到实体法依据。在国家没有关于如何开展环境保护的基本法规范的情况下，国家签订或参加国际条约、公约和立法机关制定环境保护单行法一样，都只能加重“多点开花，各自绽放”的混乱，只能使立法的乱局愈发地混乱。

中国要使自己的国内环境立法与国际环境法实现有机结合，要使自己的环境法律体系，包括签订或加入的国际环境条约、公约在内的环境法律体系真正形成一个有机的整体，要想在环境国际合作方面保持稳定的政策，在环境国际合作方面发挥一个负责任大国应有的作用，就必须以立法的形式确定自己的环境立法原则、环境保护的基本制度等，而胜任这项任务的最好的立法形式就是制定环境基本法。

第二节　对制定环境基本法的研究卓有成效

环境保护和环境法制的实践呼唤环境基本法，环境法学界及早注意到了这种需要，就制定中国的环境基本法展开了热烈的讨论。讨论涉及的领域宽，关注的话题多，提出的观点也新，其中最集中的讨论涉及制定环境基本法的必要性、制定环境基本法可行性和环境基本法的内容三个方面。

一、关于制定环境基本法的必要性

随着中国环境法制建设的不断进步，学界有不少专家提出制定环境基本法的建议。这一建议引发了环境保护实务界和环境法学术界的广泛讨论。大致说来，围绕中国是否需要制定环境基本法大致形成了三种不同的观点。

第一种，赞成的观点。这一派观点认为，中国需要制定环境基本法。持这种观点的专家认为，环境基本法是一个国家制定的全面调整环境社会关系的法律文件，它与解决某一具体环境问题的或者规范某一类具体环境社会关系的单行立法具有明显的不同，它是国家"保护环境"的"基本章程"，是从宏观层面规定国家基本环境政策的法律。环境保护基本法是确立环境法的基本原则与制度、建立环境法律秩序的重要保障，其地位是单行法所无法取代的。[1] 这些学者引用美国《国家环境政策法》的例子支持自己的观点，说明环境基本法有其特殊的地位和作用，在环境法体系中也应处于高于环境保护单行法的地位。[2]

持这种观点的专家还用环境法发展的一般规律说明制定环境基本法的必要性。他们认为，许多国家的环境立法实践都经历了"从单行法到基本法"的发展过程。按照这一看法，中国的环境法制建设也应及早结束单行法阶段，进入基本法阶段。

第二种，反对的观点。环保实务部门和学术界部分专家认为，现有的环境单行法数量众多，规模庞大，种类齐全，已能解决中国的各种环境问题，不需要再制定环境基本法。他们认为，中国不仅已经制定了大量的环境保护单行法，而且已经对这些单行法进行了反复的修订，有的甚至修订过多次。在这些单行法的修订过程中，立法机关不仅吸收了环境保护实践中的成熟经验，而且借鉴了国外的先进制度。此外，中国还把另外的环境保护单行法列入立法计划。在这些单行法的制定、修改完成之后，中国的环境保护法律制度将更加完善。到那时，不仅不需要制定环境基本法，而且现行的《环境

① 吕忠梅：《中国需要环境基本法》，《法商研究》2004 年第 6 期。
② 王曦：《美国环境法概论》，武汉大学出版社 1992 年版，第 243 页。

保护法》也将失去存在的理由。① 持这种观点的专家中还有更"激进"的。他们认为，不是将来，而是现在，作为综合性法律的《环境保护法》已经显得"多余"，无继续存在之必要。当然，支持这一判断的另一个理由认为该法出现在中国环境法制建设的"过渡时期"，现在它已经完成了历史使命，故当"引退"②。

第三种，环境法应当法典化的观点。持这种观点的人对环境法体系由互不统属的单行法组成的状态这一问题上，他们与上述赞同派的看法相同。但是，他们与赞同派只是批评反对派的同路人。他们认为，中国的环境法体系是不能单靠分散的单行法来支撑，但改变这种状态的办法却不是制定环境基本法，而是制定环境法典。坚持环境法应当法典化的观点认为，法典的编纂能够使法律体系统一、逻辑清晰。环境法应进行法典化，以便推动环境法律制度向更高的阶段发展，更好地发挥保护环境的作用。他们认为，环境法的作用领域十分广泛，各种调整对象复杂而分散，不同层级的法律规范众多，十分有必要通过对其进行法典化，制定出一部系统、综合的法典来加强环境法的统一，建立起环境法的各分支之间的有机联系。这派观点的持有者不仅看重法典化的一般优点，而且认为中国环境法实行法典化时机已经成熟，已经具备编纂的条件了。③

二、关于制定环境基本法的可行性

虽然对中国是否有必要制定环境基本法尚未形成一致的意见，但制定环境基本法的赞同者已经对制定这一法律的可行性展开了论证。有学者认为由于在《环境保护法（试行）》立法之初中国就该法的定位即是国家基本法，从《环境保护法》立法思想的沿革与发展看目前通过修改将其上升为国家基本法的时机已经成熟。从1979年制定《环境保护法（试行）》的立法设想，到1989年修改制定《环境保护法》的指导思想，中国对《环境保护法》的定位都是将其作为国家环境保护基本法。因这个时期中国环境与资

　　①　吕忠梅：《中国需要环境基本法》，《法商研究》2004年第6期。
　　②　王树义：《关于〈中华人民共和国环境保护法〉修改问题的几点思考》，载王树义主编《可持续发展与中国环境法治》，科学出版社2005年版。
　　③　张梓太：《论法典化与环境法的发展》，《法学论坛》2007年第3期。

源保护法律体系还不完善，中央政府的行政管理体制较为庞杂，国家和地方环境监督管理权限还亟待加强，所以这时不可能考虑将《环境保护法》上升成为国家基本法。如今，中国不仅已经完善了环境与资源保护法律体系，更为重要的是中国 20 多年来的经济飞速发展也为加强国家环境与资源保护管理奠定了坚实的基础。因此，比较西方国家（地区）环境基本法的立法实践，中国制定实质意义上的环境基本法的时机已经成熟。全国人大环境与资源保护委员会或其他专门委员会应当按照立法程序，向全国人大提出修法的议案或者草案，将《环境保护法》以国家基本法的形式修改通过。①

另外，还有学者指出随着生态伦理学、生态哲学在中国的传播，中国环境法学研究吸收了这些学科的理论研究成果，对环境问题有了更合理的判断。学者们借鉴生态伦理学、生态哲学的理论研究环境法的理论基础丰富了环境法学的基础理论巩固环境法的法理基础。也有学者开始采用经济分析的方法，对环境法的实效进行经济分析，运用这种方法改变了只注重法律概念的意义分析，不注重法律规则的实践效果的做法。还有学者从法学方法论的角度反思环境法学的研究，指出应该以生态人的模式或者生态整体观的范式研究环境法学，反映了人文科学与自然科学的弥合。② 这一系列的研究工作不但极大地提升了中国环境法学的研究水平，也很大地提升了中国环境法学的立法水平。伴随着中国环境法学研究水平的不断提升，环境立法实践经验的不断丰富，环境基本法的立法时机也趋于成熟。

三、关于环境基本法的内容

对《环境基本法》的内容，学界的看法也不尽相同。本书作者曾提出，环境法不应再是污染防治法，也不应是污染防治法加自然资源保护法，而应是以环境承载力为基础性判断，以循环型社会为路径确保人与自然和谐的基本法。③ 按照我们的这一看法，环境基本法的内容应当是覆盖包括污染防治法、资源保护法、生态保护法和环境退化防治法等环境法分支，但它又不具

---

① 汪劲：《从环境基本法的立法特征论中国〈环境保护法〉的修改定位》，《中外法学》2004 年第 4 期。

② 徐祥民、胡中华：《环境法学研究 30 年：回顾与展望》，《法学论坛》2008 年第 6 期。

③ 徐祥民、高益民：《从生态文明的要求看环境法的修改》，《中州学刊》2008 年第 2 期。

体规定这些分支的内容。

有的学者认为，环境基本法应当把《环境保护法》规定的和那些没有规定但为保护环境所需要的内容规定进去。比如，明确宣示可持续发展战略，将实施可持续发展作为环境基本法的立法宗旨；按照法治的原则，确立处理环境保护中的政府与市场、公权与私权、国家与社会关系的原则；确立国家环境管理的基本体制，打破行政区划，按照生态规律设置生态区域管理为主的新型管理体制；规定环境管理的权力分配、协调、运行、监督的基本规则。还有的人主张在环境基本法中应确立公民环境权，明确规定环境权与民事权利、行政权力的关系与协调原则等。制定环境基本法还应努力完善环境责任制度，明确规定责任的构成要件与法律后果，规定环境法律责任的社会性、公益性的判断标准。需要在环境基本法中规定的内容还有：建立专门的环境程序制度，确立环境司法救济以及其他救济的方式与程序；根据风险预防、代际公平、全过程控制、公众参与等可持续发展的基本要求，重新构建环境管理的基本制度；在充分认识市场规律与环境保护关系的基础上，引进市场化的管理手段与措施等。[①]

还有学者建议在制定环境基本法时应做一下工作：第一，修改环境影响评价制度；第二，修改排污收费制度；第三，修改清洁生产制度；第四，增加环境押金制度和生态补偿制度；第五，增设环保目标责任制度；第六，明确规定公众参与制度。[②]

除此之外，也有学者提出，对于环境基本法内容的设计，除了要求全面、系统之外，还要注意以下几点：一是建立环境规划和各因素统筹考虑的环境保护模式；二是按照法治的要求，合理界定国家环境管理机关的职权范围，重视市场对环境资源的基础性配置作用，体现有权就有责、用权受监督、侵权要赔偿的原则；三是实行环境保护的行政首长负责制；四是确立公民环境权，建立以环境私权和社会公益的保护为本位的权利（力）和义务体系；五是吸收国际环境立法所确立的风险预防、全过程控制、公众参与等符合可持续发展要求的环境保护基本政策，保护生物多样性，维护生态安

---

① 吕忠梅：《中国需要环境基本法》，《法商研究》2004 年第 6 期。
② 张天泽、王琪：《国外环境基本法的构建及启示》，《环境经济》2010 年第 83 期。

全；六是重视环境科学技术的发展，重视环境教育和宣传，培养和提高与时俱进的中华环境文化；七是宣布中国的国际环境保护立场和促进国际合作的基本政策；八是明确环境法的作用，理顺该法与民法、刑法、行政法等其他基本法的关系。①

四、关于环境基本法的结构

对于如何设计环境基本法未来之结构，目前学界也存在不同的看法。大致说来，共有以下几种不同的主张：

第一，七章说。这种主张所说的七章包括总则、政府环境保护管理的组织体制与决策机制、预防环境污染与自然破坏、治理环境污染与自然破坏、合理利用与节约使用自然资源与能源、法律责任、附则。第一章为总则，主要规定立法目的，适用范围，确立国家环境保护的基本方针、政策，明确国家对环境与发展相互关系的态度，确立国际环境保护理念和全球环境问题的应对措施，确立环境保护的法律原则，诸如预防原则、受益者负担费用原则、资源再生与循环利用原则、公民参与环境决策原则、高水平保护环境原则、国家环境责任原则等，明确国家、政府、企事业单位、个人对环境保护的责任，确立国家鼓励环境宣传教育与技术进步。第二章为政府环境保护管理的体制与决策机制。该章确立政府从宏观决策，编制计划、规划到项目实施相关的环境保护决策机制，建立环境信息交流网络和信息公开制度，明确中央政府与地方政府的环境保护责任等。第三章为预防环境污染与自然破坏。其主要内容包括确立环境保护的基本制度等。第四章为治理环境污染与自然破坏。其主要内容包括：环境破坏的恢复责任、费用负担，政府责任，基金制度，环境损害责任保险制度，环境行政补偿制度等。第五章为合理利用与节约使用自然资源与能源。这一章以清洁生产为目标，主要确立减废、回收、再生制度及相关鼓励措施。第六章为法律责任。该章主要规定行政责任、民事救济等。第七章是附则。其主要内容是术语解释、法律生效日期的宣示、关于国际环境条约在中国适用的态度等。②

① 常纪文：《从国外环境基本法看中国环境保护立法》，《红旗》2005年第5期。
② 汪劲：《从环境基本法的立法特征论中国环境保护法的修改定位》，《中外法学》2004年第4期。

第二种，五章说。五章说又分两种。一种观点主张，五章中的第一章主要宣布国家环境政策、目标、基本理念和基本原则，规定公民、单位和政府的主要环境权利、职责和义务，特别是要明确规定公民环境权、参与权、知情权，规定政府的主要环境职责；第二章，主要规定环境资源行政主管部门及其职责；第三章，主要规定公众参与制度和公益诉讼制度；第四章，主要规定综合生态系统综合管理、环境教育宣传、环境科研等环境污染防治、生态保护、资源可持续利用的综合性措施和要求；第五章，主要规定环境纠纷处理和环境法律责任。[①] 五章说的另一种主张是：第一章，总则。主要内容涉及立法目的，调整对象，核心概念的界定，适用范围，基本原则，国家、环境保护团体、企事业单位、公民的基本环保权利与义务，环境宣传教育，环境保护科技发展及其资助与奖惩，国际合作的原则、方式和程序等。第二章为政府环境保护管理的组织体制与决策机制。主要内容涉及环境保护管理主管机关的权限分配基准，组织的设立，中央与地方的环境保护职责划分，各类环境保护规划，各个相关委员会及其议事、决策、报告机制、公众参与决策和听证制度等。第三章为环境法基本制度。主要内容涉及环保资料库及环保信息公开制度，环境标准制度，环境影响评价制度，三同时制度，环境许可证制度等。第四章为环境法律责任和环境损害救济。主要内容包括环境法律责任，环境基金制度，环境责任保险制度，环境纠纷处理及补偿、救济制度，公民诉讼和生态保险等。第五章为附则。主要内容涉及有关法律的生效、补充规定和解释规则等。[②]

第三节　中国环境基本法的轮廓

制定中国的环境基本法是环境法学界的要求，更重要的是，它也是环境保护的实践提出的要求，是应对那被认知的环境问题的需要对立法提出的要求，是环境法制建设自身发展完善的趋势所向。依据环境保护实践的需要和环境法制建设的要求，我们可以描摹出中国的环境基本法的"骨架"。

① 蔡守秋：《修改〈环境保护法〉为〈环境法〉的基本构想》，《贵州社会科学》2008 年第 5 期。
② 周珂：《环境法的修改与历史转型》，《中国地质大学学报》（社会科学版）2004 年第 4 期。

一、环境基本法的基本结构

中国《环境保护法（试行）》由"总则"、"保护自然环境"、"防治污染和其他公害"、"环境保护机构和职责"、"科学研究和宣传教育"、"奖励和处罚"、"附则"等七章组成。在《环境保护法（试行）》基础上修订颁布的《环境保护法》共设六章，即"总则"、"环境监督管理"、"保护和改善环境"、"防治污染和其他公害"、"法律责任"、"附则"。二者的大致结构可以用如下对照表（见表8-1）说明其异同：

表8-1：《环境保护法（试行）》与《环境保护法》结构对照表

《环保法（试行）》		对照关系	《环境保护法》	
章次	章　名		章　名	章次
一	总则	对应（一与1）	总则	1
			环境监督管理	2
二	保护自然环境	交叉（二与3）	保护和改善环境	3
三	防治污染和其他公害	对应（三与4）	防治污染和其他公害	4
四	环境保护机构和职责	交叉（四与2）		
五	科学研究和宣传教育	无对应章		
六	奖励和处罚	对应（六与5）	法律责任	5
七	附则	对应（七与6）	附则	6

从这个对照表可以看出，如果把《环境保护法（试行）》和《环境保护法》两者的章节做最大限度的排列，那么，二者一共涉及八章，即《总则》、《附则》、奖惩章或《法律责任》章、《环境监督管理》、《保护自然环境》或《保护和改善环境》（后者的表达似更全面）、《防治污染和其他公害》、《环境保护机构和职责》、《科学研究和宣传教育》。在这八章中，《环境保护法（试行）》和《环境保护法》共有的有四章，即"总则"、"附则"、奖惩章或"法律责任"章（我们暂把这一章称为《法律责任》）和《防治污染和其他公害》章。除此之外，《环境保护法（试行）》只有三章，

即第二、第四、第五章，而《环境保护法》则只有二章，即第二、第三章。《环境保护法（试行）》中的《科学研究和宣传教育》在《环境保护法》中没有对应章，也无真正具有交叉关系的章。《环境保护法（试行）》中的"环境保护机构和职责"章与"环境保护法"的交叉章"环境监督管理"的主要内容是环境监督管理的机关及其权限等。从对法律规范内容概括的准确性上看，"环境监督管理"优于"环境保护机构和职责"。也就是说，在不同时期形成的两个法律文件中的存在交叉关系的规范可以称为"环境监督管理"。这样说来，对《环境保护法（试行）》和《环境保护法》的结构做了"求同存异"的处理之后，走过了 30 年历程的中国《环境保护法》在结构上先后出现过七章，这七章是："总则"、"附则"、"法律责任"、"防治污染和其他公害"、"环境监督管理"、"保护和改善环境"和"科学研究和宣传教育"。按照《环境保护法》的章序排列，这七章应为：

第一章　总则；

第二章　环境监督管理；

第三章　保护和改善环境；

第四章　防治污染和其他公害；

第五章　科学研究和宣传教育；

第六章　法律责任；

第七章　附则。

从环境保护实践提出的要求、应对已被认知的环境问题的需要对立法提出的要求、环境法制建设自身发展完善的趋势所向等来看，需要对体现在《环境保护法（试行）》和《环境保护法》中的结构加以改造，或者突破那种结构的限制。我们认为，中国环境法制建设所需要的环境基本法的大致结构应当由以下八章组成：

第一章　总则；

第二章　污染防治法的基本原则和制度；

第三章　资源开发与养护法的基本原则和制度；

第四章　生态保护法的基本原则和制度；

第五章　环境退化防治法的基本原则和制度；

第六章　环境保护的手段和途径；

第七章 奖励与处罚的原则；

第八章 附则。

《环境基本法》的"总则"章应当界定环境、环境问题、环境保护、环境法律体系等的概念，规定环境法的立法目的、环境法律关系、国家及其职能部门保护环境的责任和职责、环境保护法的基本原则、环境保护法与其他法律部门的关系①等等。

第二章到第五章的任务是为环境保护的四项基本事务设定原则和制度。这里所谓原则不同于环境法的基本原则。环境法的基本原则是对整个环境法体系都具有指导意义的原则，而规定在污染防治法、资源开发与养护法、生态保护法和环境退化防治法中的原则是指对调整污染防治、资源开发与养护、生态保护、环境退化防治的规范群及其执行具有指导意义的原则。比如，开发者负担应当成为适用于资源开发与养护法的一项原则。这里的资源开发与养护法至少应当包括规范土地资源、森林资源、草原资源、渔业资源等水生生物资源开发与养护的法。所谓制度也不同于环境法的基本制度。比如，环境质量标准制度是适用于环境法体系各分支的基本制度。规定在污染防治法、资源开发与养护法、生态保护法和环境退化防治法中的制度是指分别设置于污染防治、资源开发与养护、生态保护、环境退化防治法律分支中的制度。比如，"三同时制度"是适用于包括水污染、空气污染、土壤污染、噪声污染等法律分支中的制度。②

第六章"环境保护的手段和途径"规定对环境保护具有手段、途径意义的重要制度以及推动这些制度得以实现的立法、执法、司法要求。从中国现有法律法规的规定情况看，应当在这一章中得到确认或提出推动实现要求的制度主要有：环境影响评价制度、环境标准制度、环境税制度、环境监测制度、环境信息制度、环境宣传教育制度、环境规划制度、环境许可制度、

---

① 本书作者提出法制必将"绿化"的大趋势这样一个"猜想"，认为"体现在环境法中"的"保护环境的人类要求也必须加载给其他法律部门"。如果这个"猜想"是成立的，在法制建设的实践中就会出现环境法与其他法律部门之间关系如何处理的问题，而这一关系既然出自环境法要对其他法律部门实施"绿化"，国家的环境基本法不能不对"绿化"的原则等作出规定。

② 需要说明，"三同时制度"曾被普遍理解为环境法的基本制度。（参见常纪文《环境法原论》，人民出版社2003年版，第183页）这一理解或多或少是因为受到了中国环境法带有深深的污染防治法特征的影响。

环境诉讼制度、清洁生产和循环经济促进制度、生态补偿制度等。① 从国际环境保护的实践和西方环保先进国家的经验来看，需要纳入这一章的还应当有包括碳汇在内的环境交易制度、服务于环境保护的海关监管制度等。

　　第七章"奖励与处罚的原则"规定国家为环境保护的目的实施扶持、鼓励、奖励和处罚的范围、种类、强度等。这一章显然不是简单地对"违法者"设定"不利后果"，寄希望于用惩罚手段实现环境保护目的的思路（包括立法思路）与环境保护的实际需要严重不符。② 环境保护法不仅要力求"赏罚分明"，既规定奖励也规定处罚，而且还要大量使用扶持、鼓励、提供优惠条件等激励性措施。③ 从中国的立法实践来看，不管是清洁生产法，还是循环经济促进法，都规定了多种激励措施。这一章之所以称"奖励与处罚的原则"，而不是"奖励与处罚"，是因为作为基本法并不一定对具体的行为规定具体的奖惩，它的任务是为以基本法为核心的那些环境法律法规规定设立奖励或惩罚，规定其他激励措施等确立一般原则。

二、环境基本法的规范领域

　　2007年末完成的《中国环境法学评论》第三卷（那时还叫《中国环境资源法学评论》）设立了一个叫"环境基本法修改"的栏目。该栏目收录了本书作者的一篇短文——《关于修改环境法的八点看法——人与自然和谐的视角》。这篇短文表达的第一点"看法"就是"环境法不应再是污染防治法，也不应是污染防治法加自然资源保护法，而应是以环境承载力为基础性判断，以循环型社会为路径确保人与自然和谐的基本法"④。我们的这一看法在当时已经可以得到部分支持。周珂等注意到，"世界各国早期的环境法

①　关于环境保护手段法的建设可参阅徐祥民主编的《环境与资源保护法学》（科学出版社2008年版）的第十二到二十章。
②　在这个意义上，中国1989年正式颁布的《环境保护法》与其前身《环境保护法（试行）》相比是倒退了，而不是前进了。环境保护的实践和对环境保护事业的理性的分析都告诉我们，环境保护是一项严重依赖人们的积极奉献的事业，环境保护法要想有力地推进环境保护事业，就一定不能忽略奖励这种激励措施。
③　徐祥民、时军：《论环境法的激励原则》，《郑州大学学报》2008年第4期。
④　徐祥民：《关于修改环境法的八点看法——人与自然和谐的视角》，载徐祥民主编《中国环境资源法学评论》（2007年卷），人民出版社2008年版，第3—9页。

基本上都是建立在污染防治法的基础上"，而后来一些国家"环境法的调整范围由污染防治为主，逐步扩大到污染防治与自然资源保护并重，进而扩大到对整个生态环境的保护和改善"①。周珂所描述的这种变化说明，把环境法的规范领域扩大到污染防治法之外的主张至少可以得到"已有先例"的鼓舞。根据周先生等的研究，环境法的调整范围在一些国家已经事实上突破了污染防治法的界限，覆盖了污染防治、自然资源保护和生态保护或生态环境保护三个领域。

今天，依然还是"以环境承载力为基础性判断"，把"循环型社会"为基本的实现"路径"，还是从"人与自然和谐的视角"来审视环境基本法的规范领域，我们除了坚持上述不以污染防治为限的观点之外，还认为有必要坚持那时的另一个观点，即"全部人类行为"，全部"影响环境的行为"都应成为"环境法的调整对象"，而"影响环境的行为"既"包括传统环境法关照的企业行为、个人消费行为，也包括社会性活动、政府决策和国家机器的运转"②。

"全部人类行为"究竟有哪些？从人类行为对自然环境的不利影响的类型来看，"全部人类行为"包括造成环境污染的行为、造成资源减少甚至枯竭的行为、造成生态失衡或其他破坏的行为、造成环境退化的行为。环境基本法的结构中之所以存在污染防治法、资源开发与养护法、生态保护法和环境退化防治法四章，不仅因为人类生存繁衍所依的自然环境遭遇的损毁包括污染、资源较少、生态破坏和环境退化四种类型，而且还因为这些损毁都是由人类行为，即"全部人类行为"中的某些行为造成的。自然环境遭遇这些类型的损害不是制定与这些损害类型相对应的法律的充足理由，这些类型的损害都肇因于人类行为才是制定与自然环境损毁类型相对应的法律的充足理由，这是因为环境法只能通过作用于人，影响人类行为，才能最后对自然环境产生作用。

环境法无疑是人类用来应对环境问题的法。那么，对环境问题的理解将影响人们对环境法的理解。按照我们的理解，"环境问题""应当是环境的中心事物与其周围'情况或条件'之间的问题，而不应只是周围'情况或

---

① 周珂、竺效：《环境法的修改与历史转型》，载王树义主编《可持续发展与中国环境法治——〈中华人民共和国环境保护法〉修改专题研究》，科学出版社 2005 年版，第 96—108 页。

② 徐祥民：《关于修改环境法的八点看法——人与自然和谐的视角》，载徐祥民主编《中国环境资源法学评论》（2007 年卷），人民出版社 2008 年版，第 5 页。

条件'发生的问题"。按照这样的理解，我们今天遭遇的环境问题还包括人口繁衍的问题和人类需求增长的问题。

我们可以对人口繁衍的问题做如下的描述："人口势不可挡地增加，而可供开发的空间及这些空间中的资源无情地趋向减少甚至枯竭。"这个描述，以资源为判断对象，问题表现为资源"减少甚至枯竭"，而以人口为讨论的对象，则问题表现为人口的"增加""势不可挡"。这是严重的环境问题，也是需要用法律来应对的严重问题。也许有人不愿意把它看作是环境问题，而事实上它是发生在"环境的中心事物"（人类）与其"周围'情况或条件'"（大自然）之间的问题。不仅如此，这个问题，至少在中国，已经受到了法律的关顾。计划生育法，一个比污染防治法还要年轻的法律分支，在本质上是用以缓解人与自然的紧张关系的法。

如果说人口繁衍已经造成了人类与自然之间的关系趋于紧张，而这种紧张是由人口数量与自然的有限的量之间的数量关系决定的，那么，人类需求的增长则也会造成人类与自然关系走向紧张，这种紧张关系是由人类需求量与自然的有限的量之间的数量关系决定的。在人口数量不增加的情况下，每个人需求的增加会造成人类总需求量的增加，而这个量可能逼近甚至超过自然的有限的量。当今人类正在经历的是人口数量和人类需求的双重增长。正是基于对这双重增长的了解，我们曾作出如下的判断："如果说'满足不断膨胀的人口的基本生活需求将是无可避免的严峻挑战'，那么，'满足不断膨胀的人口的不断增长的消费需求'将使'严峻挑战'变得更加严峻。"人口增长造成自然供给能力的不足是环境问题，由人类需求的增长造成的自然供给能力的不足当然也是环境问题。前者需要用法律来处置，事实上也已经使用法律手段加以处置，对后者的处置同样也需要动用法律。客观地说，人类已经学会为处置这一问题使用法律。对消费再循环制品的鼓励、对"过度包装"的限制、对塑料制品消费的限制、对公民"举报浪费资源"等"行为"① 的鼓励、"资源消耗标识"② 制度的建立、"垃圾排放收费制度"③

---

① 《中华人民共和国循环经济促进法》第十条。
② 《中华人民共和国循环经济促进法》第十七条。
③ 《中华人民共和国循环经济促进法》第四十六条。

的建立等等，都把禁限的矛头指向了消费这种"人类需求"①。

当我们说环境法应当把"全部人类行为"作为其"调整对象"时，人们容易让排污、资源开采等行为跟"全部人类行为"对号入座。环境保护的确应当认真对待排污、资源开采之类的行为，周珂先生所说的"世界各国早期的环境法"也都首先把这类行为纳入调整范围之内。然而，正像"世界各国"环境法的发展趋势所显示的那样，仅仅关注这些行为不足以实现对环境的有效保护。人们或许也可以接受把人口繁衍、人类需求增长纳入环境法调整范畴的建议。环境法把人类行为的范围扩展得如此之宽，该够了吧？从覆盖领域上看应当是足够宽了，但从政治和社会生活实践上看，这样的列举却容易造成对某些有巨大影响力的"环境行为"的忽略。这里所说的"有巨大影响力的环境行为"就是政府的管理行为、决策行为。

我们要求把"全部人类行为"都列为环境法的"调整对象"，是因为我们相信"循环型社会的要义在于生产、生活以及生产生活的增长不给人类环境带来更大的压力"。遵循这一"要义"，"环境法要规范循环型社会的运行，就是要确保社会经济运行在污染不增长、资源消耗不增长的范围内进行"，"它要实现这样的目标，就必须把整个社会纳入其调整范围之内"。而那最有可能迫使社会经济运行不得不造成污染、资源消耗"增长"的行为是"国家的经济决策行为"。环境法要实现"确保人与自然和谐"的目标，就必须把政府行为纳入其调整范围之内。"在这个意义上，环境法应当是治国家的法，而不是治民的法，至少不是只治民的法"。从对实现"人与自然和谐"目标的意义上来说，"对国家决策行为的规范更为重要"。② 我们的这一推论可以得到各国环境法普遍设立环境规划制度、规划环评制度等实践的支持。

---

① 《中华人民共和国循环经济促进法》第十条提出的"合理消费"的要求，更清楚地表达了这一立法思想。

② 徐祥民：《关于修改环境法的八点看法——人与自然和谐的视角》，载徐祥民主编《中国环境资源法学评论》（2007年卷），人民出版社2008年版，第5页。

三、中国环境基本法应当确立的立法目的

前已述及，"环境基本法"的"总则"应当规定环境法的立法目的。这是给一部"环境基本法"以及依据它制定的其他环保法律法规"定调子"的关键条款。

那么，中国环境基本法应当给中国的环境法定一个什么样的"调子"呢？我们认为，中国环境基本法应当把促进"人与自然和谐相处"作为环境法的立法目的。

不管是 1979 年的《环境保护法（试行）》，还是 1989 年的《环境保护法》，其立法目的，从文明建设的角度来看，都是推进创造性文明，尤其是物质文明建设。不管是"促进经济发展"①，还是"促进社会主义现代化建设的发展"②，都是要推进创造性活动，促进更多创造性成果的产生。这符合中国现代化建设的总要求，符合中华民族的根本利益的需要。这样的立法目的，或者给环境法设定这样的"任务"③ 原本无可厚非。但在今天，这样的立法目的就显得不合时宜了。

中国社会主义建设的实践，也包括环境保护事业的实践让我们接受了生态文明的文明观，促使党和国家都把生态文明确立为建设目标。不管是为了在法律中贯彻科学发展观，实现环境法与"全面协调可持续"的科学发展之间的一致，还是为了顺应生态文明时代的一般要求，建设生态文明都应该成为环境法的立法目的或立法目的之一。

根据胡锦涛总书记在中国共产党第十七届全国代表大会上的讲话、《经社规划纲要（十一五）》等文件对生态文明的理解和界定，生态文明的核心是"人与自然和谐相处"④。环境法应当把促进"人与自然和谐相处"的生态文明建设作为立法目的。如果接受现行《环境保护法》对立法目的的表

---

① 《中华人民共和国环境保护法（试行）》第二条。
② 《中华人民共和国环境保护法》第一条。
③ 《中华人民共和国环境保护法（试行）》第二条把"防治环境污染和生态破坏"、"保护人民健康，促进经济发展"等规定为"中华人民共和国环境保护法的任务"。
④ 在科学发展观所包含的全面、协调和可持续这三项核心内容中，最具时代特点的是以人与自然和谐相处为核心内容的可持续发展。（参见徐祥民在中央党校所作的题为《从科学发展看环境法制》的报告）在这个意义上，科学发展观中最具时代特点的内容与生态文明中的人与自然和谐相处是一致的。

达思路，以建设生态文明为内容的环境基本法的立法目的可以表达为："为保护和改善生活环境与生态环境，防治污染和其他公害，促进人与自然和谐的可持续发展，制定本法。"

与现行《环境保护法》相比，从字面上来看，对环境基本法的立法目的的表达变化并不大，仅仅把"促进社会主义现代化建设的发展"改为"促进人与自然和谐的可持续发展"，但这一改动的内涵却是十分深刻的。它是发展观的改变、文明观的改变。

四、中国环境基本法应当确立的基本原则

环境法学界不少专家都探讨过环境法的基本原则问题。研究者对何谓环境法的基本原则形成了某些大致相同的看法。韩德培认为："环境法的基本原则，是指为环境法规定或者体现的、对环境保护实行法律调整的、适用于环境保护法一切领域的基本指导方针或者基本原则。"[1] 金瑞林认为："环境法的基本原则是指为中国环境法所确认的、体现环境保护工作基本方针、政策，并为国家环境管理所遵循的基本准则。"[2] 蔡守秋给环境法的基本原则的定义是："通过环境法规规定或者体现的，反映环境法基本理念、价值、特点和目的的，对环境资源工作或活动具有普遍性指导作用的准则。"此外，蔡守秋还给了一个更"明确"（或为更简洁）的定义："环境法确立的指导环境资源工作或指导环境保护行动的准则。"[3] 周珂给这个基本原则作出的解释是"为环境法所确认并体现的反映环境法本质和特征的基本原则"，这类原则"贯穿于整个环境法体系，对贯彻和实施环境法具有普遍的指导作用"[4]。这些专家对环境法基本原则的看法存在以下共同点：

第一，基本原则的普遍性，也就是普遍适用性。金瑞林把这个普遍性概括为"贯穿于整个环境法"，"具有普遍意义和指导性"[5]。韩德培总结出的

[1]　韩德培、陈汉光主编：《环境保护法教程》，法律出版社2003年版，第81页。
[2]　金瑞林主编：《环境法学》，北京大学出版社1999年版，第120页。
[3]　蔡守秋主编：《环境资源法教程》，高等教育出版社2004年版，第100页。
[4]　周珂主编：《环境法学研究》，中国人民大学出版社2008年版，第73页。
[5]　金瑞林主编：《环境法学》，北京大学出版社1999年版，第120页。

环境法基本原则的"特征"之二是"适用于环境法一切领域，在环境保护法领域中具有普遍的指导意义"①。蔡守秋则把这种普遍性扩展到"整个环境法体系和环境法制建设"②。在蔡守秋给基本原则的定义中，这种普遍性还覆盖了"环境资源工作或活动"③。周珂所说的"对贯彻和实施环境法具有普遍的指导作用"则是把基本原则的普遍适用性从环境法体系之内扩展到了环境法体系之外，即扩展到了环境法的"贯彻和实施"。

第二，基本原则的一般性，也就是非个别性。韩德培对这个一般性称为环境法体系中的"各项环境保护法律原则、制度和法律规范的基础"。在韩德培看来，环境法的基本原则与环境法体系中的"各项环境保护法律原则、制度和法律规范"的关系是一般与特殊的关系。一方面，环境法体系中的"各项环境保护法律原则、制度和法律规范""以基本原则为依据"；另一方面，"基本原则"的"实施"需要"通过法律规范"等（比如说"各项环境保护法律原则、制度和法律规范"中的具体原则、制度）"加以具体化"④。蔡守秋不仅把基本原则和由个别"环境法规"确定的，"只适用于某个特定领域或特定对象的个别原则或个别政策"视为不同的两类，而且强调"不宜把有关环境行政执法、环境行政诉讼、环境污染损害民事责任的具体原则"混同于"环境法的基本原则"。⑤

然而，正如周珂所指出的那样，学者们在何谓环境法的基本原则的认识上的相同或相近并没有带来大家对"环境法基本原则"内容上的认识的统一。周珂用"观点颇多"，"尚未形成统一的、符合当代环境法发展趋势的"⑥ 认识来描述这种情况。周珂说的这种情况可以从韩德培、金瑞林、蔡守秋、周珂等先生的著作中得到印证。（见表 8 - 2）

---

① 韩德培、陈汉光主编：《环境保护法教程》，法律出版社 2003 年版，第 81 页。
② 蔡守秋主编：《环境资源法教程》，高等教育出版社 2004 年版，第 101 页。
③ 在蔡守秋主编的书中也把这一看法列为"一些学者"的看法。参见蔡守秋主编《环境资源法教程》，高等教育出版社 2004 年版，第 101 页。
④ 韩德培、陈汉光主编：《环境保护法教程》，法律出版社 2003 年版，第 81 页。
⑤ 蔡守秋主编：《环境资源法教程》，高等教育出版社 2004 年版，第 101 页。
⑥ 周珂主编：《环境法学研究》，中国人民大学出版社 2008 年版，第 73 页。

表8－2：四著作中的环境法基本原则对照表

序号	韩德培	金瑞林	蔡守秋	周珂
1	环境保护与经济、社会发展相协调	环境保护与经济建设、社会发展相协调	经济、社会与环境相协调发展	环境保护同经济建设、社会持续发展相协调
2	预防为主，防治结合，综合治理	预防为主，防治结合	预防为主，防治结合，综合治理	预防为主，防治结合，综合治理
3	污染者付费，利用者补偿，开发者养护，破坏者恢复	开发者养护，污染者治理		
4	依靠群众保护环境	环境保护的民主原则	环境民主	
5		奖励综合利用		
6			环境责任	环境责任
7				全面规划，合理利用自然资源
8				国家干预

从这个对照表可以看出，专家们分别提出的基本原则共有八项，其中只有两项，即（1）环境保护与经济建设、社会发展相协调原则；（2）预防为主，防治结合，综合治理原则，大家看法大致相同。此外，多数专家赞成的基本原则有一项，即"环境民主"原则。而"奖励综合利用"、"全面规划，合理利用自然资源"、"国家干预"原则三项都只有一位支持者。[①]

如此说来，对环境法的基本原则究竟有哪些，学界的确没有形成一致的看法。

那么，中国需要建立的环境基本法应当确立，或者规定或体现哪些基本原则呢？

按照"普遍性"和"一般性"的形式要求[②]，按照周珂先生提出的"符合当代环境法发展趋势"的时代要求，我们认为，中国需要制定的环境

[①] 说这三项原则只有一位支持者是以本书选择的四个解剖对象为判断依据的。如果超出选定的解剖对象，则不难为这些原则找到支持者。比如，陈泉生把"全面规划，合理利用自然资源"和"国家干预"列为环境法的基本原则。参见陈泉生《环境法原理》第五章，法律出版社1997年版。

[②] "普遍性"和"一般性"是基本原则应当具有的特性。在这个意义上，韩德培、金瑞林等就环境法的基本原则所达成的一致其实是在何谓基本原则层面的一致。

基本法应当确立以下四项基本原则：

（一）普遍责任原则。普遍责任原则是各种主体对环境保护都应承担责任的原则。这里的各种主体包括公民、法人，而法人包括企业法人和非企业法人。普遍责任包括两个方面的含义：其一，上述各种主体对环境保护都负有责任，或都应被环境法施加保护环境的责任；其二，政府对保护环境负有责任。这里所说的政府保护环境的责任（可简称为政府环保责任）不是指作为消费者因参与消费而承担的责任，比如"绿色消费"责任，而是对环境保护应担负的领导、组织、实施的责任，接受实施环保不力之否定评价的责任等。

金瑞林提倡的"开发者养护，污染者治理"原则也是一种责任原则①，但这种责任显然不是普遍责任，而是两类人的责任，即"开发者"和"污染者"的责任。在韩德培主编的书中，这一原则被放大为四类人的责任，即"污染者"、"利用者"、"开发者"和"破坏者"的责任。从责任主体上看，这个界定与普遍责任存在较大的差距。此外，这样的责任原则是注定要把政府排除在外的。不管是金瑞林的两类人的责任，还是韩德培的四类人的责任，都可归结为"肇事者"责任，或者"得利者"责任。政府不会成为这样的"肇事者"或"得利者"。

政府环保责任在中国早已是法定的责任。1982 年修订的中国《宪法》第二十六条规定："国家保护和改善生活环境和生态环境，防治污染和其他公害。"根据这一规定，"保护和改善生活环境和生态环境"，"防治污染和其他公害"既是中国政府的职权，即人民授权政府实施"保护和改善生活环境和生态环境"，"防治污染和其他公害"的活动，包括制定有关的法律，采取有关的行政措施的权力，也是中国政府的责任②，即政府必须为"保护和改善生活环境和生态环境"，"防治污染和其他公害"有所作为的责任，包括制定有关的法律，采取必要的行政措施等的责任。

---

① 黄锡生等就把这种原则直接称为"环境责任原则"。黄锡生指出："环境责任原则，在中国也被叫做污染者付费、利用者补偿、开发者养护、破坏者恢复的原则或者简称为谁污染谁治理，谁开发谁保护的原则。"参见黄锡生、李希昆主编《环境与资源保护法学》，重庆大学出版社 2002 年版，第 115 页。

② 王立也把这种责任称为"国家环境职责"。参见王立《中国环境法的新视角》，中国检察出版社 2003 年版，第 127—131 页。

"开发者养护，污染者治理"原则的"肇事者"责任特征告诉我们，这一原则中的责任是一种接近"不利后果"的责任。因为主体对环境有所取，即"开发"，因而可能造成"取竭性"环境问题，或有所"放"，即排放，因而可能造成"放累性"环境问题①，即金先生所说的"污染"，所以才让他们承担责任。对行为人施加这样的责任的学理依据来自于一个古老的法理——对自己行为负责。对自己行为负责的法理是让犯罪人接受刑罚处罚的理由，也是让民事侵权行为人、违约行为人等承担侵权或违约责任的理由。依据这样的法理所追加的环境责任，"养护"、"治理"，以及"付费"、"补偿"、"恢复"的责任，都是对自己的行为，甚至就是谋利的行为而承担的"不利后果"。它与处罚这种不利后果的区别仅在于其在法律条文中不是被表达为处罚或违法责任，不以一定行为被宣布为非法为前提。

这样的责任观不仅不符合"当代环境法发展趋势"，而且也落后于中国现行环境保护法律法规的规定。建设"生态文明"的口号已经把所有的社会成员宣布为建设者，从而也就是责任者。而对正在发生的环境问题进行科学的考查，比如全球气候变暖，结论会是任何人都是"贡献者"。要解决这样的环境问题，需要每个人都行动起来。环境问题的真正解决不能依靠违法者承担不利后果，只能寄希望于更多的主体投身于环境保护的事业。

在中国，宣布各种主体对环境保护承担责任，在立法上已经不是创新。以下是加给"任何人"对环境保护承担责任的几个立法实例：

1.《环境保护法》第六条："一切单位和个人都有保护环境的义务，并有权对污染和破坏环境的单位和个人进行检举和控告。"

2.《水污染防治法》第十条："任何单位和个人都有义务保护水环境，并有权对污染损害水环境的行为进行检举。"

3.《大气污染防治法》第五条："任何单位和个人都有保护大气环境的义务，并有权对污染大气环境的单位和个人进行检举和控告。"

4.《环境噪声污染防治法》第七条："任何单位和个人都有保护环境的义务，并有权对造成环境噪声污染的单位和个人进行检举和控告。"

---

① 关于取竭性环境问题和放累性环境问题的阐释可参阅徐祥民主编《环境与资源法学》，科学出版社 2008 年版，第 7 页。

5.《固体废物污染环境防治法》第九条："任何单位和个人都有保护环境的义务，并有权对造成固体废物污染环境的单位和个人进行检举和控告。"

（二）服从科学原则。不少学者都讨论过环境法的特征，而被大家公认的环境法的特征之一是科学技术性[1]，虽然不同学者对这一特征的概括并不完全相同。陈泉生先生把这一特征说成是"较多地运用科学技术手段来调整人与自然的关系"，因而她也把这一特征称为"运用手段的科学技术性"[2]。学者们关于环境法具有科学技术性这一特点的判断是符合实际的，在当时，为了说明环境法是一个独立的法律部门，把出现在已经制定的环境法中的这类信息概括为环境法的特点也是必要的。[3]

环境法具有这样的特点似乎并不影响环境法应当贯彻具有"科学技术性"特点的原则。如果说"环境法具有科学技术性"特征的判断来自对已有的环境法的观察和总结，是一个事实判断，那么，我们所提倡的应当由环境基本法确立或体现的服从科学的原则则是指向应然的环境法的，是对环境法的建设提出的要求。前者的论证得出的结论是事实如此，尽管论者也常常对为何如此作出回答，而我们的主张则是应当那样，应当那样的结论自然需要回答更多的为什么才能证成。

环境法应当贯彻服从科学的原则。主要理由有三：

第一，环境法要解决的问题是科学问题。环境法要解决的问题不是兄弟反目成仇、夫妻由爱而恨，不是出口伤人、宠物咬人，不是下级违抗上级、地方不服从中央，不是凶杀、抢劫，而是表现在自然环境上的污染、生态失衡、资源衰减等。非常明显，这是一类出现在人与自然关系中的问题，而不是以往法律所处理的问题那样是出现在人与人之间、人与以人为核心要素的机构、社会、国家之间的问题。学者、立法者早已发现的污染、资源衰减、

---

[1] 汪劲认为"环境法具有浓厚的科学技术性这一点，是所有环境法学家所共识的不同于一般部门法的基本特征"。见汪劲《环境法律的理念与价值基础》，北京大学出版社 1999 年版，第 95 页。

[2] 陈泉生：《环境法原理》，法律出版社 1997 年版，第 25 页。

[3] 马骧聪主编的著作就是把对这一特征的阐述放在论证"环境法是一个新兴的独立法律部门"的章节中的。作者念念不忘的是"环境法是客观存在，已为人们所公认"，"环境法是中国社会主义法的一个独立部门"。他们的论证逻辑之一是环境法具有不同其他法律部门的特点，所以足以独立为一个法律部门。参见马骧聪、蔡守秋主编《中国环境法制通论》，学苑出版社 1990 年版，第 56—63 页。

生态破坏等问题，其实都是科学问题。严格说来，这些问题都是科学家用科学眼光发现的问题。看一下蕾切尔·卡逊在《寂静的春天》的《致谢》中所列的那一长串名字就会明白，卡逊的呼喊其实就是科学家的呼喊。如果说在《寂静的春天》出版之前美国的"公共政策中还没有'环境'这一款项"①，那么，是包括蕾切尔·卡逊在内的科学家以及受他们影响的人们的鼓吹才使美国的"公共政策"中出现了"环境"。如果说环境法也像美国的"公共政策"中的"环境"政策那样是因科学的发现而产生的，那么，环境法要更准确地反映环境问题就必须继续借重科学的支持。

第二，解决环境问题必须依赖科学。表现在自然环境上的环境问题主要是环境的创伤，诸如水污染、大气污染、土壤污染、渔业资源衰退、生态失调、物种减少、濒危物种增多等等，要解决这些问题没有科学和技术是难以如愿的。环境法要调动人们去为平复自然环境创伤而采取行动，必须先保证它的"调动"是符合科学要求的。

要为自然环境治疗其创伤，一定要探查引起创伤的原因。这是为对症下药所做的努力。这种努力让人们发现：是人类行为造成了环境问题，而造成环境问题的那些人类行为都是以近代以来的科学技术发明为支撑的行为，或者简略些说，都是科学技术行为。显然，没有化学工业，比如生产农药的化学工业，就没有水污染，就没有蕾切尔·卡逊所发现的那种反常的"寂静"；没有电的发明和电照明工具的广泛使用，就没有光污染；没有飞机引擎之类大型机器设备的制造，就没有现代意义上的噪声污染；没有伴随各种科学技术手段的使用而来的捕捞能力的增长，就不会出现包括金枪鱼在内的水生生物资源的衰减甚至枯竭，如此等等。自然环境创伤的病源找到了，帮助自然疗伤的人们却没有因这种发现而信心大增，因为他们发现的病源是不可根除的。人类不可能停止对自然环境使用科学技术。人类既不会停止开发利用自然，也不会在开发利用自然时放弃使用科学技术手段。面对这样的创伤和如此的病源，为自然疗伤的人们只能寄希望于让自然"减轻病痛"，而不是彻底治愈自然的创伤；只能采取改良的办法，而不是根除病源的办法。这改良的办法就是让已经习惯于使用科学技术手段的人类在开发利用自然的

---

① ［美］蕾切尔·卡逊：《寂静的春天》，吕瑞兰、李长生译，吉林人民出版社1997年版，第5页。

活动中尽可能地使用对自然危害较轻、较小的科学技术，或在对自然危害较轻、较小的范围内、频度下使用科学技术。

第三，环境法要解决环境问题必须引导人们重视科学、尊重科学。不仅解决具体的环境创设必须依赖科学，而且环境问题的最终解决更需要借助于科学。环境问题，从人类文明史的角度去考查，是人类不科学地对待自然的结果。今天，环境容量已经不是一个很新的概念了。这个概念及其所包含的自然科学的道理告诉我们，如果人们开发利用自然的活动始终保持在环境容量之内，不超过自然的"极限"[①]，许多环境问题便可以避免。今天的环境法，尤其是我们将要建立或修改的环境法，应当是接受人类以往开发活动的"前车之鉴"的法。而这个"前车之鉴"的精髓就是科学对待自然。在这个意义上，服从科学的原则中的科学不限于自然科学，而是也包括用以解释和处理人与自然关系的人文科学和社会科学。

环境法应当贯彻服从科学的原则，这一点需要环境法学界继续论证、宣传；而从环境法制建设的实践来看，这个原则实际上已经落实在已有的环境法律文件中。比如，环境影响评价制度的核心就是要求人们开发利用自然环境的行为服从科学的裁判。环境影响评价法就是规范这种裁判活动的法，就是要求人们服从这种裁判的法。再如，《循环经济促进法》所要"促进"的循环经济可以说就是一种"科学经济"。不管是"减量化"、"再利用"，还是"资源化"，不管是在"生产、流通"环节的"三化"，还是在"消费"环节的"三化"，是"减少资源消耗和废物产生"，是"将废物的全部或者部分作为其他产品的部件予以使用"，还是"将废物直接作为原料进行利用或者对废物进行再生利用"[②]，都是运用科学技术的活动。作为一种经济活动，循环经济无疑是科学经济。《循环经济促进法》的立法目的说到底就是用法律的手段推动这种科学经济[③]，而这种法就是推动科学经济的法。

（三）公众参与原则。在表 8 - 2 对照的四部著作中有三部主张环境法应

---

① 关于环境极限及其与环境保护的思路之间关系的处理，可参见徐祥民《极限与分配——再论环境法的本位》，《中国人口资源与环境》2003 年第 4 期。

② 《中华人民共和国循环经济促进法》第二条。

③ 《中华人民共和国循环经济促进法》对立法目的的表述的首要内容就是"促进循环经济发展"。（见第一条）

当贯彻"环境民主原则"或"环境保护的民主原则",或与之相近的"依靠群众保护环境原则"。有学者认为,"环境民主原则和依靠群众保护环境的原则""实际含义基本相同"①。还有学者把"环境民主原则""称为公众参与原则"②。如此说来,"环境民主原则"或"环境保护的民主原则"和"依靠群众保护环境原则"、公众参与原则都是一回事。如果接受这一判断,本书对公众参与原则的论证将变得异常轻松,因为我们完全可以说对这一原则的支持已经达到了众口一词的程度。然而,实际上大家所取得的"一致"仅在于对象主体上。

"环境民主"中的"民"与"依靠群众"中的"群众"、"公众参与"中的"公众"之间存在某种一致性。韩德培先生把"依靠群众保护环境原则"表述为"各级人民政府应当发动和组织广大群众参与环境管理"。在这个表述中,所谓"群众"是"各级人民政府应当发动和组织"的对象。正因为如此,韩德培等才把这一原则解释为"党的群众路线在环境保护领域中的反映"③。金瑞林在阐述"环境保护的民主原则"的合理性时提到,"环境保护"是"公民的一项基本权利",国家"应该把环境保护事业建立在更加广泛的民主基础上",把"政府"的"环境管理活动和法律的执行建立在人民群众广泛支持、参与、监督的基础上"④。金瑞林笔下的"民"是"公民",是"人民群众",是可以给"政府"的"环境管理活动"和"执行""法律"的活动给予"支持、参与、监督"的"群众"。这些主体,在个体意义上称为"公民",而作为公民,在数量上它又具有"多数"的特征,所以常常被称为"群众"或"公众";在政治和行政管理关系中是处在政府和管理机关对面的。在这个意义上,按照我们的语言习惯,它也被称为"群众"或"公众"。

然而,这种一致性并不能自然说明环境法贯彻公众参与原则,或民主原则的理由是什么。我们主张环境基本法应该确立公众参与原则,主要理由不

---

① 蔡守秋主编:《环境资源法教程》,高等教育出版社2004年版,第125页。

② 黄锡生等对二者关系的表述是:"环境民主原则又称为公众参与原则。"参见黄锡生、李希昆主编《环境与资源保护法学》,重庆大学出版社2002年版,第118页。

③ 韩德培、陈汉光主编:《环境保护法教程》,法律出版社2003年版,第93页。

④ 韩德培、陈汉光主编:《环境保护法教程》,法律出版社2003年版,第139页。

在于公民监督政府，也不在于公民对环境或与保护环境的有关活动是利益相关者（尽管这两者都很重要，都需要考虑），而在于环境保护事业需要更多的人，或更多的主体参与。如果说前述"普遍责任原则"是对各种主体施加责任的"实体"原则，那么，公众参与则是为履行这样实体责任而设立的"程序"性原则。之所以把这个原则称为公众参与，而不是普遍参与以与"普遍责任原则"中的"普遍"相呼应，是因为"普遍"的各主体中需要在环境法这个法律部门中加以动员的只有在政治和行政管理关系中处于政府对面的"公众"。在现代政治条件下，政府把环境保护作为其管理的事务不仅可以得到普遍的支持，而且事实上已经成为世界各国的普遍做法。如果政府管理环境保护需要在法律上加以确认的话，那么，这样的任务应该交给宪法，而不是环境法。

公众参与原则无疑是在环境法体系中普遍适用的原则。在现有环境法中，环境影响评价制度、环境信息制度、环境公益诉讼制度、生态补偿制度等等，在一定程度上都是对公众参与原则的落实，或者说都体现了公众参与原则的要求。

（四）国际合作原则。国际合作是国际环境法的基本原则之一。[①] 这是否意味着它只能是国际环境法的原则呢？我们的答案是否定的。

国际合作既是国际环境法的基本原则之一，也是一国的环境法所应贯彻的原则。一方面，国家在实施国际法时需要接受国际法中的某些原则，所以存在于国际环境法中的国际合作原则可以传递给国内环境法；另一方面，也是更重要的方面，环境保护事业本身需要通过国际合作来实现。

首先，要解决全球性的环境问题、覆盖中国的区域性环境问题和以中国为一方的跨界性的环境问题，国家都需要寻求与世界各国或有关国家开展国际合作。环境法，尤其是环境基本法不应对这种合作漠不关心。相反，它应对如何寻求合作、实施合作、保障合作的顺利进行提供行为准则。

其次，人类共同的家园需要全球各国共同维护。人们喜欢把臭氧层空洞扩大、气候变暖等称为全球性环境问题，但人类面临的环境问题的全球性远非仅仅指那些天文学意义上的全球性问题的特性。当我们说地球是人类共同

---

① 徐祥民等著：《国际环境法的基本原则研究》，中国环境科学出版社2008年版，第318—357页。

的家园时，并非仅仅是出于对气候变化等的顾虑。耕地的减少常常被看作是单一国家的事，当然历史上还曾被看作是某个家族的祖先无能（没有抢先占领更多的土地），而在今天，它早已是一个全人类的难题，尽管加拿大、澳大利亚，甚至美国有远比中国、非洲丰富的未曾开垦的可耕地资源。生物多样性减少直观地看是某个特定环境下的某种生物灭绝，但人类大家庭早已发现这种看起来只是在某地发生的情况其实是这个大家庭的损失。"人类共同的家园"这个真理已经被揭示，这便要求由各国制定的环境法不能仅仅只关注领土内的诸如内湖水质、城市空气质量等环境问题，而应给政府、公众"参与""共同的家园"的环境治理提供行为准则。

再次，由服从科学的原则提出的要求。不管是认识环境问题，还是治理环境问题，都离不开科学技术，而认识环境问题和治理环境问题的科学和技术是人类可以共享的资源。这为各国间开展合作提供了科学的前提。而为了这种共享资源的增长，即认识环境问题和治理环境问题的科学技术的发展，各国也有必要开展科学技术研究方面的合作。环境法，尤其是环境基本法应当为促进环境科学技术研究上的合作和分享环境科学技术成果提供保障。

中　篇

第九章 海岛保护法

2009 年 12 月 26 日，第十一届全国人大常委会第十二次会议通过了《海岛保护法》。该法自 2010 年 3 月 1 日起施行。《海岛保护法》的起草始于 2003 年，由全国人大环境与资源保护委员会组织海岛保护法起草领导小组负责，到 2009 年海岛保护法草案经过三审并最终通过。这部以"保护海岛及其周边海域生态系统，合理开发利用海岛资源，维护国家海洋权益，促进经济社会可持续发展"① 为立法目的的法律成为中国第一部针对海岛的专门立法。

第一节 《海岛保护法》出台的背景

中国海岛数量众多，但海岛面积大都较小，食物链层次较少，生物物种之间以及生物物种与非生物物种之间关系简单，生态系统非常脆弱，易遭到破坏。近年来，大规模的开发活动对海岛资源和环境造成了极大的破坏。随意在海岛上开采石料、砍伐植被的行为不但破坏了海洋的自然景观，使海岛上珍惜的生物资源因滥采濒于枯竭甚至使得一些海岛不复存在。海岛生态系统的脆弱性和海岛自然资源开发的独特性亟须一部专门的法律来保护。因此，为保证中国海岛资源开发的有序展开，维护海岛生态系统的平衡，保护

---

① 《中华人民共和国海岛保护法》第一条。

海岛环境，有必要通过专门立法来加以规范。① 《海岛保护法》是顺应国际社会海权意识的崛起及国内海洋经济可持续发展之需要而产生的。

根据《联合国海洋法公约》的规定，中国的领海基线采用直线基线的划定方法，那些用作基点的岛屿需要得到重点保护。② 一些存在基点的岛屿的消失将严重影响中国作为领海、专属经济区及大陆架宽度起始线的领海基线的完整，使得海岸线向陆地一侧偏移。在海洋专属经济区和大陆架划界中，可发挥完全作用的岛屿的消失将直接影响划界线的走势。为确保中国领海基线的完整，保护那些用做基点或在海洋划界中起到完全或部分作用的岛屿，有必要进行海岛保护的专门立法。

《海岛保护法》因应了保护海岛资源、维护中国海洋权益、确保领海基线完整的需要而出台，包括六章共五十八条。内容涉及海岛保护规划。有居民海岛、无居民海岛及特殊用途海岛的保护、监督检查和法律责任。《海岛保护法》具有生态价值优先、管理体制明晰、管理分门别类的特点；涵盖了海岛规划制度、海岛生态保护制度、无居民海岛国家所有权及有偿使用制度、特殊用途海岛的特别保护制度、海岛保护监督检查制度。

第二节　《海岛保护法》的主要制度

《海岛保护法》主要设计了海岛保护规划制度、海岛分类保护制度、无居民海岛国家所有及有偿使用制度、特殊用途海岛保护制度和海岛保护的监督检查制度。这些制度的确立可有效改变中国海岛利用和管理中的无偿、无序、无度状况，促进海岛自然资源的合理开发利用。

一、海岛保护规划制度

《海岛保护法》在第二章以专章规定了海岛保护规划制度。海岛保护规划是保护及利用海岛的依据。③ 该章规定："国务院海洋行政主管部门会同

① 穆治霖：《从海岛生态系统和自然资源的特殊性谈海岛立法的必要性》，《海洋开发与管理》2007 年第 2 期。
② 《联合国海洋法公约》第七条。
③ 《中华人民共和国海岛保护法》第八条。

本级人民政府有关部门、军事机关，根据全国海洋功能区划，组织编制全国的海岛保护规划并报国务院审批。可利用的无居民海岛根据全国海岛保护规划来确定。"① "沿海省、自治区人民政府海洋行政主管部门会同本级人民政府有关部门、军事机关，依据全国的海岛保护规划制定省域海岛保护规划，报省、自治区人民政府审批，并报国务院备案。"② "省、自治区人民政府根据实际情况，可要求本行政区域内的沿海城市、县、镇人民政府组织编制海岛保护专项规划并纳入城市或镇的总体规划。"③ 国家海洋行政主管部门在审批建设工程、围填海项目时，应以全国、省域或市镇规划为依据。

二、海岛分类保护制度

《海岛保护法》第三章将海岛分为三类，即有居民海岛、无居民海岛和特殊用途的海岛。有居民海岛的开发、建设应当遵守有关规划和法律、法规的规定，以期实现对海岛和周边海域生态系统的保护。④ 在有居民居住的海岛上进行开发、建设活动应以生态保护设施优先或同步建设为原则，并依法开展环境影响评价。⑤ 未经批准在有居民海岛上进行的围填海活动或采挖海砂的活动应当予以严格限制。⑥ 无居民海岛应尽量维持其原貌，禁止在无居民海岛上开展未经批准的生产、建设、旅游等活动。⑦ 经批准的对无居民海岛的利用，除公益事业用岛外应缴纳使用金。⑧ 特殊用途的海岛主要包括领海基点所在海岛、国防用途海岛和自然保护区内的海岛。该法规定："禁止在领海基点保护范围内进行工程建设及其他可能改变该区域地形、地貌的活动。"⑨ "禁止破坏国防用途无居民海岛的自然地形、地貌和有居民海岛国防用途区域及其周边的地形、地貌。"⑩ "对具有特殊保护价值的海岛及其周边

---

① 《中华人民共和国海岛保护法》第九条。
② 《中华人民共和国海岛保护法》第十条。
③ 《中华人民共和国海岛保护法》第十一条。
④ 《中华人民共和国海岛保护法》第二十三条。
⑤ 《中华人民共和国海岛保护法》第二十四、二十五条。
⑥ 《中华人民共和国海岛保护法》第二十六、二十七条。
⑦ 《中华人民共和国海岛保护法》第二十八条。
⑧ 《中华人民共和国海岛保护法》第三十一条。
⑨ 《中华人民共和国海岛保护法》第三十七条。
⑩ 《中华人民共和国海岛保护法》第三十八条。

海域，依法批准设立海洋自然保护区或者海洋特别保护区。"①

三、无居民海岛国家所有及有偿使用制度

《海岛保护法》第四条规定了无居民海岛国家所有权，第三十一条规定了无居民海岛有偿使用制度。该法第四条规定："无居民海岛归属于国家，由国务院代表国家行使所有权。"第三十一条规定："经批准使用的无居民海岛，使用人必须向国家缴纳使用金。"中国沿海的大部分岛屿属于无居民海岛，明确无居民海岛的国家所有，有利于国家海洋行政主管部门的管理和执法。缴纳的无居民海岛使用金可用于无居民海岛生态系统遭到破坏后的及时修复，避免因责任主体的缺失而使得无居民海岛及周边海域生态损害无法及时修复的情况发生。

四、特殊用途海岛保护制度

《海岛保护法》第三章第四节规定了特殊用途海岛的特别保护制度。这种特别的保护制度主要针对领海基点所在的海岛、国防用途海岛、海洋自然保护区内的海岛。由于这类岛屿特殊的海权、国防和生态保护意义，《海岛保护法》对这类岛屿实施特别保护。主要体现在：禁止任何会影响领海基点所在岛屿地形或地貌的建设活动，不得损毁或移动领海基点标志，对领海基点所在海岛及周边海域生态系统进行监视和监测；② 禁止破坏国防用途无居民海岛的自然地形和地貌的活动；③ 对具有特殊保护价值的海岛和周边海域经批准可设立海洋自然保护区或海洋特别保护区。④

五、海岛保护的监督检查制度

《海岛保护法》第四章专章规定了海岛保护的监督检查制度。县级以上人民政府对有居民海岛的保护、开发和建设进行监督检查；⑤ 海洋行政主管

---

① 《中华人民共和国海岛保护法》第三十九条。
② 《中华人民共和国海岛保护法》第三十七条。
③ 《中华人民共和国海岛保护法》第三十八条。
④ 《中华人民共和国海岛保护法》第三十九条。
⑤ 《中华人民共和国海岛保护法》第四十条。

部门对无居民海岛是否被合理利用加以监督和检查。① 该法还规定检查人员在实施检查职责时，应出示有效的执法证件并恪守法律赋予的职责。②

第三节　《海岛保护法》的特点

一、明确了生态价值优先的立法理念

该法在总则第一条规定了立法目的，即保护海岛及其周边海域生态系统。它不是以实现海岛资源开发最大化，并实现经济效益的最大化为目标，而是要求在先确保海岛生态系统，在维系海岛生态系统平衡的前提下，合理地开发或利用海岛自然资源。为了落实生态价值优先的立法目的，《海岛保护法》专设了"海岛保护规划"一章。③ 此外，还通过完善海岛管理体制确保对生态价值的优先考虑可以落在实处。

二、着重厘清了海岛管理体制

中国《海洋环境保护法》中就存在管理部门权责交叉的情况。国务院环境保护行政主管部门、海洋行政主管部门、海事行政主管部门、渔业行政管理部门和军队部门均对海洋环境相关领域有一定的管理权限，当一项海洋污染事故发生时，常出现多部门管理或无部门管理的情况。《海岛保护法》规定，国家海洋行政主管部门负责有居民海岛无居民海岛及其周边海域生态保护工作，沿海县级以上地方人民政府海洋主管部门和其他有关部门负责其行政区域内海岛及其周边海域的生态保护工作。④

三、对海岛实行分类管理

对海岛实行分类管理，即将海岛分为有居民海岛、无居民海岛和特殊用

---

① 《中华人民共和国海岛保护法》第四十一条。
② 《中华人民共和国海岛保护法》第四十二、四十三条。
③ 《中华人民共和国海岛保护法》第二章。
④ 《中华人民共和国海岛保护法》第五、六条。

途海岛。有居民海岛上的开发及建设活动应在海岛的环境容量限度内①，任何工程建设活动都必须事先进行规划，确保建设活动不与生态保护的目标相抵触②，而那些有改变海岛海岸线之虞的围海和填海活动则是被严格限制的③。无居民海岛上的生物和非生物采集应限于教学和科学研究的需要。④如果在无居民海岛上从事开发活动，则必须遵守事先的规划。⑤ 国家对领海基点所在的海岛、国防用途海岛、海洋自然保护区内的海岛实行特别保护。这类海岛在保护国家海洋权益、海上安全和海洋环境方面具有重要作用，因此国家对这类岛屿实施特殊保护。⑥

① 《中华人民共和国海岛保护法》第二十四条。
② 《中华人民共和国海岛保护法》第二十五条。
③ 《中华人民共和国海岛保护法》第二十七条。
④ 《中华人民共和国海岛保护法》第二十九条。
⑤ 《中华人民共和国海岛保护法》第三十条。
⑥ 《中华人民共和国海岛保护法》第三十六条。

第十章 规划环境影响评价条例

　　《规划环境影响评价条例》于 2009 年 8 月 12 日以国务院第 76 次常务会议通过，并于 8 月 21 日以国务院第 559 号令予以公布，自 2009 年 10 月 1 日起施行。《规划环境影响评价条例》是根据 2002 年颁布实施的《环境影响评价法》制定，第一次就规划的环境影响评价单独以《条例》的形式对其内容进一步补充和完善。《规划环境影响评价条例》包括六章三十六条。

第一节　《规划环境影响评价条例》颁布的背景

　　中国于 20 世纪 70 年代末就开始研究和探讨在环境保护领域运用环境影响评价。1978 年 10 月，中共中央在批转的国务院《环境保护工作汇报要点》中提出："工程项目的设计文件要包含环境保护篇章，阐明企业建设前的环境状况，设计所采取的主要保护环境的措施，建成后环境质量状况的预计，以及企业环境保护管理机构的设置等内容。"这是"首次提出对建设项目要进行环境影响评价"。1979 年 4 月，国务院环境保护领导小组在《关于全国环境保护工作会议情况的报告》中，提出："要从资源开发利用，厂址选择、工艺路线和产品品种的选择、环境质量影响预评价等基本建设前期工作抓起，防止产生新的污染源。"把环境影响评价作为中国一项环境管理政策提出来。1979 年中国《环境保护法（试行）》第六条规定："一切企业、事业单位的选址、设计、建设和生产，都必须充分注意防止对环境的污染和破坏。在进行新建、改建和扩建工程时，必须提出对环境影响的报告书，经环境保护部门和其他有关部门审查批准后才能进行设计。"在立法上正式确定了中国的建设项目环境影响评价制度。为了增强建设项目环境影响评价制度的可操作性，1981 年 5 月，国家计划委员会、国家基本建设委员会、国家经济委员会、国务院环境保护领导小组联合颁布了《基本建设项目环境保护管理办法》，1986 年 3 月国务院环境保护委员会、国家计委、国家经委联合颁布了《建设项目环境保护管理办法》，比较详细地规定了环境影响评价制度的范围、内容、程序和审批权限。1988 年颁布的《建设项目环境保护条例》和 1999 年颁布的《建设项目环境保护分类管理名录》对环境影响评价制度作了修改、补充并进一步明确了环境影响评价制度的实施和管理体系。2003 年 9 月 1 日施行的《环境影响评价法》将环境影响评价的范围从建设项目环境影响评价扩展到规划环境影响评价，对环境影响评价的定义、评价范围、分类、评价原则、评价对象和内容、评价程序以及法律责任作出了全面规定，环境影响评价进入完善、提高阶段。

中国 2002 年公布的《环境影响评价法》第二章中虽然对规划的环境影响评价作了规定。但是，从近 7 年来贯彻落实《环境影响评价法》的实践情况看，规划的环境影响评价工作主要还存在以下问题：首先，责任追究力度不强，不能发挥应有的作用。不能有效追究责任导致实践中依法应当进行环境影响评价的规划能够不经评价即予以审批的现象时常发生，为此立法上应当进一步明确加大对规划编制、审批机关的责任追究；其次，《环境影响评价法》作为基本法，对规划环境影响评价的程序、内容、依据和形式等规定原则性比较强，在实践中缺乏可操作性，影响了规划环境影响评价的质量，需要进一步的具体、明确；最后，《环境影响评价法》中规定的对专项规划环境影响报告书审查的内容，审查小组人员组成，审查程序和效力等规定不明确。规划编制机关、规划审批机关与规划环境影响评价审查小组之间缺乏有效的制约机制，导致规划得不到应有的约束。跟踪评价制度过于原则，缺乏有效的实施机制，导致规划环境影响评价提出的对策措施得不到有效落实，需要进一步完善跟踪评价的内容、程序和救济措施。所以，有必要制订更详细的规范规划环境影响评价活动的法规。

第二节 《规划环境影响评价条例》的基本内容

《规划环境影响评价条例》共有六章，详细规定了制定条例的目的和依据；规划环境影响评价的原则、范围、制度；规划环境影响评价的时间、内容、标准和要求；审查小组的运作机制以及违反本条例的法律责任等。

一、制定《规划环境影响评价条例》的目的和依据

《规划环境影响评价条例》是根据《环境影响评价法》制定的，其目的是进一步贯彻落实《环境影响评价法》，"为了加强对规划的环境影响评价工作，提高规划的科学性，从源头预防环境污染和生态破坏，促进经济、社会和环境的全面协调可持续发展"。规划环境影响评价是针对实施各类发展规划可能产生的环境影响进行分析预测和科学评价，提出针对性的预防对策和减缓措施，着眼点在于从决策的源头上防止环境污染和生态破坏，防患于未然。中国虽然已有了《环境影响评价法》，但对规划的环境影响评价工作缺乏具体的规定，可操作性不强。为了进一步增强规划本身的科学性，做到更好地从源头上解决环境问题，统筹兼顾区域产业发展和环境保护，实现可持续发展的目标，国务院特制定了《规划环境影响评价条例》。

二、规划环境影响评价的范围

《规划环境影响评价条例》第二条规定："国务院有关部门、设区的市级以上地方人民政府及其有关部门，对其组织编制的土地利用的有关规划和区域、流域、海域的建设、开发利用规划（以下称综合性规划），以及工业、农业、畜牧业、林业、能源、水利、交通、城市建设、旅游、自然资源开发的有关专项规划（以下称专项规划），应当进行环境影响评价。"针对环境问题整体性的特征，规划环境影响评价更注重生态保护的全局性理念，更多地从区域或者流域的整体性来考虑生态环境问题，克服仅仅从行政区域的角度考虑环境问题所带来的弊端。规划环境影响评价工作的范围包括综合性规划和专项规划，无论综合性规划还是专项规划都应当进行环境影响评价，其具体范围由国务院环境保护行政主管部门会同国务院有关部门拟订，

报国务院批准后执行。

三、规划环境影响评价的内容

　　根据《规划环境影响评价条例》的规定，规划环境影响评价应当遵循相关的环境保护标准和环境影响评价技术导则、技术规范。对编制综合性规划和专项规划有不同的要求。对编制综合性规划要求编写环境影响篇章或者说明；对编制专项规划，要求编制环境影响报告书；对编制专项规划中的指导性规划，要求编写环境影响篇章或者说明。环境影响评价文件编制的主体是规划编制机关或者组织规划环境影响评价技术机构。环境影响篇章或者说明应当包括下列内容：规划实施对环境可能造成影响的分析、预测和评估。主要包括资源环境承载能力分析、不良环境影响的分析和预测以及与相关规划的环境协调性分析；预防或者减轻不良环境影响的对策和措施。主要包括预防或者减轻不良环境影响的政策、管理或者技术等措施。环境影响报告书除包括上述内容外，还应当包括环境影响评价结论。主要包括规划草案的环境合理性和可行性，预防或者减轻不良环境影响的对策和措施的合理性和有效性，以及规划草案的调整建议。

四、审查小组的运作机制

　　在审查小组的组成上，《规划环境影响评价条例》第十八条规定："审查小组的专家应当从依法设立的专家库内相关专业的专家名单中随机抽取。但是，参与环境影响报告书编制的专家，不得作为该环境影响报告书审查小组的成员。审查小组中专家人数不得少于审查小组总人数的二分之一；少于二分之一的，审查小组的审查意见无效。"专家的选取是从专家库中随机抽取，避免了人为的干扰因素。已参与环境影响报告书编制的专家不得参加审查小组。在审查小组的总人数中，专家不少于二分之一。根据《条例》第十九条规定："审查小组的成员应当客观、公正、独立地对环境影响报告书提出书面审查意见，规划审批机关、规划编制机关、审查小组的召集部门不得干预。审查意见应当包括下列内容：基础资料、数据的真实性；评价方法的适当性；环境影响分析、预测和评估的可靠性；预防或者减轻不良环境影响的对策和措施的合理性和有效性；公众意见采纳与不采纳情况及其理由的说明的合理性；环境影响评价结论的科学性。审查意见应当经审查小组四分之三以上成员签字同意。审查小组成员有不同意见的，应当如实记录和反映。"《条例》第二十条规定："有下列情形之一的，审查小组应当提出对环境影响报告书进行修改并重新审查的意见：基础资料、数据失实的；评价方法选择不当的；对不良环境影响的分析、预测和评估不准确、不深入，需要进一步论证的；预防或者减轻不良环境影响的对策和措施存在严重缺陷的；环境影响评价结论不明确、不合理或者错误的；未附具对公众意见采纳与不采纳情况及其理由的说明，或者不采纳公众意见的理由明显不合理的；内容存在其他重大缺陷或者遗漏的。"第二十一条规定："有下列情形之一的，审查小组应当提出不予通过环境影响报告书的意见：依据现有知识水平和技术条件，对规划实施可能产生的不良环境影响的程度或者范围不能作出科学判断的；规划实施可能造成重大不良环境影响，并且无法提出切实可行的预防或者减轻对策和措施的。"

五、论证会、听证会制度

《规划环境影响评价条例》第十三条对论证会、听证会召开的条件作出了明确的规定。要求必须是专项规划方可召开论证会、听证会，并且应同时具备以下两个条件：可能造成不良环境影响和直接涉及公众环境权益。对这样的专项规划必须在"规划草案报送审批前，采取调查问卷、座谈会、论证会、听证会等形式，公开征求有关单位、专家和公众对环境影响报告书的意见"。如果存在有关单位、专家和公众的意见与环境影响评价结论有重大分歧的情况，规划编制机关应当通过论证会、听证会等形式来进一步论证。

六、公众信息查询制度

《规划环境影响评价条例》规定了公众信息查询制度，只要不涉及保密的内容，有关单位、专家和公众可以申请查阅环境影响报告书结论和审查意见。《条例》第二十二条第二款规定，规划审批机关对环境影响报告书结论以及审查意见不予采纳的，应当逐项就不予采纳的理由作出书面说明，并存档备查。有关单位、专家和公众可以申请查阅。

七、跟踪评价制度

根据《条例》的规定，规划编制机关应当组织环境影响的跟踪评价。跟踪评价的方式包括调查问卷、现场走访、座谈会等。跟踪评价的内容包括：规划实施后实际产生的环境影响与环境影响评价文件预测可能产生的环境影响之间的比较分析和评估；规划实施中所采取的预防或者减轻不良环境影响的对策和措施有效性的分析和评估；公众对规划实施所产生的环境影响的意见；跟踪评价的结论。如果发现产生重大不良环境影响的，应当及时提出改进措施，向规划审批机关报告；环境保护主管部门发现产生重大不良环境影响的，也应当及时向规划审批机关提出采取改进措施或者修订规划的建议。规划审批机关应当及时组织论证，并根据论证结果采取改进措施或者对规划进行修订。

八、区域限批制度

中国在2008年修订的《水污染防治法》第十八条规定了"区域限批制度"。"对超过重点水污染物排放总量控制指标的地区，有关人民政府环境保护主管部门应当暂停审批新增重点水污染物排放总量的建设项目的环境影响评价文件。"《规划环境影响评价条例》采用了区域限批制度。其第三十条规定："规划实施区域的重点污染物排放总量超过国家或者地方规定的总量控制指标的，应当暂停审批该规划实施区域内新增该重点污染物排放总量的建设项目的环境影响评价文件。"

第十一章　防治船舶污染海洋环境管理条例

为了实施 1982 年《海洋环境保护法》，中国于 1983 年颁布了《防止船舶污染海域管理条例》。从该条例颁布至 2009 年这 26 年的时间里，国际国内的形势发生了很大的变化。为了应对海运业快速发展对海洋环境带来的威胁，有关国际组织制定出台了一些加强防治船舶污染海洋环境的国际公约。中国作为国际海事组织的 A 类理事国，积极推动并加入了《国际防止船舶造成污染公约》、《国际油污损害民事责任公约》（1992 年议定书）、《国际油污防备、反应和合作公约》等多个防治船舶污染海洋环境的国际公约。1999 年全国人大常委会对 1982 年《海洋环境保护法》进行了修订，增加了国家建立船舶油污保险、油污损害赔偿基金制度，以及对船舶载运油类、危险化学品等污染危害性货物的作业进行监管及应急器材的配备等内容。中国的海运也发生了巨大变化，中国石油进口量已升至世界第二位。据统计，2008 年中国通过海运共进口原油约 2.01 亿吨，沿海石油运输量超过 3.32 亿吨，其他散装有毒有害物质运量也不断增长，重大海上污染事故的发生风险大大提高。① 这些变化给保护海洋环境带来了新的压力。

在这种情况下，1983 年颁布的《防止船舶污染海域管理条例》已不适应新形势的要求，难以满足防治船舶污染的需要。2009 年 9 月 9 日，温家宝总理签署国务院令，发布了《防治船舶污染海洋环境管理条例》。该条例

---

① 王慧：《解读〈防治船舶污染海洋环境管理条例〉》，《环境经济》2010 年第 7 期。

于 2010 年 3 月 1 日起施行。该条例是根据 1999 年修订后的《海洋环境保护法》对 1983 年出台的《防止船舶污染海域管理条例》进行的修订。条例名称将"防止污染"原则转变为"防治污染"，包括了"治理"的意思。这个改变体现了环境保护的"预防为主、防治结合"的原则①，也将政府对环境进行治理的理念引入了条例。

《防治船舶污染海洋环境管理条例》（以下简称《条例》）共有九章七十八条。

第一节　防治船舶污染监督管理能力建设

一、防治船舶污染的监督管理部门

《条例》明确了国务院交通运输主管部门的相关管理职责。《条例》第四条规定："国务院交通运输主管部门主管所辖港区水域内非军事船舶和港区水域外非渔业、非军事船舶污染海洋环境的防治工作。海事管理机构依照本条例规定具体负责防治船舶及其有关作业活动污染海洋环境的监督管理。"② 此外，《条例》还对国务院交通主管部门在组织编制防治船舶及其有关作业活动污染海洋环境应急能力建设规划和特别重大船舶污染事故调查处理方面的管理责任进行了规定。

二、船舶污染事故应急反应能力建设

为了加强国家对船舶污染事故的应急反应能力，确保发生船舶污染事故时能够及时有效地开展相关工作，条例在制定应急规划、应急预案、人员和器材配备等方面进行了如下规定：

国务院交通运输主管部门应当根据防治船舶及其有关作业活动污染海洋环境的需要，组织编制防治船舶及其有关作业活动污染海洋环境应急能力建设规划，报国务院批准后公布实施。沿海设区的市级以上地方人民政府应当

---

① 《防治船舶污染海洋环境管理条例》第三条：防治船舶及其有关作业活动污染海洋环境，实行预防为主、防治结合的原则。

② 《防治船舶污染海洋环境管理条例》第四条。

按照国务院批准的防治船舶及其有关作业活动污染海洋环境应急能力建设规划，并根据本地区的实际情况，组织编制相应的防治船舶及其有关作业活动污染海洋环境应急能力建设规划。①

国务院交通运输主管部门、沿海设区的市级以上地方人民政府应当建立健全防治船舶及其有关作业活动污染海洋环境应急反应机制，并制定防治船舶及其有关作业活动污染海洋环境应急预案。②

船舶所有人、经营人或者管理人以及有关作业单位应当制定防治船舶及其有关作业活动污染海洋环境的应急预案，并报海事管理机构批准。港口、码头、装卸站的经营人应当制定防治船舶及其有关作业活动污染海洋环境的应急预案，并报海事管理机构备案。船舶、港口、码头、装卸站以及其他有关作业单位应当按照应急预案，定期组织演练，并做好相应记录。③

国务院交通运输主管部门、沿海设区的市级以上地方人民政府应当按照防治船舶及其有关作业活动污染海洋环境应急能力建设规划，建立专业应急队伍和应急设备库，配备专用的设施、设备和器材。④

第二节 防治船舶污染海洋环境的重要制度

一、船舶污染事故应急处置制度

发生船舶污染事故后，首要任务是立即开展应急处置工作，避免损失扩大。为了加强船舶污染事故的应急处置，确保发生船舶污染事故时能够及时有效地开展相关工作，《条例》按照船舶溢油量、事故造成的直接经济损失数额，将船舶污染事故分为特别重大、重大、较大和一般事故四个等级。⑤并明确规定。船舶在中华人民共和国管辖海域发生污染事故，或者在中华人民共和国管辖海域外发生污染事故造成或者可能造成中华人民共和国管辖海

---

① 《防治船舶污染海洋环境管理条例》第五条。
② 《防治船舶污染海洋环境管理条例》第六条。
③ 《防治船舶污染海洋环境管理条例》第十四条。
④ 《防治船舶污染海洋环境管理条例》第八条。
⑤ 《防治船舶污染海洋环境管理条例》第三十六条。

域污染的，应当就近向有关海事管理机构报告；接到报告的海事管理机构应当立即核实有关情况，并向上级海事管理机构或者国务院交通运输主管部门报告，同时报告有关沿海设区的市级以上地方人民政府。① 此外，为了有效处置船舶污染事故，条例还对不同等级事故的应急指挥机构作了明确规定，发生特别重大船舶污染事故，国务院或者国务院授权国务院交通运输主管部门成立事故应急指挥机构；发生重大、较大和一般船舶污染事故，由有关省、自治区、直辖市人民政府或者设区的市级人民政府会同海事管理机构成立事故应急指挥机构。② 此外还规定了船舶污染事故报告应当包括的内容③以及对船员、船舶所有人、经营人及有关管理部门的要求如下：

船舶发生事故有沉没危险，船员离船前，应当尽可能关闭所有货舱（柜）、油舱（柜）管系的阀门，堵塞货舱（柜）、油舱（柜）通气孔。船舶沉没的，船舶所有人、经营人或者管理人应当及时向海事管理机构报告船舶燃油、污染危害性货物以及其他污染物的性质、数量、种类、装载位置等情况，并及时采取措施予以清除。④

发生船舶污染事故或者船舶沉没，可能造成中华人民共和国管辖海域污染的，有关沿海设区的市级以上地方人民政府、海事管理机构根据应急处置的需要，可以征用有关单位或者个人的船舶和防治污染设施、设备、器材以及其他物资，有关单位和个人应当予以配合。被征用的船舶和防治污染设施、设备、器材以及其他物资使用完毕或者应急处置工作结束，应当及时返还。船舶和防治污染设施、设备、器材以及其他物资被征用或者征用后毁损、灭失的，应当给予补偿。⑤

发生船舶污染事故，海事管理机构可以采取清除、打捞、拖航、引航、过驳等必要措施，减轻污染损害。相关费用由造成海洋环境污染的船舶、有关作业单位承担。需要承担前款规定费用的船舶，应当在开航前缴清相关费用或者提供相应的财务担保。⑥

---

① 《防治船舶污染海洋环境管理条例》第三十七条。
② 《防治船舶污染海洋环境管理条例》第三十九条。
③ 《防治船舶污染海洋环境管理条例》第三十八条。
④ 《防治船舶污染海洋环境管理条例》第四十条。
⑤ 《防治船舶污染海洋环境管理条例》第四十一条。
⑥ 《防治船舶污染海洋环境管理条例》第四十二条。

处置船舶污染事故使用的消油剂，应当符合国家有关标准。海事管理机构应当及时将符合国家有关标准的消油剂名录向社会公布。船舶、有关单位使用消油剂处置船舶污染事故的，应当依照《海洋环境保护法》有关规定执行。①

二、船舶污染事故调查处理制度

按照《条例》的规定，特别重大船舶污染事故由国务院或者国务院授权国务院交通运输主管部门等部门组织事故调查处理；重大船舶污染事故由国家海事管理机构组织事故调查处理；较大船舶污染事故和一般船舶污染事故由事故发生地的海事管理机构组织事故调查处理。当船舶污染事故给渔业造成损害的，应当吸收渔业主管部门参与调查处理；给军事港口水域造成损害的，应当吸收军队有关主管部门参与调查处理。② 组织事故调查处理的机关或者海事管理机构应当及时、客观、公正地开展事故调查，勘验事故现场，检查相关船舶，询问相关人员，收集证据，查明事故原因。③ 组织事故调查处理的机关或者海事管理机构根据事故调查处理的需要，可以暂扣相应的证书、文书、资料；必要时，可以禁止船舶驶离港口或者责令停航、改航、停止作业直至暂扣船舶。④《条例》对委托的检验、检测机构、事故调查对各方的要求及事故认定书的内容、制作和送达等也进行了规定。⑤

三、船舶污染事故损害赔偿制度

船舶污染事故大多是突发性、灾难性的，给中国海洋环境造成了巨大的损害，需要完善船舶污染事故损害赔偿制度，以保障船舶污染事故造成的损害能够得到合理赔偿。《条例》根据《海洋环境保护法》、《海商法》以及中国加入的《国际油污损害民事责任公约》、《2001 年燃油污染损害民事责任国际公约》等国际公约的规定，对船舶污染事故损害赔偿制度作了以下

① 《防治船舶污染海洋环境管理条例》第四十三条。
② 《防治船舶污染海洋环境管理条例》第四十四条。
③ 《防治船舶污染海洋环境管理条例》第四十五条。
④ 《防治船舶污染海洋环境管理条例》第四十六条。
⑤ 《防治船舶污染海洋环境管理条例》第四十七、四十八、四十九条。

四个方面的规定：

第一，规定了船舶污染事故的赔偿原则，即造成海洋环境污染损害的责任者，应当排除危害，并赔偿损失；完全由于第三者的故意或者过失，造成海洋环境污染损害的，由第三者排除危害，并承担赔偿责任。①

第二，明确了船舶污染事故损害赔偿限额制度。条例规定，船舶污染事故的赔偿限额依照《海商法》关于海事赔偿责任限制的规定执行。但是，船舶载运的散装持久性油类物质造成中华人民共和国管辖海域污染的，赔偿限额依照中华人民共和国缔结或者参加的有关国际条约的规定执行。②

第三，建立了船舶油污损害民事责任保险制度。为了保障发生船舶污染事故后，污染损害能够得到合理赔偿，同时也为了防止航运企业因船舶污染事故赔偿导致破产，《条例》根据《海洋环境保护法》和中国加入的有关国际公约的规定，并兼顾中国小型油轮多，事故率高，赔付能力差，以及1000 总吨以上大型非油轮发生燃油污染事故后造成的后果比较严重的情况，规定除 1000 总吨以下载运非油类物质的船舶外，在中华人民共和国管辖海域内航行的船舶，其所有人应当按照国务院交通运输主管部门的规定，投保船舶油污损害民事责任保险或者取得相应的财务担保。

第四，目前中国进口原油 90% 以上通过海上运输，运输持久性油类物质货物的船舶发生污染事故的风险较大，一旦发生船舶油污事故，会给海洋环境造成重大损害，仅仅依靠船舶投保的船舶油污损害民事责任保险难以合理地进行赔偿。为此，《条例》细化了《海洋环境保护法》有关船舶油污损害赔偿基金的制度，规定在中华人民共和国管辖水域接收海上运输的持久性油类物质货物的货物所有人或者代理人应当缴纳船舶油污损害赔偿基金。船舶油污损害赔偿基金由有关行政机关和主要货主组成的船舶油污损害赔偿基金管理委员会负责管理。③

四、对船舶和港口码头等设施的技术要求

《条例》规定，船舶的结构、设备、器材应当符合国家有关防治船舶污

---

① 《防治船舶污染海洋环境管理条例》第五十条。
② 《防治船舶污染海洋环境管理条例》第五十二条。
③ 《防治船舶污染海洋环境管理条例》第五十六条。

染海洋环境的技术规范以及中华人民共和国缔结或者参加的国际条约的要求。① 港口、码头、装卸站以及从事船舶修造的单位应当配备与其装卸货物种类和吞吐能力或者修造船舶能力相适应的污染监视设施和污染物接收设施，并使其处于良好状态。② 港口、码头、装卸站以及从事船舶修造、打捞、拆解等作业活动的单位应当制定有关安全营运和防治污染的管理制度，按照国家有关防治船舶及其有关作业活动污染海洋环境的规范和标准，配备相应的防治污染设备和器材，并通过海事管理机构的专项验收。港口、码头、装卸站以及从事船舶修造、打捞、拆解等作业活动的单位，应当定期检查、维护配备的防治污染设备和器材，确保防治污染设备和器材符合防治船舶及其有关作业活动污染海洋环境的要求。③

五、对船舶排污活动的监管

《条例》规定："船舶应当取得并随船携带相应的防治船舶污染海洋环境的证书、文书。"④ 中国籍船舶的所有人、经营人或者管理人应当按照国务院交通运输主管部门的规定，建立健全安全营运和防治船舶污染管理体系。海事管理机构应当对安全营运和防治船舶污染管理体系进行审核，审核合格的，发给符合证明和相应的船舶安全管理证书。⑤ 除了规定船舶污染物要达标排放外，《条例》还规定"船舶处置污染物，应当在相应的记录簿内如实记录。船舶应当将使用完毕的船舶垃圾记录簿在船舶上保留2年；将使用完毕的含油污水、含有毒有害物质污水记录簿在船舶上保留3年"⑥。为了避免造成二次污染，《条例》规定，不符合向海洋排放标准的船舶污染物，应当排入港口接收设施或者由船舶污染物接收单位接收。并且规定："船舶污染物接收单位接收船舶污染物，应当向船舶出具污染物接收单证，并由船长签字确认。船舶凭污染物接收单证向海事管理机构办理污染物接收

---

① 《防治船舶污染海洋环境管理条例》第五十六条。
② 《防治船舶污染海洋环境管理条例》第十二条。
③ 《防治船舶污染海洋环境管理条例》第十三条。
④ 《防治船舶污染海洋环境管理条例》第十条。
⑤ 《防治船舶污染海洋环境管理条例》第十一条。
⑥ 《防治船舶污染海洋环境管理条例》第十六条。

证明，并将污染物接收证明保存在相应的记录簿中。① 船舶污染物接收单位应当按照国家有关污染物处理的规定处理接收的船舶污染物，并每月将船舶污染物的接收和处理情况报海事管理机构备案。"②

六、对船舶作业活动污染的防治（制度）

根据《条例》，从事船舶清舱、洗舱、油料供受、装卸、过驳、修造、打捞、拆解，污染危害性货物装箱、充罐，污染清除作业以及利用船舶进行水上水下施工等作业活动的，应当遵守相关操作规程，并采取必要的安全和防治污染的措施。从事相关作业活动的人员，应当具备相关安全和防治污染的专业知识和技能。并且对船舶的货物适载要求、污染危害性货物的载运、船舶油料供受作业、船舶修造、水上拆解的地点、船舶拆解、使用船舶向海洋倾倒废物以及船舶清污作业等方面进行了规定。③

《条例》还规定禁止船舶经过中华人民共和国内水、领海转移危险废物。经过中华人民共和国管辖的其他海域转移危险废物的，应当事先取得国务院环境保护行政主管部门的书面同意，并按照海事管理机构指定的航线航行，定时报告船舶所处的位置。④

中国在修订《防治船舶污染海洋环境管理条例》的时候，除了考虑到中国的实际情况外，也吸收了中国加入的有关国际公约的规定，《国际防止船舶造成污染公约》、《国际油污损害民事责任公约》、《国际油污防备、反应和合作公约》等公约的规定在修订后的条例中都有体现。此外条例修订的时候也参考了其他国家相关的实践。如美国的 2001 年《能源法案》赋予美国对于临近海域船舶污染处理的管辖权；2008 年《沿岸环境保护法案》设立了船舶污染防治基金制度；2010 年《海岸带综合管理规划》制定了关于防止船舶污染的综合管理以及应急处理制度。欧盟在 1998 年 1371 号法令对船舶污染的污染程度作出了量化级别规定，对船舶污染程度作出了明确的分类，便于防治船舶污染工作的积极执行和综合管理。另外，诸如加拿大、

---

① 《防治船舶污染海洋环境管理条例》第十八条。
② 《防治船舶污染海洋环境管理条例》第十九条。
③ 《防治船舶污染海洋环境管理条例》第二十条至第三十四条。
④ 《防治船舶污染海洋环境管理条例》第三十一条。

英国、法国等相关沿海国家对于防治船舶污染工作也都有相关法律规定。

人类的生存和发展离不开海洋。然而，随着全球航运业的高速发展，海上运输的日益繁忙，船舶以及有关水上活动对海洋环境的污染威胁也日益激增，尤其是船舶溢油事故对自然环境、水产养殖和旅游资源等造成的损害更是难以弥补，并且这种损害是长期的。在此背景下，《防治船舶污染海洋环境管理条例》的实施，无疑对控制船舶污染造成海洋环境的损害具有重大的意义。

第十二章　放射性物品运输安全管理条例

　　在现代社会，核能已经成为世界上许多国家的主要能源之一，同时核技术和放射性同位素在国防、工业、农业、医疗、科研和医学等领域中的广泛应用，但放射线危害的可能性却在增大[1]，从而不可避免地带来了副作用——放射性污染。西方发达国家比我们更早地意识到核能开发利用潜在的污染问题，1928 年国际辐射防护委员会（ICRP）成立。人们对于电离辐射的认识已逐渐增加。在从 1945 年 8 月美国在日本投下两颗原子弹至今，全世界对环境放射性的研究大致产生过两次高潮。第一次高潮是从 20 世纪 50 年代开始一直到 60 年代末。1955 年，联合国成立了辐射效应科学委员会（UNSCEAR），专门研究电离辐射（包括环境放射性）对人的影响。第二次高潮从 20 世纪 80 年代初开始一直延续至今[2]，人们对环境放射性污染的监控和研究力度在加大。中国政府从核技术发展之始就十分重视核与辐射安全工作，明确提出了"安全第一、质量第一"的方针。20 世纪 80 年代初，国家环保总局开始辐射环境的管理工作[3]，有关研究部门也开始意识到放射性核素作为一种环境污染物质对人居环境的影响重大，开始展开研究工作。从 1990 年起，中国常规辐射监测工作逐步开展。目前中国 31 个省、自治区、

---

① 石晓亮、钱公望：《放射性污染的危害及防护措施》，《工业安全与环保》2004 年第 1 期。

② 祝汉民：《环境放射性研究现状》，《环境科学进展》1994 年第 6 期。

③ 王玉庆：《抓住机遇，扎实工作，开创中国核与辐射安全监管工作的新局面》，《中国军转民》2005 年第 1 期。

直辖市均已建立了辐射环境监测和监督机构，对地区内重点城市实施辐射环境质量监测，各级政府已经把辐射环境的问题作为整个环境的一部分，纳入议事日程。

鉴于放射性污染影响面广、危害大、危害时间长、难以消除，世界上核工业发达国家，几乎从一开始就制定了一系列放射性防护法规和标准，以加强管理和防治工作。中国制定了一系列的防治放射性污染的政策和法规。到2009年底，基本形成以《放射性污染防治法》为核心，以各种行政法规、地方性法规、部门规章、法律文件为配套的放射性污染防治法律体系。该法律体系使得中国在核与辐射安全监管切实得到加强，在防治放射性污染，保护环境，保障人体健康，促进核能、核技术的开发与和平利用等方面取得了一定成效。目前，全国辐射环境质量总体良好，环境电离辐射水平基本保持稳定，核设施、核技术利用设备周围环境电离辐射水平总体未见明显变化；环境电磁辐射水平总体情况较好，除个别大功率发射设施周围局部环境电磁辐射综合场强略超国家标准外，其他电磁辐射设施设备周围环境电磁辐射水平符合国家标准。

放射性物品运输是核能开发和核技术应用中普遍存在而且必不可少的一个重要环节，也是易发生事故，造成严重辐射危害和社会影响的薄弱环节。随着经济的发展，放射性物品的应用领域逐步扩大，放射性物品的运输规模也相应扩大，而各种放射性物品应用单位的管理能力参差不齐，放射性物品交给私人或不具有相应资质能力的单位运输，就容易导致放射性物品的丢失、被盗或其他事故。另外，属于高敏感、高风险的核材料等放射性物品运输导致全社会甚至整个国际社会的高度关注，任何国家对放射性物品运输活动都实施非常严格的监管。长期以来，中国在放射性物品安全运输环节的监管重视程度不够，《放射性同位素与射线装置安全和防护条例》、《放射性污染防治法》等法律法规的规定涉及多个政府部门监管放射性物品运输，没有统一的行政法规对各个部门的职责加以明确、清楚的划分，使得对放射性物品运输的监管在某些方面交叉、重复，而在其他一些方面又十分薄弱甚至没有监管。随着中国核电事业的发展以及核技术在工业、农业、军事、医学、科研等领域的应用日益广泛，放射性物品的运输越来越频繁，一方面，对放射性物品运输的需求不断扩大；另一方面，运输的放射性物品的品种和数量不断增加。因而，对放射性物品运输的统一、有序、有法可依的监管是非常必要并且是非常迫切的。

　　早在 1993 年由原国家科委国家核安全局牵头，会同卫生部、原国家环保局、公安部、铁道部、交通部、原邮电部、民航总局和原中国核工业总公司等有关部门组成放射性物质运输安全管理条例编写组和审查组，着手进行草拟工作，1999 年和 2000 年召开了审查会议，2004 年完成征求意见稿，历经 16 年，直到 2009 年 9 月 7 日才由国务院第 80 次常务会议通过《放射性物品运输安全管理条例》，自 2010 年 1 月 1 日起实施。该《条例》共七章六十八条，目的就是加强对放射性物品运输的安全管理，保障人体健康，保护环境，促进核能、核技术的开发与和平利用（军用放射性物品运输安全的监督管理由国务院和军队的有关主管部门依照《放射性污染防治法》规定的原则和国务院、中央军事委员会规定的职责实施监督管理①）。

第一节　放射性物品运输安全监管机构

　　统一监管是《放射性物品运输安全管理条例》的核心，需要明确监管机构。关于对放射性物品运输的监管，国外仍存在对放射性物品统一管理和分部门协同管理的问题。实行统一监管的国家，如法国由早期的陆地运输管理局、海事管理局和民用航空总局分别承担放射性物质的审批并履行运输单位主管当局职能发展到由法国核安全与辐射防护总局（DGSNR）履行放射性物质运输的安全管理职能。在加拿大，放射性物质运输由核安全委员会（CNSC）统一负责。而美国、俄罗斯、英国、德国、日本等核能开发利用国家是多部门协同管理，如美国负责放射性物质运输安全监管的机构主要是核管会（NRC）和运输部（DOT），俄罗斯核与辐射安全审管局（GAN）和卫生部实施放射性物质运输的安全监督。中国实行对放射性物品运输的统一监管，在《放射性物品运输安全管理条例》中专门规定，由国务院核安全监管部门对放射性物品运输的核与辐射安全实施监督管理；公安、交通运输、铁路、民航等有关主管部门依照本条例规定和各自的职责，负责放射性

----

① 《放射性物品运输安全管理条例》第六十七条、《放射性污染防治法》第六十条。

物品运输安全的有关监督管理工作；县级以上地方人民政府环境保护主管部门和公安、交通运输等有关主管部门，依照本条例规定和各自的职责，负责本行政区域放射性物品运输安全的有关监督管理工作。[①]

第二节 放射性物品运输安全监管中的重要制度

一、分类管理制度

运输容器安全管理是《放射性物品运输安全管理条例》的关键，以分类管理为基础。运输放射性物品，保证安全的有效措施是依赖于运输容器性能的高可靠性。放射性物品在运输过程中产生的"流动式"放射性污染是防治放射性环境污染的重要内容，通过屏蔽防护[②]，在放射性物品与环境之间设置一种合适的屏蔽材料，利用屏蔽材料对射线的吸收可以有效防止"流动式"放射性污染。选择屏蔽防护的方法，以合适的屏蔽材料制造运输容器，依靠运输容器具有的包容、屏蔽、散热等性能来保障放射性物品运输安全。在国外，对放射性物质的货包（Package）包装的设计、建造等以及货包的运输等提出了详细的审管要求。中国《放射性物品运输安全管理条例》明确规定，运输放射性物品应当使用专用的放射性物品运输容器[③]，并对放射性物品运输容器的设计和制造进行分类管理。分类管理的思路贯穿整个《放射性物品运输安全管理条例》，《条例》根据放射性物品的特性及其对人体健康和环境的潜在危害程度，将放射性物品分为一类、二类和三类。[④] 常见的一类放射性物品如辐照用钴60放射源、γ刀治疗机、高水平放射性废物等；二类放射性物品如测井用放射源、中等水平放射性废物等；三类放射性物品如爆炸物检测用放射源、低水平放射性废物、放射性药品等。

在放射性物品运输容器设计的分类管理中，《条例》要求一类运输容器的设计在首次用于制造前报国务院核安全监管部门审查批准，并明确了设计

---

① 《放射性物品运输安全管理条例》第四条。
② 石晓亮、钱公望：《放射性污染的危害及防护措施》，《工业安全与环保》2004年第1期。
③ 《放射性物品运输安全管理条例》第五条。
④ 《放射性物品运输安全管理条例》第三条。

单位需要提交的申请材料和审查批准程序；二类运输容器的设计，应当在首次用于制造前将有关设计文件报国务院核安全监管部门备案；三类运输容器设计单位应当编制三类运输容器的设计符合国家放射性物品运输安全标准的证明文件，并存档备查。

在放射性物品运输容器制造单位的分类管理中，《条例》要求从事一类运输容器制造活动的单位具备拥有相应的专业技术人员、生产条件和检测手段，以及具有健全的管理制度和完善的质量保证体系三项条件；从事二类运输容器制造活动的单位在首次制造活动开始前将有关证明材料报国务院核安全监管部门备案；从事三类运输容器制造活动的单位按年度将制造运输容器的型号和数量报国务院核安全监管部门备案，并要求制造单位对生产的一类、二类运输容器进行统一编码。

在对用境外单位制造的放射性物品运输容器的分类管理中，《条例》要求在首次使用境外单位制造的一类放射性物品运输容器前报国务院核安全监管部门审查批准；首次使用境外单位制造的二类放射性物品运输容器前将有关说明材料报国务院核安全监管部门备案。

加强放射性物品运输容器的设计、制造单位的责任管理，《条例》规定放射性物品运输容器的设计、制造单位应当建立健全责任制度，建立质量保证体系，编制质量检验报告，并对所从事的放射性物品运输容器的设计、制造活动负责。放射性物品运输容器设计单位对设计的放射性物品运输容器的安全性能进行评价，建立健全评价档案。进行一类放射性物品运输容器设计，应当编制设计安全评价报告书，进行二类放射性物品运输容器设计，应当编制设计安全评价报告表。

放射性物品运输容器使用单位建立保养和维护档案，并对一类放射性物品运输容器每两年进行一次安全性能评价，评价结果报国务院核安全监管部门备案。

二、标准化管理制度

贯彻标准化管理理念，《放射性物品运输安全管理条例》在界定放射性物品时涉及一个词——豁免值，目前中国规定的豁免值是指不超过国家标准《放射性物质安全运输规程》（GB11806—2004）中表1放射性核素的基本限值，此豁免值以下的含有放射性核素的物品，不属于《条例》规定的放射性物品运输安全监管的范围。[①] 国际原子能机构（IAEA）是制定放射性物质运输安全标准最权威、最主要的国际组织。IAEA 自 1957 年成立以来，制定了许多有关放射性物质运输的文件，其中最主要、最核心的文件是"放射性物质安全运输条例"。自 1996 年开始，IAEA 正式将该文件编入其安全标准丛书，即 6 号丛书。目前 IAEA 的运输安全标准已被几乎所有的相关国际组织和 IAEA 的许多成员国采用，成为有关国际组织和各个国家制定放射性物质运输管理法规与安全标准的准则和基础。中国《放射性物品运输安全管理条例》规定放射性物品运输容器的设计、制造，应当符合国家放射性物品运输安全标准，第五条要求国务院核安全监管部门制定国家放射性物品运输安全标准，由国务院核安全监管部门和国务院标准化主管部门联合发布。

中国作为一个核大国应该承担起国际责任，并考虑到中国放射性物品进出口市场，在制定放射性物品运输安全标准时也应该以 IAEA 的"放射性物质安全运输条例"规定的安全标准为准则和基础，将中国的放射性物品运输安全标准纳入该体系，加强国际合作。

三、许可证管理制度

对放射性物品运输安全统一、有序、有法可依的监管，其有效措施是许可证管理。许可证制度是环境保护的手段性法律制度，是放射性污染防治法的"支柱"[②]，也应该成为放射性物品运输安全管理的重要手段。在国外，行政许可管理贯穿于放射性物品运输的各个环节。如俄罗斯要求直接从事放射性物质运输的运输公司（承运人），必须获得核与辐射安全审管局的许可证；法国对特殊形式放射性物质及其货包、特殊运输安排、运输操作等的货包批准证书制度；德国的运输许可证制度等。中国《放射性物品运输安全管理条例》对许可证制度应用不足，明确规定许可证是在一类放射性物品运输容器制造活动中的行政许可管理，《条例》第十六条至第二十一条规定

---

① 《放射性物品运输安全管理条例》第二条。
② 何燕：《析〈放射性污染防治法〉的许可证制度》，《大众科技》2009 年第 5 期。

了申请领取制造许可证的条件和程序，由国务院核安全监管部门审批、颁发制造许可证，禁止无证制造活动。

借鉴国外行政许可管理经验，中国在放射性物品运输的货包设计、装运、转移以及托运、承运、收货人资质、货包污染和辐射水平检测单位的资质等各个环节，存在完善《放射性物品运输安全管理条例》的许可证制度的空间，在《条例》中明确规定各类许可证以及在许可证管理中各方主体的法律责任。

此外，《放射性物品运输安全管理条例》还在放射性物品运输的监督、监测机制建设，放射性物品运输中的事故应急制度设计，放射性物品运输容器和运输工具设置警示标志等方面进行了规定。在执行和完善《条例》的过程中，仍需要针对放射性物品运输监管的重要技术问题，组织有关单位进行研究和试验后编写大量的技术报告，这些报告对执行放射性物品运输的安全要求提供良好和具体的指导和参考作用。考虑到将放射性物品运输规划纳入核安全与放射性污染防治规划中，《条例》应有关于规划的内容。

第十三章　废弃电器电子产品回收处理管理条例

废弃电器电子产品[①]（Waste Electrical Electronic Equipment，简称 WEEE），又称为"电子垃圾"，主要是指电子电气产品在达到其使用寿命后成为电子废弃物[②]，或指各种达到或接近其"生命周期"终点的电子产品的通称，包括废旧家电、电脑、通信设备、复印机、传真机等电子产品以及一些企事业单位淘汰的精密电子仪器设备等。[③] 废弃电器电子产品中含有多种对环境造成危害的物质，并会通过环境最终危害人类健康；另一方面，废弃电器电子产品中含有多种贵重金属和其他有用材料，具有再生资源回收利用价值，因此，对于废弃电器电子产品的处置不当不仅造成环境污染，同时更造成巨大的资源浪费。随着高新技术的迅猛发展和应用推广，废弃电器电子产品的回收处理，日益成为各国共同面对和急需解决的重要课题。2009 年 2 月 25 日，国务院颁布了《废弃电器电子产品回收处理管理条例》（以下简称《废弃电器回收条例》）。

[①] 废弃电器电子产品在中国现行立法中的称谓不尽一致，如《中华人民共和国固体废物污染环境防治法》称之为"废弃电器产品"，《中华人民共和国循环经济促进法》称之为"废电器电子产品"，信息产业部《电子信息产品污染控制管理办法》称之为"电子信息产品污染"，国务院《废弃电器电子产品回收处理管理条例》则表述为"废弃电器电子产品"。

[②] 滕吉艳、林逢春：《电子废物立法及其实施效果国际比较》，《环境保护》2004 年第 1 期。

[③] 陈魁、姚从容：《电子废弃物的再循环利用，企业、政府与公众的角色和责任》，《再生资源研究》2006 年第 1 期。

第一节 《废弃电器回收条例》出台的背景

目前，废弃电器电子产品在世界范围内的产生量已十分巨大。据统计，"2009 年全球约有 5300 万吨废弃电器电子产品产生。经预测，2010 年中国的废弃电器电子产品将有 230 万吨，仅次于美国的 300 万吨。"[①] 不仅如此，"废弃电器电子产品的产生量还正以普通固体废弃物数量 3 倍的速度快速增长。"[②] 随着其产生量的大幅增长，废弃电器电子产品所带来的环境危害及潜在的环境风险已引起了业内学者的广泛关注，废弃电器电子产品中含有汞、铅、镉、铬及聚合溴化联苯乙醚等多种有毒有害物质，如处理处置不当将会产生严重的环境风险并最终危及人类健康。根据《巴塞尔公约》附录中的规定，大部分废弃电器电子产品等电子废弃物已被列为危险废物，其随意丢弃、焚烧或填埋处理均会造成严重的环境污染和生态破坏，危害人类的生存环境和社会的可持续发展。同时，电子废弃物又具有资源化利用价值，其中含有玻璃、贵重金属等具有很高的经济回收价值。统计表明，"2009 年全球电子废弃物回收的收入约为 57 亿美元，预计 2014 年将增长到 146 亿美元"[③]。

"随着电子产业的快速发展，中国已成为电器电子产品生产和消费大国，废弃电器电子产品也随着国民电子产品百户拥有量的提高而逐年增长，并于 2005 年进入了报废的高峰期。"[④] 据权威部门数据显示，2009 年，中国电视机、电冰箱、洗衣机、空调和电脑五大类家电报废量达 9000 万台，到 2010 年年底，中国城镇电子产品报废总量预计将达到 13 亿台。

与废弃电器电子产品量的迅速增长相比，中国废旧电器电子产品的流向主要有两个：一是通过走街串巷的小商贩上门回收或者通过生产厂家、销售商"以旧换新"等方式回收后，流入旧货市场，销售给低端消费者。二是

[①] UNEP. Recycling from e-waste to resources. Bali: UNEP, 2009.

[②] 梁晓辉、李光明、黄菊文等：《上海市电子废弃物产生量预测与回收网络建立》，《环境科学学报》2010 年第 5 期。

[③] 童昕：《论电子废物管理中的延伸生产者责任原则》，《中国环境管理》2003 年第 1 期。

[④] 罗春、蒋湛、马立实、周超平：《电子废弃物污染现状及改善对策研究》，《安全》2008 年第 2 期。

拆解、处理，提取贵金属等原材料。目前的环境污染问题主要集中在第二个流向中，即由于一些地方存在为数众多的拆解处理废弃电器电子产品的个体手工作坊，它们为追求短期效益，采用露天焚烧、强酸浸泡等原始落后方式提取贵金属，随意排放废气、废液、废渣，对大气、土壤和水体造成了严重污染，危害了人类健康。为规范电子废物回收市场、降低环境风险和安全隐患，自 2005 年起，相继有 4 个大规模电子废弃物回收的国家试点项目投入运作①，然而尽管有正规的电子废弃物处理资质、先进的处理技术和设备，却因没有畅通的回收渠道而产生了"巧妇难为无米之炊"的尴尬境地，同时为维持日常运作和资金流动，巨大的经济负担使运营者不堪重负。② 尽管各级人民政府对电子废弃物引发的环境和健康问题给予了高度关注，但仍存在着应对措施不力的问题，有必要对电子废弃物处理加强法制化管理，以利于可持续发展。

鉴于废弃电器电子产品风险与价值并存的特性，制定相应的政策法规及选择恰当的回收处理方式对其进行有效管理具有重要的现实意义。中国 1996 年颁布、2004 年修订《固体废物污染环境防治法》，虽然明确了污染者治理原则，补充了有关生产者延伸责任的要求，还对产品、包装物实行强制回收，引入循环经济理念，但对治理电子废弃物污染缺乏针对性，没有将电子废弃物作为新一类废弃物与工业固体废物、生活垃圾、危险废物单独区分出来。该法的调整范围中对电子废弃物的管理都属于原则性的规定，没有具体的内容。虽规定了生产者延伸责任，但并没有规定相应的处罚措施，也没有相配套的回收措施。2003 年起实施的《清洁生产促进法》的有关规定对电子产品的生产、电子废弃物的循环利用等只能起到辅助性作用，面对日益严重的电子废弃物问题，该法缺乏对电子废弃物专业性的科学处理及循环利用和规定。2009 年实施的《循环经济促进法》虽然也对电子废弃物的循环利用提出法律要求，但只是提供法律原则，没有确定具体的权利义务关系和法律责任。

---

① 这四家废旧家电回收利用全国试点示范项目单位包括：北京华星、天津合昌、杭州大地、青岛新天地四家企业。

② 姚从容、田腐卿、陈星等：《中国城市电子废弃物回收处置现状——基于天津市的调查》，《资源科学》2009 年第 5 期。

　　由于缺少核心法规，中国在很长时间内都没有正规的电子废弃物回收管理系统。为积极推动电子废弃物的无害化、资源化处理，国家发展改革委员会、信息产业部、国家环保总局等有关部门制定了一系列相关的法规。2004年国家发改委出台《废旧家用电器及电子产品回收处理管理办法》，但没有强制要求电子产品生产企业对产品的回收负责。2006 年，商务部又通过《旧货品质鉴定通则》和《旧货品质鉴定——旧家用电器》两个行业标准。但这两个行业标准并不具有法律约束能力。

　　随着欧盟 WEEE 指令与 ROHS 指令的颁布实施，2007 年 3 月 1 日，由信息产业部牵头，国家发展和改革委员会、商务部、海关总署、国家工商行政管理总局、国家质量监督检验检疫总局、国家环境保护总局七大部门联合发布的《电子信息产品污染防治管理办法》正式施行（以下简称《办法》），作为中国针对欧盟 ROHS 指令的重要贸易对称性举措，该办法被称为中国的 ROHS 指令，主要对电子电器产品生产阶段（研发、设计、生产等环节）的有毒、有害物质或元素进行替代或减量化控制。[①] 作为中国第一部专门的电子废弃物管理立法，《办法》明确禁止或限制使用铅、汞、镉、六价铬、多溴联苯、多溴二苯醚六种有害材料，要求电子产品标注有毒有害材料名称与成分、安全使用期限、是否可回收的标志等。但《办法》只是倡导在电子信息产品的设计中考虑环保和便于再生的方案，而不是强制执行。《办法》只规范电子电器产品生产环节，而很多污染发生在回收、再利用环节，甚至对日渐庞大的电子废弃物进口，也没有完整的配套细则。控制电子产品污染是一项系统工程，《办法》显然并不足以解决中国日益严重的电子产品污染问题。

　　2007 年 9 月 7 日国家环保总局第三次局务会议通过《电子废物污染环境防治管理办法》，自 2008 年 2 月 1 日起施行。该办法主要规定了包括电子废物拆解利用行业环境准入制度，拆解利用处理电子废弃物普遍实施许可证制度，环境影响评价与经营单位名录信息公开相结合的制度等。此外，办法确定了目录管理的方式对电子信息产品中含有的铅、汞、镉、六价铬、多溴

---

　　① HAROLDK、郑凯：《欧盟电子电气设备废弃物指令的生产者影响分析》，《北京交通大学学报》（社会科学版）2007 年第 2 期。

联苯（PBB）和多溴二苯醚（PBDE）六种有毒有害物质进行控制。该管理办法是对《固废法》和《电子信息产品污染控制管理办法》有关内容的落实和细化，重点规范容易产生污染的环节，如拆解、利用、处理行为和生产、储存行为的环境监管。该办法不足之处同样在于处罚规定模糊，罚则不够具体。

2008 年下半年以来，商务部联合环保部、财政部等部门于 2009 年 6 月 1 日在上海等 9 个试点省市推出了"家电以旧换新"政策。该政策在促进城市家电消费的同时，对中国废旧电子电器正规回收处理体系的构建及完善具有一定的推动作用，"家电以旧换新"政策的实施正逐步改变着消费者报废家电的习惯，也在一定程度上确保了正规拆解企业稳定的回收渠道；同时，随着更多城市进入"家电以旧换新"的行列，中国电子废弃物的管理正朝着正规化、系统化和产业化方向发展。

如果从《环境保护法》算起，目前中国已经有了包括《固体废弃物污染防治法》、《清洁生产促进法》等 10 多部涉及固体废物污染治理的法律法规，但关于电子垃圾流向的问题特别是电子废物回收的责任、对电子废物回收利用的监管机制、对无利用价值废物无害化处理的技术标准等方面法律法规缺乏，更缺乏完整的配套细则。与欧盟、日本、美国等国家和地区的情况相比，仍然有很大的差距。总的来说，中国电子废弃物的立法现状不容乐观。

治理电子垃圾污染，关键是要建立一个科学的回收、利用电子垃圾管理体系。废弃电器电子产品中有许多有用的资源，如铜、铝、铁及各种稀有贵金属、玻璃和塑料等，具有很高的再利用价值。通过再生途径获得资源的成本大大低于直接从矿石、原材料等冶炼加工获取资源的成本，而且节约能源。加强废弃电器电子产品的回收利用，对于发展循环经济，克服资源短缺对中国经济发展的制约，具有重要意义。一些发达国家和地区已先后出台了有关废旧家电处理的法律和措施，鼓励企业采取先进工艺收集废旧电器，进行回收利用。如日本对家电中的铜、铁、塑料循环再利用率已高达50%；美国电子垃圾的回收再利用率已达97%以上。

中国作为电器电子产品生产和消费大国，规范废弃电器电子产品回收处理活动，有利于防止和减少环境污染，有利于促进资源综合利用，发展循环经济，创建节约型社会，保障人体健康。为规范废弃电器电子产品的回收处理活动，促进资源综合利用和循环经济发展，保护环境，保障人体健康，根据《清洁生产促进法》和《固体废物污染环境防治法》的有关规定，制定本条例。[①]

第二节　《废弃电器回收条例》的主要特点

2009年2月25日，温家宝总理签署国务院令公布《废弃电器电子产品回收处理管理条例》（简称《废弃电器回收条例》），已于2011年1月1日起施行。随着《废弃电器回收条例》及相关配套政策法规的颁布和实施，中国电子废弃物的回收和处置将步入一个新的时代。

《废弃电器回收条例》由总则、相关方责任、监督管理、法律责任和附则等五章共三十五条组成，围绕废弃电器电子产品回收处理，从调整范围、处理资格许可、专项基金的建立、多渠道回收和集中处理到生产者、销售者、回收经营者、处理企业承担的责任、监督管理、处理信息公开等各个环节方面都作了具体明确规定，确立了废弃电器电子产品处理废旧分离制度、目录管理制度、废弃电器电子产品处理规划制度、集中处理和处理资格许可制度等一系列制度。

一、废弃电器电子产品处理实行废旧分离

《废弃电器回收条例》规定：本条例所称废弃电器电子产品的处理活动，是指将废弃电器电子产品进行拆解，从中提取物质作为原材料或者燃料，用改变废弃电器电子产品物理、化学特性的方法减少已产生的废弃电器电子产品数量，减少或者消除其危害成分，以及将其最终置于符合环境保护要求的填埋场的活动，不包括产品维修、翻新以及经维修、翻新后作为旧货再使用的活动。[②]《废弃电器回收条例》同时明确规定：回收的电器电子产品经过修复后销售的，必须符合保障人体健康和人身、财产安全等国家技术

---

① 《废弃电器电子产品回收处理管理条例》第一条。
② 《废弃电器电子产品回收处理管理条例》第二条。

规范的强制性要求，并在显著位置标识为旧货。具体管理办法由国务院商务主管部门制定。[①]

二、目录管理制度

《废弃电器回收条例》规定对废弃电器电子产品处理实行目录管理。[②]由发改委会同环保部、工信部等部门制订调整《废弃电器电子产品处理目录》（以下简称《目录》）。《目录》将详细规定哪些种类的废电器需要强制回收，以及如何处理等问题。列入《目录》的废电器的回收处理及相关活动，必须适用《废弃电器回收条例》。有关部门根据实际情况变化适时调整《目录》。

三、多渠道回收和集中处理制度

废弃电器电子产品的回收，涉及千家万户，目前已经自发形成了相对固定的回收渠道，包括销售（以旧换新）、维修、搬家公司、城市垃圾回收系统等多条渠道。《废弃电器回收条例》维持了现行多渠道回收的体系，鼓励对废弃电器电子产品多渠道回收和集中处理。[③]生产者、进口商、销售商、维修机构、售后服务机构、回收企业等都可以开展回收，但回收来的废电器必须交由有处理资格的企业集中处理。处理企业也可直接从机关、团体、企事业单位处回收，并依照国家有关规定办理资产核销手续。此外，考虑到目前一些地方存在的群体化家庭手工作坊式的拆解处理活动，予以取缔或者在短期内转化为完全符合处理企业资格的企业有一定困难，需要有一个从分散拆解处理向地域化集中，再向企业化集中处理的过程。条例规定，经省级人民政府批准，可以设立废弃电器电子产品集中处理场。

四、处理资质、资格许可制度

不规范的拆解、提取原材料活动，是造成废弃电器电子产品严重污染环境、损害人体健康的主要原因，因此条例设定了废弃电器电子产品处理资格

---

① 《废弃电器电子产品回收处理管理条例》第十二条第三款。
② 《废弃电器电子产品回收处理管理条例》第三条。
③ 《废弃电器电子产品回收处理管理条例》第五条。

许可制度。《废弃电器回收条例》明确规定，废弃电器电子产品的处理必须具备以下条件方能申请处理企业资格：具备完善的废电器处理设施；具有对不能完全处理的废电器的妥善利用或者处置方案；具有与所处理的废电器相适应的分拣、包装以及其他设备；具有相关安全、质量和环境保护的专业技术人员等。处理企业资格由设区的市级人民政府环境保护主管部门审批。

五、专项处理基金

本着"谁生产、谁缴费，谁使用、谁缴费"的原则，以及借鉴发达国家先进经验，《废弃电器回收条例》规定，国家建立废弃电器电子产品处理基金，用于废弃电器电子产品回收处理费用的补贴。电器电子产品生产者、进口电器电子产品的收货人或者其代理人应当按照规定履行缴纳义务。为提高废弃电器电子产品处理专项基金收取和使用的公平性和透明度，条例规定，制订废弃电器电子产品处理基金的征收标准和补贴标准，应当充分听取电器电子产品生产企业、处理企业、有关行业协会及专家的意见。

六、生产、销售、回收、处理企业各负其责

从源头上控制污染材料的使用，是解决电子污染的根本途径。为此，《废弃电器回收条例》首先规定，生产者、进口电器电子产品的收货人或者其代理人生产、进口的电器电子产品应当符合国家有关电器电子产品污染控制的规定，采用有利于资源综合利用和无害化处理的设计方案，使用无毒无害或者低毒低害以及便于回收利用的材料。电器电子产品上或者产品说明书中应当按照规定提供有关有毒有害物质含量、回收处理提示性说明等信息。[1]

对于电器电子产品销售者、维修机构、售后服务机构的责任，条例规定：电器电子产品销售者、维修机构、售后服务机构应当在其营业场所显著位置标注废弃电器电子产品回收处理提示性信息。[2] 回收的废弃电器电子产品应当由有资格的处理企业处理。

---

[1] 《废弃电器电子产品回收处理管理条例》第十条。
[2] 《废弃电器电子产品回收处理管理条例》第十一条。

对于废弃电器电子产品回收经营者的责任，条例规定，废弃电器电子产品回收经营者应当采取多种方式为电器电子产品使用者提供方便、快捷的回收服务。废弃电器电子产品回收经营者对回收的废弃电器电子产品进行处理，应当依照本条例规定取得处理资格；未取得处理资格的，应当将回收的废弃电器电子产品交有资格的处理企业处理。回收的电器电子产品经过修复后销售的，必须符合保障人体健康和人身、财产安全等国家技术规范的强制性要求，并在显著位置标识为旧货，具体管理办法由国务院商务主管部门制定。①

《废弃电器回收条例》还明确了处理企业的责任：一是从事废弃电器电子产品处理活动，应当取得废弃电器电子产品处理资格。② 二是处理废弃电器电子产品，应当符合国家有关资源综合利用、环境保护、劳动安全和保障人体健康的要求，禁止采用国家明令淘汰的技术和工艺处理废弃电器电子产品。③ 三是处理企业应当建立废弃电器电子产品处理的日常环境监测制度。④四是处理企业应当建立废弃电器电子产品的数据信息管理系统，按照规定向所在地的环境保护主管部门报送基本数据和有关情况，基本数据的保存期限不得少于 3 年。⑤

此外，回收、储存、运输、处理废弃电器电子产品的单位和个人，还应当遵守国家有关环境保护和环境卫生管理的规定。

七、政府对废弃电器电子产品处理的监督管理制度

对于加强政府对废弃电器电子产品回收处理的监督管理，《废弃电器回收条例》主要规定以下四个方面：第一，国家鼓励和支持废弃电器电子产品处理的科学研究、技术开发、技术标准的研究以及新技术、工艺、设备的示范、推广和应用。⑥ 第二，国务院资源综合利用、质量监督、环境保护、工业信息产业等主管部门依照规定的职责制定废弃电器电子产品处理的相关

---

① 《废弃电器电子产品回收处理管理条例》第十二条。
② 《废弃电器电子产品回收处理管理条例》第十二条第二款。
③ 《废弃电器电子产品回收处理管理条例》第十五条。
④ 《废弃电器电子产品回收处理管理条例》第十六条。
⑤ 《废弃电器电子产品回收处理管理条例》第十七条。
⑥ 《废弃电器电子产品回收处理管理条例》第八条。

政策和技术规范。① 第三，省级人民政府环境保护主管部门会同同级资源综合利用、商务、工业信息产业主管部门编制本地区废弃电器电子产品处理发展规划，报国务院环境保护主管部门备案。② 第四，地方人民政府应当将废弃电器电子产品回收处理基础设施建设纳入城乡规划。③

第三节　《废弃电器回收条例》实施的相关配套措施

中国已成为家用电器的生产和消费大国，如何有效地进行电子废弃物的资源化回收处理，已经成为当前关系到中国经济、社会和环境可持续发展及中国再生资源回收利用面临的一个新课题。称为中国的"WEEE"的《废弃电器回收条例》，这个针对电子垃圾的专门性条例的出台和实施（已于2011年1月1日起正式实施），对于规范、完善中国废弃电器电子产品回收利用、保护生态环境必将产生积极、重大而深远的作用。

另一方面，《废弃电器回收条例》还存在很多有待完善的地方，比如"目录"、"拆解处理企业资质管理办法"、"处理基金管理办法"等具体相关的法律法规及相关配套标准尚未出台，从而导致该条例公布以来至施行之日期间法律规定出现空白，在废弃电器电子产品回收处理过程中无法具体操作。

一、废弃电器电子产品处理目录

《目录》是确定《废弃电器回收条例》调整范围的依据，纳入《目录》的废弃电器电子产品适用《废弃电器回收条例》的相关规定，主要有规划、基金、资质许可、多渠道回收和集中处理、生产者标识、资产核销、信息报送、旧货管理等一系列制度。《目录》的重要作用在于划定进行集中回收、拆解处理的产品种类。废弃电器电子产品种类繁多、材料复杂，资源含量、环境影响以及回收处理难度各不相同。中国废弃电器电子产品回收处理体系尚不健全、产业化还较薄弱，《废弃电器回收条例》实施初期，不宜将所有

---

① 《废弃电器电子产品回收处理管理条例》第二十条。
② 《废弃电器电子产品回收处理管理条例》第二十一条第一款。
③ 《废弃电器电子产品回收处理管理条例》第二十一条第二款。

电器电子产品一次性纳入管理范围。借鉴国外经验，采用《目录》管理方式，分批发布，突出重点、明确目标，积累经验、稳步推进，使《废弃电器回收条例》调整范围与中国废弃电器电子产品回收处理体系建设相适应，同时与相关电器电子产品标准、海关商品编码等的调整变化相对应。根据中国的实际情况，应综合考虑资源性、环境性、技术经济性及启动初期需要政策扶持等因素，经过调研、反复论证，将社会保有量大、废弃量大、产品体积较大、回收成本高、处理难度大、环境污染严重的电器电子产品，作为首批《目录》产品纳入《废弃电器回收条例》管理范围，根据实际情况需要，以后可能还会有第二、三批目录。先期选择部分重点产品纳入《目录》，有利于鼓励重点废弃电器电子产品处理技术的研发和推广，推动产业化发展，积累管理经验，为将全部废弃电器电子产品纳入《目录》管理奠定基础。

二、废弃电器电子产品处理基金征收使用管理办法

《废弃电器回收条例》第七条规定："国家建立废弃电器电子产品处理基金，用于废弃电器电子产品回收处理费用的补贴。电器电子产品生产者、进口电器电子产品的收货人或者其代理人应当按照规定履行废弃电器电子产品处理基金的缴纳义务。"废弃电器电子产品处理基金制度是《废弃电器回收条例》确立一项重要制度。为保证落实这一制度，应根据《废弃电器回收条例》第七条第三款"制订废弃电器电子产品处理基金的征收标准和补贴标准，应当充分听取电器电子产品生产企业、处理企业、有关行业协会及专家的意见"的规定，尽快研究制定出台废弃电器电子产品处理基金征收使用管理办法，明确对电器电子产品生产者、进口电器电子产品的收货人或者代理人生产、进口的电器电子产品处理基金的征收标准或征收数额，对基金应缴纳的时间及逾期不缴纳基金的滞纳金加收方法等问题作出具体规定。

三、废弃电器电子产品处理资格许可管理办法

针对不规范的拆解、提取原材料活动，造成废弃电器电子产品严重污染环境、损害人体健康问题，条例借鉴国际通行做法，明确设定了废弃电器电子产品处理资格许可制度。为确保这一制度的落实实施，根据《废弃电器回收条例》第六条"国家对废弃电器电子产品处理实行资格许可制度"的

规定，应尽快研究制定"废弃电器电子产品处理资格许可管理办法"，明确拆解处理企业的资质要求，在统一规划、合理布局的基础上，把好准入门槛，对处理企业的技术、设备、人员、资源循环利用及环保、安全、消防等方面作出明确要求，并确定相关规范和标准。

除了以上三项最受关注的配套政策以外，还有一些政策也直接关系到这条资源再利用的产业链能否顺利运行。《废弃电器回收条例》第二十一条规定："省级人民政府环境保护主管部门会同同级资源综合利用、商务、工业信息产业主管部门编制本地区废弃电器电子产品处理发展规划。"为此，环保部应向各省级环境保护行政主管部门发布废弃电器电子产品处理发展规划编制指南，以指导各地区编制废弃电器电子产品处理发展规划，提高规划编制的规范性和科学性。各省相关部门应着手进行规划编制工作，摸清本地区废弃电器电子产品产生、回收及处理的基本情况，对处理企业进行合理布局，促进企业规模化经营。另外，商务部、工信部也应在其职责范围内制定相关管理办法来保障《废弃电器回收条例》的顺利实施。这一系列配套政策是保证《废弃电器回收条例》顺利实施的关键。

第十四章 《抗旱条例》

2009 年 2 月 26 日,《抗旱条例》(以下简称《条例》)被正式公布并施行。它是中国第一部专门规范抗旱工作的行政法规。其颁布及施行,不仅丰富了中国环境法制的内容,而且必将推进中国依法抗旱的进程。

第一节 《条例》的制定

中国地处欧亚大陆东南部,东南临太平洋,西南西北深入欧亚大陆腹地,地势西北高、东南低,地理条件和气候条件十分复杂,大部分地区位于世界上著名的季风区,降水的时空变化很大,干旱区和半干旱区面积约占全国总面积的 45%。特殊的地理条件和气候特征决定了中国是一个干旱及旱灾频繁发生的国家。新中国成立至今的资料表明,全国每年都有不同程度的旱灾发生。据统计,自 1950 年至 2008 年,全国年平均因旱作物受灾面积 21672 平方公里,年平均因旱作物成灾面积 9621 平方公里。其中受灾面积和成灾面积都超过年平均数的有 1959—1961 年、1972 年、1978 年、1980—1981 年、1985—1989 年、1991—1992 年、1994—1995 年、1997 年、1999—2003 年和 2007 年共 23 年。其中,20 世纪 80 年代以来有 18 年,占 78%。受灾面积和成灾面积均排在前 5 位的年份是 2000 年、2001 年、1997 年、1992 年和 1994 年,都出现在 20 世纪 90 年代以后。①

---

① 吴玉成、高辉:《新中国重大干旱灾害抗灾纪实》,《中国防汛抗旱》2009 年第 S1 期。

自 20 世纪 80 年代以来，中国旱灾发展趋势主要表现为三个方面：一是旱灾损失呈增加的趋势。全国年均受灾面积、因旱损失粮食及其占全国粮食总产的比例不断增加，旱灾对经济社会的影响越来越大。二是干旱灾害的范围扩大。近几年，在传统的北方旱区旱情加重的同时，南方和东部多雨区旱情也在扩展和加重。由于干旱缺水，在一些地区土地沙化日趋严重，使中国土地沙化扩展的速度在不断加快。三是旱灾影响的领域在扩展。旱灾影响的领域已由农业生产发展到第二、三产业用水和生态环境用水，甚至波及到生活用水，进一步加剧了用水的矛盾和地下水的超采现象。[①]

从抗旱活动本身来看，抗旱是指组织、动员社会和公众力量，采取工程与非工程相结合的措施，通过应急开源、合理调配水源和应急节水等手段，在城乡生活、生产和生态方面防范、抗御干旱，减轻旱灾损失的活动。抗旱工作涉及政府内部各个职能部门的协调配合，以及政府与社会各主体之间的关系调整。例如，抗旱工作中防旱与抗旱的关系、局部抗旱工作与全局利益的关系、抗旱工作中的长远利益与短期利益的关系、抗旱工程措施与非工程措施的关系以及各级财政抗旱投入与分担筹资的关系等，都需要法律来予以明确。

但是，对整个抗旱工作来说，其法制建设基本上处于空白状态。在《条例》颁布之前，国家没有专门的法律和行政法规出台，只有财政部、水利部出台过一个部门规章——《特大防汛抗旱补助费使用管理办法》。尽管《水法》、《电力法》等少数法律法规的个别条款对抗旱工作有所规定，但都比较原则，缺乏系统性和可操作性，抗旱工作缺乏起码的依据和法律保障。例如，国家制订过许多水利发展规划，如防洪规划、供水规划、节水规划、水土保持规划等，但至今没有一个完整的抗旱规划来指导抗旱工作。又如，旱情、旱灾的评定没有一个统一的规范或标准，各地评定旱灾的标准差异很大，有的以降雨的多少来判断，有的以耕地土壤含水量的大小来判断，还有的以旱灾损失为标准来判断。地方性法规除了安徽省于 2002 年出台过《安

[①] 据统计，全国沙化、荒漠化土地面积已占国土总面积的 45.5%。因超采地下水，地下漏斗区面积达 8.7 万平方公里。

徽省抗旱条例》，其他省份也是一片空白。① 由于无法可依，在政府抗旱操作程序、专业抗旱人员的培训、抗旱资源管理与利用、政府和民众的职责与义务等具体操作方面就出现了法制"真空"，政府和民众抗旱时更多地是"凭经验"，靠本应作为辅助手段的行政命令和行政手段。经验有时不灵验，行政命令和行政手段有时是非常有效的。但是，与法制相比，它们的约束力、规范性和持续性明显较差。由此带来的问题也就很多：水利工程投入不足、重建疏管，部分抗旱部门和人员抗旱意识淡薄、侥幸麻痹，在"抗洪"与"抗旱"上顾此失彼，时常出现"洪灾之后是缺水"的尴尬局面。其一，必要的制度、机制无法确立，工作无法协调，水事责任事故与纠纷难以处理；其二，抗旱投入没有法制保障，抗旱设施老化失修，效益衰减。由于没有法规约束，无论是中央还是地方，抗旱投入都严重不足，影响了抗旱工作的开展；其三，由于缺乏法规支持和约束，资金运作低效、不规范，抗旱工作受到严重影响。国家和地方政府应急抗旱资金投入不及时、不到位以及使用不规范是普遍现象。

针对上述现状，对抗旱工作依法进行组织、管理，既是工作本身的需要，也是各级政府依法行政、全社会依法治水的体现。单靠行政手段推动抗旱工作已远远不能满足形势发展的需要，必须通过抗旱立法，将政府的组织发动、全社会的共同参与、日常的准备工作纳入法律规制下，才能提高依法治水的总体水平。而且，面对如此严峻的抗旱节水压力，仅靠宣传、教育、引导类措施已经不大起作用，经济手段运用空间也十分有限。除了要规范行政措施外，最基础、最重要的工作是加强抗旱立法工作。

另外，中国在防灾减灾方面形成了不少的立法成果，抗旱减灾工作开展的也比较早，形成了一些成功经验和好的做法。有些立法成果在抗旱立法上值得借鉴。一些成功的抗旱经验和好的做法也需要进一步上升为法律规范。以防洪立法为例，除了《水法》以外，国务院 1991 年出台了《中华人民共和国防汛条例》和《水库大坝安全管理条例》，全国人大 1997 年又颁布了《中华人民共和国防洪法》，国务院 1988 年制定了《中华人民共和国河道管

---

① 董藩、周宇：《制定中华人民共和国抗旱条例的必要性及具体思路》，《新疆大学学报》（哲学社会科学版）2005 年第 6 期。

理条例》，另外还有水利部及其流域管理机构、其他部委颁布的《蓄滞洪区运用补偿暂行办法》等一系列部门规章。目前，各个省份基本上都制定了自己的《防洪条例》、《实施〈中华人民共和国防洪法〉办法》、《河道管理条例》、《排水管理条例》、《滩涂管理条例》、《内河航运管理条例》、《防汛墙保护办法》、《河道采砂管理办法》、《海塘管理办法》、《水闸管理办法》、《内河港口管理办法》等地方性水法规、政府规章和省级规范性文件，一些城市也结合自己的情况出台了类似的法规和文件，甚至是《城市防洪规划》、《防洪保安费收缴使用管理办法》等更为详细的管理规定。可以说防洪工作基本上纳入了法制管理的轨道。这些立法经验在抗旱立法过程中值得借鉴。

在以上背景下，为了有效应对旱灾，减少旱灾造成的损失，水利部在深入调查研究和总结多年来抗旱工作经验的基础上，起草了《条例》（送审稿）于2006年年底报请国务院审议。国务院法制办收到此件后，多次征求了国务院有关部门和各省、自治区、直辖市人民政府的意见，到山西和陕西等地听取了基层从事抗旱工作同志的意见并进行了实地考察，还专门召开专家论证会对有关制度进行论证。根据各方面的意见，经有关部门反复研究、论证、修改，形成了《条例》草案，于2008年报请国务院常务会议讨论。2009年2月11日，国务院第49次常务会议讨论并原则通过了《条例》。2月26日，温家宝总理签署了第552号国务院令公布实施该《条例》。

第二节　《条例》的主要内容及特点

一、《条例》的主要内容

《条例》包括六章，共计六十五条。"总则"部分的第一条规定了该法的立法目的，"为了预防和减轻干旱灾害及其造成的损失，保障生活用水，协调生产、生态用水，促进经济社会全面、协调、可持续发展"；第二条第二款对于"干旱旱灾"一词做了概括解释，即"本条例所称干旱灾害，是指由于降水减少、水工程供水不足引起的用水短缺，并对生活、生产和生态造成危害的事件"，从而明确了该法的适用范围；第三条规定了"以人为本、预防为主、防抗结合和因地制宜、统筹兼顾、局部利益服从全局利益"的抗旱工作原则;第四条规定:"县级以上人民政府应当将抗旱工作纳入本级国民经济和社会发展规划,所需经费纳入本级财政预算,保障抗旱工作的正常开展。"这是《条例》对抗旱工作保障机制的一个总体设计,在后面的分则部分则有具体的落实措施,例如,第十八条、第十九条、第二十条和第五十条;第五条至第八条规定中国抗旱工作的管理体制,明确了中央和地方抗旱工作的管理机关和职权。分则部分共四章,主要涉及三方面的内容:一是规定了抗旱工作的主要制度;二是规定了各级人民政府、有关部门、单位及个人在抗旱工作中的职责;三是规定了违反《条例》应承担的法律责任。这里重点对抗旱工作的主要制度进行介绍。《条例》规定的抗旱工作的主要制度有:

1. 抗旱规划制度。《条例》第十三条规定:"县级以上地方人民政府水行政主管部门会同同级有关部门编制本行政区域的抗旱规划,报本级人民政府批准后实施";根据《条例》第十五条:"编制抗旱规划应当充分考虑本行政区域的国民经济和社会发展水平、水资源综合开发利用情况、干旱规律和特点、可供水资源量和抗旱能力以及城乡居民生活用水、工农业生产和生态用水的需求。"

2. 抗旱预案制度。《条例》第二十七条规定由"国家防汛抗旱总指挥部组织其成员单位编制国家防汛抗旱预案,经国务院批准后实施","县级以上地方人民政府防汛抗旱指挥机构组织其成员单位编制抗旱预案,经上一级人民政府防汛抗旱指挥机构审查同意,报本级人民政府批准后实施"。另外,《条例》还对抗旱预案的修改①、应包括的内容②、干旱灾害的级别③、抗旱预案的启动及应急措施等事项作出了详细的规定④。

3. 抗旱水量统一调度制度。对干旱期间的用水管理,《条例》第三十六条和第三十七条做了详细规定。其中,第三十六条要求"县级以上地方人民政府按照统一调度、保证重点、兼顾一般的原则对水源进行调配,优先保

---

① 《抗旱条例》第二十七条第三款。
② 《抗旱条例》第二十八条第一款。
③ 《抗旱条例》第二十八条第二款。
④ 《抗旱条例》第三十三条至第三十五条。

障城乡居民生活用水，合理安排生产和生态用水。"第三十七条也要求"县级以上人民政府防汛抗旱指挥机构或者流域防汛抗旱指挥机构可以按照批准的抗旱预案，制订应急水量调度实施方案，统一调度辖区内的水库、水电站、闸坝、湖泊等所蓄的水量。有关地方人民政府、单位和个人必须服从统一调度和指挥，严格执行调度指令。"

4. 紧急抗旱期抗旱物资设备征用制度。《条例》第四十七条规定："在紧急抗旱期，有关地方人民政府防汛抗旱指挥机构根据抗旱工作的需要，有权在其管辖范围内征用物资、设备、交通运输工具。"但是，"旱情缓解后，应当及时归还紧急抗旱期征用的物资、设备、交通运输工具等，并按照有关法律规定给予补偿。"①

5. 抗旱信息报送制度。首先，对旱情信息的监测、管理，《条例》不仅要求"县级以上人民政府应当组织有关部门，充分利用现有资源，建设完善旱情监测网络，加强对干旱灾害的监测"②，而且要求"县级以上人民政府防汛抗旱指挥机构应当组织完善抗旱信息系统，实现成员单位之间的信息共享，为抗旱指挥决策提供依据。"③ 其次，对抗旱信息的报送程序，《条例》也做了规定，即"县级以上地方人民政府防汛抗旱指挥机构应当组织有关部门，按照干旱灾害统计报表的要求，及时核实和统计所管辖范围内的旱情、干旱灾害和抗旱情况等信息，报上一级人民政府防汛抗旱指挥机构和本级人民政府。"④

6. 抗旱信息统一发布制度。《条例》根据不同的抗旱信息规定了不同的信息发布单位。其第四十九条明确规定："旱情由县级以上人民政府防汛抗旱指挥机构统一审核、发布；旱灾由县级以上人民政府水行政主管部门会同同级民政部门审核、发布；农业灾情由县级以上人民政府农业主管部门发布；与抗旱有关的气象信息由气象主管机构发布。"

附则部分只有两条。第六十四条规定中国人民解放军和中国人民武装警察部队参加抗旱救灾，不适用《抗旱条例》，而适用《军队参加抢险救灾条

---

① 《抗旱条例》第五十四条。
② 《抗旱条例》第二十六条第一款。
③ 《抗旱条例》第二十六条第二款。
④ 《抗旱条例》第四十八条。

例》；第六十五条规定了《抗旱条例》的生效时间。

二、《条例》的特点

《条例》的特点主要体现在以下六个方面：

第一是《条例》针对性强。《条例》是在《水法》、《水土保持法》的指导下，专门针对抗旱活动的运行和管理工作，由国务院制订的行政法规。《条例》明确了抗旱工作中的基本关系，包括防旱与抗旱的关系、局部抗旱工作与全局利益的关系、抗旱工作中的长远利益与短期利益的关系、抗旱工程措施与非工程措施的关系以及各级财政抗旱投入与分担筹资的关系等。

第二是《条例》涵盖性强。《条例》包容了抗旱工作的全部组织过程和管理工作。既明确了应急抗旱的组织工作，又明确了抗旱基础设施的建设与管理制度。同时，在全局与局部、城市与农村、生活与生产、工业与农业、引水与发电、养殖、生态等关系的处理上，均作了相应的规定。

第三是《条例》可操作性较强。《条例》在抗旱指挥决策、应急动员、水量调度、资金筹措与监管、责任追究与处理等方面，有比较明确的规定，从而避免了模糊性和随意性。

第四是《条例》体现了预防为主的环境保护理念。《条例》规定的"以防为主，防重于抗，抗重于救"的抗旱工作方针不仅是从长期的抗灾实践中总结出来的，也是对整个环境保护理念的一次肯定和落实。《条例》中有关抗旱规划编制和抗旱预案编制的规定很好地体现了这一原则。

第五是《条例》整体上义务色彩浓厚，责任意识明显增强。《条例》所建立的一系列重要的抗旱工作制度，其基本的出发点是明确不同抗旱主体在从事抗旱活动中的义务或职责。首先，《条例》申明了抗旱工作的普遍义务原则，即"任何单位和个人都有保护抗旱设施和依法参加抗旱的义务"[1]。其次，《条例》明确了各级政府、有关部门和单位在旱灾预防中的职责和责任。

第六是《条例》整体贯穿了以人为本的立法理念。无论是旱灾的预防、具体的抗旱活动还是旱灾后的恢复，《条例》始终考虑到人的基本发展需

---

[1] 《抗旱条例》第十一条。

要、生活用水与工农业用水的关系。不仅为相关的责任主体确立了抗旱工作的重点和目标，也有利于提高群众抗旱的积极性。以灾后恢复为例，《条例》主要从两个方面做了规定。一是旱情缓解后，要求各级人民政府要帮助受灾群众尽快恢复生产和灾后自救。防汛抗旱指挥机构应当及时组织有关部门对干旱灾害影响、损失情况以及抗灾的效果进行调查，为各级政府提供依据。二是县级以上人民政府要对本行政区域内水利工程进行检查评估，及时组织修复遭受干旱损坏的水利工程。县级以上人民政府的有关部门应当将本行政区域内受干旱灾害损坏的水利工程优先列入年度修复建设计划。

第三节　《条例》的不足

若以环境法的任务和有效抗旱的标准来审视《条例》，《条例》仍存在不足之处。

第一，从《条例》的实效性上看，《条例》的落实缺乏保障性的措施。从旱灾的预防、抗旱减灾及灾后恢复各环节，《条例》尽可能地注意到实施的效果。例如在防范与抗旱的关系上，《条例》规定应当坚持以防为主、主动减灾、防抗结合的原则，注重抗旱规划的编制，强化抗旱组织体系、抗旱设施的建设，完善旱情监测的网络以及抗旱预案的编制，做到防患于未然，夯实抗旱减灾的基础。但是，结合中国的国情特别是基层的状况来看，这些制度在实践中存在落实难的困境。《条例》要求县级以上地方政府要编制抗旱规划，作为抗旱减灾的依据，做到抗旱规划与水资源开发利用规划的衔接，并根据水资源和水环境的承载能力、调整优化经济结构和产业布局，合理配置水资源。同时要求水行政主管部门要做好水资源的分配、调度和保护工作，组织建设好抗旱应急水源工程和集雨设施的建设。编制抗旱规划其基本前提是要掌握本地的水情和环境要素状况，并在科学分析旱灾发生与当地自然条件变化的因果关联度的基础上，因地制宜地来应对旱灾。但是，就中国而言，各级地方政府发展经济理念远高于环境治理的理念。因此，在日常工作中，往往缺乏必要的环境调查、资源普查的环节，即使有所调查有所普查，其结果也往往不能作为决策的依据。因此，抗旱规划的编制固然要立足于基层政府，但国家也应该予以指导和规范并经过相应的评审环节。如此，各级政府所编制的抗旱规划才可以作为抗旱减灾的依据。另一方面，强化抗旱组织体系、抗旱设施的建设也遭遇到劳动力不足的困境。多年来，农村多数青壮年劳力外出打工，原有的一些抗旱设施大部分废弃，再重新建抗旱设施或强化抗旱组织体系会困难重重。即使政府有财政扶持，勉强组建起抗旱力量，进行一些必要的抗旱基础设施建设，但是由于利益关系不密切，既有的抗旱力量并不能充分发挥作用，现有的抗旱设施必然缺乏管理和维护。

第二，从《条例》实施措施上看，手段比较单一。重制裁缺教育，重行政措施缺激励机制。《条例》规定，应当加强监督检查，落实责任，各级政府对抗旱预案的编制、抗旱设施的维护、抗旱物资储备等情况应当加强监督检查，落实好以行政首长负责制为核心的责任制，确保法律的实施不变形、不走样，确保抗旱工作统一、有序地推进。《条例》显然将抗旱的责任主体主要确定为相应的国家机关，忽视了其他组织特别是群众在抗旱工作中的地位和作用。事实上，抗旱工作应调动各个主体的积极性，发挥他们的主动性。而且，旱灾是自然灾害的一类，相关知识及信息的普及和掌握显然有利于旱灾的预防。即使在旱灾发生之后，如果掌握了相关的知识和信息，也有利于抗旱工作稳定、有序地进行，从而提高抗旱的实效。

第三，抗旱设施建设的环境影响评价机制不完善。《条例》对抗旱设施建设的环境影响评价问题未提及。抗旱是为了解决水源问题，但抗旱的措施一定要得当，要立足长远和眼前，协调好生活和环保的工作。如果处理不好这些关系，就有可能对生态环境产生较大影响，产生新的环境问题。

第十五章　与环境保护有关的其他相关立法

　　2009 年环境立法进展成就卓著，除《海岛保护法》、《规划环境影响评价条例》、《防治船舶污染海洋环境管理条例》、《放射性物品运输安全管理条例》、《废弃电器电子产品回收处理管理条例》之外，其他一些法律新通过的或修改的增加了与环境保护有关的内容。《侵权责任法》关于环境侵权严格责任、举证责任倒置、共同侵权责任承担、第三人过错侵权的规定强化了对环境侵权受害人的权利救济。《保险法》进一步完善了责任保险的规定，对于环境污染责任保险中受害人保险金赔付的主张，以直接请求权配置予以保障。国务院和省级立法机关制定的与环境污染责任保险有关的《条例》为各地试点环境污染责任保险提供了法律依据。到 2009 年为止，多项"刑法修正案"逐步完善了环境犯罪的规定，为运用刑事工具惩治环境犯罪提供了更多的规范。

第一节　《侵权责任法》

　　2009 年 12 月 26 日，《侵权责任法》经第十一届全国人大常委会第十二次会议审议通过。

　　侵权责任法律制度属于民法范畴，是保障公民、法人的人身权、财产权等民事权益的重要法律制度。中国十分重视侵权责任法律制度的建立和完善。1986 年制定的《民法通则》专设"民事责任"一章，对侵权责任的归责原则、责任方式、典型的侵权类型等作出规定，奠定了中国侵权责任法律制度的基础。《民法通则》还规定了一般侵权责任与特殊侵权责任。从第一百二十一条至第一百二十七条分别规定了特殊侵权责任中的"国家机关及其工作人员职务侵权责任"、"产品致人损害的民事责任"、"高度危险作业致人损害的民事责任"、"环境污染致人损害的民事责任"、"地面施工致人损害的民事责任"、"建筑物致人损害的民事责任"、"动物致人损害的民事责任"以及"被监护人致人损害的民事责任"。

除《民法通则》外，中国已有40多部单行法对相关侵权责任问题做了规定。主要是：侵害物权责任、侵害知识产权责任、侵害婚姻自主权和继承权等责任、商事侵权责任、交通事故责任、产品责任、生产事故责任、食品安全和传染病传播责任、环境污染责任等其他侵权责任。

除《民法通则》、《环境保护法》① 外，中国的《水污染防治法》、《大气污染防治法》、《固体废物污染环境防治法》、《海洋环境保护法》和《环境噪声污染防治法》等法律也都规定了环境污染责任。

《侵权责任法》第六十五条规定："因污染环境造成损害的，污染者应当承担侵权责任。"该条加大了对于受害人权益的保护。体现在以下两点：第一点，不以行为的违法性作为侵权的构成要件。第二点，贯彻了无过错归责原则，也就是王利明说的"严格责任"② 原则。

《侵权责任法》第六十六条规定："因污染环境发生纠纷，污染者应当就法律规定的不承担责任或者减轻责任的情形及其行为与损害之间不存在因果关系承担举证责任。"这一规定以法律形式确立了举证责任倒置原则。在传统的民事损害赔偿诉讼中，一般要求受害人证明加害人有过错、有损害事实、加害行为与损害事实之间有因果联系等。《侵权责任法》没有采用这种传统的举证责任原则。

《侵权责任法》第六十七条规定："两个以上污染者污染环境，污染者承担责任的大小，根据污染物的种类、排放量等因素确定。"这是关于多个环境污染加害人之间责任比例划分原则的规定。对于该法规定的这种责任划

---

① 《中华人民共和国环境保护法》第四十一条："造成环境污染危害的，有责任排除危害，并对直接受到损害的单位或者个人赔偿损失。"

② 王利明：《中国〈侵权责任法〉规则原则体系的特色》，载《法学论坛》2010年第2期。

分究竟是关于多个环境污染加害人外部责任的规定，还是关于其内部责任的规定，学术界争论很大。如果将第六十七条理解为外部责任，就意味着多个加害人承担的是按份责任；如果理解为内部责任，就意味着多个加害人共同对受害人承担连带责任，每个加害人都负有清偿全部债务的义务。将第六十七条理解为外部责任，这是在重点关注加害人的行动自由，而将该条理解为内部责任则重在对受害人民事权益的维护。从司法实践的角度看，应将《侵权责任法》第六十七条理解为关于多个环境污染加害人外部责任的规定，即按份承担责任。

《侵权责任法》第六十八条规定："因第三人的过错污染环境造成损害的，被侵权人可以向污染者请求赔偿，也可以向第三人请求赔偿。污染者赔偿后，有权向第三人追偿。"

以上是《侵权责任法》专门规定环境污染责任的全部条款，从而也就是我们理解《侵权责任法》中的环境侵权责任等与环境有关的问题的基本依据。从这些规定来看，"环境污染责任，如果仅仅从字面上来看，应该是责任主体（行为人）对污染环境的行为（有过错的或者无过错的行为）所造成的环境污染（侵害）的责任。"[1] 中国《侵权责任法》规定的"环境污染责任"要求行为人承担责任是因为行为引起的环境污染造成了权利人的利益损害。它的准确表达形式应当是"环境污染致人损害责任"。它的含义应当如下所示：

行为→环境污染→人的利益损害（侵权）→责任。[2]

很明显，"环境污染责任"就是"普通民事责任"。在《侵权责任法》中，"环境侵权的民事侵权的性质"是清楚的。如果说《侵权责任法》可以帮助环境污染受害者得到某些救助，要求污染行为人对污染引起的人的利益损害负责的话，那么，这部法律却无法使被污染的环境或处在被污染威胁中的环境得到"救助"。也就是说《侵权责任法》规定的侵权仅限于"环境侵权"，而没有涉及"环境侵害"。环境侵权是一定行为引起环境变化再由变

① 徐祥民：《环境污染责任解析——兼谈〈侵权责任法〉与环境法的关系》，《法学论坛》2010年第2期。
② 徐祥民：《环境污染责任解析——兼谈〈侵权责任法〉与环境法的关系》，《法学论坛》2010年第2期。

化了的环境导致权利人的权益被侵犯的一种侵权行为。环境侵权作为一种特殊侵权行为，其中最明显的特殊性就在于"通过环境媒介产生侵权后果"。《侵权责任法》关心的是"通过环境媒介产生侵权后果"，而不是"变化了的环境"，不是"环境媒介"的损害。总之，保护环境还得"寄希望于环境法"①，《侵权责任法》解决不了"环境媒介"的保护问题。

第二节　《保险法》及相关条例

2009 年，我国修订的《保险法》以及各地出台的有关保险条例或规定都对环境污染责任保险做出进一步的规定。

一、《保险法》中责任保险条款的修订

2009 年 2 月 28 日，中华人民共和国第十一届全国人大常委会第七次会议通过《保险法》。该法第六十五条关于责任保险的规定，在 2002 年修订的《保险法》第五十条基础上增加了第二款和第三款，对于环境污染责任保险第三者赔偿金请求权给予支持。②

第二款规定："责任保险的被保险人给第三者造成损害，被保险人对第三者应负的赔偿责任确定的，根据被保险人的请求，保险人应当直接向该第三者赔偿保险金。被保险人怠于请求的，第三者有权就其应获赔偿部分直接向保险人请求赔偿保险金。"第二款是有关责任保险的第三者是否享有直接请求权的规定，肯定了在被保险人怠于请求的情形下，第三者有权就其应获赔偿部分直接向保险人请求赔偿保险金的权利。赋予第三者直接请求权，突破合同相对性原则，体现了立法对于第三者权益的尊重与保护，有利于防止保险人不当得利，方便第三者索赔和减少诉讼成本，符合责任保险的发展趋势。

第三款规定："责任保险的被保险人给第三者造成损害，被保险人未向该第三者赔偿的，保险人不得向被保险人赔偿保险金。"第三款规定保险人

---

① 徐祥民：《环境污染责任解析——兼谈〈侵权责任法〉与环境法的关系》，《法学论坛》2010 年第 2 期。

② 《中华人民共和国保险法》，2009 年 10 月 1 日起施行。

赔偿被保险人保险金以被保险人已经赔偿第三者为前提。被保险人未向该第三者赔偿的，保险人不得向被保险人赔偿保险金。此规定为避免保险人赔偿被保险人之后，被保险人将赔偿金挪作他用而不赔付第三者从而损害第三者权益，意味着被保险人在向保险人索赔之前，必须出示其已经赔付第三者的证据。

上述第二款、第三款的规定无疑加强了环境污染责任保险第三者的利益保障。

二、国务院制定的与环境污染责任保险有关的《条例》

2009 年 9 月 2 日国务院通过《防治船舶污染海洋环境管理条例》①，其中第五十三条、第五十四条和第七十三条规定船舶油污损害民事责任保险的相关问题。第五十三条规定，在中华人民共和国管辖海域内航行的船舶，其所有人应当按照国务院交通运输主管部门的规定，投保船舶油污损害民事责任保险。但是，1000 总吨以下载运非油类物质的船舶除外。船舶所有人投保船舶油污损害民事责任保险的额度应当不低于《海商法》、中华人民共和国缔结或者参加的有关国际条约规定的油污赔偿限额。承担船舶油污损害民事责任保险的商业性保险机构和互助性保险机构，由国家海事管理机构征求国务院保险监督管理机构意见后确定并公布。第五十四条规定，已依照本条例第五十三条的规定投保船舶油污损害民事责任保险的中国籍船舶，其所有人应当持船舶国籍证书、船舶油污损害民事责任保险合同，向船籍港的海事管理机构申请办理船舶油污损害民事责任保险证书。第七十三条规定，在中华人民共和国管辖海域内航行的船舶，船舶所有人未按照规定投保船舶油污损害民事责任保险或者投保船舶油污损害民事责任保险的额度低于《海商法》、中华人民共和国缔结或者参加的有关国际条约规定的油污赔偿限额的，由海事管理机构责令改正，可以处 5 万元以下的罚款；拒不改正的，处 5 万元以上 25 万元以下的罚款。

---

① 《防治船舶污染海洋环境管理条例》，2010 年 3 月 1 日起施行。

三、省级立法机关制定的与环境污染责任保险有关的《条例》

早在 2007 年 12 月 4 日，原国家环境保护总局和中国保险监督管理委员会联合发布《关于环境污染责任保险工作的指导意见》。该《意见》要求环保和保险监管部门积极推动相关领域的立法工作，确定环境污染责任保险的法律地位；明确提出各省、自治区、直辖市及有立法权的市可以在有关地方环保法中增加"环境污染责任保险"条款；要求自 2008 年起对生产、经营、储存、运输、使用危险化学品企业，易发生污染事故的石油化工企业和危险废物处置企业，尤其是近年来发生重大污染事故的企业和行业开展试点工作。此后河北、河南、上海等省（直辖市）相继开展环境污染责任保险的试点工作，并在 2009 年出台与环境污染责任保险有关的《条例》。

2009 年 5 月 27 日，河北省第十一届人民代表大会常务委员会第九次会议通过《河北省减少污染物排放条例》，其中第二十六条规定，积极推进有毒有害化学品生产、危险废物处理等重污染排污单位参加环境污染责任保险。①

2009 年 11 月 27 日，河南省第十一届人民代表大会常务委员会第十二次会议通过《河南省水污染防治条例》，其中第八条第三款规定，鼓励单位和个人通过保险形式抵御水环境污染风险。②

2009 年 12 月 10 日，上海市第十三届人民代表大会常务委员会第十五次会议通过《上海市饮用水水源保护条例》，其中第二十二条规定，鼓励饮用水水源保护区内的企业，以及运输危险品的船舶投保有关环境污染责任保险。③

从河北省、河南省和上海市出台的相关《条例》可以看出，积极推进或者鼓励企业投保环境污染责任保险，均没有明确强制责任保险的要求，如此宽松的立法显然没有赋予企业投保环境污染责任保险的法定义务，企业缺乏投保压力和激励必然致使环境污染责任保险的试点进展困难。

---

① 《河北省减少污染物排放条例》，2009 年 7 月 1 日起施行。
② 《河南省水污染防治条例》，2010 年 3 月 1 日起施行。
③ 《上海市饮用水水源保护条例》，2010 年 3 月 1 日起施行。

四、省会城市颁布的与环境污染责任保险有关的《条例》或《规定》

省会城市中的沈阳和长沙制定与环境污染责任保险有关的《条例》或《规定》。

自 2009 年 1 月 1 日起施行的《沈阳市危险废物污染环境防治条例》第八条规定，支持和鼓励保险企业设立危险废物污染损害责任险种；支持和鼓励产生、收集、贮存、运输、利用和处置危险废物的单位投保危险废物污染损害责任险种。① 该条例没有对环境污染责任保险的设立和投保作出强制性规定。

自 2009 年 9 月 10 日起施行的《长沙市环境保护局环境风险企业管理若干规定》第三条和第四条涉及环境风险责任保险。其中第三条规定，根据环境风险程度，环境风险企业分别划分为一类、二类、三类环境风险企业。一类环境风险企业指生产过程中涉及剧毒、危险化学品，黑色金属、有色金属及涉重金属采选和冶炼的企业；二类环境风险企业指电镀、制革、医疗、有色冶金等危险废物综合利用及处置的企业；三类环境风险企业指使用放射性物质，仓储有毒、有害及化学危险品的企业。第四条规定，为转移环境污染事件给企业造成的经济损失，确保受害群众的经济赔偿，一、二类环境风险企业应当购买环境风险责任保险；三类环境风险企业根据自身状况，可购买环境风险责任保险。② 只有长沙市环保局的这项规定对环境风险巨大的企业要求强制投保。

第三节 《刑法》修正案

近年来，为了应对日益严重的环境犯罪，中国多次通过《刑法修正案》来完善相关犯罪的立法。在总体上，这些刑事立法表现出以下两个最明显的特征：其一，刑法对环境领域的调控范围逐渐扩大。关于这一点，2001 年《刑法修正案（二）》中将非法占用耕地罪的"耕地"扩大为"耕地、林地

---

① 《沈阳市危险废物污染环境防治条例》，2009 年 1 月 1 日起施行。
② 《长沙市环境保护局环境风险企业管理若干规定》，2009 年 9 月 10 日起施行。

等农用地";2002 年《刑法修正案（四）》对于原有的"非法采伐、毁坏珍贵树木罪"的犯罪对象和行为方式等方面的扩充，都是极好的佐证。其二，刑法对环境犯罪客体的保护程度不断加强。例如，2002 年《刑法修正案（四）》取消了原来认定"盗伐林木罪"和"滥伐林木罪"所需的"以牟利为目的"的主观要素和"在林区"这一犯罪场所的限制，同时又增加了"非法运输"的行为方式，且将原罪名改为"非法收购、运输盗伐、滥伐的林木罪"，由此扩大了本罪的适用范围。

一、《刑法》关于环境犯罪的修订

（一）从非法占用耕地罪到非法占用农用地罪

1. 非法占用耕地罪的立法背景

根据官方的统计，中国土地资源主要具有以下特点：其一，土地的绝对数量较大，但人均占有量小。中国内陆土地面积有 960 万平方公里，折合 144 亿亩，这在世界上仅次于俄罗斯和加拿大，居世界第三位，但是，由于中国人口基数太大，从而使中国人均占有土地面积才大约 12 亩左右，而世界人均水平是约 40 亩，因此中国人均占有土地面积还不到世界人均水平的 1/3。其二，地形错综复杂，地貌类型多，山地、丘陵多，平地少。中国海拔在 500—4000 米和海拔在于 4000 米以上的土地面积分别占土地总面积的 51.7%、20.2%，两者相加约占土地总面积的 72%，而海拔小于 500 米的土地只占土地总面积的约 27%。即便这 27%的平地，也往往被山地、丘陵所分割，真正像四大平原那样连成大片的并不太多。其三，各类土地资源分布不平衡，土地生产力水平低。以耕地为例，中国大约有 20 亿亩耕地，其中 90%以上分布在东南部的湿润、半湿润地区。在全部耕地中，中低产耕地大约占耕地总面积的 2/3。其四，宜开发为耕地的后备土地资源潜力不大。在大约 5 亿亩的宜农后备土地资源中，可开发为耕地的面积仅约为 1.2 亿亩。

中国土地资源的上述特点决定着，对于我们这样一个有巨大人口数量和从来都重视农业的国家，包括耕地在内的农用地将长期属于绝对短缺的供给资源。相应的，如何保护好、利用好这些有限的农用地资源，将是中国一项长期艰巨的战略任务。中国历来重视土地利用，对于农用土地的流转、使用等从来都有严格的管理制度。1997 年刑法第 342 条就明文规定，"违反土地管理法规，非法占用耕地改作他用，数量较大，造成耕地大量毁坏的，处五年以下有期徒刑或者拘役，并处或者单处罚金。"该规定是中国以刑法典的方式正式规定不当使用耕地者的刑事责任，在农用地保护史上具有里程碑式的意义。

2. 修订非法占用耕地罪的背景

毁坏耕地入罪之后，对于耕地的破坏有所遏制，但是由于对其他农用地的保护在刑事立法上还没有涉及。以林地为例。林地作为一种重要的农用地类型，它不仅具有巨大的经济价值，还具有无可替代的国防、国土、旅游等价值，尤其对于我们这样一个环境资源状况不断恶化的国家，保护好林地无疑具有举足轻重的作用。① 但是，近年来，毁林开垦、乱占林地的问题非常严重，而且有愈演愈烈的趋势。由于现行刑法只规定了对林木资源的盗伐、滥伐犯罪，而盗伐林木罪必须以非法占有为目的，滥伐林木罪则是指未经批准任意采伐本单位所有或者本人所有的林木，或者超出批准的数量采伐他人所有的森林或者其他林木，因此，当林木毁坏者毁林开垦不以非法占有林木为目的、毁坏的也不是其本人或者本单位所有的林木的时候，无法对行为人的行为进行刑事追究。尤其是当毁林人连采伐许可证都根本没有申请的时候，更加谈不上超出批准的数量采伐他人森林或者林木，因此更无法追究他们盗伐、滥伐的刑事责任。故意毁坏财物罪也由于要求行为人有主观上的泄愤报复等私人目的从而很难被适用。与此同时，由于刑法规定的盗伐林木罪、滥伐林木罪、故意毁损公私财物罪都要求数量达到较大以上或者要有其他严重情节作为构罪条件，因此在司法实践中即使以这些罪名来对毁林者加以追究，也往往只考虑被毁坏的林木的材积或者财产价值，而生态价值则往往不是被考量的要素。

3. 具体修订的内容

为了惩治毁林开垦和乱占林地等不法行为，切实保护森林等农用地资源，2001年8月，全国人大常委会通过《刑法修正案（二）》将第三百四十二条修改为"违反土地管理法规，非法占用耕地、林地等农用地，改变被占用土地用途，数量较大，造成耕地、林地等农用地大量毁坏的，处五年以

---

① 中国的森林面积占全球3.3%，却需要保护占全球22%的人口的生存环境，生态压力之大可想而知。

下有期徒刑或者拘役，并处或者单处罚金"。刑法所规定的罪名也相应地改为非法占用农用地罪。该罪名具体又至少可以包含非法占用耕地罪、非法占用林地罪、非法占用草地罪等罪名。据此，破坏农用地的犯罪对象从最初的耕地，扩大到包括耕地、林地在内的农用地。这是中国第一次将包括林地在内的农用地资源普遍提升到刑法保护的层面，使追究毁林开垦、乱占滥用林地等不法行为刑事责任变得有法可依。①

（二）从走私固体废物罪到走私废物罪

1. 走私固体废物罪的立法背景

随着中国改革开放步伐的不断加快，境内外有不法分子利用中国社会管理经验欠缺，措施不周全，立法不到位的现实情况，大肆将在生产建设、日常生活和其他活动中产生的污染环境的固体废物运输到中国境内。这些非法从国外、境外进口的有毒、有害废物，不仅严重威胁着中国广大人民群众的身体健康，而且对中国的生态环境造成了重大的危害，因此有必要在刑法中对走私这些固体废物的行为进行规制。

2. 修订走私固体废物罪的背景

《固体废物污染环境防治法》自 1995 年 10 月 30 日由八届全国人大常委会第十六次会议通过之后，对固体废物污染环境行为起到了良好的抑制作用。但是随着时代的发展，其内容已经不能充分适应现实的变化和客观的要求。因此，中国在 2005 年对此法规进行了修订。在这次修订中，明文将工业固体废物、城市生活垃圾和危险废物等解释进了"固体废物"的范畴之内。其中，城市生活垃圾内涵较容易理解。"工业固体废物"指"冶炼渣、化工渣、燃煤灰渣、废矿石、尾矿和其他工业固体废物"；"危险废物"则指"由国务院环境保护行政主管部门会同国务院有关部门制定的国家危险废物名录中统一规定的废物"。既然《固体废物污染环境防治法》将固体废物的范围在实质上扩大到液态和气态的废物，刑法也就没有理由不相应地作出调整。

此外，由于修改前的走私固体废物罪是走私罪的一个具体类型，当时走

---

① 张志平：《浅谈中国森林资源保护的刑法规制》，《北京林业大学学报》2009 年第 1 期。

私罪的构成要件是逃避应纳税款 5 万元以上①，而在实践中，由于固体废物是国家根本禁止运入境内的东西，因此走私的固体废物往往是不存在缴纳关税的问题，从而使该罪名在实际上很难被适用。为了完善该罪名，不得不作出修订。

3. 具体修订的内容

将原规定本罪的《刑法（1997）》第三百三十九条规定的"以原料利用为名，进口不能用作原料的固体废物的，依照本法第一百五十五条的规定定罪处罚"，修改扩充为"以原料利用为名，进口不能用作原料的固体废物、液态废物和气态废物的，依照本法第一百五十二条第二款、第三款的规定定罪处罚"②。

（三）从非法采伐、毁坏珍贵树木罪到非法采伐、毁坏国家重点保护植物罪，非法收购、运输、加工、出售国家重点保护植物、国家重点保护植物制品罪

1. 非法采伐、毁坏珍贵树木罪的立法背景

根据官方的界定，珍贵树木是指由省级以上林业主管部门或者其他部门确定的具有重大历史纪念意义、科学研究价值或者年代久远的古树名木、国家禁止、限制出口的珍贵树木以及列入国家重点保护野生植物名录的树木。常见的珍贵树木包括长白松、银杏、银杉、资源冷杉、苏铁属、红豆杉属、百山祖冷杉、水松、水杉、梵净山冷杉、巨柏、元宝山冷杉、南方红豆杉、伯乐树（钟萼本）、水曲柳、落叶松、白桦、悬铃木等品种。

珍贵树木是国家的宝贵野生植物资源，它们不仅承载着自然界的遗传基因，具有重要的价值，而且也是民族悠久历史文化的载体，是良好自然生态的重要组成要素。能否对珍贵树木进行保护、养护，是一个民族文明程度的

---

① 刑法修正案（八）已经对此问题进行了克服。例如，依该修正案，"根据第一百五十三条走私本法第一百五十一条、第一百五十二条、第三百四十七条规定以外的货物、物品的，根据情节轻重，分别依照下列规定处罚：（一）走私货物、物品偷逃应缴税额较大或者一年内曾因走私被给予二次行政处罚后又走私的，处三年以下有期徒刑或者拘役，并处偷逃应缴税额一倍以上五倍以下罚金。（二）走私货物、物品偷逃应缴税额巨大或者有其他严重情节的，处三年以上十年以下有期徒刑，并处偷逃应缴税额一倍以上五倍以下罚金。（三）走私货物、物品偷逃应缴税额特别巨大或者有其他特别严重情节的，处十年以上有期徒刑或者无期徒刑，并处偷逃应缴税额一倍以上五倍以下罚金或者没收财产。"

② 《中华人民共和国刑法修正案（四）》，2002 年 12 月 28 日第九届全国人民代表大会常务委员会第三十一次会议通过。

重要体现，也是一个国家执政阶层执政能力的重要体现和反映。

由于珍贵树木重要的经济价值，致使改革开放以来非法采伐珍贵树木的行为日益增多，为了开发利用土地而大量毁坏珍贵树木的事情更是日益猖獗，经常发生诸如"珍贵林木被毁"此类的事件，因此有必要对此类行为加以严厉遏制，这直接决定了在"97"刑法中规定了非法采伐、毁坏珍贵树木的罪名。

2. 修订非法采伐、毁坏珍贵树木罪的背景

随着人们环境生态意识的不断提高，人们不仅需要国家保护珍贵植物，还需要扩大保护范围，对"国家重点保护的其他植物"也应当加以保护，这是修订非法采伐、毁坏珍贵树木罪，扩大该罪保护范围的直接原因。此外，原来的非法采伐、毁坏珍贵树木罪只处罚"违反森林法规定"的行为，在法律上存在着较大的漏洞，许多不是违反森林法规定的行为，但是是严重违反国家规定的行为，对于生态有着巨大的危害，但却不能被追究刑事责任。另一方面，将该罪的行为方式仅限于"非法采伐、毁坏"也不尽科学，因为，"非法采伐、毁坏"往往因有人"收购、运输、加工、出售"等行为而引发，因此，明确将收购、运输、加工、出售等行为解释进该罪内涵，对于细化和严密该罪的行为方式，具有重要的意义。

3. 具体修订的内容

刑法修正案（四）将"97"刑法第三百四十四条规定的"违反森林法的规定，非法采伐、毁坏珍贵树木的，……"修改为"违反国家规定，非法采伐、毁坏珍贵树木或者国家重点保护的其他植物的，或者非法收购、运输、加工、出售珍贵树木或者国家重点保护的其他植物及其制品的，……"即将原条文中的"森林法"修改为"国家规定"，犯罪对象由"珍贵树木"扩大至"珍贵树木、国家重点保护的其他植物及其制品"，行为方式除原来的"非法采伐、毁坏"外，增加了"非法收购、运输、加工、出售"行为，罪名也就由"非法采伐、毁坏珍贵树木罪"修改为"非法采伐、毁坏国家重点保护植物罪，非法收购、运输、加工、出售国家重点保护植物、国家重点保护植物制品罪"。①

①《中华人民共和国刑法修正案（四）》，2002年12月28日第九届全国人民代表大会常务委员会第三十一次会议通过。

（四）从非法收购盗伐、滥伐的林木罪到非法收购、运输盗伐、滥伐的林木罪

1. 非法收购盗伐、滥伐的林木罪的立法背景

前已述及，林木在中国具有重要的经济、人文及环境生态等价值，但是，长期以来，非法收购盗伐、滥伐林木的行为屡禁不绝，中国在 1997 年修订的《刑法》中首次将非法收购盗伐、滥伐林木的行为规定为犯罪，即"以牟利为目的，在林区非法收购明知是盗伐、滥伐的林木，情节严重的，处三年以下有期徒刑、拘役或者管制，并处或者单处罚金；情节特别严重的，处三年以上七年以下有期徒刑，并处罚金"。对于如何理解该罪中的"明知"，《最高人民法院关于审理破坏森林资源刑事案件具体应用法律若干问题的解释》作过解释，认为具有下列情形之一的，可以视为明知，但是有证据证明确属被蒙骗的除外：其一，在非法的木材交易场所或者销售单位收购木材的；其二，收购以明显低于市场价格出售的木材的；其三，收购违反规定出售的木材的。对于法条中规定的"情节严重"，是指非法收购盗伐、滥伐的林木 20 立方米以上或者幼树 1000 株以上；或者非法收购盗伐、滥伐的珍贵树木 2 立方米以上或者 5 株以上的；或者具有其他情节严重的情形。

2. 修订非法收购盗伐、滥伐林木罪的背景

《刑法（1997）》第 345 条的规定主要存在两大问题：一是不利于打击毁坏森林资源的犯罪。因为许多非林区也存在森林，其也需要被保护。仅规定"林区"为犯罪场所显然缩小了刑法保护的范围。此外，在实践中，相当比例的案件在收购、运输过程中就被查获，倘若将"以牟利为目的"作为认定犯罪的主观要素，势必会大大削弱打击毁坏森林资源犯罪的力度。二是罪与非罪的区分较为困难。这一点主要体现在司法机关对于行为人主观上是否具有牟利的目的难以认定上。对于非法收购盗伐、滥伐的林木罪的修改一方面有利于执法人员掌握罪与非罪的标准，使对植物资源的保护措施更加完善，另一方面将非法运输盗伐、滥伐林木的打击力度提升至刑法层面对于从源头上和各种流通渠道遏制破坏森林资源的犯罪是大有裨益的。[①]

3. 具体修订的内容

① 詹长英：《试论非法收购、运输盗伐、滥伐的林木罪》，《林业勘察设计（福建）》2006 年第 1 期。

将原规定本罪的《刑法（1997）》第三百四十五条第三款"以牟利为目的，在林区非法收购明知是盗伐、滥伐的林木……"，修改为"非法收购、运输明知是盗伐、滥伐的林木……"，即取消了"以牟利为目的"的主观要素和"在林区"这一犯罪场所限制；同时，针对司法实践中出现的一些人员以非法运输林木为业，与盗伐、滥伐、非法收购盗伐、滥伐的林木者形成分工，共同逃避法律制裁的现象，该修正案在刑法第三百四十五条中还增加了非法收购、运输盗伐、滥伐的林木罪。本罪罪名也相应调整为"非法收购、运输盗伐、滥伐的林木罪"，扩大了本罪的适用范围。①

（五）从逃避动植物检疫罪到逃避动植物防疫、检疫罪

1. 逃避动植物检疫罪的立法背景

改革开放以来，伴随着经济的快速发展和人民群众生活水平的日益提高，中国对国外优良动植物种源、优质动植物产品的需求也越来越大。有不少不法分子在经济利益的驱动之下，利用沿海、沿边等地理条件，将禁止入境或需要检疫的境外活体动物、种子种苗、疫区产冻肉、水果等偷运到国内牟取暴利，这给中国的农林牧渔业生产安全构成了严重的威胁。② 为了维护进出境动植物检疫工作的正常进行，防止动植物疫情以及其他有害生物传入、传出国境，《刑法（1997）》第三百三十七条对"违反进出境动植物检疫法的规定，逃避动植物检疫，引起重大动植物疫情的"行为规定了刑事责任。③

2. 修订逃避动植物检疫罪的背景

在修正案对逃避动植物检疫罪进行修订之前，中国刑法在追究逃避动植物检疫行为的刑事责任上一直存在着相当大的障碍。这是因为动植物疫情通常具有一定的潜伏性，往往需要一段时间才能呈现，即便有重大动植物疫情的发生，其原因也非常复杂，很难将其归咎到某一个具体的违法行为上。此外，近些年周边国家禽流感疫情频发，不法分子将疫区冻肉、水果等偷运至国内牟取暴利的新闻也屡屡见诸报端。正是有鉴于近年来故意违反境内动植

---

① 高铭暄、徐宏：《环境犯罪应当走上刑法"前台"——中国环境刑事立法体例之思考》，《中国检察官》（司法实务版）2010 年第 2 期。

② 夏飞平：《浅议〈刑法修正案〉对检验检疫工作的影响》，《检验检疫学刊》2009 年第 5 期。

③ 黄太云：《刑法修正案（七）解读》，《人民检察》2009 年第 6 期。

物防疫、检疫规定，造成动植物疫情传播、扩散的案件时有发生，给人民群众财产造成严重损失，具有相当社会危害性，因此，最高人民检察院提出了对刑法作出修改，增加相应规定的建议。结合长期的司法实践，最高人民检察院认为，引发重大动植物疫情危险的，不仅有逃避进出境动植物检疫的行为，还有逃避依法实施的境内动植物防疫、检疫的行为。而对于后一类造成严重危害的违法行为，也应当追究其刑事责任。最高人民检察院在和农业部以及国家林业局等部门研究之后，认为可以将刑法第三百三十七条修改为：违反有关动植物防疫、检疫的国家规定，引起重大动植物疫情或者有引起重大动植物疫情严重危险的，处三年以下有期徒刑或者拘役，并处或者单处罚金。

3. 具体修订的内容

2009年2月28日，第十一届全国人大常委会第七次会议审议通过的《刑法修正案（七）》将刑法第三百三十七条第一款修改为："违反有关动植物防疫、检疫的国家规定，引起重大动植物疫情的，或者有引起重大动植物疫情危险，情节严重的，处三年以下有期徒刑或者拘役，并处或者单处罚金。"修正案（七）对刑法原条文作了两处修改：一是将"违反进出境动植物检疫法的规定"修改为"违反有关动植物防疫、检疫的国家规定"，使该条的适用范围由过去只适用于"进出境动植物检疫"扩大到"境内"所有动植物防疫、检疫；具体是指：违反有关动物疫情管理规定的行为，如瞒报、谎报动物疫情；违反规定处置染疫动物、产品、排泄物、污染物；违反规定导致动物微生物遗失、扩散；非法从事致病源微生物实验，造成实验室病毒扩散等；违反有关动物检疫管理规定的行为，如违法规定运输染疫、疑似染疫、疫区易感、病死或者死因不明的动物及其制品；藏匿、转移、盗掘被依法隔离、封存、处理的染疫动物及其产品；经营、运输、屠宰、加工动物、动物产品逃避检疫等行为。二是对追究刑事责任增加了"有引起重大动植物疫情危险，情节严重的"的情形。[①] 上述两处修改一方面扩大了该条的适用范围，违法行为由原来只针对进出境动物检疫法调整为有关动植物防疫、检疫的国家规定，这进一步加强了对中国进出口动植物卫生安全的监

---

① 黄太云：《刑法修正案（七）解读》，《人民检察》2009年第6期。

管；另一方面，对于"有引起重大动植物疫情危险，情节严重的"的情形亦追究其刑事责任，体现出中国立法在应对动植物疫情这类具有潜伏性且一旦发生社会危害性较大的问题上采取的预防性原则。

二、环境犯罪立法的发展趋势

随着中国改革开放的持续深入和经济社会的不断发展，环境问题将越来越突出。笔者认为未来中国环境刑事立法将呈现出以下四大发展趋势：

第一，刑法对环境领域的调控范围将持续扩大，对客体的保护程度将继续深化。从现有的《刑法修正案》的修订规律中我们不难看出刑法对环境领域保护范围扩大、对保护对象的保护程度加深的明显趋势，笔者认为这种趋势还将继续。目前，中国刑法对环境生态资源的保护立法主要体现在《刑法典》第六章"妨害社会管理秩序罪"中的"破坏环境资源罪"一节之中，仅对环境犯罪规定了 14 个罪名，这显然无法满足应对当前环境问题频发的社会实践的需要。同时，随着人们物质文化生活水平的不断提高，人们的环境保护意识也会逐渐增强，对环境的要求和关注度也会越来越高。因此，为了实现环境刑事立法的与时俱进，中国刑法对于环境领域的调控范围势必继续扩大，对客体的保护程度将会逐步深化。

第二，环境刑事立法将会逐步重视对危险犯的处罚，极有可能会在环境犯罪中设立危险犯。环境犯罪具有其自身的特殊性，即其危害结果并非立即显现，但是该结果一旦发生便会造成难以挽回的损失。这就意味着环境犯罪的行为人一旦着手实施犯罪，就将对环境产生现实或潜在的危害。所以，为了有效预防环境犯罪，我们应当重视对危险犯的惩处。虽然目前中国刑法对于环境犯罪还仅停留在制裁结果犯的阶段，伴随着今后学界对于环境犯罪研究的不断深入和人们环境保护意识的进一步加强，中国刑法极有可能会在环境犯罪中设立危险犯。

第三，"无过错责任"可能会被引入环境刑事立法。尽管近二三十年来，中国环境刑事立法方面已取得了长足的进步，但是较之发达国家而言，中国刑法对于环境的保护仍显得落后。鉴于当下在司法实践中证明环境犯罪的主观罪过较为困难这一问题已愈发突出，笔者认为，未来中国环境刑事立法可能会借鉴目前英美法系较常采用的"无过错责任"原则来作为未来中国环境犯罪的归责原则。

第四，刑事责任承担方式将更加多样化。虽然目前中国刑法和修订案对于环境保护方面法律条文的修改都还尚未涉及刑事责任承担方式的层面，但是环境犯罪作为一种新型犯罪，其存在许多自身的特殊性，倘若适用传统的刑罚观和刑事责任承担方式，恐怕难以实现预期的效果。是故，在未来的环境刑事立法当中可能会在自由刑之外规定更为丰富的财产刑和其他非刑罚处罚措施来作为环境犯罪的刑事责任承担方式。

下　篇

第十六章　2009 年度国内重大环保事件

　　2009 年，是中国环境立法进程中颇具纪念意义的一年。《环境保护法》颁行 20 周年之际法学界热议环境基本法的制定、新颁《侵权责任法》对"环境污染责任"作出专章规定、《大气污染防治法（修订草案）》经审议通过、《规划环境影响评价条例》开始施行、国内首部环境风险企业管理办法出台，是这一年中国环境立法可圈可点的大事。

　　2009 年，国内各地在环保工作中坚决、有力地开展行政问责，使得"环境问责"成为这一年中国环保执法、环境管理的关键词。

　　2009 年，中国环境司法取得重要进步。不少具有重大影响和开创意义的案件在这一年尘埃落定，如全国首例环境行政公益诉讼，全国首例由环境社团组织提起的环境民事公益诉讼，人民检察院以刑事附带民事诉讼的方式维护环境公益案件，中国首次以投放危险物质罪对环境污染当事人判刑等。这些案件标志着中国在环境公益诉讼原告资格、环境侵权案件因果关系证明、环境犯罪的罪刑认定方面取得了突破性进展。

　　2009 年，中国国家发展和改革委员会宣布，到 2020 年中国将实现碳强度在 2005 年的基础上减少 40%—45% 的目标。这一目标在哥本哈根气候大会前公布，表明中国作为一个负责任的发展中大国发展低碳经济的立场和决心。

　　回顾 2009 年中国发生的环境法大事，我们看到将对未来十年渤海环境保护产生影响的规划；看到《环境保护部公报》在这一年正式出版，成为环境保护部政府信息公开的重要渠道；看到国庆60周年庆典的花车上全国各地积极响应生态文明建设的号召，提出环保工作新目标、新举措；看到中国环境法制建设进步明显，将新世纪第一个十年的环保立法、执法、司法、国际合作带到新高度。

一、《渤海环境保护总体规划（2008—2020）》发布实施

中国第一份区域环境总体规划——《渤海环境保护总体规划（2008—2020年）》（以下简称《渤海环保规划》）历经一年的编制过程，于2008年11月获国务院批准，2009年1月发布实施。考虑到《渤海环保规划》编制过程中的数据可得性，并与"十一五"计划期相衔接，规划现状水平年确定为2005年；鉴于国家"十一五"计划期已过两年，《规划》起始年确定为2008年，近期目标年确定为2012年，规划远期目标和任务展望到2020年。

渤海是中国唯一的半封闭型内海，海河、黄河、辽河等45条河流注入渤海。然而渤海也是中国沿海诸多海域中生态环境最为脆弱、环境问题最为严重的海域。渤海与外海相通部分的水域非常狭窄，与外海的水体交换时间长，由此也造成渤海自净能力差，环境容量低。"陆域水资源、水环境质量状况下降等因素，引发渤海部分生态和经济服务功能丧失，陆海统筹一体的环境保护工作面临着严峻的形势。"① 同时，环渤海区域海洋开发规模加大，经济发展与海洋生态环境保护的矛盾日益凸显："十一五"规划决定推进天津滨海新区开发开放，环渤海区域中河北曹妃甸循环经济示范区、沧州渤海新区、辽宁沿海经济带等区域开发正在大规模推进，向海要地在所难免，渤海面临的资源、污染、生态等问题迫在眉睫。

渤海生态环境恶化及环境保护的问题早已引起国家的重视。早在2000年，《渤海沿海资源管理行动计划》、《渤海综合整治规划》、《渤海环境管理战略》等针对渤海环境保护与治理的专项计划、规划等相继出台。2001年，国务院正式批准国家环境总局、国家海洋局、交通部、农业部、海军及天津、河北、辽宁、山东联合制订《渤海碧海行动计划》，总投资500亿人民币，共包括427个项目，预计2015年完成。事实证明，上述计划、规划等

---

① 《渤海环境保护整体规划2008—2020年》前言。

未能达到预期效果，渤海碧海行动计划未能按期完成：《渤海碧海行动计划》第一阶段的目标是到 2005 年渤海海域的环境污染得到初步控制，生态环境破坏的趋势得到初步缓解，陆源 COD 入海量比 2000 年削减 10% 以上，磷酸盐、无机氮和石油类的入海量分别削减 20%。环保总局组织环渤海四省市对截至 2004 年年底的"渤海碧海行动计划"的完成情况进行了中期评估。"十五"期间，环渤海四省市"渤海计划"拟建设各类项目 265 个，需总投资约 276.6 亿元。截至 2004 年年底，已完成投资 163.9 亿元，占总投资的 59.3%；其中国家投入 29.1 亿元，占已完成投资的 17.7%，山东、辽宁、天津、河北完成投资占该省项目总投资的比例分别为 75%、38%、55%、84%；已完成各类项目 125 个，在建项目 87 个，尚有 53 个项目处于前期阶段，分别占总数的 47.2%、32.8% 和 20%。重点陆源污染物入海总量有所消减，但未达到要求。近岸海域污染严重，沧州、天津、营口、盘锦等沿海城市尤为突出，无机氮、活性磷酸盐和石油类存在不同程度超标。

　　到 2005 年，渤海环境主要存在如下问题：（1）渤海盐度明显升高，尤其是河口区域，多数水生生物产卵场退化和消失。海水入侵面积扩大，目前渤海海水入侵面积已经占全国海上入侵总面积的 90%。地下水矿化度和氯离子浓度增高，淡水咸化，水质下降。这些现象的产生主要是因为注入渤海的河流入海量减少。（2）陆域入海排污总量居高不下，部分区域海洋功能受损。（3）湿地面积萎缩，环境容量能力持续减少，净化能力不断降低。其原因在于沿海海岸带的无序开发、近海海域利用密度过大。（4）溢油风险加大。"十五"期间渤海海域发生的溢油事故比"九五"期间增加一倍，占同期全国海洋溢油事故的 46%。这主要是渤海沿岸各港口油类及化学品吞吐能力持续加大造成的。（5）赤潮发生概率增大。这主要由于农业面源污染和近海养殖业无节制排污造成的。（6）渤海碧海行动计划未能按期完成。到"十五"末期，仍有 40% 的规划项目未得到有效实施。规划内已完成的治污项目运行效率较低。（7）渤海环境保护工作缺乏系统性，尚未形成海陆一体、综合治理的机制，尚未形成陆域、海域和流域联动的部门、地方间协调机制和工作合力。①

---

　　① 《渤海环境保护整体规划 2008—2020 年》内容摘要部分第 5—7 页。

2006 年 6 月，温家宝总理等国务院领导同志相继作出重要批示，要求有关部门和地方总结、评估"十五"期间渤海环境保护工作，并研究制定渤海环境保护计划。2006 年 8 月，国务院领导同志批示："渤海污染防治必须坚持预防为主、防治结合，不欠新账、多还旧账，突出重点、综合治理，加大环渤海地区产业结构调整力度，加快建设资源节约型、环境友好型社会，努力实现人与海洋的和谐相处。"① 在 2006 年 8 月 4 日渤海环境保护工作现场会上，曾培炎副总理指出：加强渤海环境保护与治理是当前环境保护的一项重要任务，各有关方面要按照科学发展观的要求，增强责任感、使命感，切实做到认识到位、措施到位、监管到位，严格控制污染物排放总量，早日实现渤海污染防治目标。同时提出了五点具体要求：一是控制陆源污染物排放；二是加强海域污染防治；三是保护好海洋生态系统；四是加强海洋环境的监测；五是加强渤海环境保护工作的组织协调，抓紧制订和完善渤海环境保护总体规划。

根据国务院领导的上述指示，国家发展改革委员会（以下简称"发改委"）印发了《关于印发开展渤海环境治理评估和编制"渤海环境保护总体规划"工作方案的通知》，要求规划编制工作要在评估和总结"十五"期间渤海污染治理的基础上，结合有关部门正在开展的相关规划，充分吸收国务院有关部门和环渤海各省市的专家全过程参与规划的编制工作，努力实现环渤海地区经济社会和环境的协调发展，人与海洋的和谐相处。为确保评估及规划编制工作的顺利进行，会议确定成立规划工作领导小组及其办公室、规划编制组以及"十五"污染治理工作评估组三个小组。《规划》编制组由时任中国环境科学院院长的夏青担任组长，由来自科技部、财政部、原建设部、原交通部、水利部、农业部、原环保总局、林业局、海洋局、全军环办、中石油、中海油、中石化和神华集团等单位以及辽宁省、河北省、山东省和天津市环渤海三省一市组成。2006 年 8 月 23 日，国家发展改革委地区司召开了《渤海环境保护总体规划》编制组第一次会议，明确了规划组专家的初步分工：海洋局专家准备渤海环境保护总体目标和现状分析；建设部专家准备渤海 13 个城市污水处理厂、垃圾填埋厂项目清单核实及目标可行

---

① 《渤海环境保护整体规划 2008—2020 年》前言。

性分析；水利部专家准备滩涂开发、流域和水系分季入渤海径流量和污染物量分析；环保总局专家准备陆源工业点源排污量清单；交通部、农业部、林业局专家就溢油、面源、渔业生产及保护、生态建设和湿地保护进行问题分析。中石化、中海油、神华集团等提交有关环境保护措施有效性分析报告。为完成本次规划编制工作，国家发展与改革委员会委托中国国际工程咨询公司开展"十五"渤海污染治理的评估和总结工作，同时在其门户网站主页《建言献策》栏目中开辟了《渤海环境保护总体规划建言献策》专题，自2006 年 9 月 22 日至 10 月 31 日期间，向公众征求意见和建议。

2007 年 1 月 23 日，《规划》专家审查会在北京召开，天津、山东、辽宁、河北、大连发展改革委，发改委及环保总局、海洋局、建设部、水利部、交通部、农业部、林业局代表及推荐专家总计 60 余人参加了会议。与会的 5 名院士和 12 名专家及参会代表在听取《规划》编制组的汇报后，提出了许多建设性意见和建议，对下一步规划修改完善起到了积极的作用。会议认为，《规划》建立的指标体系，从过程控制到绩效评价，涵盖渤海环境保护的主要工作，符合实际，内容全面；《规划》确定的渤海主要环境问题和防治对策，力求准确客观，重点突出；《规划》提出的"十一五"优先行动计划、中长期任务和国家级战略行动计划，立足当前，着眼长远，具有可操作性；《规划》重在建立规划实施机制，破解跨部门、跨省市、跨流域的统筹、协调难题，提出了一系列有益建议；《规划》较好地反映了 8 个部门、三省两市全程参与《规划》编制和决策的主要成果，较好地实现了海陆统筹规划的要求；对促进渤海环境保护形成合力，实现环渤海区域和谐发展具有重要作用。鉴于此，专家审查委员会同意《规划》经必要修改后报上级部门批准，尽快实施。同时，专家审查委员会建议，规划应加入相应的科学技术支撑体系内容等，并在实施过程中不断修正和完善，发挥好《规划》的指导作用。会后，发改委编制组根据专家提出的意见，对规划进行了修改和完善，并完成了《规划》（征求意见稿）。

2007 年 2 月，发改委征求各有关部门和有关省市意见。2007 年 6 月，发改委召开规划协调会，对部门提出的意见采纳情况作了说明，之后又多次易稿，2007 年 8 月完成《规划》。《规划》成果为《渤海环境保护总体规划》（2008—2020，送审稿）。

除前言和附录外，《规划》正文的内容分为五章：第一章"渤海治污'十五'总结及现状评价"；第二章"规划范围、指导思想、原则和目标"；第三章"重点任务"；第四章"主要工程"；第五章"保障措施"。附录包括 23 个建设项目附表及专家意见。

规划范围包括渤海海域、近海陆域（沿海 13 城市）及入渤海河流相关流域，即：渤海全部 7.7 万平方公里海域；山东省、辽宁省、河北省的沿海 12 个地级市和天津市陆域；辽河、海河、黄河等入海河流的部分流域。《规划》力图全面加强从海洋到河流，从入海口到流域上游地区的污染源控制，并把陆地污染源控制、流域水资源与水环境综合管理，以及海域保护有机结合起来。规划还力图根据渤海环境容量分布特征和污染物来源，统筹考虑陆域与入海河流相关流域的治理与保护，加强渤海环境保护的综合性和针对性。这是《规划》的一个鲜明特点。

规划的近期目标（2008—2012 年）为：初步建立流域污染控制和综合整治系统。13 个沿海市主要污染源得到有效控制。降低海上溢油风险，减少赤潮发生频次。建立陆海统筹污染防治体系和统一高效的协调机制。实现重要海洋功能区达标率 85%，入海水量增加 12.2 亿立方米；实现城市污水处理率不低于 80%；湿地面积得到一定恢复等。规划的远期目标（2013—2020 年）为：基本形成从山顶到海洋环境保护与污染治理的一体化决策和管理体系，使海洋污染防治与生态修复、陆域污染源控制和综合治理、流域水资源和水环境综合管理与整治、环境保护科技支持、海洋监测五大工作系统全面发挥作用，初步实现海洋生态系统良性循环，人与海洋和谐相处。具体将实现重要海洋功能区达标率 90% 以上，入海污染物排放总量 COD 削减至 80 万吨，入海水量增加 40 亿立方米等。

"海陆统筹，河海兼顾"为《规划》的基本原则之一，旨在实现环渤海经济圈的产业结构优化和布局合理化，以及该区域内资源的高效率共享和水土资源的合理开发利用。《规划》的基本原则还包括：防治并举，综合整治；科学规划、分步实施；因地制宜、突出重点；整合资源，创新机制。

《规划》中重点任务包括：加强重点环节和关键领域保护与防治，建立渤海污染防治与生态保护系统；面源点源治防联动，建立陆域污染源控制和综合治理系统；全面实施节水治污战略，建立流域水资源和水环境综合管理与整治系统；着力攻克关键技术，建立渤海环境保护科技支撑系统；强化责任分工与力量整合，建立渤海环境监测、预警和应急处置系统。

《规划》中的主要工程分为近期实施工程（2008—2012 年）和远期实施工程（2012—2020 年）两部分，项目总投资为 1266.7 亿元，其中近期投资456.2 亿元，远期投资 810.5 亿元（未包括次级流域综合治理以及和谐发展区域建设投资）。

《规划》中规定了下列 6 项保障措施：加强组织领导，明确责任分工；实行总量控制，分层落实指标；加大投入力度，拓宽融资渠道；创新体制机制，完善相关政策；执行法律法规，强化监督执法；加强宣传教育，开展舆论监督。在组织领导方面，"建立目标考核责任制度，落实环保行政首长负责制。建立由三省一市人民政府和国务院有关部门组成的渤海环境保护省部际协调机制，负责统筹协调渤海环境保护工作中跨领域、跨部门的重大问题，指导和督促本规划及相关专项规划（方案）的制订及实施，适时开展规划评估和修编工作。"[①] 在创新体制机制，完善相关政策方面，"建立生态补偿机制。建立高风险污染源强制保险制度，建立单壳船淘汰制度"[②]。

《规划》发布后，国家海洋局、林业局以及天津等省市相继召开了贯彻实施《规划》工作会议。国家海洋局于 2009 年 9 月 9 日召开了落实《规划》的工作会议，全面部署《规划》确定的海洋管理部门应承担的工作任务，并围绕海洋管理部门的职责，具体研究部署环渤海各地区海洋管理部门以及国家海洋局局属有关单位在渤海环境保护工作中承担的工作任务。根据《规划》，国家海洋局将开展下列 11 项工作：强化海洋工程、海上油气开发和海洋倾废的环境管理，加强渤海海洋环境的调查、监测、监视、预警和应急系统建设，与有关部门共同开展渤海环境容量和水体交换能力评价，建设海洋自然保护区和海洋特别保护区，研究制定渤海生态功能区划，组织实施受损海洋环境与退化海洋生态的生态修复，负责海洋生态损害的补偿、赔偿工作，负责赤潮（绿潮）灾害应急响应管理，负责海洋油气开发环保的监管及事故的调查处理工作，加强渤海海洋环境保护执法，联合有关部门开展

① 《渤海环境保护整体规划 2008—2020 年》内容摘要部分第 16 页。
② 《渤海环境保护整体规划 2008—2020 年》内容摘要部分第 17 页。

污染物总量控制管理。会议对中国海监总队、国家海洋局北海分局、国家海洋环境监测中心、国家海洋局第一海洋研究所等局属相关单位，辽宁省、河北省、山东省、天津市、大连市等环渤海地区5个省市海洋管理部门承担的具体任务进行了细化和分工。国家林业局根据《规划》先后实施了天津市、河北省、辽宁省和山东省渤海沿海区域湿地保护与恢复工程、沿海防护林建设工程、退耕还林工程和自然保护区建设，逐步建立了渤海湾生态保护体系，为促进渤海沿海地区经济社会可持续发展做出了重要贡献。

二、2009 年中国环境法制建设进步明显

环境法制是国家法制的一个重要组成部分，是有关环境法律和制度的简称，是环境立法、执法、守法和法律监督的总和。广义的环境法制建设还包括环境法学研究、宣传教育等活动。经过十年的环境法制建设，至2009年，中国环境立法、执法、司法、法律监督和环境法学研究、宣传教育、国际合作取得明显进步。除以上各篇章已论述者外，2009年中国环境法制建设中的大事主要有以下五点：

（一）行政问责制度在环保领域频频发力

2009年年初，四川省率先在城乡环境治理中实施环境问责制度，一大批官员因环境问责而"下马"。在此后发生的"赤峰水污染案"、"凤翔血铅案"中，环境问责制度不断发力，矛头直指中国环保工作中长期存在的政府监管不力、官员问责避重就轻等现象。2009年，多地政府在环境保护领域擎起行政问责制度的利剑，向那些只顾眼前利益而不顾环境、社会、经济协调发展的官员予以责任追究。

其实，早在2008年9月阳宗海砷污染事件①进入法律程序时，环境问责便引起社会关注。云南省于当年9月17日正式启动相关行政问责程序，对各级各部门的监管工作展开全面调查。当年10月22日，云南省监察厅通报了对阳宗海砷污染事件政府相关人员实施行政问责的结果：责成玉溪市政

---

① 2008年6月，云南九大高原湖泊之一的阳宗海水体被查出砷浓度超出饮用水安全标准，湖水受到严重污染，直接危及2万人的饮水安全。阳宗海水污染主要是沿湖部分企业多年来无视国家环保法律法规，违法生产造成的。经省级环境监测部门认定，云南澄江锦业工贸有限责任公司是造成阳宗海污染的主要来源。

府、云南省水利厅向云南省政府作出书面检查，并由玉溪市政府通过媒体向社会公开道歉；对玉溪市副市长陈志芬给予劝其引咎辞职的问责、对云南省水利厅副厅长陈坚给予通报批评的问责；对事件中负有直接领导和监管责任的玉溪市市、县两级17人、昆明市宜良县4人、云南省水利厅3人等共24名公职人员，按照干管权限给予党纪政纪处分，其中13人被给予免职处分，其他分别给予责令辞职、停职、作出书面检查等处分；同时由司法机关严肃追究云南澄江锦业工贸有限责任公司重大环境污染事故罪的刑事责任①，并由环保等有关部门依法处理其他相关企业的违法排污问题。除了实施以上措施外，相关部门还对本次事件涉及的所有问责人员追究党纪、政纪责任。可以说，阳宗海砷污染事件处理过程中环境问责的果断、有效，不仅推动了该案的司法进程，也推动了行政问责制度在2009年的继续施行。

2009年新春伊始，四川省在开展的城乡环境综合整治工作当中实行"层层问责制度"，有效地调动了全省各地官员重视并做好环保工作的积极性。当年前四个月，四川省有271家单位受到通报批评，或被取消评优、评先进的资格，有223人受到行政责任追究。

2009年7月24日，内蒙古自治区赤峰市新城区发生多起居民因饮用自来水而患病的事件。至7月底，因自来水受污染导致赤峰市新城区多达4020人赴门诊就医。赤峰市建委经过调查，向社会通报了事发原因：7月23日的暴雨致使污水侵入饮用水源井，相关部门和责任人员未及时、有效处理，最终使受污染的自来水进入居民家庭，引发人体疾病。8月5日，赤峰市松山区党委召开会议，决定免去相关责任人冯玉国、高玉良的党政职务，并对所属市政工程处、宝山污水泵站主要负责人予以免职。此前，赤峰市委已免去市建委成员郭明达、余秀峰的职务。

2009年8月，陕西凤翔县长青镇发生615名儿童血铅超标事件。东岭冶炼公司在其卫生防护范围内的村民未搬迁的情况下从事铅锌冶炼，成为事件主要污染源。陕西省宝鸡市对凤翔县委、县政府，宝鸡市和凤翔县环保部门

---

① 2009年6月2日，阳宗海重大环境污染事故案一审判决在云南省澄江县人民法院作出，被告云南澄江锦业工贸有限责任公司被判处罚金人民币1600万元，被告人李大宏犯重大环境污染事故罪，判处有期徒刑4年，并处罚金30万元；被告人李耀鸿、金大东犯重大环境污染事故罪，各判处有期徒刑3年，并各处罚金15万元。2009年8月26日，玉溪市中级人民法院作出维持原判的终审裁定。

等 11 名有关官员给予党纪处分。

2009 年 9 月 16 日，海南省海口市美兰区在环境综合整治中，依据《海口市美兰区环境综合整治"五大工程"工作问责暂行办法》，对 1 名干部免职、对 3 名责任人责令改正并通报批评，引起社会各界的广泛关注和强烈反响。

2009 年 12 月 3 日，在湖南省推进新型工业化工作会议上，湖南省委副书记梅克保表示，湖南将进一步强化对官员的"环境问责"，对未按期完成"十一五"节能减排任务的地方和部门，将坚决实行"一票否决"，考核结果与官员的政绩挂钩，完不成任务将直接影响官员的选拔任用。

从年初到年末，从四川到内蒙古，再到陕西、海南和湖南，2009 年国内各地在环保工作中坚决、有力地实施行政问责制度，使地方政府及官员治理环境、保护环境的意识得到提高。例如，四川省政府官员"知耻而后勇"，治理当地环境，改善人居环境，由此，城乡环境治理中政令不畅、效率低下、玩忽职守等不良现象大幅减少。环境问责制度的实施改变了以往环保部门单打独斗的局面，政府相关部门开始参与环保工作，环保领域权力与责任长期分离的局面得以扭转，"有权必有责"的行政工作机制得以落实。

"问事必问人，问人必问责，问责必到底"——2009 年全国各地切实执行环境问责制度，一改以往环境问责中"今天下马，明天上任；此处免职，别处调任"的现象，让一些地方政府和部门感受到环境问责制度的压力。当然，实施环境问责制度不仅仅是让官员事后为其失职、失责行为承担相应的责任，更重要的是最大限度地预防官员出现失职、失责行为，避免环保工作中出现失误。

（二）国内首部环境风险企业管理办法出台

2009 年 8 月 23 日，长沙市环保局颁布国内首部环境风险企业管理办法——《环境风险企业管理若干规定》（以下简称《规定》）。这一举措填补了国内环境风险预防管理的空白。

所谓环境风险，根据全国科学技术名词审定委员会审定公布的定义，是指人为污染对人体健康和生态系统可能产生的危害。环境风险具有两个突出特点，即不确定性和危害性。当前中国正处于环境风险加剧、环境安全隐患集聚的时期，根据原国家环保总局的调查，2006 年全国 7555 个大型重化工项目中，81%布设在江河水域、人口密集区等环境敏感区域，45%为重大风险源，但是，相应的防范机制存在缺陷，导致污染事故频发。与这种严峻情况相对应的是，目前中国尚未形成成熟的预防措施和系统的环境风险预防机制。

为了切实保护群众的环境权益，《规定》共建立六项机制来预防和应对当前的环境风险。这六大机制分别是：环境风险企业登记管理制度、定期报告制度、专家评审制度、环境风险项目定期监察与监测制度、公众监督制度和责任追究制度。《规定》第二条首次对国内尚未定性的环境风险企业予以界定："本条例所称环境风险企业是指在长沙市行政区域范围内，符合下列条件之一的企事业单位：（一）生产过程中涉及剧毒、危险化学品的；（二）黑色金属、有色金属及涉重金属采选和冶炼的；（三）使用放射性物质的；（四）仓储有毒、有害及化学危险品的；（五）电镀、制革、医疗、有色冶金等危险废物综合利用及处置的。"

《规定》的内容中有如下亮点，对我们预防和应对环境风险有指导意义。首先，《规定》将环境风险企业划分为三类，其中，涉及上述第（一）、（二）项的为一类环境风险企业，涉及第（五）项的为二类环境风险企业，涉及第（三）、（四）项的为三类环境风险企业。《规定》要求一、二类环境风险企业应当购买环境风险责任保险，三类环境风险企业根据自身情况酌情决定是否购买环境风险责任保险。根据这一规定，一旦发生环境污染事故，由保险公司对受害方进行赔偿，由此避免事故发生后责任难以落实、受害方损失无法得到救济的情况。据此，环境风险责任保险可以成为对环境事故中受害方损失进行救济的有效手段。其次，《规定》提倡环境风险管理的全民参与，体现了环境风险预防中公众的监督作用。环境监察部门可以聘请节能环保社会监督员对环境风险企业的环境违法行为进行监督，监督员发现环境风险企业的环境违法行为立即进行举报，查证属实的，环境监察部门应当对其奖励。广大社会公众的充分参与显然有助于增加《规定》的实效性和可操作性。第三，《规定》在环境风险企业的定期监管与监测方面提出了更为严格的要求。在现场监管方面，根据不同的企业环境风险等级，对三类企业分别规定了定期监督检查的最低频次，同时，市级监察部门还要进行不定期的抽查；在环境监测方面，除了现有的污染物排放监测项目外，《规定》增加了对企业周边水和土壤等项目的监测，要求企业按照各自最低检测频次委托有资质的环境监测部门进行监测。第四，三类企业要按照规定的频次提交环境风险定期报告，报告在向环保部门提交前需经两名相同或相关行业的专家对报告的真实性和污染防治措施的可靠性进行评定，只有通过专家的评定才能提交。

作为国内首部针对环境风险企业进行制定的管理办法，《规定》出台的意义不仅在于其对环境风险企业的行为及责任予以明确规定，还在于它填补了国内环境风险预防管理的空白。环境风险所蕴藏的危害性后果能否发生具有不确定性，但是环境风险一旦演变为现实的环境事故，就会对环境产生严重损害。为了防止不确定性的环境风险可能给环境带来的危害性后果，对环境风险进行管理和控制势在必行。在风险管理学中，风险控制的意义在于，通过风险管理者采取的各种措施和方法，消灭或减少风险事件发生的可能性，或者减少风险事件发生时造成的损失，这也是对环境风险企业进行管理的意义之所在。为了杜绝和减少环境风险企业的环境违法行为以及可能的危害性后果，在法律上应当对环境风险企业的环境行为、环境责任作出明确细致的规定，明确环境风险企业应承担的环境义务。环境保护机关也应加大对环境风险企业的管理力度，严格约束环境风险企业的环境行为，引导社会公众关注环境风险，将对环境风险的预防纳入环保工作的重点，促使环境风险企业重视企业自身对社会的环境责任，唤醒全社会对环境风险预防的重视。

潜在的环境风险一旦成为现实，必然带来重大的环境损害，因而需要我们有明确的认识和足够的重视。如何运用法律手段规范环境风险企业的环境行为，降低甚至消除环境风险，长沙市环保局通过这一《规定》为我们提供了很好的范例。

（三）俞明达：维权十四载终胜利

一起 270 万尾蝌蚪遭污染致死索赔案，经历了 14 年漫漫诉讼路，经过了三级检察机关抗诉、四级法院的 4 次审理，全国人大代表 4 次对最高法院实施监督责，被法律界称为"穷尽司法救济"。2009 年 4 月 2 日，最高人民法院对俞明达污染赔偿案作出终审判决，撤销浙江省高级人民法院、嘉兴市中级人民法院、平湖市人民法院的判决，判令 5 家污染企业赔偿养殖场48.3 万元和利息共计近 100 万元。"这不仅是俞明达一个人的胜利，更是当地及全国无数支持环境保护人士的胜利。"关注此案的法律界人士如此评论。

此案背后折射的是中国环境保护与地方利益保护的激烈博弈。

原告人俞明达原为浙江省平湖师范农场特种养殖场场长。该养殖场自 1991 年 4 月开始从事美国青蛙的养殖和育种，从 1993 年冬季开始，该养殖场发现，取水河道被工业废水污染，而且污染状况越来越严重。后经嘉兴市环保局监测查明：该养殖场取水河道的污染物来自位于取水河道上游的嘉兴市步云染化厂、步云染料厂、步云化工厂、向阳化工厂和高联丝绸印染厂等 5 家企业（以下简称"5 企业"）。这 5 家企业违反规定，将含有有毒有害物质的染化废水（主要是色度和 COD）不经处理直排河道，特别是 1993 年和 1994 年的染化废水均比上年增加 1 万吨，致使下游 7 个乡约 135 平方公里的水域受到污染，水质由 II 至 III 类下降为 V 类。其中，约 53 平方公里水域受到严重污染，水质远远劣于 V 类。因此，该重污染区域内的河道水体，已因色度和 COD 严重超标而丧失了工业用水、养殖用水和村民生活用水的功能。

1994 年春，处于严重污染水域内的养殖场和其他受害人开始四处上访，数十次地向有关部门反映情况，强烈要求 5 企业尽快治理，停止肆意排放。由于 5 企业一直没有停止污染排放行为，1994 年 4 月，养殖场存育的美国青蛙蝌蚪和正在变形的幼蛙（计 270 多万尾）开始出现死亡，同年 7、8 月间大量死亡，至同年 9 月，几乎全部死亡。按当时的市场价计算，养殖场因此而遭受的直接经济损失为 48.3 万元。事后，司法部司法鉴定科学技术研究所在其针对本事件所作的微量物证鉴定中表明，养殖场饲养的蝌蚪死亡与 5 企业排放的废水造成附近水域水质污染有直接的不可推卸的因果关系。

鉴于此，1995 年 4 月，嘉兴市环保局对 5 企业的超标排污行为作出各罚款 5000 元的行政处罚决定，同时，试图对养殖场与 5 企业之间的环境污染损害赔偿纠纷进行协调。但是，最终仅就"5 企业在污水排放未达标以前，应补给养殖场 6 万元，用于 1995 年生产自救用水费"达成调解，未能解决养殖场 1994 年的污染损害赔偿问题。环保部门调查显示，步云乡因引进化工厂从一个经济落后乡一跃成郊区工业经济发达乡，5 家污染厂产值占步云乡工业总产值七成多。当地环保部门除了 1995 年 4 月对这 5 家污染厂作出各 5000 元的罚款后，再无任何处罚。

1995 年 12 月，养殖场以 5 企业为被告，向平湖市人民法院提起民事诉讼，请求判令被告赔偿养殖场经济损失 48.3 万元，并排除污染危害，停止侵权。1997 年 7 月 27 日，平湖市人民法院作出一审判决。判决认为，5 被告（5 企业）在生产过程中所产生的废水严重超标，并直排或渗入河道污染水域，原告（养殖场）所饲养的青蛙蝌蚪死亡，出现经济损失均是事实。但现有证据不能证实青蛙、蝌蚪即死于水污染，故无法确定原告损害事实与被告污染环境行为之间存在必然的因果关系。据此，驳回原告的诉讼请求。

原告（养殖场）对此判决不服，遂提出申诉。1998 年 6 月 30 日，嘉兴市人民检察院在平湖市人民检察院的提请下，就该案向嘉兴市中级人民法院提起抗诉。1998 年 10 月 20 日，嘉兴市中级人民法院作出终审判决（［1998］嘉民再终字第 2 号）。判决认为，本案是原告主张水污染致害责任的赔偿权利，水污染致害责任属于特殊侵权责任，在举证责任上虽适用举证责任倒置原则，但举证责任倒置只是在证明过错责任问题上的倒置，有关有污染水域的违法行为及水污染造成青蛙蝌蚪死亡的损害事实的证据，须由原审原告举证。关于原审 5 被告超标违法排污的行为，原审原告已充分举证证实，而构成水污染致害责任前提条件的损害事实，即青蛙蝌蚪的死因及青蛙蝌蚪体内含致死物质化学成分与原审 5 被告排放的污水所含成分相符的鉴定结论，原审原告不能举证。故本案因青蛙蝌蚪死因不明，死亡的数量不清，无法判定 5 被告的违法行为与养殖场主张的损害事实之间存在必然的因果关系，抗诉理由不能成立。据此，驳回抗诉，维持原判。

2001 年 3 月 10 日，浙江省人民检察院以本案终审判决"在认定事实和适用法律上存在错误"为由，再次提起抗诉。浙江省高级人民法院受理后，对本案进行了再审。2001 年 5 月 31 日，浙江省高级人民法院作出再审判决，认为：因养殖场没有对死亡青蛙蝌蚪进行科学鉴定，故其死因不明。养殖场申诉理由及省检抗诉理由均主张对环境污染侵权纠纷的因果关系判断应适用因果关系推定原则和举证责任倒置原则。因果关系推定原则与举证责任倒置原则是世界各国处理环境污染侵权案件中普遍适用的原则，本着公平正义的法律精神，予以认可。根据因果关系推定原则，受损人需举证证明被告的污染（特定物质）排放的事实及自身因该物质遭受损害的事实，且在一般情况下这类污染环境的行为能够造成这种损害。本案养殖场所举证据虽然可以证实被告的污染环境行为及可能引起渔业损害两个事实，但由于养殖场所养殖青蛙蝌蚪的死因不明，不能证明系被何特定物质所致，故养殖场所举证据未能达到适用因果关系推定的前提。由于养殖场据以推定的损害原因不明、证据有限，其所主张的因果关系推定不能成立，其遭受的损害无法认定为系五被告行为引起，故要求5被告承担侵权损害赔偿责任依据不足。据此，浙江省高级人民法院作出了维持原判的终审判决。

自浙江省高院判决后，俞明达便走上了漫漫申诉路。2001年年底，中国政法大学污染受害者法律帮助中心接到俞明达邮寄的申诉材料。杨素娟副教授在认真审阅和分析了法院判决之后，认为该案判决在污染损害事实认定与法律适用上存在着明显的错误，特别是关于环境损害赔偿案件中的因果关系推定及举证责任倒置的认定均存在疑点。此后，中心开始持续地为俞明达的申诉提供法律咨询和帮助。

同时，浙江省人大向俞明达推荐了浙江省一名全国人大代表。这名人大代表从2002年起，连续3年3次在全国"两会"期间直接向最高法和最高检递交案情材料，要求对俞案究错。此举引起了最高人民法院的重视。2005年的最后一天，最高法下达民事裁定书，决定提审此案。3个月后，最高法下达再审案件受理通知书。2006年4月28日，最高人民法院组成合议庭。2006年5月16日，合议庭开庭审理此案。针对本案争议焦点，即5被告是否排放了污染，污水是否到达原告的养殖水域，被告行为与原告损失之间是否具有因果关系展开辩论。原告认为，自己穷尽一切法律手段收集并提交了被告排污、原告遭受水污染、原告损失额及原告损失与被告排污水之间具有直接的因果关系等证据，因此，法院应适用举证责任倒置或因果关系推定的原则，判令被告承担原告损失。被告则认为，原告没有保存死亡蝌蚪的尸体亦没有对其进行解剖鉴定，故不能认定损失是由被告导致，请求法院驳回原告诉讼请求。

最高人民法院于2009年4月2日作出终审判决。该判决认为，5家企业在涉案时间段超标排放废水造成附近水域污染，位于5家企业下游约6公里处的养殖场因在1994年饲养的青蛙蝌蚪几乎全部死亡而遭受损失均是不争的事实。对此，双方当事人并无争议。有争议的是5家企业的污染行为与养殖场的损失是否存在因果关系，特别是应由哪一方举证证明该因果关系是否存在。判决认为，5家企业所举证据既不能证明其污染行为不会导致蝌蚪死亡，也不能证明导致蝌蚪非正常死亡的结果确系其他原因所致，因此对于本案中污染行为和蝌蚪死亡之间的因果关系，5家企业均不能提出足够证据予以否定，所以，作为加害人的5家企业，应当向养殖场承担侵权赔偿责任。故此，最高人民法院判决撤销浙江省高级人民法院、嘉兴市中级人民法院、平湖市人民法院的民事判决，判令嘉兴市步云染化厂等5被告各赔偿浙江省平湖师范农场特种养殖场损失96600元及利息，并判令5被告对上述债务承担连带清偿责任。

本案对于环境侵权案件的法律适用以及公众环境权益的保护具有深远的意义。环境侵权作为一种特殊侵权，具有长期性、积累性、复杂性、高科技性、加害方与受损方实力悬殊等特点，无过错责任、因果关系推定的适用有利于平衡加害方与受损方的关系，体现了公平原则。本案的焦点在于因果关系的认定，最高法院的再审判决为因果关系推定规则的适用提供了实践指引。在浙江省高院作出判决后，本案就作为典型案例被编入最高法的《审判监督指导与研究》中。有关因果关系推定规则的适用争议也尘埃落定，即只要存在违法行为和损害事实，证明违法行为和损害事实之间不存在因果关系的责任就归于被告。

（四）中国首次以投放危险物质罪对环境污染当事人判刑

2009年2月20日，江苏盐城发生水污染事件。由于市区多处自来水取水口的水源被污染，造成自来水无法使用，影响居民用水安全，造成长时间停水。

2007年11月底至2009年2月16日，原江苏盐城市标新化工有限公司董事长胡文标、生产厂长兼车间主任丁月生，在明知标新化工有限公司为环保部门规定的废水不外排企业和生产氯代醚酮过程中所产生的钾盐废水含有有毒有害物质的情况下，仍然将大量钾盐废水排入公司北侧的五支河内，任其流进盐城市区饮用水源蟒蛇河。2009年2月2日，因水源污染导致市区20多万居民饮用水停止达66小时40分钟，造成直接经济损失543.21万元人民币。

2009年8月1日，盐城市盐都区人民法院对本案进行了审理，认为胡文标、丁月生二人在该起特大环境污染事故中故意排放污水的意图明显，符合投放毒害性物质罪的构成要件，判决被告人胡文标犯投放危险物质罪，判处有期徒刑 10 年；被告人丁月生犯投放危险物质罪，因其为从犯，判处有期徒刑 6 年。

江苏盐城"2·20"水污染案是中国首次以投放危险物质罪对违规排放造成重大环境污染事故的当事人判刑。此前，中国在对类似的污染事件追究刑事责任时，均以重大环境污染事故罪追究犯罪嫌疑人的刑事责任。盐城法院在胡文标的犯罪行为符合投放危险物质罪的犯罪构成要件和严格遵守罪刑法定原则的前提下作出这样的判决，完全符合法律规定。

（五）中国环境与发展国际合作委员会 2009 年年会召开

2009 年 11 月 12 日，以"能源、环境与发展"为主题的中国环境与发展国际合作委员会 2009 年年会在北京开幕。

中国环境与发展国际合作委员会（简称"国合会"）是一个由中外环境领域高层人士和专家组成的、非营利的、国际性咨询机构。成立于 1992 年，其主要任务是对中国环境、发展领域内的重大问题进行研究，向中国政府领导层与各级决策者提供前瞻性、预警性的政策建议。国务院总理每年都会接见参加国合会年会的委员，直接听取委员们就环境与发展领域的重大问题提出的建议。

2009 年年会以"能源、环境与发展"为主题，分两个主题论坛展开深入、广泛的研讨，一是发展低碳经济，应对气候变化；二是商讨"十二五"规划，关注农村和城市的绿色发展。与传统经济相比，"低碳经济"旨在通过"低能耗、低污染、低排放"的发展，实现经济、社会和环境相和谐。"绿色发展"重在实现在环境容量和资源承载力的约束条件之下的发展，是低碳经济的重要表现，面临全球气候变化的挑战，实现能源的高效利用和清洁开发，推行"绿色发展"，是实现低碳经济的重要途径。

与会专家、学者围绕本次年会主题讨论了五个课题，包括低碳经济、煤炭可持续利用、城市发展的能源效率、农村能源与环境、能源效率与环境保护的经济手段等。基于年会期间的讨论，并综合有关研究成果，2009 年国合会年会提出如下七项政策建议：大力发展绿色经济，加快经济发展方式的绿色转型；统筹国际国内两个大局，发展低碳经济；实施安全、高效和清洁的国家煤炭开发与利用战略；创新思路，解决城市发展中突出的能源环境问题；强化农村能源环境管理，重视气候变化适应措施；改革和完善经济政策，提高能源效率和环境管理水平；制定绿色"十二五"国民经济和社会发展规划。国合会提出的七项建议，充分考虑了国内和国际两个社会的经济形势和环境状况，具有时代性和科学性。

　　环境危机集中爆发、全球气候变暖等环境问题促使人们开始思考经济与环境保护的协调、可持续发展，低碳经济受到各国政府的关注。国合会顺应时代潮流，率先就中国发展低碳经济进行了大量研究工作：2007年国合会召开了主题为低碳经济的第一届圆桌会议，随后，国合会于2008—2009年成立了低碳经济课题组，就低碳对经济增长产生的潜在影响、对能源与环境关系的潜在益处，进行了广泛的模型研究工作。2009年年会上，国合会专家进一步指出，"十二五"期间是中国能否持续全面推动严格的节能减排工作的考验期，也是将包括低碳经济在内的绿色经济纳入国家发展规划的重要时机，能否抓住机遇，规划中国低碳经济的发展蓝图，将对中国经济今后的发展方向起到关键性作用。

　　本次年会对中国发展低碳经济、实现可持续发展起到了良好的宣传和推动作用。一方面，在国合会的积极倡导和影响下，推行低碳经济有了更加广泛的社会基础。主要表现在：第一，低碳经济成为政府决策。2009年年底，温家宝总理在接受新华社采访时表示，2008年经济危机带来的最重要的一项科技革命就是促进环境保护技术的创新，发展低碳经济和绿色经济。第二，推行低碳经济，企业在行动。山东兖矿集团在充分利用矿井瓦斯来发电，并使之成为企业利润新的增长点。第三，低碳生活悄然成为中国社会生活的新时尚。出门搭乘公交、地铁、步行或骑车，随手关灯，电脑不用时关机，自带筷子、多吃本地食物等低碳环保的生活方式为社会公众所支持和采用。另一方面，国合会不仅提出中国低碳经济发展的路线图，还提出发展低碳经济的具体措施。国合会通过专门的课题研究对中国的低碳经济之路作出"总揽全局、重点突出、层次分明"的安排，为中国进一步完善经济发展结构、促进能源的高效利用提供了具体指导，推动低碳经济从理念向实践迈进。

第十七章 中国开展环保国际合作及参与 国际环境法律事务情况

　　2009 年是中国步入"后奥运时代"的第一年。如果说 2001 年加入世界贸易组织标志着中国已经全方位融入国际规则体系，那么，2008 年北京奥运会的举办则意味着中国已经开始以具有独立特质的大国形象在国际交往中发挥作用。而这种角色变化，不仅仅体现在外贸、体育领域，在环境保护方面也有着淋漓尽致的反映。就环境法制而言，一方面中国积极开展相关环保国际合作，认真履行条约义务，以负责任的发展中国家立场履行国际法上的环境义务；另一方面积极发挥作用影响国际环境法制议程，提出独立的见解和声音，维护自身环境权益，争取环境利益。上述表现体现于全年中国参与环保国际合作及国际环境法律事务的总体进程之中，其中，最具总结价值的是中国在应对气候变化方面的表现和经验。

第一节 中国开展环保国际合作及参与 国际环境法律事务概况

　　国际环保合作是国际环境法律事务的基础。在 2009 年中，中国在环境保护的各个领域广泛开展国际合作，并积极参与其中的法律事务特别是立法进程。

一、中国开展环保国际合作概况

从总体上看，中国政府对于环保国际事务日益重视。根据环境保护部的统计数据，2009年，温家宝总理、李克强副总理等党和国家领导人先后14次出席了与环境保护相关的重要外事活动。环境保护部领导出访与出席国际会议7次，安排和接待国外副部长级以上代表团41次，全年共审批出境团组523个1641人次，环境保护部系统境外培训学习391人次，正式邀请和接待来华外宾团组97个520人次。

其中比较有突出意义的事件主要可以从双边、区域和国际三个层面加以总结①：

（一）双边环境合作领域。中国成功参加中美战略与经济对话、中美商贸联委会、中日经济高层对话、中俄总理定期会晤委员会、中哈合作委员会等机制下的环境合作。

（二）环境区域合作领域。中国主导成立了中国—东盟环境保护合作中心并制定了《中国—东盟环保合作战略》。10月10日，以中国为主成功举办第十一次中日韩环境部长会议，发表《中日韩可持续发展联合声明》，强调三国应大力发展绿色经济，并本着互利共赢的精神，在多个领域，特别是发展绿色经济方面加强合作。面向非洲及东盟国家积极开展援外环保培训。

（三）多边环境合作领域。除了参与国际环境法制议程之外，4月20日至22日，中国政府承办了由国际原子能机构主办的"面向21世纪的核能部长级国际大会"。来自60余国的代表参加会议，交流核能发展经验，探讨核能发展战略，并形成广泛共识。2009年10月，在北京成功举办了环境资源立法与可持续发展国际论坛，形成了《以立法行动促进新能源和可再生能源发展论坛共识》。11月2日至5日，第十三届世界湖泊大会在中国武汉市举行，主题为"让湖泊休养生息——全球挑战与中国创新"。大会通过《武汉宣言》，建议制定并实施让湖泊休养生息的战略。

（四）国际组织的合作。中国首次签署《环境保护部和联合国环境规划署谅解备忘录》，第一次在联合国会议上举办大型展览，成功举办"北

---

① 具体事务请详见本节所附列表。

京绿色奥运展览"、"北京 2008 奥林匹克运动会独立评估报告"新闻发布
会，积极承办环境署可持续资源管理国际委员会第五次会议，并联合举办
"中国绿色经济"国际论坛。中国还继续保持与世界银行、联合国开发计
划署、亚洲开发银行等国际组织的良好关系，协助世界银行在中国四个城
市开展"呼唤绿色中国"环境宣传活动，有力地推动了中国公众环境意
识的提高。①

　　中国具体组织开展的环保国际合作事务请参见下表（表 17 - 1）：

表 17 - 1：2009 年中国组织的主要环保国际合作事务一览表

时间	事件	地点	主题	主要参与者	影响
1 月 28 日	世界经济论坛 2009 年年会	瑞士达沃斯	"构建危机后的世界"	国务院总理温家宝	中国表态：面对气候变暖、环境恶化、疫病和自然灾害、能源资源和粮食安全、恐怖主义蔓延等关系人类生存和发展的问题，任何国家都无法置身事外，也难以单独应对，国际社会必须加强合作，共同应对这些挑战
2 月 16 日	联合国环境规划署第 25 届理事会会议暨全球部长级环境论坛	肯尼亚内罗毕	"全球化与环境：迈向绿色经济"、国际环境治理等议题	来自 146 个国家、20 多个政府间组织和非政府组织的 1000 余名代表出席了会议	环境保护部副部长李干杰率中国政府代表团出席并就一系列重要议题提出中国的观点与建议
2 月 16 日	"北京绿色奥运展览"	肯尼亚内罗毕	向与会的各国环保领域的官员和专家展示了中国在举办北京奥运会时采用的最新环保技术以及节能经验	环境保护部李干杰副部长率中国政府代表团出席	此次"北京绿色奥运"展览得到了众多与会者的热切关注和称赞。北京绿色奥运环境保护工作不仅为中国城市，也为其他国家的城市就如何促进城市环境保护和可持续发展提供了成功的案例和学习的经验

---

① 《2009 年中国环境状况公报》。

时间	事件	地点	主题	主要参与者	影响
2月18日	联合国环境规划署发布了由独立评估员提交的关于 2008 北京奥运会的环境评估报告		北京奥运会的环境评估	联合国环境规划署	报告指出，北京履行乃至超额履行了在打造绿色奥运方面作出的多项承诺。美中不足的是，举办方在打造绿色奥运方面未能充分促进非政府组织的参与
3月12日	环境保护部与世行国际金融公司当日在京签署了长期合作备忘录	北京	在信贷投放时将环境和社会因素纳入银行自身的信贷管理和对企业的评估系统中，奉行绿色信贷原则，将是推进节能减排、推动产业结构调整、促进经济又好又快发展的有力举措	环境保护部政策法规司、环境经济政策研究中心相关负责人、世行国际金融公司代表、参与合作项目的国内外专家参加了签约仪式	环境保护部与世行国际金融公司将主要从以下几方面开展合作：第一，要开展绿色信贷政策实施的评估工作，编制中国绿色信贷年度报告；第二，开展"赤道原则"、"绩效标准"和"行业环境、健康与安全指南"相关知识的培训，为环保部门、商业银行培育"绿色信贷"的专门人才，再通过他们对各级环保和银行部门开展培训，推动银行业落实环境保护政策；第三，开展中国实施绿色信贷金融机构的优惠政策研究，在财政、税收等方面给予扶持；第四，双方共同启动绿色资本市场另一领域的研究工作——绿色证券政策的研究
4月20日至22日	面向 21 世纪的核能部长级国际大会，由国际原子能机构（IAEA）主办，中国国家原子能机构（CAEA）承办	北京	议题涵盖能源资源与环境、核电发展基础结构、核电技术现状和展望、燃料供应与废物管理等当今核能界共同关心的问题	中国、美国、俄罗斯、法国、日本等 66 个国家和国际原子能机构、经济合作与发展组织等 7 个国际组织的 330 名代表参加大会	与会各国交流核能发展经验，探讨核能发展战略，并形成广泛共识。国际原子能机构在协助各国和平利用核能方面发挥着不可或缺的作用。大会鼓励国际原子能机构继续与成员国和经合组织核能机构等国际组织开展国际合作

续表

时间	事件	地点	主题	主要参与者	影响
6月7日	第二次中日经济高层对话	东京	双方重点围绕经济金融形势、贸易投资合作、环境能源合作、地区及国际经济问题等四大议题深入交换了意见	中国国务院副总理王岐山和日本外务大臣中曾根弘文共同主持对话，中国商务部部长陈德铭、外交部部长杨洁篪、国家发展改革委员会主任张平及日本财务大臣与谢野馨、经济产业大臣二阶俊博、国土交通大臣金子一义、环境大臣齐藤铁夫等两国官员出席了本次会话	在节能环保方面，双方一致认为节约能源、保护环境是人类社会发展面临的共同课题。双方承诺，要继续推进节能标准和管理制度、循环型城市、污水处理、污染减排、温室气体减排等项目的合作，加强技术、政策和人才交流
6月13日—14日	第十一次中日韩环境部长会议	北京	就国际金融危机形势下如何做好环保工作等问题深入交换了意见	环境保护部部长周生贤、日本环境省大臣齐藤铁夫、韩国环境部部长李万仪	三国部长联合签署了《第十一次中日韩环境部长会议联合公报》，重申了致力于实现本地区公平与发展这一共同愿景的决心；审议通过了拟提交年内将在中国召开的第二次中日韩领导人会议通过的联合声明建议文本，主要内容涉及中日韩三国现阶段关注的热点环境问题
7月15日	中国科技部、国家能源局和美国能源部共同举行新闻发布会，宣布成立中美清洁能源联合研究中心	北京人民大会堂	共同宣布成立中美清洁能源联合研究中心	国务委员刘延东、科技部部长万钢、国家能源局局长张国宝和美国能源部部长朱棣文	该中心将为两国相关单位参与双边能源科技合作提供平台和支持，对加强中美科技合作发挥积极作用

续表

时间	事件	地点	主题	主要参与者	影响
7月17日	美国两部长走访中国国家电网公司	中国国家电网公司	就特高压、清洁能源和智能电网问题进行会谈，探讨美中在清洁能源方面的合作机会	美国商务部部长骆家辉和能源部部长朱棣文、国网公司总经理刘振亚	中美双方能够加强合作，实现技术跨国界共享，有利于清洁环保，综合效益明显
7月27日至28日	中美战略与经济对话	华盛顿	"凝聚信心恢复经济增长，加强中美经济合作"	中国国务院副总理王岐山和国务委员戴秉国与美国国务卿希拉里·克林顿和财政部长蒂莫西·盖特纳共同主持对话	双方谈判拟就了一份关于加强气候变化、能源和环境合作的谅解备忘录，美方由美国国务院和能源部牵头，中方由国家发展和改革委员会牵头。根据该谅解备忘录，双方建立气候变化政策对话与合作机制。双方重申，将共同致力于进一步加强《联合国气候变化框架公约》的全面、有效和持续实施，致力于2009年年底哥本哈根会议取得成功。该谅解备忘录扩展并加强中美之间在清洁高效能源和环境保护方面的合作，以帮助两国实现环境可持续和低碳经济增长，并完成国家的经济和发展目标。双方决定通过油气论坛、能源政策对话和新建立的中美清洁能源研究中心继续开展务实合作，并将在2009年内举行相关会议。双方表示，愿在大流行性及传染性疾病的暴发包括抗药性肺结核带来的挑战方面继续进行合作。双方还愿进一步在加强全球机构与治理、公共卫生挑战、全球扶贫等其他至关重要的全球性问题上加强对话与合作

续表

时间	事件	地点	主题	主要参与者	影响
9月4日至7日	国家自然科学基金委员会陈宜瑜主任率代表团一行5人先后访问联合国环境规划署和世界农用林业中心	肯尼亚内罗毕	探讨未来双边合作	陈宜瑜主任会见了联合国环境规划署执行主任和世界农用林业中心主任	就未来双边合作达成共识,打开了科学基金对非洲合作的新局面
10月10日	第二次中日韩领导人会议发表《中日韩可持续发展联合声明》	北京	强调三国应大力发展绿色经济,共同致力于促进社会经济系统和自然生态系统良性循环,促进经济社会和谐发展,为实现可持续发展作出积极贡献	中国国务院总理温家宝主持会议。韩国总统李明博、日本首相鸠山由纪夫出席会议	在众多领域,特别是发展绿色经济方面加强合作
10月12日	中俄总理定期会晤委员会第十四次会议	北京	双方全面总结了各分委会一年来的工作成果,确定了下一步双方合作的重点和目标	中国国务院副总理、中俄总理定期会晤委员会中方主席王岐山,俄罗斯副总理、中俄总理定期会晤委员会俄方主席茹科夫,共同主持	为即将举行的中俄总理第十四次定期会晤做准备
10月13日	中俄总理第十四次定期会晤	北京	双方就双边战略协作和当前国际形势坦诚深入地交换了意见,就进一步深化全面合作的重点领域,共同应对国际金融危机,以及当前重大国际和地区问题	国务院总理温家宝、俄罗斯联邦政府总理弗·弗·普京	双方将加强环保分委会与中俄合理利用和保护跨界水联委会在相关事项上的协调。双方将继续联合监测跨界水体水质,充分利用两国跨界突发环境事件通报和信息交换机制,加强在应对跨界突发环境事件方面的合作。双方将进一步加强在跨界自然保护区和生物多样性保护方面的合作,加快黑龙江流域

时间	事件	地点	主题	主要参与者	影响
			达成广泛共识		跨界自然保护区网络建设战略草案的制订工作。双方有关部门将尽快就《中俄候鸟和栖息地保护协定》草案及其附件进行磋商
10 月 15 日	2009 环境资源立法与可持续发展国际论坛	北京	立法行动促进新能源和可再生能源发展	来自澳大利亚、日本、南非、英国等国家和有关组织的议员与代表	来自不同国家的立法者和国际组织代表将就立法促进新能源和可再生能源开发利用，应对气候变化等议题展开研讨，并达成《立法行动促进新能源和可再生能源发展论坛共识》
10 月 29 日	第 20 届中美商贸联委会（JC-CT）	杭州	议题重点之一是加强中美两国在清洁能源方面的合作	中国国务院副总理王岐山与美国商务部长骆家辉、贸易代表柯克共同主持会议	中国商务部和美国贸易发展签署一份谅解备忘录。重点将在防灾智能电网的发展、可再生能源、节能建筑、清洁能源技术这四个合作领域
11 月 2 日至 5 日	第十三届世界湖泊大会	武汉	"让湖泊休养生息——全球挑战与中国创新"	来自联合国环境规划署、世界银行、全球自然基金等多个国际组织，中国、日本、美国、俄罗斯、德国、瑞士、墨西哥等 40 余个国家的专家学者及政府代表等上千人出席大会	大会通过《武汉宣言》，建议制定并实施让湖泊休养生息的战略
11 月 6 日至 7 日	中国绿色经济国际论坛	北京	回顾国际社会关于绿色经济的最新进展，讨论绿色经济对经济增长、就业和减贫的贡献，探讨经济和产业部门如何实现绿化，提出中国发展绿色经济的政策需求和解决方案	环保部国际司徐庆华司长、环境署工业、技术与经济司 Sylvie Lemmet 司长、中日友好环保中心副主任、政研中心主任夏光出席会议	围绕绿色经济概念与行动、绿色经济的部门视角、绿色经济与低碳经济和循环经济、绿色经济的资源和能源视角、绿色经济发展的政策和技术支持等主题进行了讨论，展示了绿色经济领域的最新进展与成果

续表

时间	事件	地点	主题	主要参与者	影响
11月8日至9日	中非合作论坛第四届部长级会议	埃及沙姆沙伊赫	会议全面评估北京峰会以来各项合作成果落实情况，进一步明确中非关系发展方向，规划未来3年中非各领域合作蓝图	温家宝总理及部分非洲国家领导人	温家宝总理宣布了中国推进中非合作的8项新举措，内容包括建立中非应对气候变化、环境保护、加强科技合作等
11月10日	环境保护部——联合国环境规划署第四次年会	北京	在环保领域加强合作交换了意见	环境保护部部长周生贤、联合国环境规划署代表团	双方互相介绍了近期环境政策的新动态，回顾了2009年合作情况，并就2010年在绿色经济、环境绩效评估、化学品管理和环境健康4个领域优先开展合作达成了一致意见
11月10日	联合国环境规划署（UNEP）可持续资源管理委员会第五次会议	北京	降低环境成本永续利用资源	环境保护部副部长李干杰出席会议并致辞	通过科学评估自然资源利用对环境产生的影响，推动各国采取有效措施，促使经济增长不以牺牲环境为代价
11月12日	签署了《中华人民共和国环境保护部与联合国环境规划署谅解备忘录》	北京	双方就在环保领域继续保持密切合作关系交换了意见	环境保护部部长周生贤、联合国环境规划署执行主任施泰纳	双方利用密切的伙伴关系，拓展合作的深度广度，共享经验，共同进步，为全球环境保护做出更大贡献
11月14日至15日	亚太经合组织第十七次领导人非正式会议	新加坡	探讨应对国际金融危机、恢复世界经济增长、加强区域一体化等诸多紧迫议题	胡锦涛主席出席	胡锦涛主席阐述应对国际金融危机、恢复经济增长的主张，以及中国政府在应对气候变化、粮食和能源安全等全球性问题方面的立场

续表

时间	事件	地点	主题	主要参与者	影响
12月4日	中国和哈萨克斯坦合作委员会第五次会议	北京	会议全面总结了中哈合作委员会第四次会议以来，双方在经贸、交通、口岸和海关、科技、金融、能源、地矿、人文、安全、铁路、跨界河流利用和保护等领域合作情况	国务院副总理王岐山和哈萨克斯坦第一副总理舒克耶夫共同主持	就委员会下一阶段工作重点达成共识

二、中国参与国际环境法制进程及履约概况

截至 2009 年，中国已加入 50 多项国际环境公约，一方面为此建立了履行国际公约的国内管理机制，制定和修改了相关法律，认真履行国际公约，为保护全球环境作出了积极努力；[①] 另一方面，中国还积极组织参与国际环境法制进程，全面实现谈判预案，代表发展中国家的环境权益，维护国家环境利益。就中国参与国际环境法制进程以及履行相关国际环境条约的情况来看，最主要的活动及成就主要体现在以下几个领域：

（一）应对气候变化

2009 年中国参与的众多国际环境法律事务中最为引人瞩目的就是气候变化治理议程。中国发表了《中国政府关于哥本哈根气候变化会议的立场》，指出联合国气候变化框架公约和京都议定书是国际合作应对气候变化的基本框架和法律基础，凝聚了国际社会的共识，是落实巴厘路线图的依据和行动指南；应对气候变化长期合作行动的"共同愿景"，就是要加强公约的全面、有效和持续实施，实现公约的最终目标。在 9 月 22 日召开的联合国气候变化峰会上，胡锦涛主席全面阐述了中国在气候变化问题上的原则立

---

① 《中国加入 50 多项国际环境公约　履约管理机制已建立》，载《法制日报》2009 年 9 月 15 日。

场，宣布了中国政府为应对气候变化将采取的 4 项重要举措。并指出当前在共同应对气候变化方面应坚持以下几点：第一，履行各自责任是核心。第二，实现互利共赢是目标。第三，促进共同发展是基础。第四，确保资金技术是关键。

中国政府高度重视哥本哈根气候变化会议，以积极、负责任的态度参与了会议谈判，并与各方保持了密切的沟通和交流。温家宝总理亲自与会，发表重要讲话，并深入细致做各方工作，阐述中方立场，促成会议取得积极成果。会议最后发表的《哥本哈根协议》坚持了《联合国气候变化框架公约》和《京都议定书》的基本框架，确认了"巴厘路线图"双轨制谈判的进展，锁定了各方在重大焦点问题上的基本共识，重申了"共同但有区别的责任"原则，为今后谈判奠定了政治基础，指明了方向。[1]

与此密切相关的还有中国开始积极应对"碳关税"带来的法律问题。针对 2009 年 6 月底美国众议院通过"边界调节税"法案，从 2020 年起开始实施"碳关税"，对进口的排放密集型产品，如铝、钢铁、水泥和一些化工产品，征收特别的二氧化碳排放关税，中国商务部于 7 月 3 日指出，征收"碳关税"违反了世界贸易组织的基本规则，是以环境保护为名，行贸易保护之实，严重损害发展中国家利益，中方对此坚决反对。12 月 16 日，中国商务部再次表示，坚决反对使用碳关税措施限制贸易发展。[2]

（二）应对有机物污染

这一方面主要是对《蒙特利尔议定书》、《斯德哥尔摩公约》、《巴塞尔公约》、《鹿特丹公约》相关谈判的参与以及对条约义务的履行。2009 年 11 月，中国组团参加了《关于消耗臭氧层物质的蒙特利尔议定书》第二十一次缔约方大会。在提交会议的报告中中国指出在国际社会的支持下，中国履约工作进展显著，淘汰了 90% 以上的消耗臭氧层物质，为蒙特利尔议定书的成功实施作出了突出贡献。中国对于《蒙特利尔议定书》的走向提出了四点建议：第一，要加强措施巩固第一阶段 CFC、哈龙、四氯化碳等消耗臭氧层物质淘汰的履约成果，将工作重点从企业层面的替代转变到加强监督执

---

① 中国法学会：《中国法治建设年度报告（2009）》，载《法制日报》2010 年 6 月 21 日。
② 中国法学会：《中国法治建设年度报告（2009）》，载《法制日报》2010 年 6 月 21 日。

法上；第二，要采取迅速和有力的措施加速淘汰含氢氯氟烃（HCFCs）。国际社会应尽快明确 HCFCs 淘汰的资助政策和导则，并为淘汰工作提供充足稳定的资金；第三，要加强既臭氧友好、又气候友好的 HCFCs 替代品和替代技术的研发，积极开展国际技术交流和合作；第四，要重视和加强发展中国家履约机构能力建设、政策法规建设、监督和执法能力建设、项目实施能力建设，以实现可持续履约的目标。

2001 年 5 月，中国率先签署了《斯德哥尔摩公约》，这一公约是国际社会为保护人类免受持久性有机污染物危害而采取的共同行动，是继《蒙特利尔议定书》后第二个对发展中国家具有明确强制减排义务的环境公约。2009 年 4 月 16 日，环境保护部会同国家发展改革委等 10 个相关管理部门联合发布公告（2009 年 23 号），决定自 2009 年 5 月 17 日起，禁止在中国境内生产、流通、使用和进出口滴滴涕、氯丹、灭蚁灵及六氯苯（滴滴涕用于可接受用途除外），兑现了中国关于 2009 年 5 月停止特定豁免用途、全面淘汰杀虫剂 POPs 的履约承诺。①

在履行《巴塞尔协议》方面，环境保护部与荷兰住房、空间规划及环境部联合举办了中荷废物越境转移管理短期培训，与日本环境省开展了第三次中日固体废物管理司长级对话和第二次中日废物进出口管理部门间座谈会，参加了欧盟环境法执行和执法网络（IMPEL/TFS）2009 年年会、防止危险废物非法越境转移的亚洲网络 2009 年研讨会②，并采取了一系列国内立法和管理机制上的具体举措实施前述条约项下的义务。

（三）控制与管理核物质

中国在核能发展过程中高度重视核安全问题，先后加入了《核安全公约》和《乏燃料管理安全和放射性废物管理安全联合公约》，建立了与国际接轨的核安全法规体系、安全监管体系和核事故应急体系。中国的核设施一直保持着良好的安全运行纪录。中国长期以来对核材料和核设施实施严格的管理和保护，积极参加核材料实物保护与核保安国际合作。

首先是对《乏燃料管理安全与放射性废物管理安全联合公约》缔约方

---

① 潘晓娟：《履行〈斯德哥尔摩公约〉，今年中国成果颇丰》，载《中国经济导报》2009 年 11 月 17 日。

② 《2009 年中国环境状况公报》。

会议的参与。2009 年，中国在该条约缔约方会议上审议了 17 个缔约方国家的报告，提出 110 个问题；认真分析和回答了 12 个缔约方对中国履约国家报告提出的 96 个提问；中国政府代表团首次出席了第三次缔约方审议大会，向国际原子能机构正式提交了《联合公约》第一次中国国家报告。

其次是对《核安全公约》缔约方会议的参与。2009 年 9 月 28 日至 10 月 1 日，中国代表出席了在奥地利维也纳召开的《核安全公约》第五次审议大会特别会议暨组织会议。讨论通过了规则修正案及有关《核安全公约》第五次审议大会筹备事宜，环境保护部李干杰副部长当选为 2011 年《核安全公约》第五次审议大会主席。环境保护部牵头完成了《核安全公约》第五次国家报告编审委员的换届，召开了《核安全公约》第五次国家报告编审委员会第一次会议，讨论并通过了第五次《核安全公约》编写框架和工作计划，启动了第五次《核安全公约》国家报告编写工作。

此外，在 2009 年中国开始就签署的《制止核恐怖主义行为国际公约》履行国内批准程序。

（四）保护生物多样性

为了更好地履行《生物多样性公约》及其议定书项下义务，2009 年，中国制定了《中国生物多样性保护战略与行动计划》，确定了 35 个优先保护区域，提出了今后一段时期（2010—2030 年）中国生物多样性保护的战略思想、战略方针和指导原则，制定了近期、中期、远期战略目标任务，提出了保护优先领域、优先行动和优先项目，以及为做好相关工作的保障措施。截至 2009 年年底，对中国 6 万多种生物（含重复）及数十万份种质资源进行了编目，建立了国家生物物种资源数据库平台。已在 16 个省（自治区、直辖市）开展生物多样性评价试点工作，获得了丰富翔实的基础数据，初步建立了全国生物多样性评价技术体系。参加了一系列《生物多样性公约》谈判和其他会议。[①]

（五）其他相关领域

就国际法进程而言，中国参与的和环境保护有关的领域还包括以下几个：第一，外空法。中国派团参加了联合国和平利用外层空间委员会第 52

[①]　《2009 年中国环境状况公报》。

届会议。中国代表强调，建设"和谐外空"离不开外空法的有力保障，同时认为现行外空法还不足以有效防止外空武器化和外空军备竞赛，需要在不影响现有外空法律框架的前提下，讨论制定新的法律文书。第二，海洋法。派团参加了第 19 次《联合国海洋法公约》缔约国会议、国际海底管理局第 15 届年会和 64 届联大海洋和海洋法决议磋商。关于外大陆架划界问题，中国政府强调应科学合理地划分国家管辖海域和国家管辖范围以外海域，既让沿海国充分行使对其陆地领土全部自然延伸的大陆架的主权权利和管辖权，又应避免侵蚀作为人类共同继承财产的国际海底区域的范围。第三，《南极条约》体系。派团参加第 32 届《南极条约》协商会议，指出冻结南极领土、南极只用于和平目的、科学考察自由、协商一致等原则是《南极条约》成果的基石，应继续作为处理南极旅游、生物勘探等新问题的指南。①

在前述领域之中，最为值得关注的就是中国对于全球应对气候变化法制进程的参与尤其是在哥本哈根气候变化会议中的表现，这也是 2009 年中国国际环境合作工作中的最大亮点。

下表（表 17-2）概括了中国在 2009 年参与国际环境立法事务的情况：

表 17-2：2009 年中国参与国际环境立法事务情况一览表

	时间	事件	地点	主题	中国的作为
应对气候变化方面	3 月 30 日至 4 月 8 日	联合国 2009 年第一次气候变化国际谈判	德国波恩	两大议题：一是确定发达国家在《京都议定书》第二承诺期；二是根据"巴厘岛行动计划"，就发达国家向发展中国家转让资金和技术问题作出具体安排，以期为 2009 年年底在丹麦哥本哈根达成新的温室气体减排协议进行充分准备	中国政府的立场受到肯定和认可。中国以积极的、建设性的态度参加磋商，期望年底的哥本哈根会议取得成果。中国政府以对人类长远发展高度负责的精神看待气候变化问题，"十一五"规划《纲要》确定了 5 年单位国内生产总值能耗降低 20% 左右的目标，中国政府提出了应对气候变化的国家方案，并正在全面扎实落实，这将是对保护全球气候做出的实实在在的贡献，得到了国际社会的广泛赞扬

① 中国法学会：《中国法治建设年度报告（2009）》，载《法制日报》2010 年 6 月 21 日。

续表

时间	事件	地点	主题	中国的作为
5 月 20 日	中国发表了《中国政府关于哥本哈根气候变化会议的立场》		阐述中国关于哥本哈根会议落实巴厘路线图的立场和主张，表明中国积极、建设性推动哥本哈根会议取得积极成果的意愿和决心	指出联合国气候变化框架公约和京都议定书是国际合作应对气候变化的基本框架和法律基础，凝聚了国际社会的共识，是落实巴厘路线图的依据和行动指南。应对气候变化长期合作行动的"共同愿景"，就是要加强公约的全面、有效和持续实施，实现公约的最终目标
6 月 1 日至 12 日	联合国 2009 年第二次气候变化国际谈判	德国波恩	组织者希望通过本轮谈判，能够整合各国提议的重点，商讨解决分歧的办法、讨论出谈判的关键文本	中国与会
8 月 10 日至 14 日	联合国 2009 年第三次气候变化国际谈判	德国波恩	主要目标是为 200 多页的谈判案文"瘦身"，以期减少分歧，取得共识	中国与会
8 月 27 日	第十一届全国人民代表大会常务委员会第十次会议听取和审议了国务院《关于应对气候变化工作情况的报告》	北京	会议充分肯定国务院在应对气候变化方面作出的不懈努力和取得的显著成效，同意报告提出的今后工作安排	特作以下决议：一、应对气候变化是中国经济社会发展面临的重要机遇和挑战；二、应对气候变化必须深入贯彻落实科学发展观；三、采取切实措施积极应对气候变化；四、加强应对气候变化的法治建设；五、努力提高全社会应对气候变化的参与意识和能力；六、积极参与应对气候变化领域的国际合作
8 月 27 日	全国人大常委会发布了《全国人大常委会关于积极应对气候变化的决议》	北京		《决议》阐明了积极应对气候变化与经济社会发展的关系，认为这事关中国经济社会发展全局和人民群众切身利益，事关人类生存和各国发展，必须以对中华民族和全人类长远发展高度负责的精神，进一步增强应对气候变化意识，根据自身能力做好应对气候变化工作

时间	事件	地点	主题	中国的作为
9月22日	联合国气候变化峰会	纽约联合国总部	将力争为12月在哥本哈根举行的联合国气候变化大会凝聚政治共识	胡锦涛主席全面阐释中国在这个问题上的立场，也介绍了我们国内所采取的可持续发展道路的一些很好的做法，包括清洁、可再生能源等；同时他呼吁加强国际合作，对如何开展气候变化问题的国际合作提出中国的主张和见解
9月28日至10月9日	联合国2009年第四次气候变化国际谈判	泰国曼谷	为2009年12月在丹麦首都哥本哈根举行的《联合国气候变化框架公约》第15次缔约方大会做准备	中国代表团团长、中国国家发改委应对气候变化司司长苏伟在曼谷出席联合国2009年第四次气候变化国际谈判会议
11月2日	联合国2009年第五次气候变化国际谈判	西班牙巴塞罗那	继续就前期形成的协议草案进行讨论，为哥本哈根大会准备最终协议文本	中国与会
12月7日至18日	联合国气候变化会议	丹麦哥本哈根	世界各国领导人将努力就全球应对气候变化的新安排达成协议，以取代《京都议定书》，并在2012年后生效	温家宝总理出席领导人会议并与有关方面合作，做了大量艰苦细致的工作，始终以积极的建设性态度，维护发展中国家的共同利益，强调发展中国家的生存权和发展权，不遗余力地促进凝聚共识。显然，中国政府为哥本哈根气候变化会议做出了重要贡献，推动了国际社会应对气候变化的历史进程。温家宝总理在哥本哈根气候变化会议领导人会议上发表重要讲话，明确表示：中国在发展的过程中高度重视气候变化问题，为应对气候变化作出了不懈努力和积极贡献；"共同但有区别的责任"原则是国际合作应对气候变化的核心和基石，应当始终坚持；中国政府确定减缓温室气体排放的目标是中国根据国情采取的自主行动，不附加任何条件，不与任何国家的减排目标挂钩；应对气候变化既要着眼长远，更要立足当前

	时间	事件	地点	主题	中国的作为
有机物污染应对方面	12月26日	全国人大常委会通过了可再生能源法修正案	北京		可再生能源法进行了修改，这是适应目前中国可再生能源发展形势以及应对气候变化的需要。在哥本哈根会议之后，仅仅不到十天，全国人大常委会就通过了修改可再生能源法的决定。这首先体现了中国在发展可再生能源方面的决心和信心，同时也体现了中国在应对气候变化方面的决心和信心
	4月1日	国家履行斯德哥尔摩公约工作协调组（简称协调组）第四次会议暨协调组专家委员会第一次会议	北京	会议通报了斯德哥尔摩公约国际履约动态，汇报了协调组2008年工作进展和2009年工作建议，审议通过了"协调组2008年工作总结和2009年重点工作"	强调各部门要重点做好5个方面的工作。一是要做好2009年5月17日前淘汰杀虫剂类POPs生产、流通、使用和进出口公告发布及监督执行的工作，履约各部门都应将履约工作计划列入本部门的重点工作，确保履约取得实际效果。二是要努力削减二恶英的排放，加大有关行业二恶英最佳可行技术和最佳环境管理措施的应用和推广力度，做好POPs污染场地的评估、清理、修复工作。三是要着力推进政策法规和能力建设，加快相关法规标准等的制定修订工作。四是要充分认识到公约拟增列限控POPs物质给中国产业链、产业结构带来的压力，提前制定应对措施。五是要加大履行"国家实施计划"的宣传力度，提高各级政府、相关部门及相关产业对履行斯德哥尔摩公约的责任意识、环境意识
	4月16日	环境保护部会同国家发展改革委等10个相关管理部门联合发布公告（2009年23号）		决定自2009年5月17日起，禁止在中国境内生产、流通、使用和进出口滴滴涕、氯丹、灭蚁灵及六氯苯（滴滴涕用于可接受用途除外）	兑现了中国关于2009年5月停止特定豁免用途、全面淘汰杀虫剂POPs的履约承诺

续表

	时间	事件	地点	主题	中国的作为
	5月17日	"落实政府公告，践行绿色承诺，共筑和谐家园"暨5·17杀虫剂类持久性有机污染物（POPs）淘汰宣传活动	北京		表示中国政府如期淘汰了杀虫剂类持久性有机污染物，实现了中国履行《斯德哥尔摩公约》的阶段性目标
	8月29日	第二十九届国际二恶英大会	北京	重点讨论了POPs减排的诸多国际问题	中国高度重视POPs减排工作，取得了不少成绩；但受技术和资金等因素影响，减排任务相当艰巨
	11月7日至8日	环境保护部副部长吴晓青率中国政府代表团出席《关于消耗臭氧层物质的蒙特利尔议定书》第二十一次缔约方大会	埃及迦里卜港		吴晓青在会议上指出，中国政府高度重视臭氧层保护工作，认真履行公约规定的各项义务。经过近20年的努力，中国已形成了中央和地方齐抓共管、行业企业和社会公众共同参与的履约局面。在国际社会的支持下，中国履约工作进展显著，淘汰了90%以上的消耗臭氧层物质，为蒙特利尔议定书的成功实施做出了突出贡献。针对当前议定书面临的重点工作，吴晓青提出4点意见。会议期间，吴晓青出席了多场小范围多边磋商会议，就会议焦点问题提出建设性指导意见
核物质的控制与管理方面	5月11日	《乏燃料和放射性废物管理安全联合公约》第三次条约审议会议	日内瓦	旨在帮助缔约国将乏燃料和放射性废物管理得更加安全	国家核安全局代表团代表中国向国际原子能机构正式提交了《乏燃料管理安全与放射性废物管理安全联合公约》第一次中国国家报告，并准确回答了其他国家就中国国家报告提出的问题

	时间	事件	地点	主题	中国的作为
	9 月 7 日	中国新任常驻维也纳联合国办事处和其他国际组织代表胡小笛参加国际原子能机构理事会会议	维也纳		阐述中国政府在核安全问题上的立场，强调中国正在积极快速地发展核电，同时一贯高度重视核安全，在核电的建设和运行中始终坚持"安全第一、质量第一"的原则，以"保证中国核电安全、稳妥和有序地发展"。胡小笛说，中国愿在这方面与国际原子能机构及各成员加强合作，将继续严格履行公约确定的各项义务
	9 月 28 日至 10 月 1 日	中国代表出席了《核安全公约》第五次审议大会特别会议暨组织会议	维也纳		讨论通过了规则修正案及有关《核安全公约》第五次审议大会筹备事宜，环境保护部李干杰副部长当选为 2011 年《核安全公约》第五次审议大会主席
	5 月 22 日	"国际生物多样性日"纪念活动	北京		共同探讨中国外来入侵物种现状及危害，推进中国外来入侵物种管理工作，发布中国第二批外来入侵物种名单。促进《生物多样性》缔约方第九届会议上关于《公约》和《战略计划》、包括 2010 年目标的进展情况评估项目的执行，此次座谈会将形成专家意见，借助媒体方面共同呼吁启动国家防止外来物种入侵的国家战略及行动计划
其他相关领域	2 月 11 日至 13 日	执行《联合国海洋法公约》第 82 条相关问题研讨会	伦敦		中国与会
	4 月 8 日	第 32 届《南极条约》协商会议	美国巴尔的摩		指出冻结南极领土、南极只用于和平目的、科学考察自由、协商一致等原则是《南极条约》成果的基石，应继续作为处理南极旅游、生物勘探等新问题的指南

	时间	事件	地点	主题	中国的作为
	6月3日至12日	联合国和平利用外层空间委员会第52届会议	维也纳		中国代表强调，建设"和谐外空"离不开外空法的有力保障，同时认为现行外空法还不足以有效防止外空武器化和外空军备竞赛，需要在不影响现有外空法律框架的前提下，讨论制订新的法律文书
	6月22日至26日	第19次《联合国海洋法公约》缔约国会议	纽约联合国总部		中国、科特迪瓦和巴基斯坦共同提议的补充议题"作为人类共同继承财产的国际海底区域和《公约》第121条"
	12月4日	64届联大海洋和海洋法决议磋商	纽约联合国总部		刘振民大使在第64届联大全会就关于"海洋和海洋法"议题发言
生物多样性保护方面	2009年，中国制定了《中国生物多样性保护战略与行动计划》，确定了35个优先保护区域，提出了今后一段时期（2010—2030年）中国生物多样性保护的战略思想、战略方针和指导原则，制定了近期、中期、远期战略目标任务，提出了保护优先领域、优先行动和优先项目，以及为做好相关工作的保障措施				
	2009年2月，中国正式启动了五大区域重点产业发展战略环评工作。环保部将生物多样性纳入了其中的北部湾和成渝两个区域战略环评，实现了首次将生物多样性纳入国家重点产业发展战略环评。中欧项目还在四川省甘孜州开展将生物多样性纳入矿产资源开发和旅游开发规划环评工作，结果已被当地政府采纳				

第二节　中国与哥本哈根气候变化会议

伴随着全球变暖的日益加重，应对气候变化问题已经成为摆在国际社会面前的重大挑战，也成为国际法发展变化的焦点领域。2009年正是气候变化应对国际法进程承上启下的一年，最为重要的事件即年底哥本哈根人类气候变化会议的召开，此前一年国际社会围绕气候变化的种种活动几乎都是这次会议的铺垫。中国也对这次会议作出了周密充分的准备，积极参与了以此次会议为核心的系列活动，代表发展中国家利益提出了旗帜鲜明的主张，顶住了来自发达国家的压力，并在会议成果的形成上发挥了巨大的作用。此次会议最终结果虽不尽如人意，但是就其形成来看，在国际环境法制进程中却颇具代表意义，中国的相关表现、主张、经验及问题殊有总结之必要。

一、哥本哈根气候变化会议的缘起和基本情况

联合国气候变化谈判委员会经过两年的谈判，达成了联合国气候变化框架公约，1992 年在巴西里约热内卢正式签署，1994 年生效。由于框架公约只是框架性质的，没有任何具体目标，也没有具体的减排责任，需要继续谈判以形成有法律约束力的国际协议。因而，在 1995 年召开第一次缔约方会议，形成柏林授权，要求三年以后在京都第三次缔约方会议上达成定量减排目标，相对于 1990 年排放水平，附件 I 国家即发达国家 2008—2012 年在总体上年均排放降低 5%。1997 年 12 月达成京都议定书，规定欧盟减排 8%，美国 7%，日本 6%，俄罗斯维持 1990 年水平不变，冰岛、澳大利亚等国还允许有所增加；发达国家在总体上减排 5.2%。美国拒绝批准京都议定书，一些发达国家允许森林碳汇、从其他国家购买减排额度，使得京都议定书总体减排大打折扣。尽管如此，京都议定书还是经过八年讨价还价到 2005 年才生效。2012 年议定书目标年到期，此后应对气候变化如何进行成为摆在国际社会面前的重要问题。2007 年，在巴厘岛联合国气候会议上，经过艰苦谈判达成巴厘路线图，也叫巴厘授权，要求 2009 年在哥本哈根会议上达成新的全球温室气体减排协定。这便是哥本哈根会议的来历和目标。

哥本哈根会议是 1990 年气候变化谈判以来规模最大、规格最高的一次。为了能够年底在哥本哈根会议上形成协定，各缔约方已自 2009 年 3 月起，在曼谷、波恩、巴塞罗那等地分别举行 5 次工作层面的谈判。2009 年 12 月 7 日至 18 日，194 个缔约方、观察员国，937 个联合国相关机构、专门机构、政府间国际组织、非政府组织以及 1069 个媒体单位，超过 4 万人与会。有 119 个政府首脑或国家元首与会，而且主要国家的领导人直接参与谈判，史无前例。[①]

根据巴厘路线图，哥本哈根会议的预期成果需要完成"双轨"谈判：其中的一"轨"是京都议定书第二承诺期发达国家中期减排目标的谈判，另一"轨"是《气候变化框架公约》下长远目标的谈判。双轨的原因在于美国不属于京都议定书缔约方，但仍属气候公约的缔约方，可以参加公约活

---

① 潘家华：《哥本哈根气候会议的争议焦点与反思》，载《红旗文稿》2010 年第 5 期。

动，但只能作为观察员参加京都议定书缔约方谈判会议。由于其作为发达国家第一排放大国和第一大经济体的地位，美国的参与不可或缺。在这样的情况下，只能搞双轨制，启动公约下长远目标的谈判，主要谈 2050 年长远目标。在长远目标里涉及技术、资金、适应气候变化等问题；京都议定书谈判也涉及资金、技术、适应气候变化和 2020 年发达国家的减排目标。

二、中国的准备

对于哥本哈根气候变化会议，中国进行了充分周密的准备，体现在立法、外交、经济等诸多方面。

（一）基本立场的确定与宣示

在 2009 年 9 月 22 日联合国气候变化峰会开幕式上，胡锦涛主席代表中国发表了"携手应对气候变化挑战"的重要讲话，宣示了中国对于应对气候变化国际法进程的基本立场和态度，首先是强调双轨制在国际法上的合法性与合理性，"《联合国气候变化框架公约》及其《京都议定书》已成为各方公认的应对气候变化主渠道"；其次是强调"共同但有区别的责任原则"是应对气候变化的基石原则，"应对气候变化，涉及全球共同利益，更关乎广大发展中国家发展利益和人民福祉。在应对气候变化过程中，必须充分考虑发展中国家的发展阶段和基本需求。""发达国家和发展中国家都应该积极采取行动应对气候变化。根据《联合国气候变化框架公约》及其《京都议定书》的要求，积极落实'巴厘路线图'谈判。发达国家应该完成《京都议定书》确定的减排任务，继续承担中期大幅量化减排指标，并为发展中国家应对气候变化提供支持。发展中国家应该根据本国国情，在发达国家资金和技术转让支持下，努力适应气候变化，尽可能减缓温室气体排放。"第三是强调国际合作的重要性。"气候变化没有国界。任何国家都不可能独善其身。应对这一挑战，需要国际社会同舟共济、齐心协力。"第四是强调"共同发展"是最终解决气候变化问题的出路。"气候变化是人类发展进程中出现的问题，既受自然因素影响，也受人类活动影响，既是环境问题，更是发展问题，同各国发展阶段、生活方式、人口规模、资源禀赋以及国际产业分工等因素密切相关。归根到底，应对气候变化问题应该也只能在发展过程中推进，应该也只能靠共同发展来解决。"

（二）法律上的准备

中国是世界上最早由立法机关作出应对气候变化决议的国家。全国人大常委会于 2009 年 8 月 27 日发布了《全国人大常委会关于积极应对气候变化的决议》。《决议》阐明了积极应对气候变化与经济社会发展的关系，认为这事关中国经济社会发展全局和人民群众切身利益，事关人类生存和各国发展，必须以对中华民族和全人类长远发展高度负责的精神，进一步增强应对气候变化意识，根据自身能力做好应对气候变化工作。《决议》强调应对气候变化必须以可持续发展为前提，即"必须深入贯彻落实科学发展观，坚持节约资源和保护环境的基本国策，以增强可持续发展能力为目标，以保障经济发展为核心"；"坚持在可持续发展框架下，统筹国内与国际、当前与长远、经济社会发展与生态文明建设。"

在应对气候变化的国际合作以及国际立法问题上，《决议》强调"要坚持《联合国气候变化框架公约》以及《京都议定书》确定的应对气候变化基本框架，坚持'共同但有区别的责任'原则，坚持可持续发展原则。工业革命以来，人类活动特别是发达国家工业化过程中的经济活动是造成气候变化的主要原因。发达国家应当率先大幅度量化减排温室气体并切实兑现向发展中国家提供资金和技术转让支持的承诺。发展是第一要务，发展中国家在可持续发展框架下积极采取行动应对气候变化。积极开展政府、议会等多个层面和多种形式的国际合作，加强多边交流与协商，增进互信，扩大共识。坚决维护中国作为发展中国家的发展权益，反对借气候变化实施任何形式的贸易保护。中国将本着对人类生存和长远发展高度负责的精神，继续建设性参加气候变化国际会议和国际谈判，促进公约及其议定书的全面、有效和持续实施，为保护全球气候做出新贡献。"

此外，在 2009 年之前，中国已经制定了大量有利于应对气候变化的环境资源法律，诸如环境保护法、海洋环境保护法、节约能源法、可再生能源法、清洁生产促进法、循环经济促进法、森林法、草原法、水法、水土保持法等 30 余部。2009 年，全国人大常委会通过了可再生能源法修正案，并将完善应对气候变化和保护环境的相关法律作为立法工作的一项重点，着手开展了应对气候变化相关法律评估、论证和起草工作。人大还将应对气候变化问题作为监督法律实施工作的重点，在 2009 年开展了对清洁生产促进法的监督检查。①

自 2005 年起，中国人大代表团先后出席了在伦敦、巴西利亚、华盛顿、罗马、东京、哥本哈根等地召开的全球气候变化立法者国际论坛。2009 年 10 月，在北京成功举办了环境资源立法与可持续发展国际论坛，形成了《以立法行动促进新能源和可再生能源发展论坛共识》，为出席哥本哈根气候变化立法者论坛，促进 20 国议会 100 多名议员共同达成《哥本哈根全球国际立法者论坛成果文件》发挥了重要作用。此次哥本哈根气候变化会议开幕日公开会上，中国全国人大代表团代表 20 国议会，向主办国元首递交了《哥本哈根全球国际立法者论坛成果文件》。② 这也是中国及发展中国家提出应对气候变化主张的重要载体。

（三）具体立场的提出

2009 年 5 月，中国形成了"落实巴厘路线图——中国政府关于哥本哈根气候变化会议的立场"的参与哥本哈根气候变化会议的预案。这一文件提出中国的几大主张：

1. 基本原则。中国认为，应当以"坚持公约和议定书基本框架，严格遵循巴厘路线图授权"作为会议谈判的基础，应对坚持"共同但有区别的责任"原则，坚持可持续发展原则和"减缓、适应、技术转让和资金支持应当同举并重"原则。

2. 会议目标。中国认为，长期合作行动的目标应当是包括可持续发展及减缓、适应、资金、技术转让和能力建设等方面的综合目标。就减缓目标而言，作为中期目标，发达国家作为整体到 2020 年应在其 1990 年水平上至少减排 40%。发达国家应当承担有法律约束力的、大幅度的、量化的"可测量、可报告和可核实"的减排义务。发展中国家适当的减缓行动要在可持续发展框架下进行，要与实现发展和消除贫困的目标相协调。为发展中国家的减缓行动提供技术、资金支持和能力建设支持，是发达国家政府在公约下承担的义务，发达国家的政府应当发挥主导作用，不应推卸责任。

3. 适应机制。中国建议建立适应的机制框架。要建立综合的适应机构，

---

① 汪光焘：《哥本哈根气候变化会议与中国的贡献》，《求是》2010 年第 3 期。
② 汪光焘：《哥本哈根气候变化会议与中国的贡献》，《求是》2010 年第 3 期。

以为发展中国家，特别是最不发达国家和小岛屿国家适应气候变化提供支持。建立附属机构。在公约缔约方会议的指导下，负责规划、组织、协调、监督和评估适应气候变化国际行动并支持发展中国家采取适应气候变化的行动。建立适应气候变化区域中心。在公约下建立新的"适应基金"。

此外中国还就技术开发和转让、资金支持以及发达国家在京都议定书第二承诺期进一步量化减排指标提出了自己的主张。

（四）具体举措和承诺

为了更好地推动应对气候变化国际进程的发展，中国率先垂范，采取了一系列具体的行动，在发展中国家中率先制定了《应对气候变化国家方案》，为应对气候变化作出积极努力。2009年在哥本哈根气候变化会议之前，相关行动也达到了一个高峰。2009年，中国积极参加国际海事组织和国际民航组织关于温室气体减排技术方面的讨论。中国专家还积极参加了政府间气候变化专门委员会第五次评估报告的前期准备工作。在全球环境基金（GEF）资金支持下，中国启动了《中华人民共和国气候变化第二次国家信息通报》的编制工作。中国参加了由澳大利亚政府发起成立的全球碳捕集与封存研究院。2009年6月，在北京举办了"发展中国家应对气候变化官员研修班"；2009年7月，在北京为来自非洲国家的官员和学者举办了"发展中国家气候及气候变化国际高级研修班"。2009年中国政府再次宣布促进中非合作新举措，包括在气象卫星监测、新能源开发利用、沙漠化防治、城市环境保护等领域加强合作，为非洲援建太阳能、沼气、小水电等100个清洁能源项目；加强科技合作，实施100个中非联合科技研究示范项目；向非洲国家提供100亿美元优惠性质贷款，增强非洲融资能力；对非洲与中国有邦交的重债穷国和最不发达国家免除截至2009年年底对华到期未还的政府无息贷款债务；逐步给予非洲与中国建交的最不发达国家95%的产品免关税待遇，2010年年内首先对60%的产品实施免关税；进一步加强农业合作，援建农业示范中心，派遣农业技术专家，培训农业技术人员，提高非洲实现粮食安全能力等。中国还对南太平洋、加勒比等地区小岛屿国家提供了支持与帮助，包括进一步扩大双边贸易，对基础设施、航空运输、通信和城市改造等领域的项目提供人民币优惠贷款，对原产于萨摩亚、瓦努阿图的278个税目商品实施零关税待遇，免除部分国家的到期债务等。中国还积极参与清洁发展机制的实施。截至2009年9月18日，中国在联合国注册的清洁发展机制合作项目达到632个，这些项目预期的年减排量为1.88亿吨二氧化碳当量，中国项目已经获得签发的减排量达1.5亿吨二氧化碳当量。[①]

中国是近年来节能减排力度最大的国家，不断完善税收制度，积极推进资源性产品价格改革，加快建立能够充分反映市场供求关系、资源稀缺程度、环境损害成本的价格形成机制；全面实施十大重点节能工程和千家企业节能计划，在工业、交通、建筑等重点领域开展节能行动；深入推进循环经济试点，大力推广节能环保汽车，实施节能产品惠民工程；推动淘汰高耗能、高污染的落后产能。中国是新能源和可再生能源增长速度最快的国家，在保护生态的基础上，有序发展水电，积极发展核电，鼓励支持农村、边远地区和条件适宜地区大力发展生物质能、太阳能、地热、风能等新型可再生能源。中国是世界人工造林面积最大的国家，持续大规模开展退耕还林和植树造林，大力增加森林碳汇。[②]

在哥本哈根气候变化会议之前，中国宣示了自己的减排承诺，即到2020年将单位GDP二氧化碳排放量比2005年降低40%到45%。而根据《公约》及其《议定书》，中国作为一个发展中国家是不必承担减排温室气体的强制性国际法律义务的。

三、会议争议的焦点、中国面对的压力及应对

哥本哈根气候变化会议由于牵扯各国核心利益，因此甫一开幕便剑拔弩张。就形势而言，由于双轨谈判举步维艰，美国和欧盟明确要求将双轨并一轨，废弃京都议定书，混淆发达国家和发展中国家"共同但有区别的责任"原则。欧盟希望借用丹麦主席国的身份主导进程，抛出"主席案文"；奥巴马、布朗、萨科奇等主要发达国家领导人直接上阵，关起门来小范围磋商，参与技术细节的谈判；中国、南非、巴西、印度"基础四国"的领导人，也亲自斡旋，与发达国家阵营直接对垒，谈判哥本哈根案文。

就具体争议而言，主要集中于以下几个方面：

---

① 国家发改委：《中国应对气候变化的政策与行动——2009年度报告》，2009年11月。

② 《2009年中国环境状况公报》。

（一）双轨制存废问题。巴厘路线图规定双轨谈判，明确长远目标和中期目标必须分开谈。长远目标必须考虑中期目标；美国作为世界第一大经济体，最大的发达排放国，不明确中期减排目标，显然国际社会不会接受。发展中国家认为，双轨制谈判体现了共同但有区别的责任原则，京都议定书规定发达国家率先减排，提供资金技术，帮助发展中国家适应和减缓气候变化。但美国和欧盟坚持要求发展中大国参与减排，反对双轨谈判。美国早在2009年10月6日在曼谷会议上提出并轨并得到欧盟支持，但发展中国家明确反对。

（二）长期目标。2008年在日本北海道举行的八国峰会提出"50—50"目标，即2050年全世界温室气体排放量比当前降低50%。2009年7月在意大利举行的"8+5"（8个工业化国家加5个发展中国家）峰会进一步明确长远目标：一是2摄氏度温升上限；二是进一步确认"50—50"目标；三是发达国家要减排80%。在哥本哈根谈判中，发达国家非常明确地要求长远目标温升不超过2摄氏度，温室气体排放浓度不超过450ppm，这就意味着，2050年全球温室气体减排目标相对于当前水平减排50%。一些小岛国和最不发达国家则要求，温升不超过1.5度，温室气体浓度水平不超过350ppm，2050年全球温室气体排放减少90%以上。对于快速工业化的发展中大国，特别是"基础四国"，认可2摄氏度温升上限，其他的不认可。

为什么"基础四国"不认可全世界减50%、发达国家减80%的目标？当前全球排放中，发达国家和发展中国家各占50%。到2050年，发达国家减80%，发展中国家只减20%，为什么还会遇到发展中国家反对？一方面，2摄氏度目标与减排幅度存在科学不确定性；另一方面，这一减排目标严重限制发展中国家的排放空间。从历史排放来看，减排必须考虑历史责任；从未来发展看，发展中国家需要一定的排放空间。温室气体排放是和发展过程联系在一起的，像高速公路、铁路、建筑都属于能源密集度非常高的产品，都是碳的存量。这些存量不需每年增加。发达国家在工业化过程中，这些存量基本够了，比如欧盟已经没地建高速公路和房屋。历史上，美国的累计排放是中国的10倍以上，当前人均是中国的4倍以上。美国2008年、2009年能源消费负增长，德国、英国基本上没增加，在人均水平上，发达国家基本属于稳中有降。而发展中国家处在发展过程中，必须积累大量的存量。从总量上看，发展中国家确实增长快。2006 年中国超过美国，成为第一排放大国。1980 年中国能源消费才 6.5 亿吨标煤，2008 年增加到 28.6 亿吨标煤，并且仍在高速增长。如果按照"50—50"目标，1850—2050 年发达国家人均累计排放接近 1000 吨，发展中国家只有 200 吨，相差近 5 倍。发达国家现在人均 15 吨，如果减 80%，还有 3 吨；美国人均 20 吨，减 80% 还有 4 吨；发展中国家平均只有 2.5 吨，减 20% 只有 2 吨。但发展中国家仍需要发展空间。显然，即使发达国家减 80%，发展中国家也要反对"50—50"目标。

（三）发达国家的中期减排目标。到 2020 年，按照巴厘路线图的要求，发达国家应该相对于 1990 年的排放水平减 25%—40% 以上。中国要求发达国家减 40% 以上，印度要求减 79.1%，有些发展中国家要求减 90% 以上。而发达国家的承诺是多少呢？最高是 30%，平均下来只有 16%，不到巴厘路线图要求的 25%，而且是有条件的。

（四）资金问题。发展中国家每年应对气候变化的资金需求在 1000 亿美元以上；如果发展中国家实现低碳发展，资金需求至少每年 3000 亿美元。但是发达国家仅承认底限，且有自己的要价。即使这样，资金来源也存在问题。发展中国家要求发达国家政府主导；发达国家则认为，资金主要来源于市场而非政府，而且发展中大国也要出资。此外，在资金管理、使用等方面争论也比较多，没有定论。

（五）"可测量、可报告、可核实"标准。发达国家要求发展中国家的减缓行动需要"可测量、可报告、可核实"。发展中国家认为，发达国家提供资金的减缓行动可以"三可"，但自主减排行动只要自我核查，公开透明就行。

（六）贸易措施。在气候谈判中，欧盟、美国声称要征收碳关税。打着征收碳关税保护气候的幌子，实际上没有保护气候的效果，等于发展中国家出口成本增高，发达国家提高贸易壁垒。[①]

虽然中国在会前主动公布了减排目标，但依然成为一些发达国家的"靶子"，主要的意见集中于中国应当承担更多的义务以及减排目标应当更

---

① 潘家华：《哥本哈根气候会议的争议焦点与反思》，《红旗文稿》2010 年第 5 期。

加透明。美国应对气候变化特使将矛头直指中国，强调中国在未来 10 到 20 年的碳排放量将远超美国。

面对这一情况，中国作出强有力的应对。首先，由政府首脑出面，强调了中国的基本立场。温家宝总理在会议上作了《凝聚共识　加强合作　推进应对气候变化历史进程》的重要讲话，全面阐述中国政府应对气候变化问题的立场、主张和举措。讲话指出：气候变化是当今全球面临的重大挑战。遏制气候变暖，拯救地球家园，是全人类共同的使命，每个国家和民族，每个企业和个人，都应当责无旁贷地行动起来。温家宝总理在会上庄严承诺：中国政府确定减缓温室气体排放的目标是中国根据国情采取的自主行动，是对中国人民和全人类负责的，不附加任何条件，不与任何国家的减排目标挂钩。这一承诺为中国在谈判中争取了主动。其次，在谈判中立场坚定，团结同道，有力回击了对中国的指责。中国代表提出如果发达国家愿意到 2020 年减排四成，并同意对发展中国家提供财政援助，中国也愿意承诺减排 50%。

四、中国参与哥本哈根会议相关问题的思考

（一）对中国"主动承诺"的评价

中国决定，2020 年单位 GDP 二氧化碳排放量比 2005 年下降 40%—45%，超出了巴厘路线图要求，也是发展中国家中最先作出硬性承诺的。我们希望能够通过公布减排目标争取主动。客观评价中国是作出巨大努力的，已经达到了上限。

但是这种做法的后果现在看起来并不理想，反而将发达国家的要价和预期调高了，他们不仅不跟进减排，而且指责中国目标偏低，只是基准线，没有额外努力。对于中国而言，中国承受了空前的压力，有些甚至是始料未及的，从最终结果来看，未给中国造成超出预期的负担，其结果只能说是不好不坏。

（二）"G2 格局"的思路与反制

在应对气候变化进程中，中国反对"中美共治"、"两国集团"，策略是巩固南方阵营，强化 77 国集团+中国的作用。美国的策略也非常明确，"抓大放小"：2001 年美国推出京都议定书，搞亚太清洁发展伙伴关系，抓中、美、

日、印、澳和韩6个大国；后来进一步扩大搞20国集团，然后不断地强化G8+5；2006年开始明确提出G2。最后的结果将会是什么呢？会后，美国国务院官员又建议，由世界温室气体排放大国来控制气候谈判过程，所谓排放大国即美国加"基础四国"，如果这样，会形成新的"G2"，不仅欧盟会感到被"边缘化"了，发展中国家阵营也会出现进一步分化。从目前情况来看，基于气候变化治理的多元格局，美国的设想在短时间内不会实现，但是美国对此思路的贯彻将对中国在应对气候变化未来的发展产生巨大影响。

（三）应对气候变化的程序问题

按照《气候变化框架公约》的规则，民主、公开、透明，缔约方主权平等、广泛参与、协商一致。这是公约的规则。但是美国倡导大国机制，一些发达国家也要求修改谈判规则，搞多数原则。谈判本来是技术层面的问题，应由外交人员及专业人员完成，但是哥本哈根会议中却形成这样的局面——国家领导人亲赴一线，谈具体案文，直接上升到最高政治层面。哥本哈根会议一开始，各国部长就积极与会，政府首脑也直接参与小范围技术层面磋商，这在以往的历次气候变化应对会议中都不曾出现，是中国没有预料的，应当是发达国家刻意安排的。中国在这次会议上，在程序应对上相当被动，也体现了中国在这一方面参与国际立法议程的缺陷。[①]

五、应对气候变化国际法律事务的特点、未来走向与中国选择

对于《哥本哈根协议》的批评，主要在于这一协议并未就2012年后的减排达成共识，没有解决根本问题，并且将使发展中国家面临更大的困境。之所以会出现这种局面，原因是多方面的。

首先，也是最重要的因素，就是全球气候变化治理体现全球环境治理中最为典型的冲突——保护与发展的矛盾可持续发展解决不了所有的环境问题，在气候变化领域，全球变暖的首要因素就在于人类经济增长，此时保护和经济增长之间的矛盾如何解决，就成为横亘在各国面前的难题。需要指出的是，这一矛盾并非是各国之间的矛盾，而是摆在全人类面前的矛盾，即如何解决经济增长同气候变暖之间的冲突。

[①] 潘家华：《哥本哈根气候会议的争议焦点与反思》，《红旗文稿》2010年第5期。

其次，是在气候变化治理过程中的"权威缺失"，很多国际治理领域虽然也存在尖锐的矛盾，但是基于各方面因素，一般会有国家或者国家集团充作核心，甚至出现"机构俘获"现象。机构俘获是国际组织学的专有名词，是指一些国际组织由于其个别参与国所具有的强大实力或影响力而为其所控制，体现其意志并维护其利益的现象。在"机构俘获"发生的领域，虽然其他参与国清楚该组织为个别国家所控制，但是基于这一领域的重要性，依然不得不参与该组织并接受相应规则的约束。传统上国际经济组织和制度是机构俘获最为明显的领域，如国际货币基金组织等。[1] 虽然这类现象容易产生不公平的现象，但是却因为有强势国家的主导，在一定程度上推动了这些领域内国际法的发展。在气候变化治理领域却无法形成这样的局面，美国、欧盟及基础国家在这方面博弈的实力不相上下，互相之间都无法挟制对方。缺乏一个权威国家或者国家集团推动传统国际法渊源的形成。

再次，也是传统国际法面临的问题，即各国之间的矛盾。正因为各国都秉承本国发展利益最大化的国家战略，才使得相关的减排协作愈发困难，直至无法用传统的国际法途径来加以解决。气候变化治理领域的矛盾较之其他领域表现得更为激烈。除了国家之间的博弈外，在全球环境治理领域内，还没有任何一个领域像气候变化这样引起如此广泛的关注，从哥本哈根会议参与的非政府组织、公司企业及个人之多，代表观点之广泛就可见一斑。

最后，是气候变化治理领域内不断变化的局势，传统国际法渊源特别是国际条约，其出现往往是"爆发式"的，通过一个条约就可以"一揽子"地解决多方面问题，对于相关权利义务进行划分，但是气候变化领域却非如此，在《气候变化框架公约》和《京都议定书》签署之时，没有人能预料到基础四国在目前国际经济中可以发挥如此大的作用，会对温室气体排放产生如此之大的影响，而如何解决其承担义务的问题，也是如今气候变化治理所遇到的最大难题之一。

基于前述分析，我们可以对于气候变化的未来发展作出一些判断。首先，未来气候谈判，在法律规则上延续双轨制还是实施并轨制，趋势并不明确，很难作出明确的预判，不可知因素很多。但是有一点可以肯定，即发达

---

[1]　余敏友：《论国际组织的地位与作用》，《法学评论》1995 年第 5 期。

国家尤其是美国会力推气候变化应对国际法制沿着事实上的单轨前行。中国必须在国际法上加以应对。其次，在气候变化应对领域，软硬法并存、多元参与、多元治理的格局将长期存在，而且发达国家将会利用程序规则的设置来达到推行其目的的效果。中国应当及早对此作出准备和调整。第三，对于长远目标，发达国家会增加一些附加条款，强行使发展中国家接受减排指标。关于资金，发达国家要求发展中新兴经济体出资，分化发展中国家，拉拢小岛国和最不发达国家，强化市场途径。对于"三可"，发达国家在未来谈判中，必将明确技术细节，强化对发展中国家自主行动的"三可"，将对发展中国家造成很大压力。

对于前述情况，中国在法律上如何选择？国内法学界的主流意见是，从国际法的角度观察，在气候变化的责任分担上中国应坚持历史责任原则以及共同但有区别的责任原则。这不仅是由中国一贯的政治立场所决定的，也是中国的核心利益所在。以上述一般原则为前提，在温室气体减排责任分配问题上中国应坚持如下具体原则：第一，人均排放权原则。中国人均排放量并不高，尽管已经超过了世界平均水平，这个原则对中国来说没有印度那样好用，因为印度 10 亿多人口，但是排放量不大，中国现在是世界上排放大国，但与发达国家相比，人均排放量很低。如，美国温室气体的人均排放量相当于中国的近 6 倍。第二，满足公民生存需要原则。中国的温室气体排放主要是用来满足公民的基本的能源需求和物质需求，而西方国家主要是满足其消费者的奢侈性需求，这两种需求在性质上是不同的，这一点对中国来说特别重要，中国有 9 亿农民，他们基本上不消耗多少能源资源，他们对全球变暖的影响是很小的，满足公民对能源资源的基本需求也是保障公民人权的重要内容之一。第三，实质公平原则。中国是世界工厂，中国生产的产品供西方国家消费，把污染留给了中国，西方国家将污染严重的产业转移到发展中国家，现在反过来又限制这些国家的温室气体排放，这是不公平的。来源于西方国家的消费占中国温室气体排放量的 15%—20%，在计算排放义务分配时应当考虑这一因素。但是我们注意到眼下欧美国家对来自于中国的产品实行贸易制裁，比如反倾销、反补贴或对中国产品征收惩罚性的关税，所以这个问题很值得重视。我们应当研究制定法律对欧美国家的部分产品征收碳关税，以便对欧美部分国家采取的边境贸易措施予以回击。从法律上来说，如果我们没有相应的碳税法律则不能对来自于国外的同类产品征收碳税，否则会违反 WTO 的非歧视待遇和国民待遇原则。①

　　在战略格局和具体谈判策略上，首先，中国应坚持双轨制和发展中国家身份。这是中国参加谈判的前提之一，中国作为《联合国气候变化框架公约》和《京都议定书》的缔约国、批准国，是非附件Ⅰ国家，不承担强制性的减排义务，中国政府宣布的 2020 年减排目标也是国内的自愿减排目标，因此，应继续《京都议定书》和巴厘岛路线图所确立的双轨制并延续这一路径前进。而美国政府（包括现在的奥巴马政府）不愿意批准《京都议定书》，但愿意在《联合国气候变化框架公约》的框架下承诺其强制性的减排目标。其次，中国需要强化 77 国集团+中国这一南方阵营，把"基础四国"融于发展中国家阵营；避免 G2 格局。再次，在谈判程序上，遵循并强化透明、民主、参与、协商一致原则，需要明确反对"小集团"，并注重对于程序设计过程的参与。

　　就国内制度设计而言，中国应启动国内的碳市场和排放权交易制度建设，可以预见未来谈判的一个重要内容是碳市场，可能会改变目前单一的以项目为基础的碳交易制度，而采用综合性方法来构建碳市场和排放贸易体制。因此，我们应探讨在国内实施碳排放贸易制度，从而为构建国际碳市场提供基础数据、方法和程序方面的经验，并主导国际碳市场规则的制定。②

---

①　曹明德：《哥本哈根协定：全球应对气候变化的新起点》，《政治与法律》2010 年第 3 期。
②　曹明德：《哥本哈根协定：全球应对气候变化的新起点》，《政治与法律》2010 年第 3 期。

附　　录

附录一 中华人民共和国环境 保护部的建设历程

国家环境保护行政主管部门是环境法制建设的重要力量。中国的环境保护行政主管部门伴随着中国环境法制建设的步伐，经历了从无到有、从环境保护领导小组到部委管理的环境保护局，再到国务院环境保护部的发展历程。

一、1949 年至 1972 年：酝酿阶段

新中国成立之后，全国人民在中国共产党的领导下，全面建设社会主义现代化国家。当时的中国，农业生产方式占主导地位，工业基础比较薄弱，工业与环境的矛盾关系不突出，环境污染只是在工业集中的个别大城市出现，尚未成为普遍问题，还没有引起政府和人民的充分重视。

1949 年 9 月 27 日，中国人民政治协商会议通过了《中华人民共和国中央人民政府组织法》，9 月 29 日通过了《中国人民政治协商会议共同纲领》。依据这两部大法成立的中央人民政府设置政务院作为全国行政管理的最高机关，政务院设立 30 个部、会、院、署、行，其中农业部、林垦部和水利部管理农业和自然资源事务，没有专门的环境保护行政管理部门。

1954 年 12 月，第一届全国人大第一次会议通过《宪法》。宪法设立国务院作为最高国家行政机关。国务院下设 35 个部和委员会作为国务院的职

能部门，其中地质部、农业部、林业部和水利部的职权与环境和资源有关联，此外没有设立其他专门的环境保护行政管理机关。

从 1971 年起，北京的重要水源地官厅水库水质明显恶化。1972 年水质更加恶化，以至于突然死亡上万尾鱼。经有关部门调查，主要是由于工业废水污染了官厅水库的水源。国家计委、建委向国务院提出《关于官厅水库污染情况和解决意见的报告》，建议成立官厅水源保护小组，采取紧急治理措施。国务院当即批转了该报告，同意报告提出的建议，迅速成立由万里任组长的官厅水系水源保护领导小组。该领导小组也是国家成立最早的与环境保护相关的政府机构。

1972 年 6 月 5 日至 16 日，联合国人类环境会议在瑞典首都斯德哥尔摩举行。中国派出由来自国务院计委、工业、农业、水利、卫生、外交等部门的代表组成的代表团。团长为燃料化学工业部副部长唐克，副团长为国家计委副主任顾明，共计 20 多人。这是中国恢复在联合国合法席位后，出席联合国会议的最大的一个代表团。6 月 10 日，唐克团长代表中国政府在全会上发言，世界上第一次听到来自中国的保护环境的声音。这次会议使中国的领导人认识到环境保护的重要性，标志着中国环境保护事业的开端。

二、1973 年至 1981 年：起步阶段

受人类环境会议的影响和“官厅水库治理”的推动，国务院于 1973 年 8 月 5 日至 20 日在北京召开了第一次全国环境保护会议。各省区市及国务院有关部门负责人、工厂代表、科学界人士的代表，共 300 多人参加会议。会议在讨论交流中充分反映出中国在环境污染和生态破坏方面的突出问题。会议取得了明显成果。表现在三个方面：一是作出了环境问题“现在就抓，为时不晚”的结论；二是将“全面规划，合理布局，综合利用，化害为利，依靠群众，大家动手，保护环境，造福人民”确定为中国的环境保护工作方针；三是审议通过《关于保护和改善环境的若干规定（试行草案）》。这是中国第一部环境保护法律文件。

第一次全国环境保护会议揭开了中国环境保护事业的序幕。会后，中央到地方相继建立环境保护机构，有关环境保护的法规先后出台，如《工业

"三废"排放试行标准》、《食品卫生标准》等，一批国外先进的环境监测仪器设备陆续引进国门。

1973 年国务院正式成立环境保护领导小组。这是中国第一个正式设立的环境保护行政管理机构。环境保护领导小组由国家计委、工业、农业、交通、水利、卫生等部委领导人组成，余秋里任组长，谷牧任副组长，下设环境保护领导小组办公室负责处理日常工作。全国环境保护机构的建立大大促进了全国性环境保护工作的开展。

环境保护领导小组的主要职责是：①贯彻并监督执行国家关于保护环境的方针、政策和法律、法令；②组织拟定环境保护的条例、规定、标准和经济技术政策；③组织制定环境保护的长远规划和年度计划，并督促检查其执行；④统一组织环境监测，调查和掌握全国环境状况和发展趋势，提出改善措施；⑤组织和协调环境科学研究和环境教育事业，积极推广国内外保护环境的先进经验和技术；⑥指导国务院所属各部门和各省、自治区、直辖市的环境保护工作；⑦组织和协调环境保护的国际合作和交流。

在国务院环境保护领导小组的努力下，国家开始制定环境保护方面的法律法规。1974 年国务院转发交通部制定的《防治沿海水域污染暂行规定》，对中国沿海水域的污染防治作了较为详细的规定。该法规成为中国首部对特定区域环境事务作出专门规定的单行法规。1979 年全国人大通过《环境保护法（试行）》。这是中国颁布的第一部系统的环境保护的法。

三、1982 年至 1988 年：部属环境保护局阶段

1982 年 3 月，国务院开展改革开放以来的以精简机构为核心的第一次大规模机构改革。由国家城市建设总局、国家建筑工程总局、国家测绘总局和国家基本建设委员会的部分机构，与国务院环境保护领导小组办公室合并，成立城乡建设环境保护部，部内设环境保护局，主管全国范围内的环境保护事务。环境保护局成为隶属于部委管辖的国务院正式职能部门。曲格平担任环境保护局首任局长。（国家环境保护行政主管部门历任负责人任职时间见表 18 - 1）

历届国家环境保护行政主管部门机构名称变更及历任负责人一览表

机构名称	级别	时间	负责人	隶属关系
环境保护领导小组	无	1974—1982	余秋里	国务院协调机构
环境保护局	正司级	1982—1984	曲格平（1982—1984）	隶属于城乡建设环境保护部
环境保护委员会	无	1984—1998	李鹏（1984—1988） 宋健（1988—1998）	国务院协调机构
国家环境保护局	正司级	1984—1988	曲格平（1984—1988）	隶属于城乡建设环境保护部
国家环境保护局	副部级	1988—1998	曲格平（1988—1998）	隶属于国务院
国家环境保护总局	正部级	1998—2008	解振华（1993—2005） 周生贤（2005—2008）	隶属于国务院
环境保护部	正部级	2008 至今	周生贤（2008 至今）	隶属于国务院

1983 年 12 月，国务院召开第二次全国环境保护会议，将环境保护宣布为中国的一项"基本国策"。1984 年 5 月，国务院作出了《关于加强环境保护工作的决定》。为加强部门协调，决定成立国务院环境保护委员会。委员会的主要任务是研究、审定、组织贯彻国家环境保护的方针、政策和措施，组织协调、检查和推动中国的环境保护工作。委员会由国务院领导成员和有关部、委、局、直属机构及有关事业单位的领导成员组成。委员会主任由国务院领导成员兼任，时任国务院副总理的李鹏担任首任主任。委员会副主任和委员由国务院 24 个部、委、局负责人兼任。委员会办公室设在城乡建设环境保护部，由环境保护局代行其职，负责日常工作。从 1984 年到 1998 年期间，国务院环境保护委员会共召开 37 次工作会议，研究审议 80 多项涉及国家和地方重大环境问题的规划、政策、规定、条例、决定等等。环境保护局凭借国务院环境保护委员会这个平台，冲破机构局限，有力地推动了中国的环境保护事业。

1984 年 12 月，国务院下发国办发［1984］1—4 号文件，正式批准将城乡建设环境保护部下属的环境保护局改为国家环境保护局，作为国务院环境保护委员会的办事机构，负责全国环保的规划、协调、监督和指导工作。曲格平担任局长。

新成立的国家环境保护局，下设 17 个处室：办公室、政策研究室、规划标准处、水环境管理处、大气环境管理处、固体废弃物管理处、放射环境管理处、自然环境保护处、开发建设环境管理处、科技处、监测处、环境宣传教育处、环保设备材料处、外事处、人事处、财务处、行政处等。

四、1988 年至 1998 年：国务院直属环境保护局阶段

1988 年初，国务院确立了"定职能、定机构、定编制"为主要内容的机构改革方案。国务院城乡建设环境保护部被撤销，机构整合为建设部。原所属环境保护部门分出成立国家环境保护局（副部级），作为国务院的直属机构，不再隶属部委管辖。同时继续作为国务院环境保护委员会的办事机构，负责统一监督管理全国的环境保护工作。曲格平担任国家环境保护总局局长。自 1993 年起，解振华担任国家环境保护总局局长。

1989 年 4 月，国务院召开第三次全国环境保护会议，提出积极推行深化环境管理的环境保护目标责任制、城市环境综合整治定量考核制、排放污染物许可证、污染集中控制、限期治理、环境影响评价、"三同时制度"、排污收费等八项环境管理制度。

1992 年联合国环境与发展大会在里约热内卢召开，中国政府积极参与了本次大会各项工作。除在 1991 年 6 月发起并在北京主办了第一届"发展中国家环境与发展部长级会议"，并于同年 7 月向大会筹委会提交了《中华人民共和国环境与发展报告》外，还先后担任筹委会和正式大会副主席，派出以国务委员、国务院环境委员会主任宋健为团长的中国政府代表团与会。国务院总理李鹏亲自与会并在 6 月 12 日大会首脑会议上发表讲话，阐述中国政府关于加强国际合作和促进世界环境与发展事业的主张。此次大会正式确立了可持续发展原则，并将之作为各国处理环境问题、追求社会发展的指导思想。联合国环境与发展大会之后，可持续发展理念为中国领导人所接受，成为国家发展的战略指导思想。

1994 年 2 月，国务院办公厅印发《国家环境保护局职能配置、内设机构和人员编制方案》，明确国家环境保护局职能转变的重点是强化环境保护的宏观调控和执法监督。确定国家环境保护局承担 12 项主要职责，内设办公室（宣传教育司）、计划财务司、政策法规司、行政体制与人事司、科技

标准司、污染控制司、监督管理司、自然保护司、国际合作司9个职能司（室）和1个机关党委，核定行政编制240名。

1996年7月，国务院在北京召开了第四次全国环境保护会议。这次会议对于部署落实跨世纪的环境保护目标和任务，实施可持续发展战略，具有十分重要的意义。会议提出了两项重大举措：其一，"九五"期间全国主要污染物排放总量控制计划。这项举措实质上是对12种主要污染物的排放量进行总量控制，要求其2000年的排放总量控制在国家批准的水平。其二，中国跨世纪绿色工程规划。这项举措是《国家环境保护"九五"计划和2010年远景目标》的重要组成部分。第四次全国环保会议后，国务院发布了《国务院关于环境保护若干问题的决定》。

五、1998年至2008年：国务院直属环境保护总局阶段

1998年国务院开始新一轮机构改革，国家进一步重视环境保护行政主管机构的建设。1998年3月10日，第九届全国人大第一次会议审议通过了《关于国务院机构改革方案的决定》。实施改革方案后除国务院办公厅外，国务院组成部门由原有的40个减少到29个。此次改革中，国务院将环保部门升格，设立国家环境保护总局，从副部级升为正部级。国家环境保护总局作为国务院直属机构，继续主管全国环境保护事务。解振华担任国家环境保护总局的局长。自2005年12月起，周生贤担任国家环境保护总局的局长。

1998年机构改革中，国务院决定将国家核安全管理职能与原国家环保局的辐射环境管理职能予以整合，并将原国家科委管理的国家核安全局并入国家环境保护总局，后又将卫生部承担的辐射安全监管职能划入，由国家环境保护总局（对外保留国家核安全局牌子）对全国民用核与辐射安全、辐射环境保护实施统一监督管理。

1998年机构改革对环境保护主管部门进行了职能调整。国务院撤销环境保护委员会，将原环境保护委员会的职能交由国家环保总局承担。国家环境保护总局新增原国家科委承担的核安全监督管理职能、管理和组织协调环境保护国际条约国内履行活动及统一对外联系、机动车污染防治监督管理、农村生态环境保护、生物技术环境安全管理等职能，确立了环境污染防治、

生态保护、核与辐射安全监管三个职能领域。机构调整后的国家环境保护总局内设办公厅（宣传教育司）、规划与财务司、政策法规司、行政体制与人事司、科技标准司、污染控制司、自然生态保护司、核与辐射安全司（国家核安全局）、监督管理司、国际合作司 10 个职能司（厅）。

2000 年，中央编办批复在国家环境保护总局设立国家生物安全管理办公室，牵头负责生物安全管理工作。2001 年，国务院建立由环保部门牵头的"全国环境保护部际联席会议"，作为部际协调机构，使国家环保总局恢复了原国务院环境保护委员会办公室的部分职能，增强了部门协调能力。2003 年 10 月，中央编办复字〔2003〕139 号文件作出《关于环保总局调整机构编制的批复》，同意环境保护总局撤销监督管理司，改设环境影响评价管理司，增设环境监察局，使环境保护总局内设职能机构变为 11 个，行政编制增至 215 名。

六、2008 年至今：环境保护部阶段

进入 21 世纪以后，国家进一步重视环境保护工作，努力完善对环境保护的行政管理体制。为加大环境保护政策、规划和重大问题的统筹协调力度，2008 年 3 月，第十一届全国人大第一次会议通过《国务院机构改革方案》，决定将国家环境保护总局升格为中华人民共和国环境保护部，从而使中国的环境保护事业和环境保护行政管理更上一个台阶，标志着中国环境保护体制进入了一个新的历史时期。环境保护部对外保留国家核安全局牌子，国家消耗臭氧层物质进出口管理办公室的牌子挂在环境保护部。周生贤自 2008 年 3 月起担任国家环境保护部的部长。

2008 年 7 月，国务院办公厅印发了《环境保护部主要职责、内设机构和人员编制规定》。环境保护部的主要职责有：1. 负责建立健全环境保护基本制度。2. 负责重大环境问题的统筹协调和监督管理。3. 承担落实国家减排目标的责任。4. 负责提出环境保护领域固定资产投资规模和方向、国家财政性资金安排的意见，按国务院规定权限，审批、核准国家规划内和年度计划规模内固定资产投资项目，并配合有关部门做好组织实施和监督工作。参与指导和推动循环经济和环保产业发展，参与应对气候变化工作。5. 承

担从源头上预防、控制环境污染和环境破坏的责任。6. 负责环境污染防治的监督管理。7. 指导、协调、监督生态保护工作。8. 负责核安全和辐射安全的监督管理。9. 负责环境监测和信息发布。10. 开展环境保护科技工作，组织环境保护重大科学研究和技术工程示范，推动环境技术管理体系建设。11. 开展环境保护国际合作交流，研究提出国际环境合作中有关问题的建议，组织协调有关环境保护国际条约的履约工作，参与处理涉外环境保护事务。12. 组织、指导和协调环境保护宣传教育工作，制定并组织实施环境保护宣传教育纲要，开展生态文明建设和环境友好型社会建设的有关宣传教育工作，推动社会公众和社会组织参与环境保护。13. 承办国务院交办的其他事项。

环境保护部的内设机构有：办公厅、规划财务司、政策法规司、行政体制与人事司、科技标准司、污染物排放总量控制司、环境影响评价司、环境监测司、污染防治司、自然生态保护司（生物多样性保护办公室、国家生物安全管理办公室）、核安全管理司（辐射安全管理司）、环境监察局、国际合作司、宣传教育司。

此外，环境保护部设有环境保护部环境应急与事故调查中心、环境保护部机关服务中心、中国环境科学研究院、中国环境监测总站、中日友好环境保护中心、中国环境报社、中国环境科学出版社、环境保护部核与辐射安全中心、环境保护部环境保护对外合作中心、环境保护部南京环境科学研究所、环境保护部华南环境科学研究所、环境保护部环境规划院、环境保护部环境工程评估中心、环境保护部卫星环境应用中心、环境保护部北京会议与培训基地、环境保护部兴城环境管理研究中心、环境保护部北戴河环境技术交流中心17个直属事业单位；还设立了华北环境保护督查中心、华东环境保护督查中心、华南环境保护督查中心、西北环境保护督查中心、西南环境保护督查中心、东北环境保护督查中心、华北核与辐射安全监督站、华东核与辐射安全监督站、华南核与辐射安全监督站、西南核与辐射安全监督站、东北核与辐射安全监督站、西北核与辐射安全监督站12个督查中心和监督站作为派出机构。中国环境科学学会、中国环境保护产业协会、中华环境保护基金会、中国环境新闻工作者协会、中国环境文化促进会、中华环保联合会6个社会团体由环境保护部主管。

　　环境保护部机关行政编制为 311 名（含两委人员编制 4 名、援派机动编制 3 名、离退休干部工作人员编制 3 名）。其中：部长 1 名，副部长 4 名，司局级领导职数 48 名（含总工程师 1 名、核安全总工程师 1 名、机关党委专职副书记 1 名）。

附录二 2009年环境法律、行政法规、国务院部门规章等规范性文件信息汇总

2009年环境法律、行政法规、国务院部门规章等规范性文件一览表

名称	制定机关	发布时间	实施时间	文号
中华人民共和国刑法修正案（七）	第十一届全国人民代表大会常务委员会第七次会议	2009年2月28日	2009年2月28日	中华人民共和国主席令第十号
中华人民共和国保险法	第十一届全国人民代表大会常务委员会第七次会议	2009年2月28日	2009年10月1日	中华人民共和国主席令第十一号
中华人民共和国侵权责任法	第十一届全国人民代表大会常务委员会第十二次会议	2009年12月26日	2010年7月1日	中华人民共和国主席令第二十一号
中华人民共和国海岛保护法	第十一届全国人民代表大会常务委员会第十二次会议	2009年12月26日	2010年3月1日	中华人民共和国主席令第二十二号
全国人民代表大会常务委员会关于修改《中华人民共和国可再生能源法》的决定	第十一届全国人民代表大会常务委员会第十二次会议	2009年12月26日	2010年4月1日	中华人民共和国主席令第二十三号

续表

名称	制定机关	发布时间	实施时间	文号
中华人民共和国可再生能源法（修正案）	第十一届全国人民代表大会常务委员会第十二次会议	2009 年 12 月 26 日	2010 年 4 月 1 日	中华人民共和国主席令第二十三号
废弃电器电子产品回收处理管理条例	国务院	2009 年 2 月 25 日	2011 年 1 月 1 日	中华人民共和国国务院令第 551 号
中华人民共和国抗旱条例	国务院	2009 年 2 月 26 日	2009 年 2 月 26 日	中华人民共和国国务院令第 552 号
国务院关于淮河流域防洪规划的批复	国务院	2009 年 3 月 26 日	2009 年 3 月 26 日	国函〔2009〕37 号
国务院办公厅关于印发 2009 年节能减排工作安排的通知	国务院办公厅	2009 年 7 月 19 日	2009 年 7 月 19 日	国办发〔2009〕48 号
规划环境影响评价条例	国务院	2009 年 8 月 17 日	2009 年 10 月 1 日	中华人民共和国国务院令第 559 号
防治船舶污染海洋环境管理条例	国务院	2009 年 9 月 9 日	2010 年 3 月 1 日	中华人民共和国国务院令第 561 号
放射性物品运输安全管理条例	国务院	2009 年 9 月 14 日	2010 年 1 月 1 日	中华人民共和国国务院令第 562 号
建设项目环境影响评价文件分级审批规定（修订）	环境保护部	2009 年 1 月 16 日	2009 年 3 月 1 日	环境保护部令第 5 号
关于印发《规范环境行政处罚自由裁量权若干意见》的通知	环境保护部	2009 年 3 月 11 日	2009 年 3 月 11 日	环发〔2009〕24 号
关于印发《2009—2010 年全国污染防治工作要点》的通知	环境保护部	2009 年 3 月 23 日	2009 年 3 月 23 日	环办函〔2009〕247 号
中央农村环境保护专项资金环境综合整治项目管理暂行办法	环境保护部、财政部	2009 年 4 月 28 日	2009 年 5 月 1 日	环发〔2009〕48 号
限期治理管理办法（试行）	环境保护部	2009 年 7 月 8 日	2009 年 9 月 1 日	环境保护部令第 6 号
关于印发《城镇污水处理厂污泥处理处置及污染防治技术政策（试行）》的通知	住房城乡建设部、环境保护部、科技部	2009 年 2 月 18 日	2009 年 2 月 18 日	建城〔2009〕23 号

续表

名称	制定机关	发布时间	实施时间	文号
土地利用总体规划编制审查办法	国土资源部	2009 年 2 月 4 日	2009 年 2 月 4 日	中华人民共和国国土资源部令第 43 号
矿山地质环境保护规定	国土资源部	2009 年 3 月 2 日	2009 年 5 月 1 日	中华人民共和国国土资源部令第 44 号
土地调查条例实施办法	国土资源部	2009 年 6 月 17 日	2009 年 6 月 17 日	中华人民共和国国土资源部令第 45 号
国土资源行政复议规定	国土资源部	2009 年 11 月 14 日	2010 年 1 月 1 日	中华人民共和国国土资源部令第 46 号
国土资源部关于印发《保护性开采的特定矿种勘查开采管理暂行办法》的通知	国土资源部	2009 年 11 月 24 日	2010 年 1 月 1 日	国土资发〔2009〕165 号
保护性开采的特定矿种勘查开采管理暂行办法	国土资源部	2009 年 11 月 24 日	2010 年 1 月 1 日	国土资发〔2009〕165 号
关于进一步加强海洋环境监测评价工作的意见	国家海洋局	2009 年 3 月 26 日	2009 年 3 月 26 日	国海环字〔2009〕163 号
关于印发《赤潮灾害应急预案》的通知	国家海洋局	2009 年 6 月 16 日	2009 年 6 月 16 日	国海环字〔2009〕443 号
关于进一步加强海洋生态保护与建设工作的若干意见	国家海洋局	2009 年 8 月 24 日	2009 年 8 月 24 日	国海发〔2009〕14 号
关于进一步加强海洋标准化工作的若干意见	国家海洋局	2009 年 9 月 7 日	2009 年 9 月 7 日	国海发〔2009〕15 号
水生生物增殖放流管理规定	农业部	2009 年 3 月 24 日	2009 年 5 月 1 日	中华人民共和国农业部令第 20 号
国家生态文明教育基地管理办法	国家林业局、教育部、共青团中央	2009 年 4 月 9 日	2009 年 4 月 9 日	林宣发〔2009〕84 号
国家林业局关于印发《2009 年林业系统法制宣传教育工作要点》的通知	国家林业局	2009 年 5 月 21 日	2009 年 5 月 21 日	林策发〔2009〕126 号
关于印发《育林基金征收使用管理办法》的通知	财政部、国家林业局	2009 年 5 月 25 日	2009 年 7 月 1 日	财综〔2009〕32 号

名称	制定机关	发布时间	实施时间	文号
国家林业局办公室关于印发《国家农业综合开发部门项目管理办法林业项目实施细则（试行）》的通知	国家林业局	2009 年 6 月 12 日	2009 年 6 月 12 日	办计字〔2009〕93 号
国家林业局关于改革和完善集体林采伐管理的意见	国家林业局	2009 年 7 月 17 日	2009 年 7 月 17 日	林资发〔2009〕166 号
关于印发《国家级公益林区划界定办法》的通知	国家林业局、财政部	2009 年 9 月 27 日	2010 年 1 月 1 日	林资发〔2009〕214 号
关于印发《林业产业振兴规划（2010—2012 年）》的通知	国家林业局、国家发展改革委、财政部、商务部、国家税务总局	2009 年 10 月 29 日	2009 年 10 月 29 日	林计发〔2009〕253 号
海河独流减河永定新河河口管理办法	水利部	2009 年 5 月 13 日	2009 年 7 月 1 日	中华人民共和国水利部令第 37 号
黑河干流水量调度管理办法	水利部	2009 年 5 月 13 日	2009 年 5 月 13 日	中华人民共和国水利部令第 38 号
关于印发资源节约型环境友好型公路水路交通发展政策的通知	交通运输部	2009 年 2 月 26 日	2009 年 2 月 26 日	交科教发〔2009〕80 号
财政部、工业和信息化部关于印发《工业企业能源管理中心建设示范项目财政补助资金管理暂行办法》的通知	财政部、工业和信息化部	2009 年 10 月 14 日	2009 年 10 月 14 日	财建〔2009〕647 号
非煤矿矿山企业安全生产许可证实施办法（修订）	国家安全生产监督管理总局	2009 年 6 月 8 日	2009 年 6 月 8 日	国家安全生产监督管理总局令第 20 号
高耗能特种设备节能监督管理办法	国家质量监督检验检疫总局	2009 年 7 月 3 日	2009 年 9 月 1 日	国家质量监督检验检疫总局令第 116 号
进口可用作原料的固体废物检验检疫监督管理办法	国家质量监督检验检疫总局	2009 年 8 月 21 日	2009 年 11 月 1 日	国家质量监督检验检疫总局令第 119 号
海洋石油安全管理细则	国家安全生产监督管理总局	2009 年 9 月 7 日	2009 年 12 月 1 日	国家安全生产监督管理总局令第 25 号

续表

名称	制定机关	发布时间	实施时间	文号
作业场所职业危害申报管理办法	国家安全生产监督管理总局	2009 年 9 月 8 日	2009 年 11 月 1 日	国家安全生产监督管理总局令第 27 号
进境动物隔离检疫场使用监督管理办法	国家质量监督检验检疫总局	2009 年 10 月 22 日	2009 年 12 月 10 日	国家质量监督检验检疫总局令第 122 号
中国气象局关于修改《气象行政处罚办法》的决定	中国气象局	2009 年 4 月 4 日	2009 年 5 月 1 日	中国气象局令第 19 号

后　记

　　本书是教育部人文社会科学发展报告（蓝皮书）培育项目"中国环境法制发展报告"的第一份"报告"，是这个项目尝试性的研究成果。说它是尝试性的成果是因为：第一，对课题组来说，做这一研究，尤其是完成这样的研究报告是初次。既然是初次，就难免要经历由尝试而后总结提高的过程。第二，我们的研究工作本来可以从对 2012 年的中国环境法制状况开始，因为 2011 年才下达的课题只要求在验收时完成一卷研究报告。我们不是在等到任务正式下达才开始工作的。2009 年是中国现行《环境保护法》的前身《环境保护法（试行）》颁布的第 30 年。这是值得纪念的 30 年，值得总结的 30 年。为了对中国环境法制已经走过的 30 年做系统的总结，我们选择了以 2009 年为我们的发展报告的第一个报告年份，也就是以 2010 卷为教育部立项培育的中国环境法制发展报告的首卷。这一卷，对于此后将陆续完成的两卷，即 2011 卷和 2012 卷而言，是处于尝试过程中的一卷。

　　参加本卷写作的有十几位环境法学者。按撰写章节的顺序依次是：王昌森：第一章、第二章；徐祥民：第三章、第七章；辛帅：第四章；朱雯：第五章；陈兴华：第六章；涂俊：第七章、第八章；白佳玉：第九章；贾宝金：第十章；马英杰：第十一章；田其云：第十二章；陈书全：第十三章；毛仲荣：第十四章；阳露昭、赵星：第十五章；时军：第十五章、附录二；梅宏、刘明明、张红杰：第十六章；董跃：第十七章；孙明烈：附录一。

参与本卷研究工作的有许多研究生，其中包括宋福敏、张飞飞、刘畅、单萌萌、李蔓梓、张亮亮、刘宏、张明君等。

作 者

2013 年 1 月 26 日

责任编辑:张　旭
封面设计:肖　辉

图书在版编目(CIP)数据

中国环境法制建设发展报告.2010年卷/徐祥民 主编.
　-北京:人民出版社,2013.9
ISBN 978－7－01－012513－8

Ⅰ.①中…　Ⅱ.①徐…　Ⅲ.①环境保护法-研究报告-中国-2010
　Ⅳ.①D922.604

中国版本图书馆 CIP 数据核字(2013)第 212334 号

中国环境法制建设发展报告
ZHONGGUO HUANJING FAZHI JIANSHE FAZHAN BAOGAO
(2010年卷)

徐祥民 主编

田其云　时　军 副主编

人民出版社 出版发行
(100706　北京市东城区隆福寺街 99 号)

环球印刷(北京)有限公司印刷　新华书店经销

2013 年 9 月第 1 版　2013 年 9 月北京第 1 次印刷
开本:710 毫米×1000 毫米 1/16　印张:26
字数:420 千字

ISBN 978－7－01－012513－8　定价:58.00 元

邮购地址 100706　北京市东城区隆福寺街 99 号
人民东方图书销售中心　电话 (010)65250042　65289539